吉林人民出版社

简体字本二十六史

宋史

卷一九一——卷二一五

（五）

〔元〕 脱 脱 等 撰

刘浦江等 标点

宋史卷一九一
志第一四四

兵五 _{乡兵二}

河北河东陕西义勇　陕西护塞
川峡土丁　荆湖义军土丁弩手
夔施黔思等处义军土丁
广南西路土丁　广南东路枪手
邕钦溪洞壮丁　福建路枪仗手
江南西路枪仗手　蕃兵

　　河北、河东、陕西义勇　庆历二年,选河北、河东强壮并抄民丁
涅手背为之。户三等以上置弩一,当税钱二千;三等以下官给。各
营于其州,岁分两番训练,上番给奉廪,犯罪断比厢军,下番比强
壮。

　　治平元年,诏陕西除商、虢二州,余悉籍义勇。凡主户三丁选
一,六丁选二,九丁选三,年二十至三十材勇者充,止涅手背。以五
百人为指挥,置指挥使、副二人,正都头三人,十将、虞候、承局、押
官各五人,岁以十月番上,阅教一月而罢。又诏秦州成纪等六县,有
税户弓箭手、砦户及四路正充保毅者,家六丁刺一,九丁刺二;有买
保毅田承名额者,三丁刺一,六丁刺二,九丁刺三,悉以为义勇。是

岁，诏秦、陇、仪、渭、泾、原、邠、宁、环、庆、鄜、延十二州义勇，遇召集防守，日给米二升，月给酱菜钱三百。盖庆历初，河北路总十八万九千三十一人，河东路总七万七千七十九人，陕西路治平初总十五万六千八百七十三人。

熙宁初，枢密使吕公弼请以河北义勇每指挥拣少壮艺精者百人为上等，手背添刺"上等"字，旌别教阅，及数外艺优者亦籍之，俟有阙则补。从之。十二月，诏河北义勇，县以岁阅；当阅于州者，宜分番，岁以一番；灾伤当罢者，听旨。其以指挥分番者，大名府五十三为四番，真定、瀛、洺、邢、沧、定、冀、恩、赵、深、磁、相、博自三十九以及十二并为三番，德、祁、澶、棣、霸、滨、永静、永宁、怀、卫、乾宁、莫、保、通利自十一以及四并为二番。九指挥已上者再分本番为三，教始十月，止十二；六指挥已上者再分本番为二，教始十月，止十一月，终满一月罢遣。

帝尝问陈升之曰："侯叔献言义勇上番何如？"王安石曰："此事似可为，但少须年岁间议之。"升之曰："今募兵未已，且养上番义勇，则调度尤不易。"安石曰："言募兵之害虽多，及用则患少，以民与兵为两途故也。"十二月，帝言："义勇可使分为四番出戍。"吕公弼曰："须先省得募兵，及可议此。"安石曰："计每岁募兵死亡之数，乃以义勇补之可也。"陈升之欲令义勇以渐戍近州，安石曰："陛下若欲变数百年募兵之弊，则宜果断，详立法制。不然，无补也。"帝以为然，曰："须豫立定条法，不要宣布，以渐推行可也。"两府议上番，或以为一月，或以为一季，且令近戍，文彦博等又言难使远戍，安石辩之甚力。

是月，兵部上陕西、河北、河东义勇数：陕西路二十六郡旧籍十五万三千四百，益以环、庆、延州保毅、弓箭手三千八百，总十五万六千八百，为指挥三百二十一；河北三十三郡旧籍十八万九千二百，今籍十八万六千四百，为指挥四百三十；而河东二十郡，自庆历后总七万七千，为指挥一百五十九。凡三路义勇之兵，总四十二万三千五百人。

三年七月，王安石进呈蔡挺乞以义勇为五番教阅事，帝患密院不肯措置，安石曰："陛下诚欲行，则孰能御？此在陛下也。"泾、渭、仪、原四州义勇万五千人，旧止戍守，经略使蔡挺始令遇上番依诸军结队，分隶诸将。选艺精者迁补，组官马，月廪时帛、郊赏与正兵同，遂与正兵相参战守。时土兵有阙，召募三千人。挺奏以义勇点刺累年，虽训肄以时，而未施于征防，意可以安府兵遗法，俾之番戍，以补土兵阙。诏复问以措置远近番之法。挺即条上，以四州义勇分五番，番三千人，防秋以八月十五日止，十月罢；防春以正月十五日止，三月罢，周而复始。诏从之，行之诸路。九月，秦凤经略安抚司言："保毅人数不曾拣充义勇，而其子孙转易田土，分烟析姓，少有正身。乞令保毅军已于丁数内拣刺充义勇者，与免承认保毅。"从之。十月，韩绛乞差著作佐郎吕大忠等赴宣抚司，以备提举义勇，从之。是月，韩绛言："今将义勇分为七路，延、丹、坊为一路，邠、宁、环、庆为一路，泾、原、仪、渭为一路，秦、陇为一路，陕解同、河中认为一路，阶成凤州、凤翔府为一路，乾耀华、永兴军为一路。逐年将一州之数分为四番，缘边四路十四州，每年秋冬合用一番屯戍；近裹三路十二州军，即令依此立定番次，未得逐年差发，遇本处阙少正兵，即得勾抽或那往次边守戍"从之。十一月，判延州郭逵言："陕西起发义勇赴缘边战守，今后并令自赍一月糗粮，折本户税赋。若不能自备，则就所发州军预请口食一月。"从之。

十二月，司马光上疏曰：

臣以不才，兼领长安一路十州兵民大柄。至官以来，伏见朝廷及宣抚等司指挥，分义勇作四番；欲令以次于缘边戍守，选诸军骁锐及募闾里恶少以为奇兵；造干粮、炒饭、布囊、力车以备馈运，悉取岁赐赵秉常之物散给缘边诸路，又竭内地府库甲兵财物以助之。且以永兴一路言之，所发人马，甲八千副，钱九万贯，银二万三千两，银碗六千枚，其余细琐之物，不可胜数。动皆迫以军期，上下相驱，急于星火。官吏狼狈，下民惊疑，皆云国家将以来春大举六师，长驱深入，以讨秉常之罪。

　　臣以疏贱,不得预闻庙堂之义,未知兹事为虚为实。昨者亲承德音,以为方今边计,惟宜谨严守备。其入寇,则坚壁清野,使之来无所得,兵疲食尽,可以坐收其弊。臣退而思念,圣谋高远,深得王者怀柔远人之道,实天下之福。及到关中,乃见凡百处置,皆为出征调度。臣不知有司在外,不谕圣意,以致有此张皇,将陛下默运神算不令愚贱之臣得闻其实也?臣不胜惶惑,窃为陛下危之。况关中饥馑,十室九空,为贼盗者纷纷已多。县官仓库之积,所余无几,乃欲轻动大众,横挑猛兽,此臣之所大惧也。

　　伏望陛下深鉴安危之机,消之于未萌,杜之于未形。速下明诏抚谕关中之民,以朝廷不为出征之计;其义勇更不分番于缘边戍守,亦不选募奇兵;凡诸调发为馈运之具者悉令停罢,爱惜内地仓库之储,以备春深赒救饥穷之人。如此,岂惟生民之幸,亦社稷之福也。惟陛下裁察。

再言之甚力,于是永兴一路独得免。

四年,诏罢陕西路义勇差役。又诏罢陕西诸路提举义勇官,委本属州属且依旧分番教阅。

五年七月,命崇文院校书王安礼专一编修三路义勇条贯。是月,帝问王安石义勇事如何,安石曰:"宜先了河东一路。河东旧制,每年教一月,今令上番巡检下半月或十日,人情无不悦。又以东兵万人所费钱粮,且取一半或三分之二,依保甲养恤其人,即人情无不忻愿者。"闰七月,执政同进呈河东保甲事,枢密院但欲为义勇、强壮,不别名保甲。王安石曰:"此非王安礼初议也。"帝曰:"今以三丁为义勇,两丁为强壮,三丁远戍,两丁本州县巡检上番,此即王安礼所奏,但易保丁为强壮。人习强壮久,恐别名,或致不安。"安石曰:"义勇非单丁不替,强壮则皆第五等户为之,又自置弓弩及箭寄官库,须上教及给。今以府界保甲法推之河东,盖宽利之,非苦之也。"帝曰:"河东义勇、强壮,已成次第。今欲遣官修义勇强壮法,又别令人团集保甲如何?"安石曰:"义勇要见丁数,即须隐括,因团集保甲，即一动而两业就。今既差官隐括义勇，又别差官团集保甲，即一事分为两事，恐民不能无扰。"帝率从安石议。彦博请令安石就中书一面施行此事。安石曰："本为保甲，故中书预议。若止欲作义勇、强壮，即合令枢密院取旨施行。"帝曰："此大事，须共议乃可。"是月，秦凤路经略吕公弼乞从本司选差官，自十月初，择诸州上番义勇材武者以为"上义勇"，免赍送刍粮之役；募养马者为"有马上义勇"，并免其本户支移。从之。

六年九月，诏义勇人员节级名阙，须因教阅排连迁补。十月，熙河路经略司言："乞许人投换义勇，以地给之，起立税额。诏以官地招弓箭手；仍许近裹百姓壮勇者占射，依内地起税，排保甲；即义勇愿投充及民户愿受蕃部地者听之。其顷亩令经略司以肥瘠定数。十一月，诏永兴军、河中府、陕、解、同、华、鄜、延、丹、坊、邠、宁、环、庆、耀十五州军各依元刺义勇外，商、虢州、保安军并止团成保甲。七年，诏义勇正身不许应募充刺，已应者召人对替。

八年四月，诏韩琦等。曰："河朔义勇民兵，置之岁入，耳目已熟，将校甚整，教习亦良，然团结保甲，一道纷然。义勇旧人十去其七，或拨入保甲，或放而归农，得增数之虚名，破可用之成法，此又徒起契丹之疑也。"七月，诏应义勇家人投军后，本户余丁数少，合免义勇，并许投军。十月，诏："五路义勇每年赴州教，保甲赴县教，并自十月至次年正月终；义勇不及十指挥、保甲不及十都者，自十二月起教，各据人数分定番次，教阅一月，不许拆破指挥、都保。其人数少处，只作一番、两番，不须满所教月分；其年已上番者，止教半月。"十二月，诏五路义勇并与保丁输充及检察盗贼，有违犯，依保丁法。

九年正月，诏义勇、保甲逐年迁阅日比试所习武艺，五路每州以二十分为率取一，分为五等，第一等解发。四月，诏："河北西路义勇、保甲分三十六番，随便近村分，于巡检、县尉下上番，半月一替；岁于农闲月，并令番人并令所辖巡检、县尉择宽广处聚教五日。"是月，兵部言："旧条，义勇、保甲所习事艺以十分为率，弓不得过二

分,枪刀共不得过二分,余并习弓弩。"诏枪手依旧专习外,刀牌手
令兼习弓弩,仍额样下五路施行。九月,诏永兴、秦凤等路义勇,以
主户三丁以上充,不拘户等。是年,诸路所管义勇:河北东路三万六
千二百一十八人,河北西路四万五千七百六十六人,永兴军路八万
七千九百七百七十八人,秦凤路三万九千九百八十人,河东路三千
五百九十五人,总二十四万七千五百三十七人。

元丰二年,中书、枢密院请河北陕西义勇、保甲皆如诸军诵教
阅法。从之。三年,诏五路转运提举官巡历所至,按阅见教义勇、保
甲,不如法者牒提点刑狱司施行。四年,蒲宗孟言,乞开封府、五路
义勇并改为保甲。自此以次行于诸路矣。此后义勇改为义勇保甲,载保
甲篇。

陕西护塞　庆历元年,募土人熟山川道路蕃情、善骑射者涅臂
充。二百人为指挥,自备戎械,就乡间习武技,季一集州阅教。无事
放营农,月给盐茗。有警召集防守,即廪给之,无出本路。

川峡土丁　熙宁七年,经制泸州夷事熊本募土丁五千人,入夷
界捕戮水路大小四十六村,荡平其地二百四十里,募民垦耕,联其
夷属以为保甲。元祐二年,泸南沿边安抚司言:"请应泸人因边事
补授班行,自备土丁子弟在本家地分防拓之人,更无廪给酬赏。若
遇贼,临时取旨。其敢邀功生事,重置于法。从之。

政和六年,泸南安抚使孙义叟奏:"边民法买夷人田,依法尽拘
入官,招置土丁子弟。见招到二千四百余人,欲令番上。"从之。

宣和四年,诏:"茂州、石泉军旧管土丁子弟,番上守把,不谙射
艺。其选施、黔兵善射者各五十人,分任教习,候精熟日遣回。"

荆湖路义军土丁、弩手　不见创置之始,北路辰、澧二州,南路
全、邵、道、永四州皆置。盖溪洞诸蛮,保据岩险,叛服不常,其控制
须土人,故置是军。皆选自户籍,蠲免徭赋,番戍砦栅。大率安其风

土,则罕婴瘴毒;知其区落,则可制狡狯。其校长则有都指挥使、副都指挥使、指挥使、副指挥使、都头、副都头、军头、头首、采矿招安头首、十将、节级,皆叙功迁补,使相综领。施之西南,实代王师,有御侮之备,而无馈饷之劳。其后,荆南、归、峡、鼎、郴、衡、桂阳亦置。

庆历二年,北路总一万九千四百人,南路总五千一百五十人。番戍诸砦,或以岁,或以季,或以月。上番人给口粮,有功迁补;自都副指挥使岁给绵袍、月给食钱,指挥使给食钱,副指挥使给紫大绫绵袍,都头已上率有廪给。

熙宁元年,籍荆湖南、北路义军凡一万五千人,军政如旧制。六年,诸路行保甲,司农寺请令全邵二州土丁、弩手、弩团与本村土人共为保甲,以正副指挥便兼充都副保正,以都头、将、虞候、头首、都甲头兼充保长,以左右节级、甲头兼充小保长。番上则本铺土丁、弩手、弩团等同为一保,其隔山岭不及五大保者亦各置都保正一人。

元祐七年,选差邵州邵阳、武冈、新化等县中等以下户充土丁、弩手,与免科役,七年一替;排补将级,不拘替故年,分作两番边砦防拓,不得募人。凡上番,依禁军例教阅武艺及专习木弩。如有私役,并论如《私役禁军敕》。

绍圣二年,枢密院言:"荆湖南路安抚、转运、提刑常平司奏请,邵州管下缘边堡砦置弩手一千四百人,乞依元丰六年诏,于五等户轮差,并半年一替。其上番人如有故,许家人少壮有武艺者代充。"从之。

崇宁二年,荆湖南路安抚、钤辖李阆言:"收复绥宁县上堡里、临口砦,合用防拓弩手千人,乞于邵州邵阳、武冈两县中等以下户选差,半年一替;遇上番,月支钱米;排补阶级,自正副使而下至左右甲头,依旧为七阶;分两番部辖,令邵州给帖。"从之。

政和七年,以辰、沅、澧等州更戍土丁与营田土丁名称重垒,将兵马都钤辖司招填土丁改为鼎澧路营田刀弩手。

重和元年,辰州招到刀弩手二千一百人,其官吏各转官、减磨勘年有差。

宣和四年,靖州通道县有边警,诏添置刀弩手二千人。

夔州路义军土丁、壮丁　州县籍税户充,或自溪洞归投。分隶边砦,习山川道路,遇蛮入寇,遣使袭讨,官军但据险策应之。其校长之名,随州县补置,所在不一。职级已上,冬赐绵袍,月给食盐、米麦、铁钱;其次紫绫绵袍,月给盐米;其次月给米盐而已。有功者以次迁。

施、黔、思三州义军土丁,总隶都巡检司。施州诸砦有义军指挥使、把截将、砦将,并土丁总一千二百八十一人,壮丁六百六十九人。又有西路巡防殿侍兼义军都指挥使、都头、十将、押番、砦将。黔州诸砦有义军正副指挥使、兵马使、都头、砦将、把截将,并壮丁总千六百二十五人。思州、洪杜彭水县有义军指挥使、巡检将、砦将、科理、旁头、把截、部辖将,并壮丁总千四百二十二人。

渝州怀化军、溱州江津巴县巡遏将,皆州县调补。其户下率有子弟各丁,遇有寇警,一切责办主户。巡遏、把截将岁支料盐,袄子领三年其地内无寇警乃给,有劳者增之。州县籍土丁子弟并器械之数,使分地戍守。

嘉祐中,补涪州宾化县夷人为义军正都头、副都头、把截将、十将、小节级,月给盐,有功以次迁,及三年无夷贼警扰,即给正副都头紫小绫绵旋襕一。涪陵、武龙二县巡遏将,砦一人,以物力户充,免其役。其义军土丁,岁以籍上枢密院。

广南西路土丁　嘉祐七年,籍税户应常役外五丁点一为之,凡得三万九千八百人。分队伍行阵,习枪、镖排,冬初集州按阅。后递岁州且迭教,察视兵械。以防收刈,改用十一月教,一月罢。

熙宁七年,知桂州刘彝言:“旧制,宜、融、桂、邕、钦五郡土丁,成丁已上者皆籍之。既接蛮徼,自惧寇掠,守御应援,不待驱策。而近制主户自第四等以上,三取一以为土丁。而旁塞多非四等以上,若三丁籍一,则减旧丁十之七。余三分以为保丁,保丁多处内地,又俟其益习武事,则当蠲土丁之籍。恐边备有阙,请如旧制便。"奏可。

元丰六年,广西经略便熊本言:"宜州土丁七千余人,缓急可用。欲令所属编排,分作都分,除防盗外,缘边有警,听会合掩捕。"从之。

元符二年,广西察访司言:"桂、宜、融等用土丁缘边防拓,差及单丁,乞差两丁以上之家。"从之。

广南东路枪手 嘉祐六年,广、惠、梅、潮、循五州以户籍置,三等已上免身役,四等以下免户役,岁以十月一日集县阅教。治平元年,诏所在遣官按阅,一月罢,有阙即招补;不足,选本乡有武技者充。

熙宁元年,诏广州枪手十之三教弓弩手。是岁,会六郡枪手为指挥四十一,总一万四千七百有奇。三年,知广州王靖言:"东路枪手,自至和初立为土丁之额,农隙肄业一月,乃古者寓兵于农之策也。然训练劝奖之制未备,请比三路义勇军政教法条上约束。"四年,知封州邓中立请以本路未置枪手州县,如广、惠等五郡例置。奏可。六年,广东驻泊杨从先言:"本路枪手万四千,今为保甲,两丁取一,得丁二十五万,三丁取一,得丁十三万,以少计之,犹十倍于枪手。愿委路分都监二员,分提举教阅。"诏司农寺定法以闻。其后,户四等第以上,有三丁者以一为之,每百人为一都,一都之下为一指挥。自十一月至二月,月轮一番阅习,凡三日一试,择其技优者先遣之。七年,诏广南东西路旧枪手、土丁户依河北、陕西义勇法,三丁选一,余州无枪手、土丁者勿置。九年,兵部言:"广、惠、循、潮、南恩五郡枪手,请籍主户第以上壮丁,毋过旧额一万四千,余以为保甲。"奏可。

元丰二年,诏:广、惠、潮、封、康、端、南恩七州皆并边,外接蛮徼,宜依西路保甲教习武艺。时,又诏:虔州枪仗手以千五百,抚州建昌军乡丁、关军、枪仗手各以千七百为额。监司以农隙按阅武艺如广东制。

邕、钦溪洞壮丁　治平二年,广南西路安抚司集左、右两江四十五溪洞知州、洞将,各占邻逤为救应,仍籍壮丁,补校长,给以旗号。峒以三十人为一甲,置节级,五甲置都头,十甲置指挥使,五十甲置都指挥使总四万四千五百人,以为定额。各置戎械,遇有寇警召集之,二年一阅,察视戎械。有老病并物故名阙,选少壮者填,三岁一上。

熙宁中,王安石言:"募兵未可全罢,民兵则可渐复,至于二广尤不可缓。今中国募禁军往戍南方,多死,害于仁政。陛下诚移军职所得官十二三,鼓舞百姓豪杰,使趋为兵,则事甚易成。"于是,苏缄请训练二广洞丁。旧制,一岁教两月。安石曰:"训练之法,当什伍其人,拔其材武之士以为什百之长。自首领以下,各以禄利劝奖,使自勤于阅习,即事艺可成,部分可立,缓急可用。"六年,广南西路经略沈起言:"邕州五十一郡峒丁,凡四万五千二百。请行保甲,给戎械,教阵队。艺出众者,依府界推恩补授。"奏可。

九年,赵离征交阯,入辞,帝谕以"用峒丁之法,当先诱以实利,然后可以使人;甘言虚辞,岂能责其效命?比鄜延集教蕃兵,赖卿有以制之,使轻罪可决,重罪可诛。违西夏则其祸远,违帅臣则其祸速,合于兵法'畏我不畏敌'之义,故能责其效命。王师之南,卿宜选募劲兵数千,择枭将领之,以胁诸峒;谕以大兵将至,从我者有赏,其不从者按族诛之。兵威既振,先胁右江,右江既附,复胁左江,两江附则诸蛮无不附者。然后以攻交人刘纪巢穴,甚非难也。郭逵性吝啬,卿宜谕以朝廷兵费无所惜;逵复事崖岸,不通下情,将佐莫敢言者,卿至彼,以朕语诏之。"

十年,枢密院请:"邕、钦峒丁委以略司提举,同巡检总苃训练之事,一季分接;岁终上艺优者,与共酋首第受赏。五人为保,五保为队。第为三等:军功武艺出从为上,蠲其徭役;人材矫捷为中,蠲其科配;边盗发则酋长相报,率族众以捍徭役;人材矫捷为中,蠲其科配;余为下。边盗发则尊长相所,率族众以抽寇。"十二月诏邕、钦丁壮自备戎械，贫者假以官钱，金鼓旗帜官给，间岁大阅，毕则敛藏之。

元丰元年，经略司请集两江峒丁为指挥，权补将校。奏可。二年，广西经略司言："团结邕、钦峒丁为指挥一百七十五、籍武艺上等一万三千六百七十人。"诏下诸臣献议措置峒丁事，付曾布参酌损益，创为规画，务令详尽，便于施行。布乃请令镇砦监押、砦主同管辖兵甲使臣与巡检等，分定州峒部制，立赏罚微劝；增置都巡榆使两员，分提举；及增首领丁壮，岁阅之，以武艺绝伦者闻，量材补授。诏增都巡检便二员，余下熊本拜其可者施行之。

五年，诏："广南保甲如戎、泸故事，自置裹头无刃枪、竹标排、木弓刀、蒿矢等习武技，遇捕盗则官给器械。"

六年，诏枢密承旨司讲议，广西峒丁如开封府界保甲集教团教法。是年，提点广西路刑狱彭次云言："邕苦瘴疠，请量留兵更戍，余用峒丁，以季月番上，给禁军钱粮。"诏许彦先度之，彦先等言："若尽以代正兵，恐妨农。请计戍兵三之一代以峒丁，季轮二千赴邕州肄习武事。"从之。

大观二年，诏："熙宁团集左、右江峒丁十余万众，自广以西赖以防守。今又二十万众来归，已今张庄依左、右江例相度闻奏。尚虑有司不知先务，措置减裂，今条画行下其所修法，入熙河兰湟、秦凤路敕遵行之。"

福建路枪仗手 元丰元年，转运使蹇周辅言："廖恩为盗，以枪仗手捕杀，乃有冒枪仗手之名，乘贼势惊扰村落，患有甚于廖恩者。"诏犯者特加刺配。周辅请额定枪仗手人数，岁集阅之。下其章兵部。兵部请依保甲法编排，罢旧法，以隶提刑司。居相近者五人为小保，保有长；五小保为一大保长，十大保为一都副保正。具教阅、捕盗贼、食直等令颁焉。总一万二百人有奇，以岁之农隙，部使者分阅，仍弓手法赏之。二年，立法，听自置兵械寄于官，遇捕盗乃给，数外置者人私有法。

元祐元年，御史上官均言："福建路往年因寇盗召募枪手，多至数百人，少不下一二百人。每岁监司亲到按试犒赏，比至阅视，其老弱不闲武技者十七八。监司所至，多先期呼集。既至，往往代名充数，冒受支赏，徒有呼集之劳，而无校试之实。欲乞重行考核，不必充满旧数，庶几得实。"

靖康元年，臣僚言："天下步兵之精，无如福建路，出入轻捷，驭得其术，一可当十。乞选官前去召募。"从之。

江南西路枪仗手　熙宁七年，诏籍虔汀漳三州乡丁、枪手等，以制置盗贼司言三州壤界岭外，民喜贩盐且为盗，非土人不能制故也。

元丰二年，诏虔州枪仗手千五百三十六人，抚州建昌军乡丁、关军，各千七百七十八人为定额。每岁农隙，轮监司、提举司官案阅武艺，以备奸盗。从前江西转动副使蒋之奇请也。

宣和三年，兵部言："近因江西漕臣谓本路枪仗手，元丰七年以八千三十五人为额，至元祐中减罢七千一百四十二人，元符间虽尝增立人数，比之元额犹减其七。乞诏诸路监司、帅臣并遵熙宁旧制补足元额。"从之。

蕃兵者，具籍塞下内属诸部落，团结以为蕃篱之兵也。西北边羌戎，种落不相统一，保塞者谓之熟户，余谓之生户。陕西则秦凤、泾原、环庆、鄜延，河东则石、隰、麟、府。其大首领为都军主，百帐以上为军主，其次为副军主、都虞候、指挥使、副兵马使，以功次补者为刺史、诸卫将军、诸司使副使、承制、崇班、供奉官至殿侍。其充本族巡检者，奉同正员，月添支钱十五千，米面兼马有差。刺史、诸卫将军请给，同蕃官例。首领补军职者，月奉钱自三千至三百，又岁给冬服绵袍凡七种，紫绫三种。十将而下皆给田土。

康定初，赵元昊反，先破金明砦，杀李士彬父子，蕃部既溃，乃破塞门、安远砦，围延州。二年，陕西体量安抚使王尧臣言："泾原路熟户万四百七十余帐之首领,各有职名。曹玮帅本路,威令明著,尝用之以平西羌。其后,守将失于抚驭,浸成骄黠。自无昊反,镇戎军及渭州山外皆被侵扰,近界熟户亦遭杀掳。蕃族之情,最重酬赛,因其衅隙而激怒之,可复得其用。请遣人募首领愿效用者,籍姓名及士马之数。数及千人,听自推有谋勇者授班行及巡检职名,便将领出境。破荡生户所获财畜,官勿检核。得首级及伤者给赏,仍依本族职名迁补增奉。"诏如所请。

庆历二年,知青涧城种世衡奏:"募蕃兵五千,涅右手虎口为"忠勇"字,隶折马山族。言者因请募熟户,给以禁军廪赐使戍边,悉罢正兵,下四路安抚使议,环庆路范仲淹言:"熟户恋土田,护老弱、牛羊,遇贼力战,可以藩蔽汉户,而不可倚为正兵。大率蕃情黠诈,畏强凌弱,常有以制之则服从可用,如倚为正兵必至骄塞。又今蕃部都虞候至副兵马使奉钱止七百,悉无衣廪。若长行遽得禁兵奉给,则蕃官必生徼望。况岁罕见敌,何用长与廪给?且钱入熟户,蕃部资市羊马、青盐转入河西,亦非策也。若遇有警,旋以金帛勇猛,为便。"议遂格。

治平二年,诏陕西四路驻泊钤辖秦凤梁实、泾原李若愚、环庆王昭明、鄜延韩则顺各管勾本路蕃部,团结强人、壮马,预为经画,寇到则老弱各有保存之所。仍谕实等往来蕃帐,受其牒诉,伸其屈抑,察其反侧者羁縻之,勿令猜阻以萌衅隙。实等到蕃部召首领,称诏犒劳,赏以金帛;籍城砦兵马,计族望大小,分队伍,给旗帜,使各缮堡垒,人置器甲,以备调发。仍约:如令下不集,押队首领以军法从事。自治平四年以后,蕃部族帐益多,而抚御团结之制益密,故别附于其后云:

秦凤路:砦十三,强人四万一千一百九十四,壮马七千九百九十一。三阳砦,十八门、三十四大部族、四十三姓、一百八十族、总兵马三千四百六十七。陇城砦,五门、五大部族、三十四小族、三十四姓,总兵马二千五十四。弓门砦,二大、十七部族、十七姓、十七小族,总兵马一千七百四。冶墩砦,二大门、二大部族、九姓、九小部族,总兵马三百六十。床穰砦,二大门、二大部族、十一姓、十一小族,总兵马一千八十。静戎砦,门三,计大部族十、六姓、十六小族,总兵马六百二十五。定西砦,四门、四大部族、十六姓、二十八族,总兵马六百。伏羌砦,二门、二大部族、三十二姓、三十三小部族,总兵马一千九百九十二。安远砦,二十三门、二十三大部族、一百二十六姓、一百二十六小族,总兵马五千三百五十。来还砦,八门、八大部族、十九姓、十九小族,总兵马一千五百七十四。宁远砦,四门、四大部族、三十六姓、三十六小族,总兵马七千四百八十。古渭砦,一百七十二门、一百七十一姓、十二大部族、一万六千九百七址小帐,兵七千七百、马一千四百九十。

鄜延路:军、城、堡、砦十,蕃兵一万四千五百九十五,官马二千三百八十二,强人六千五百四十八、壮马八百十。永平砦,东路都巡检所领八族兵一千七百五十四、马四百九。青涧城,二族兵四千五百十、马七百三十四。陇安砦,鬼魁等九族兵五百九十九、马一百二十九。西路德靖砦,同都巡检所领揭家等八族兵一千一百一十四、马一百五十。安定堡,东路都巡检所领十六族兵一千九百八十九,马四百六十。保安军,两族兵三百六十一、纪五十。德靖砦,西路同都巡检所领二十族兵七千八百五、马八百七十七。又小胡等十九族兵六千九百五十六、马七百二十五。保安军,北都巡检所领厥七等九族兵一千四百四十一、马一百六十七。园林堡,两族兵八百二十二、马九十三。肃戎军,卜移等八族兵七百四十八、马一百二十三。

泾原路:镇、砦、城、堡二十一,强人一万二千四百六十六,壮马四千五百八十六,为一百十甲,总五百五队。新城镇,四族总兵马三百四十一,为十六队。截原砦,六族总兵马五百九十六,为六甲二十队。平安砦,十一族总兵马二千三百八十四,为十甲四十六队。开边砦,十八族总后马一千二百五十四,为九甲四十四队。新门砦,十二族总兵马一千七十三,为三甲二十八队。西壕砦,三族总兵马四百五十四,为四甲五二十队。柳泉镇,十二族总兵马九百八十六,为七甲三十一队。绥宁、海宁砦,四族总兵马七百八十八,为四十甲三十二队。靖安砦,四族总兵马一千九百八十二,为四甲五十九队。瓦亭砦。四族总兵马五百九十一,为四甲五十九队。安国镇,五族总兵马六百三十四,为五甲二十二队。耀武镇,一族总兵马三十二,为一队。新砦,两族总兵马一百九。东山砦,四族总兵马二百二,为四甲九队。彭阳城,三族总兵马一百八十四为六甲十二队。德顺军,强人三千六百七十六,壮马二千四百八十五,为三十六甲一百三十五队。本军二十一族总兵马二千五百二,为三十六队。隆德砦，七族总兵马二百五十六，为一十七甲十九队。静边砦，二十四族总兵马一千八百七，为三十六队。水洛城，十九族总兵马一千三百五十四，为十九甲三十八队。通边砦，五族总兵马一百七十六，为六队。

环庆路：镇、砦二十八，强人三万一千七百二十三，壮马三千四百九十五，总一千一百八十二队。安塞砦，四族，强人三百五十一，壮马三十，为十六队。洪德砦，二族，强人二百七十三，壮马五十二，为十队。肃远砦，三族，强人一千五百五十九，壮马二百六十三，为六十队。乌仑砦，一族，强人六百八十四，壮马一百一十八，为二十六队。永和砦，旁家一族计六标，强人一千二百五十五，壮马二百二，为四十四队。平远砦，六族，强人五百四十，壮马八十七，为二十七队。定远砦，六族，强人七百四十八，壮马一百一十六，为三十队。合道镇，十四族，强人一千五百六十五，壮马一百八十三，为五十七队。木波镇，十四族，强人二千一百六十九，壮马一百九十五，为六十一队。石昌镇，二族，强人四百六十二，壮马三十四，为十七队。马领镇，四族，强人一千十六，壮马八十，为二十四队。团堡砦，二族，强人一千二十二，壮马一百十一，为二十四队。荔原堡，十三族，强人二千二百二十一，壮马二百九十四，为八十二队。大顺城，二十三族，强人三千四百九十一，壮马三百十四，为一百四十一队。柔远砦，十二族，强人二千三百八十一，壮马一千，为九十队。东谷砦，十六族，强人四百五十九，壮马五十六，为十四队。西谷砦，十族，强人一千七百九十四，壮马一百四十，为六十五队。淮安镇，二十七族，强人四千三百六十八，壮马三百二十一，为一百七十七队。平戎镇，八族，强人一千八十五，壮马一百七十一，为四十一队。五交镇，十族，强人一千一百七，壮马七十三，为四十九队。合水镇，四族，强人六百三十一，壮马九十五，为二十四队。凤川镇，二十三族，强人八百七十五，壮马一百四十三，为二十队。华池镇，三族，强人二百六十二，壮马三十八，为十二队。业乐镇，十七族，强人一千一百七十二，壮马六十四，为四十六队。府城砦，一族，强人二百三十三，壮马五，为七队。

治平四年，郭逵言："秦州青鸡川蕃部愿献地，请于川南牟谷口置城堡，募弓箭手，以通秦州、德顺二州之援，断贼入寇之路。"闰三月，收原州九砦蕃官三百八十一人，总二百二十九族七千七百三十六帐蕃兵万人，马千匹。是岁，罢四路内臣主蕃部者，选逐路升朝使臣谙练蕃情者为之。

熙宁元年,议者谓:

　　熟羌乃唐设三使所统之党项也。自西夏不臣,种落叛散,分寓南北。为首领者父死子继,兄死弟袭,家无正亲,则又推其旁属之强者以为族首,多或数百,虽族首年幼,第其本门中妇女之令亦皆信服,故国家因其俗以为法。其大首领,上自刺史下至殿侍,并补本族巡检,次首领补军主、指挥使,下至十将,第受廪给,岁久主客族帐,混淆莫纪。康定中,尝遣蒋偕籍之。今逾三十年,主家或以累降失其先职族首名品,而客户或以功为使臣,军班超处主家之上。军兴调发,有司惟视职名,使号令其部曲,而众心以非主家,莫肯为用。

　　请自今蕃官身殁,秩高者子孙如例降等以为本族巡检,其旁边能捍贼者给奉,远边者如旧限以岁月;其已降等或三班差使、殿侍身殁无等可降者,子孙不降,充军主、指挥使者即以为殿侍。如此,则本族蕃官名品常在。或其部曲立功当任官者,非正亲毋得为本族巡检,止增其奉;其军主至十将,祖、父有族帐兵骑者,子孙即承其旧,限年受廪给;能自立功者不用此令。如此,则熟羌之心皆知异日子孙不失旧职,世为我用矣。

枢密院乃会河东路,蕃部承袭不降资;秦凤路降两资,泾原路蕃官告老以门内人承代亦不降资,鄜延、环庆路蕃官使臣比在授职。蕃官副兵马使以上元无秦到之人,诏鄜延、环庆路蕃官本族首领子孙当继袭者,若都军主以下之子孙勿降,殿侍并差使、殿侍之子孙充都军主,借职、奉职之子孙充殿侍,侍禁、殿直之子孙充差使,殿侍、供奉官之子孙补借职,承制以下子孙补奉职;其诸司副使以上子孙合继袭者,视汉官遗表加恩二等。奏可。

二月,知青涧城刘岊言:“所隶归明号箭手八指挥,凡三千四百余人、马九百匹,连岁不登,愿以丹州储粮振恤。”诏下其章转运司行之。

二年,郭逵奏:“蕃兵必得人以统领之。若专迫以严刑,彼必散走山谷,正兵反受其弊。当设六术以用之:“曰远斥堠,曰择地利,曰从其所长,曰舍其所短,曰利诱其心,曰战助其力。此用蕃兵法也。”
诏从之。

三年,宣抚使韩绛言:“亲奉德音,经蕃部子孙承袭者多幼弱,
不以统众,宜选其族人为众信伏者代领其事。圣算深远,真得御边
之要。请下诸路帅臣以诏从事。”

四年,诏:“蕃官殿侍、三班差使补职,或繇殿侍迁差使及十二
年,尝充巡检或管干本族公事,或为蕃官指挥,或尝备守御之任者,
总管司以闻,特与迁改。”

五年,王韶招纳沿边蕃部,自洮、河、武胜军以西,至兰州、马衔
山、洮岷、宕、叠等州,凡补蕃官、首领九百三十二人,首领给飧钱、
蕃官给奉者四百七十二人,月计费钱四百八十余缗,得正兵三万,
族长数千。

六年,帝谓辅臣曰:“洮西香子城之战,官军贪功,有斩巴毡角
部蕃兵以效级者,人极嗟愤。昔李靖分汉蕃兵各为一队,无用众于
纷乱。”王安石进曰:“李靖非素拊循蕃部者也,故其教兵当如此。今
熙河蕃部既为我用,则当稍以汉法治之,使久而与汉兵如一。武王
用微、庐、彭、濮人,但为一法。今宜令蕃兵稍与汉同,与蕃贼异,必
先录用其豪杰,渐以化之。此用夏变夷之术也。”帝乃诏王韶议其
法。

帝曰:“岷、河蕃部族帐甚众,傥抚御咸得其用,可以坐制西夏,
亦所谓以蛮夷攻蛮夷者也。陕西极塞,傥会合为练,为用兵之势以
饫敌人,彼必随而聚兵以应我。频年如此,自致困弊。兵法所为“佚
能劳之。”者也。安石对曰:“朝廷当先为不可胜,聚粮积财,选兵而
已。新附之羌,厚以爵赏,收其豪杰,赐之坚甲利兵以激其气,使人
人皆有趋赴之志,待我体强力充,鼓行而西,将无不可者。”冯京、王
圭曰:“傥如圣策,多方以误之,彼既疲于点集,而我无攻取之实,久
之必不我应。因尔举兵,若蹈无人之境矣。”帝曰:“此正晋人取吴之
策也。夫欲经营四夷,宜无先于此矣。”帝尝谓:“蕃部未尝用兵,恐
以虚名内附,临事不可使。”安石对曰:“刚克柔克,所用有宜。王韶

以为先以恩信结纳其人,有强梗不服者,乃以杀伐加之。大抵蕃部之情,视西夏与中国强弱为向背。若中国形势强,附中国为利,即不假杀伐,自尝坚附。矧蕃部之俗,既宗贵种,又附强国,今用木征贵种等三人,又稍以恩信收蕃部,则中国形势愈强,恐不假杀伐,而所附蕃部自可制使。"帝以为然。是时,王韶拓熙河地千二百里,招附三十余万口。安石奏曰:"今以三十万之众,渐推文法,当即变其夷俗。然韶所募勇敢士九百余人,耕田百顷,坊三十余所。蕃部既得为汉,而其俗又贱土贵货,汉人得以货与蕃部易田,蕃人得货,两得所欲,而田畴垦,货殖通,蕃汉为一,其势易以调御。请令韶如诸路以钱借助收息,又捐百余万缗养马于蕃部,且十伍其人,奖劝以武艺,使其人民富足,士马强盛,奋而使之,则所向可以有功。今蕃部初附,如洪荒之人,唯我所御而已。"

七年,诏言:"讨平河州叛蕃,辟土甚广,已置弓箭手又以其余地募蕃兵弓箭手,每砦三指挥或至五指挥,每指挥二百五十人,给田百亩,以次蕃官二百亩,大蕃官三百亩,仍募汉弓箭手为队长,稍众则补将校,既蕃官同主部族之事。其蕃弓箭手并刺"蕃兵"字于左耳,以防汉兵之益杀而效首者。"诏如其请。十一月,王中正团结熙河界洮、河以西蕃部得正兵三千八十六人,正副队将六十人,供赡一万五千四百三十人。

八年五月,诏李承之参定蕃兵法。十一月,诏:"选陕西蕃兵丁壮户,九丁以上取五,六取四五取三,三取二,二取一,并年二十以上,涅手背,毋过五丁。每十人置十将一,五十人置副兵马使一,百人置军使一、副兵马使一,二百人置军使一、副兵马使三,四百人加军使一、副兵马使一,五百人又加指挥使一、副后马使一,过五百人每百人加军使一、副兵马使一,即一族三下人已上亦置副兵马使一,不及二十人止置十将。月受奉,仍增给钱,指挥使一千五百至十将有差。"

十年,枢密院言:"陕西、河东议立团结蕃部法,欲如所奏。"上手诏曰:"夏人所恃以强国者,山界部落数万之众尔。按其地志,朝廷已据有其半。彼用之则并小凌大,所向如欲;在我则徒能含抚豢养,未尝得其死力,岂惟不能用之,又恐其为患也。故小有悖戾,有司惟能以利说解之,上下相习畏惮,任其纵散,久失部勒。其近降之法,固未可信其必行,然以理言之,彼此均有其人,而利害辽远。今苟循边人,众知其说,止一旧法聊改一二,则收功疑亦不异往日。徒为纷纷,无补于事。可再下吕惠卿参详以闻。”

元丰六年,诏:“蕃官虽至大使臣,犹处从官小使臣之下。朝廷赏功增秩,以为激劝,及尔卑抑,则孰知迁官之荣?宜定蕃汉官序位。”后河东经略司言:“蕃官部堡塞兵出战,尝以汉官驱策,恐不当与汉官序位。”而兵部请蕃不非统辖者乃序官,奏可。熙河兰会路经略制置使李宪言:“治蕃兵,置将领,法贵简而易行,详而难犯。臣今酌蕃情立法,凡熙河兰会五郡,各置都同总领蕃兵将二人;本州诸部族出战,蕃兵及供赡人刀各置管押蕃兵使臣十人。五郡蕃兵自为一将,出战则以正兵继之,旗帜同色。蕃兵以技艺功劳第为四等,蕃官首领推迁如之。”八月宪又言:“汉蕃兵骑杂为一军,语言不通,居处饮食悉不便利。昔李靖以蕃落自为一法,臣近以蕃兵自为一将,厘汉蕃为两军,相参号令,军事惟所使焉。”

七年,泸南缘边安抚司言:“罗始党生界八姓,各愿依七姓、十九姓刺充议军,团结为三十一指挥,凡一万五千六百六十人。从之。

元祐元年,臣僚言:“泾原路蕃兵人马凡众,遇临敌与正兵错杂,非便。”诏下其章四路都总管详议,环庆范纯粹言:“汉蕃兵以诚不可杂用,宜于逐将各选廉勇晓蕃情者一员专充蕃将,令于平日钤束训练,遇有调发,即今部领为便。”又言:“顷兵部议乞蕃汉官非相统辖者,并依官序相压;其城砦等管辖蕃官,即依旧在本辖汉官之下。诏从其请。且诸路蕃官,不问官职高卑,例在汉官之下,所以尊中国,制远人也。行之既久,忽然更制,便与不相统辖之官依品序位,即边上使臣及京职官当在蕃官之下十有八九,非人情所能堪。蕃部凶骄,岂可辄启?宜悉依旧制,并序汉官之下。”从之。

元符二年三月,泾原经略司言:“乞将东西路蕃兵将废罢,仍于顺便城砦隶属逐将统领,与汉兵相兼差使。"秦凤路如之。四月,环庆路经略安抚司言:"新筑宁边城有西夏来投蕃部甚众,欲自今将归顺之人,就新城收管给田,仍乞选置总领蕃兵正副二员。"从之。

宋史卷一九二
志第一四五

兵六 乡兵三

保甲　建炎后乡兵　建炎后砦兵

保甲　熙宁初,王安石变募兵而行保甲,帝从其议。三年,始联比其民以相保任。乃诏畿内之民,十家为一保,选主户有干力者一人为保长;五十家为一大保,选一人为大保长;十大保为一都保,选为众所服者为都保正,又以一人为之副。应主客户两丁以上,选一人为保丁。附保。两丁以上有余丁而壮勇者亦附之,内家赀最厚、材勇过人者亦充保丁,兵器非禁者听习。每一大保夜轮五人警盗,凡告捕所获,以赏格从事。同保犯强盗、杀人、放火、强奸、略人、传习妖教、造畜蛊毒,知而不告,依律伍保法。余事非干已,又非敕律所听纠,皆毋得告,虽知情亦不坐,若于法类保合坐罪者乃坐之。其居停强盗三人,经三日,保邻虽不知情,科失觉罪。逃移、死绝,同保不及五家,并他保。有自外入保者,收为同保,户数足则附之,俟及十家,则别为保,置牌以书其户数姓名。既行之畿甸,遂推之五路,以达于天下。时则以捕盗贼相保任,而未肄以武事也。

四年,始诏畿内保丁肄习武事。岁农隙,所隶官期日于要便乡村都试骑步射,并以射中亲疏远近为等。骑射校其用马,有余艺而愿试者听。第一等保明以闻,天子亲阅试之,命以官使。第二等免当年春夫一月,马菵四十,役钱二千,本户无可免,或所免不及,听移免他户而受其直。第三、第四等视此有差。艺未精愿候阅试,或附甲单丁愿就阅试者,并听。都副保正武艺虽不及等,而能整齐保户无扰,劝诱丁壮习艺及等,捕盗比他保最多,弭盗比他保最少,所隶官以闻,其恩视第一等焉。都副保正有阙,选大保长充。都副保正虽劝诱丁壮习艺,而辄疆率妨务者,禁之。吏因保甲事受赇;敛掠,加乞取监临三等,杖、徒、编管配隶,告者次第赏之,命官犯者除名。时虽使之习武技而未番上也。

五年,右正言、知制诰、判司农寺曾布言:"近日保户数以状诣县,愿分番隶巡检司习武技,提点司以闻朝廷及司农寺。未敢辄议,愿下提点司送中书详审,付司农具为令。"于是诏:"主户保丁愿上番于巡检司,十日一更,疾故者次番代之,月给口粮、薪菜钱,分番巡警,每五十人轮大保长二、都副保正一统领之。都副保正月各给钱七千,大保长三千。当番者毋得辄离本所。捕逐据盗,虽下番人亦听追集,给其钱斛,事讫遣还,毋过上番人数,仍折除其上番日。巡检司量留厢界给使,余兵悉罢。应番保丁武技及第三等已上,并记于籍。遇岁凶,五分已上者第振之,自十五石至三石为差。"十一月,又诏尉司上番保丁如巡检司法。

六年,诏开封府畿以都保置木契,左留司农寺,右付其县,凡追胥、阅试、肄习则出契。是月,又诏行于永兴、秦凤、河北东西、河东五路,唯毋上番。余路止相保任,毋习武艺,内荆湖、川、广并边者可肄武事,令监司度之。后惟全部土丁、邕钦洞丁、广东枪手改为保甲者则肄焉。十二月,乃罢河北西路强壮,缘边弓箭社系籍番上巡守者。

初,开封府畿、五路保甲及五万人,二年一解发,诣京师阅试命官,开封府畿十人,五路七人。八年,诏开封府畿及一万人、五路及一万五千人,各许解发一人。

九年,枢密院请自今都副保正、义勇军校二年一比选,县考其训习武艺及等最多、捕察而盗贼最少者上于州,州上所辖官司,同比较以闻。或中选人多,则择武艺最优者。额外尚有可解发者,则第其次为之旌劝。第一次,州县籍记姓名,犯杖以下听赎。第二次,以等第赐杖子、紫衫、银带,犯徒罪情轻裁;累及三次者,降宣补之,给马及刍菽。五路义勇军校二千,解发毋得过三人。保甲都副保正之解发者亦以二年,府界六人,河北、河东各四人,永兴、秦凤等路七人。都保正、指挥使与下班殿侍,副保正、副指挥使与三司军将,正副都头与守阙军将,并赐衣及银带、银裹头杖,给马有差。

初,保甲隶司农,熙宁八年,改隶兵部,增同判一、主簿二、干当公事官十,分按诸州,其政令则听于枢密院。十年,枢密院副都承旨张诚一上《五路义勇保甲敕》;元丰元年,翰林学士、权判尚书兵部许将修《开封府界保甲敕》成书上之,诏皆颁焉。

二年十一月,始立《府界集教大保长法》,以昭宣使入内内侍省副都知王中正、东上阁门使狄咨兼提举府界教保甲大保长,总二十二县为教场十一所,大保长凡二千八百二十五人,每十人一色事艺,置教头一。凡禁军教头二百七十,都教头三十,使臣十。弓以八斗、九斗、一石为三等,弩以二石四斗、二石七斗、三石为三等,马射九斗、八斗为二等,其材力超拔者为出等。当教时,月给钱三千,日给食,官予戎械、战袍,又具银楪、酒醴以为赏犒。

三年,大保长艺成,乃立团教法,以大保长为教头,教保丁焉。凡一都保相近者分为五团,即本团都副保正所居空地聚教之。以大保长艺成者十人衮教,五日一周之。五分其丁,以其一为骑,二为弓,三为弩。府界法成,乃推之三路,各置文武官一人提举,河北则狄咨、刘定,陕西则张山甫,河东则黄廉、王崇拯,以封桩养赡义勇保甲钱粮给其费。是岁,引府界保甲武艺成,帝亲阅,录用能者,余赐金帛。

四年,改五路义勇为保甲。狄咨、刘定部领澶州集教大保长四百八十二人见于崇政殿,召执政赐坐阅试,补三班借职、差使、借差凡三十六人,余赐金帛有差。迁咨四方馆使,定集贤校理。又诏曰:"三路见训民兵非久,什长艺成,须便行府界团教之,钱粮、官吏并如畿县,未知及其能办与不。若更是稽延月日,必致有误措置大法,可令承旨取索会校之。其年，府界、河北、河东、陕西路会校保甲，都保凡三千二百六十六，正长、壮丁凡六十九万一千九百四十五，岁省旧费缗钱一百六十六万一千四百八十三，岁费缗钱三十一万三千一百六十六，而团教之赏为钱一百万有奇不与焉。凡集教、团教成，岁遣使则谓之提举按阅，率以近臣挟内侍往给赏钱，按格令从事。诸路皆以番次艺成者为序，率五六岁一遍，独河东以金帛不足，乃至十一岁。上以晋人勇悍，介辽、夏间，讲劝宜不可后，诏赐缗钱十五万。时系籍义勇、保甲及民兵凡七百一十八万二千二十八人云。熙宁九年之数。

保甲立法之初，故老大臣皆以为不便，而安石主议甚力，帝卒从之。今悉著其论难，使来者考焉。

帝尝论租庸调法而善之，安石对曰："此法近井田，后世立事粗得先王遗意，则无不善。今亦无不可为，顾难速成尔。"及帝再问，则曰："人主诚能知天下利害，以其所谓害者制法，而加于兼并之人，则人自不敢保过限之田；以其所谓利者制法，而加于力耕之人，则人自劝于力耕，而授田不能过限。然此须渐乃能成法。使人主诚知利害之权，因以好恶加之，则所好何患人之不从，所恶何患人之不避？若人主无道以揆之，则多为异议所夺，虽有善法，何由立哉？"

帝谓府兵与租庸调法相须，安石则曰："今义勇、土军上番供役，既有廪给，则无贫富皆可以入卫出戍，虽无租庸调法，亦自可为。第义勇皆良民，当以礼义奖养。今皆倒置者，以涅其手背也，教阅而糜费也，使之运粮也。三者皆人所不乐，若更殴之就敌，使被杀戮，尤人所惮也。"

冯京曰："义勇亦有以挽强得试推恩者。"安石曰："挽强而力有不足，则绝于进取，是朝廷有推恩之滥，初非劝奖使人趋武事也。今欲措置义勇皆当反此，使害在于不为义勇，而利在于为义勇，则俗可变而众技可成。臣愿择乡间豪杰以为将校，稍加奖拔，则人自悦服。矧今募兵为宿卫，及有积官至刺史以上者。移此与彼，固无不可,况不至如此费官禄,已足使人乐为哉!陛下诚能审择,近臣皆有政事之材,则异时可使分将此等军矣。今募兵出于无赖之人,尚可为军厢主,则近臣以上岂不及此辈? 此乃先王成法,社稷之长计也。"帝以为然。

时有欲以义勇代正兵者,曾公亮以为置义勇、弓手,渐可以省正兵。安石曰:"诚然,第今江、淮置新弓手,适足以伤农。"富弼亦论京西弓手非便。安石曰:"揆文教,旧武卫,先王所以待远迩者固不同。今处置江、淮与三边,事当有异。"

帝又言节财用,安石对以减兵最急。帝曰:"比庆历数已甚减矣。"因举河北、陕西兵数,虑募兵太少,又训择不精,缓急或阙事。安石则曰:"精训练募兵而鼓舞三路之民习兵,则兵可省。臣屡言,河北旧为武人割据,内抗朝廷,外敌四邻,亦有御奚、契丹者,兵储不外求而足。今河北户口蕃息,又举天下财物奉之,常若不足;以当一面之敌,其施设乃不如武人割据时。则三路事有当讲画者,在专用其民而已。"帝又言:"边兵不足以守,徒费衣廪。然固边围又不可悉减。"安石曰:"今更减兵,即诚无以待急缓;不减,则费财困国无已时。臣以谓傥不能理兵,稍复古制,则中国无富强之理。"

帝曰:"唐都长安,府兵多在关中,则为强本。今都关东而府兵盛,则京师反不足待四方。"安石曰:"府兵在处可为,又可令入卫,则不患本不强。"韩绛、吕公弼皆以入卫为难。文彦博曰:"如曹、濮人专为盗贼,岂宜使入卫?"安石曰:"曹、濮人岂无应募? 皆暴猾无赖之人,尚不以为虞;义勇皆良民,又以物力户为将校,岂当复以为可虞也?"

陈升之欲令义勇以渐戍近州。安石曰:"陛下若欲去数百年募兵之敝,则宜果断,详立法制,令本末备具。不然,无补也。"帝曰:"制而用之,在法当预立条制,以渐推行。"彦博等以以为土兵难使千里出战。安石曰:"前代征流求,计党项,岂非府兵乎?"帝曰:"募兵专于战守,故可恃;至民兵,则兵农之业相半,可恃以战守乎?"安石曰:"唐以前未有黥兵,然亦可以战守。臣以谓募兵与民兵无异,顾所用将帅如何尔。将帅非难求，但人主能察见郡臣情伪，善驾御之，则人材出而为用，不患无将帅；有将帅，则不患民兵不为用矣。”

帝曰："经远之策，必至什伍其民，费省而兵众，且与募兵相为用矣。"安石对曰："欲公私财用不匮，为宗社长久计，募兵之法诚当变革。"帝曰："密院以为必有建中之变。"安石对曰："陛下躬行德义，忧勤政事，上下不蔽，必无此理。建中所以变，德宗用卢杞之徒而疏陆贽，其不亡者幸也。"

时开封鞫保户有质衣而买弓箭者，帝恐其贫乏，艰于出备。安石曰："民贫宜有之，抑民使置弓箭，则法所弗去也。往者冬阅及巡检番上唯就用在官弓矢，不知百姓何故至于质衣也。然自生民以来，兵农为一，耒耜以养生，弓矢以免死，皆凡民所宜自具，未有造耒耜、弓矢以给百姓者也。然则，虽使百姓置弓矢亦不为过。第陛下优恤百姓甚至，故今立法，一听民便尔。且府界素多群盗，攻劫杀掠，一岁之间至二百火，逐火皆有赏钱，备赏之人即今保丁也。方其备赏之时，岂无卖易衣服以纳官赏者？然人皆以谓赏钱宜出于百姓。夫出钱之多不足以止盗，而保甲之能止盗，其效已见，则虽令民出少钱以置器械，未有损也。"帝曰："赏钱人所习惯，则安之如自然；不习惯，则不能无怨。如河决坏民产，民不怨；决河以坏民产，则怨矣。"

帝尝批："陈留县所行保甲，每十人一小保，中三人或五人须要弓箭，县吏督责，无者有刑。百姓买一弓至千五百，十箭至六七百，当青黄不接之际，贫下客丁安能出办？又每一小保用民力筑射垛，又自办钱粮起铺屋。每保置鼓，遇贼声击，民居远近不一，甲家遭贼，鼓在乙家，则无缘声击。如此。须人置一鼓，费钱不少。可速指挥令止如元议，团保觉察盗贼，余无得施行。乡民既忧无钱买弓箭，加以传惑徙之戍边，是以父子聚首号泣者非虚也。"安石进呈不行。

帝谓安石："保甲诚有斩指者，此事宜缓而密。"安石曰："日力可惜。"帝曰："然亦不可遽，恐却沮事。"安石曰："此事自不敢不密。"权知开封府韩维等言："诸县团结保甲，乡民惊扰。祥符等县已毕,其余县乞候农闲排定。"时府界诸县乡民,或自残伤以避团结,安石辨说甚力。时曾孝宽为府界提点,榜募告捕扇惑保甲虽甚严,有匿名书封丘郭门者,于是诏重赏捕之。

安石曰:"乃者保甲,人得其愿上番状,然后使之,宜于人情无所惊疑。且今居藏盗贼及为盗贼之人,固不便新法。陛下观长社一县,捕获认界剧贼为保甲迫逐出外者至三十人。此曹既不容京畿,又见捕于辅郡,其计无聊,专务扇惑。比闻为首扇惑者已就捕,然至京师亦止有二十许人。以十七县十数万家,而被扇惑者才二十许人,不可谓多。自古作事,未有不以势率众而能令上下如一者。今联十数万人为保甲,又待其应募乃使之番上,比乃以陛下矜恤之至。令保甲番上捕盗,若任其自去来,即孰肯听命? 若以法驱之,又非人所愿。且为天下者,如止欲任民情所愿而已,则何必立君而为之张官置吏也? 今辅郡保甲,宜先遣官谕上旨,后以法推行之。"帝曰:"然。"

一日,帝谓安石曰:"曾孝宽言,民有斩指诉保甲者。"安石曰:"此事得于蔡骃,赵子几使骃验问,乃民困斫木误斩指,参证者数人。大抵保甲法,上自执政大臣,中则两制,下则盗贼及停藏之人,皆所不欲。然臣召乡人问之,皆以为便。虽有斩指以避丁者,不皆然也。况保甲非特除盗,固可渐习为兵。既人皆能射,又为旗鼓变其耳目,且约以免税上番代巡检兵;又自正长而上,能捕贼者奖之以官,则人竞劝。然后使与募兵相参,则可以销募兵骄志,且省财费,此宗社长久之计。"帝谓什伍百姓如保甲,恐难成,不如便团结成指挥,以使臣管辖。安石曰:"陛下诚能果断,不恤人言,即便团结指挥,亦无所妨。然指挥是虚名,伍百人为一保,缓急可唤集,虽不名为指挥,与指挥使无异,乃是实事。幸不至大急,即免命人骇扰而事集为上策。"帝遂变三路义勇如府畿保甲法。

冯京曰:"义勇已有指挥使,指挥使即其乡里豪杰,今复作保甲,命何人为大保长?"安石:"古者民居则为乡,五家为比,比有长,及用兵,即五人为伍,伍有伍司马。二十五家为闾,闾有闾胥,二十五人为两有两司马。两司马即闾胥,伍司马即比长,第随事异名而已。此乃三代六乡六军之遗法。其法见于书,自夏以来,至周不改。秦虽决裂阡陌,然什伍之,尚如古制,此所以兵众而强也。征伐唯府兵为近之。今舍已然之成宪,而乃守五代乱亡之余法,其不足以致安强无疑。然人皆恬然不以因循为可忧者,所见浅近也。

安石又奏:义勇须三丁以上,请如府界,两丁以上尽籍之。三丁即出戍,诱以厚利;而两丁即止令于巡检上番,如府界法。大略不过如此。当遣人与略、转运司及诸州长吏议之,及访本路民情所若所欲,因以寓法”。帝曰:“河东修义勇强壮法,又命团集保甲,如何?”安石对曰:“义勇须隐括丁数,若因团集保甲,即一动而两业就。今既遣官隐括义勇,又别遣官团结保甲,即分为两事,恐民不能无扰。”或曰:“保甲不可代正军上番否?”安石曰:“俟其习熟,然后上番。然东兵技艺亦弗能优于义勇、保甲,臣观广勇、虎翼兵固然。今为募兵者,大抵皆偷惰顽猾不能自振之人。为农者,皆朴力一心听令之人,则缓急莫如民兵可用。”冯京曰:“太祖征伐天下,岂用农兵?”安石曰:“太祖时接五代,百姓困极,豪杰多以从军为利。今百姓安业乐生,而军中不复有如响时拔起为公侯者,即豪杰不复在军,而应募者大抵皆偷隋不能自振之人尔。”帝曰:“兵之强弱在人。五代兵弱,至世宗而强。”安石曰:“世宗所收,亦皆天下亡命强梁之人。”文彦博曰:“以道佐人主者不以兵强天下。”安石曰:“以兵强天下者非道也,然有道者固能柔能刚,能弱能强。方其能刚强,必不至柔弱。张皇六师,固先王之所尚也,但不当专务兵强尔。”帝卒从安石议。

帝曰:“保甲、义勇刍粮之费,当预为之计。”安石曰:“当减募兵之费以供之。所供保甲之费,才养兵十之一二。”帝曰:“畿同募兵之数已减于旧。强本之势,未可悉减。”安石曰:“既有保甲代其役,即不须募兵。今京师募兵,逃死停放,一季乃数千,但勿招填,即为可减。然今厢军既少,禁兵亦不多,臣愿早训练民兵。民兵成,则募兵当减矣。”又为上言:“今河北义勇虽十八万,然所可奖慰者不过酋豪百数十人而已。此府兵之遗意也。"帝以为然，令议其法。

枢密院传上旨，以府界保甲十日一番，虑大促无以精武事，其以一月为一番。安石奏曰："今保甲十日一番，计一年余八月当番，或须一月，即番愈疏。又昨与百姓约十日一番，今遽改命，恐愈为人扇惑。宜俟其习熟，徐议其更番。且今保甲阅艺八等，劝奖至优，人竞私习，不必上番然后就学。臣愚愿以数年，其艺非特胜义勇，当必胜正兵。正兵技艺取应官法而已，非若保甲人人有劝心也。"

元丰八年，哲宗嗣位，知陈州司马光上疏乞罢保甲，曰：

兵出民间，虽云古法，然古者八百家才出甲士三人，步卒七十二人，闲民甚多，三时务农，一时讲武，不妨稼穑。自两司马以上，皆选贤士大夫为之，无侵渔之患，故卒乘辑睦，动则有功。今籍乡村之民，二丁取一以为保甲，授以弓弩，教之战阵，是农民半为兵也。三四年来，又令河北、河东、陕西置都教场，无问四时，每五日一教。特置使者比监司，专切提举，州县不得关预。每一丁教阅，一丁供送，虽云五日，而保正长以泥堋除草为名，聚之教场，得略则纵，否则留之，是三路耕耘收积稼穑之业几尽废也。

自唐开元以来，民兵法坏，戍守战攻，尽募长征兵士，民间何尝习兵？国家承平百有余年，戴白之老不识兵革，一旦畎亩之人皆戎服执兵，奔驱满野，耆旧叹息以为不祥。事既草创，调发无法，比户骚扰，不遗一家。又巡检、指使，按行乡村，往来如织；保正、保长，依倚弄权，从索供给，多责赂遗，小不副意，妄加鞭挞，蚕食行伍，不知纪极。中下之民罄家所有，侵肌削骨，无以供亿，愁苦困弊，靡所投诉，流移四方，襁属盈路。又朝廷时遣使者，遍行按阅，所至犒设赏赍，糜费金帛，以巨万计。此皆鞭挞平民铢两丈尺而敛之，一旦用之如粪土。而乡村之民，但苦劳役，不感恩泽。农民之劳既如彼，国家费又如此，终何所用哉？若使之捕盗贼，卫乡里，则何必如此之多？使之戍边境，事征伐，则彼远方之民，以骑射为业，以攻战为俗，自幼及长，更无他务；中国之民，大半服田力穑，虽复授以兵械，教之击刺，在教场之中坐作进退，有似严整，必若使之与敌人相遇，填然鼓之，鸣镝始交，其奔北溃败可以前料，决无疑也，岂不误国事乎？又悉罢三路巡检下兵士及诸县弓手，皆易以保甲。主簿兼县尉，但主草市以裹；其乡村盗贼，悉委巡检，兼掌巡按保甲教阅，朝夕奔走，犹恐不办，何暇逐捕盗贼哉？又保甲中往往有自为盗者，亦有乘保马行劫者。然则设保甲、保马本以除盗，乃更资盗也。

自教阅保甲以来，河东、陕西、京西盗贼已多，至敢白书公行，入县镇，杀官吏。官军追讨，经历岁月，终不能制。况三路未至大饥，而盗贼猖炽已如此，万一遇数千里之蝗旱，而失业饥寒、武艺成就之人，所在蜂起以应之，其为国家之患，可胜言哉！此非小事，不可以忽。夫夺其衣食，使无以为生，是驱民为盗也；使比屋习战，劝以官赏，是教民为盗也；又撤去捕盗之人，是纵民为盗也。谋国如此，果为利乎，害乎？

且响者干进之士，说先帝以征伐开拓之策，故立保甲、户马、保马等法。近者登极赦书有云：“应缘边州军，仰逐处长吏并巡检、使臣、铃辖、兵士及边上人户不得侵扰外界，务要静守疆场，勿令骚扰。”此盖圣意欲惠绥殊方，休息生民，中外之人孰不归戴，然则保甲、户马复何所用哉？今虽罢户马，宽保马，而保甲犹存者，盖未有以其利害之详奏闻者也。

臣愚以为悉罢保甲使归农，召提举官还朝，量逐县户口，每五十户置弓手一人，略依缘边弓箭手法，许荫本户田二顷，悉免其税役。除出贼地分，更不立三限科校，但令捕贼给赏。若获贼数及能获强恶贼人者，各随功大小迁补职级，或补班行，务在优假弓手，使人劝募。然后募本县乡村户有勇力武艺者投充，计即今保甲中有勇力武艺者必多愿应募。若一人缺额，有二人以上争投者，即委本县令尉选武艺高强者充。或武艺衰退者,许他人指名与之比较,若武艺胜于旧者,即令冲替,其被替者中,不得荫田。如此,则不必教阅,武艺自然精熟。一县之中,其壮勇者既为弓手,其羸弱者虽使为盗,亦不能为患。仍委本州及提点刑狱常按察,令佐有取舍不公者,严行典宪。若召募不足,且即于乡村户上依旧条权差,候有投名者即令充替。其余巡检兵士、县尉弓手、耆老壮丁逐捕盗贼,并乞依祖宗旧法。

五月,以光为门下侍郎。光欲复申前说,以为教阅保甲公私劳费而无所用。是时,资政殿学士韩维、侍读吕公著欲复上前奏,先自进呈,乞罢团教。诏府界、三路保甲自来年正月以后并罢团教,仍依旧每岁农隙赴县教阅一月,其差官置场、排备军器、教阅法式番次、按赏费用,令枢密院、三省同立法。后六日,光再上奏,极其恳切,蔡确等执奏不行。诏保甲依枢密院已得指挥,保马别议立法。

九月,监察御史王岩叟言:“保甲之害,三路之民如在汤火,未必皆法之弊,盖由提举一司上下官吏逼之使然。而近日指挥虽令冬教,然尚存官司,则所以为保甲之害者,十分之六七犹在,陛下所不知也。此皆奸邪遂非饰过,而巧辞强辨以欺惑圣听,将至深之病略示更张,以应副陛下圣意而已,非至诚为国家去大害、复大利,以便百姓,为太平长久之计者也。此忠义之良心所以犹抑,奸邪之素计所以尚存。天下之识者,皆言陛下不绝害源,百姓无由乐生;不屏群邪,太平终是难致。臣愿陛下奋然独断,如听政之初行数事,则天下之大体无亏,陛下高枕而卧矣。”十月,诏提举府界、三路保甲官并罢,令逐路提刑及府界提点司兼领所有保甲,止冬教三月。又诏逐县监教官并罢,委令佐监教。

十一月,岩叟言:

保甲行之累年,朝廷固已知人情之所共苦,而前日下诏蠲疾病,汰小弱,释第五等之田不及二十亩者,省一月之六教而为三月之并教,甚大惠也。然其司尚存,其患终在。今经臣之所见者为陛下言,不敢隐其实以欺朝廷,亦不敢饰其事以罔成法。

　　夫朝廷知教民以为兵，而不知教之太苛而民不能堪；知别为一司以总之，而不知扰之太烦而民以生怨。教之欲以为用也，而使之至于怨，则恐一日用之有不能如吾意者，不可不思也。

　　民之言曰，教法之难不足以为苦，而羁縻之虐有甚焉；羁縻不足以为苦，而鞭笞之酷有甚焉；鞭笞不足以为苦，而诛求之无已有甚焉。方耕方耘而罢，方干方营而去，此羁縻之所以为苦也。其教也，保长得笞之，保正又笞之，巡检之指使与巡检者又交挞之，提举司之指使与提举司之干当公事者又互鞭之，提举之官长又鞭之，一有逃避，县令又鞭之。人无聊生，恨不得死，此鞭笞之所以为苦也。创袍、市巾、买弓、条箭、添弦、换包指、治鞍辔、盖凉棚、画象法、造队牌、缉架；儭椅卓、团典纸墨、看定人雇直、均茶缗、纳秸粒之类，其名百出，不可胜数。故父老之谚曰，"儿曹空手，不可以入教场"，非虚语也。都副两保正、大小两保长，平居于家，婚姻丧葬之间遗，秋成夏熟，丝麻谷麦之要求，遇于城市，饮食之责望。此迫于势而不敢不致者也。一不如意，即以艺不如法为名，而捶辱之无所不至。又所谓巡检、指使者，多由此徒以出，贪而冒法，不顾后祸，有逾于保正、保长者，此诛求之所为甚苦也。

　　又有逐养子、出赘婿、再嫁其母、兄弟析居以求免者，有毒其目、断其指、炙其肌肤以自残废而求免者，有尽室以逃而不归者，有委老弱于家而保丁自逃者。保丁者逃，则法当督其家出赏钱十千以募之。使其家有所出，当未至于逃，则其困穷可知，而督取十千，何可以得？故每县常有数十百家老弱嗟咨于道路，哀诉于公庭。如臣之愚，且知不忍，使陛下仁圣知之，当如何也？

　　又保丁之外，平民凡有一马，皆令借供。逐场教骑，终日驰骤，往往饥羸以至于毙，谁复敢言？其或主家倘因他出，一误借供，遂有追呼笞责之害。或因官遆督迫，不得已而易之，则有抑令还取之苦,故人人以有马为祸。此皆提举官吏倚法以生事,重为百姓之扰者也。

窃惟古者未尝不教民以战,而不闻其有此者,因人之情以为法也。夫缘情以推法,则愈久而愈行;倚威以行令,则愈严而愈悖。此自然之理也。兽穷则搏,人穷则诈,自古及今,未有穷其下而能无危者也。臣观保甲一司,上下官吏,无毫发爱百姓意,故百姓视其官司不啻虎狼,积愤衔怨,人人所同。比者保丁执指使,逐巡检,攻提举司干当官,大狱相继,今犹未已。虽民之愚,顾岂忘父母妻子之爱,而喜为犯上之恶以取祸哉?盖激之至于此极尔!激之至深,安知其发有不甚于此者?情状如此,不可不先事而虑,以保大体而图安静。

夫三时务农,一时讲武,先王之通制也。一月之间并教三日,不若一岁之中并教一月。农事既毕,无他用心,人自安于讲武而无憾。遂可罢提举司,废巡教官,一以隶州县,而俾逐路安抚司总之。每俟冬教于城下,一邑分两番,当一月。起教则与正长论阶级,罢教则与正长不相谁何。庶使百姓得以优游治生,无终年遁逃之苦,无侵渔苛虐之患,无争陵犯上之恶矣。且武事不废,威声亦全,岂不易而有功哉?惟陛下深计远虑,断在必行,以省多事,以为生灵安乐之惠,以为国家安静之福。

又乞罢三路提举保甲钱粮司及罢提举教阅,及每岁分保甲为两番,于十一、十二两月上教,不必分作四番,且不必自京师遣官视教,止令安抚司差那使臣为便。并从之。

元祐元年正月,枢密院言:“府界、三路保甲已罢团教,其教阅器械悉上送官,仍立禁约。”闰二月,诏河北东西路、永兴、秦凤等路提点刑狱兼提举保甲,并依提刑司例各为一司。三月,王岩叟劾狄谘、刘定奸赃状。御史孙升亦言:“刘定上挟章惇之奸党,下附狄谘之庸材,大肆凭陵,公行恐喝,故真定获鹿之变起于后,澶、滑之盗作于前,愿早正其罪。”于是谘、定皆罢,与在外宫观。十一月,诏府界、三路保甲人户五等已下、地土不及二十亩者,虽三丁以上,并免教。从殿中侍御史吕陶之请也。

绍圣二年七月，帝问义勇、保甲数，宰臣章惇曰："义勇，自祖宗以来旧法。治平中，韩琦请遣使诣陕西再括丁数添刺。熙宁中，先帝始行保甲法，府界、三路得七十余万丁。设官教阅始于府界，众议沸腾。教艺既成，更胜正兵。元丰中，始遣使遍教三路。先帝留神按阅，艺精者厚赏，或擢以差使、军将名目，而一时赏赉率取诸封桩或禁军阙额，未尝费户部一钱。元祐弛废，深可惜也。"

元符二年九月，御史中丞安惇奏乞教习保甲月分，差官按试。曾布言："保甲固当教习，然陕西、河东连年进筑城砦，调发未已，河北连年水灾，流民未复，以此未可督责训练。"帝曰："府界岂不可先行?"布曰："熙宁中教保甲，臣在司农。是时诸县引见保甲。事艺精熟。"章惇即曰："多得班行。"布曰："止是得殿待、军将，然俱更差充巡检司指挥。以此，仕宦及有力之家子弟，皆欣然趋赴。及引对，所乘皆良马，鞍辔华楚，马上事艺往往胜诸军。知县、巡检又皆得转官或减年。以此，上下皆踊跃自效。然是时司农官亲任其事，督责检察极精密，县令有抑令保甲置衣装非理骚扰者，亦皆冲替，故人莫敢不奉法。其后乃令上番。"帝曰："且与先自府界检举施行。"蔡卞曰："于先朝法中稍加裁损，无不可之理。"布以为甚便，容检寻文字进呈。

十一月，蔡卞劝上复行畿内保甲教阅法，帝屡以督曾布。是日，布进呈畿内保丁总二十六万，熙宁中教事艺者凡七万，因言："此事固当讲求，然废罢已十五年，一旦复行，与事初无异，当以渐行，则人不到于惊扰。"帝曰："固当以渐行之。"布曰："圣谕如此尽之矣。若便以元丰成法一切举行，当时保丁存者无畿，以未教习之人，便今上番及集教，则人情汹汹，未易安也。熙宁中，施行亦有渐，容臣讲求施行次第。"退以语卞，卞殊以为不快，乃云："熙宁初，人未知保甲之法。今耳目已习熟，自不同矣。"布不答。

徽宗崇宁四年，枢密院言："比者京畿保甲投八百七十一牒乞免教阅，又二百三十余牒遮枢密张康国马首诉焉。"是月，诏京畿、三路保甲并于农隙时教阅，其月教指挥勿行。

五年，诏河北东西、河东、永兴、秦凤路各武臣一员充提举保甲并兼提刑，其见专提举保甲文臣并罢。是月，诏京畿差武臣一员充提举保甲兼提刑，仍差文臣提刑兼提举保甲。

政和三年四月，枢密院言："神考制保甲之法，京畿、三路聚教，每番虽号五十日，其间有能勤习弓弩该赏者首先拍放。一岁之中，在场阅教。远者不过二十七日，近者止于十八日而已。若秋稼灾伤，则免当年聚教。如武艺稍能精熟，则有激赏之法。斗力出等，则免户下春夫科配；最高强者，则解发引见，试艺命官。行之累年，人皆乐从。惟京东、西虽有团成保甲之名，未尝训以武事，虑其间亦有人材甚众，能习武艺，可以命官任使之人。今欲依三路保甲编修点择条约。"从之。八月，枢密院言："诸路团成保甲者六十一万余人，悉皆乐从无扰。其京东、西路提举官任掠已转一官，直秘阁。其朝议大夫已上与转行，武臣武功大夫特与转遥郡刺史，余官减磨勘年有差。"

宣和元年，诏提举保甲督察州县都保不如令者，限一月改正，每岁以改正多寡为殿最。二年，诏诸路保甲法并遵依元丰旧制，京东京西路并罢。

三年，诏："先帝若稽成周制保伍之法，自五家相比，推而达之，二十五家为一大保，二百五十家为一都保。保各有长，都各有正，正各有副，使之相保相爱，以察奸慝。故有所行，诸自外来者，同保互告，使各相知；行止不明者，听送所属。保内盗贼，画时集捕，知而不纠，又论如律。所以纠禁几察，纤悉具备，奇邪寇盗，何所容迹？访闻法行既久，州县玩习弛废，保丁开收既不以实，保长役使又不以时。如修鼓铺、饰粉壁、守败船；治道路、给夫役、催税赋之类，科率骚扰不一，遂使寇贼奇邪无复纠察，良法美意浸成虚文。可令尚书省于诸路提点刑狱或提举常平官内，每路选委一员，令专一督责逐县令佐,将系籍人丁开收取实;选择保正长,各更替如法,便铃束保丁,递相觉察,毋得舍亡赖作过等人,遇有盗贼,画时追捕,若有过致藏若者,许诸人告首,仍具条揭示。"

钦宗请康元年三月,以尚书户部侍郎钱盖为龙图阁学士、陕西五路制置使,专一措置京兆府路保甲。六月,御史胡舜陟奏:"秦元学兵法三十年,陛下拔之下僚,为京畿提刑,训练保甲,阙者莫不慰悦。乞罢武臣提刑,以保甲属元,庶得专一。"从之。十一月,京畿提举秦元集保甲三万,先请出屯,自当一面。不从。金兵薄城,又乞行训练,乘间出战。守御使刘鞈奏取保甲自益,元谋遂塞云。

建炎后乡兵

巡社建炎元年,诏诸路州军巡社并以忠义巡社为名,隶宣抚司,后募乡民为之。每十人为一甲,有甲长;有队长;四队为一部,有部长;五部为一社,有社长;五社为一者,有都正。于乡井便处驻札。绍兴初,罢之。

枪杖手建炎二年,令福建招五千人。

土豪建炎四年,诏诸州守臣募土豪、民兵,听州县守令节制。后存留强壮,余并放散。

义兵绍兴十团集,诸州名数不等。后皆以县令为军正。

义士绍兴元年,籍兴元良家子弟,两丁取一,四丁取二,每二十人为一队,号曰义士。

民兵建炎二年,每五十人为一队,有长、副。一户取一丁,五丁取二丁。淳熙十四年,三丁取一,五丁取二,十丁取三。

弓箭手建炎初,应诸路汉蕃弓箭手限百日自陈承袭,绍兴间,以京城外闲地,依陕西沿边例,招弓箭手莳种。

土丁绍兴中,诏依嘉祐措置,三时务农,一时讲武,诸县逐乡置教场,自十一月起教,至次年正月罢教。

把截将绍兴二十七年,诏恭州、雁门控扼之地置土丁二百人。

峒丁建炎三年,命江西、福建诸处总领官籍定枪杖手、峒丁人数,以备调遣。绍兴中,罢之。

保胜绍兴六年,诏金、均、房三州保甲分为五军,以保胜为名。

勇敢 绍兴二年,诏池州就招土人充,二千为额。

保丁 二广保丁,每户一名,土丁父子兄弟皆在其数。乾道中,以拘留扰民,罢之。

山水砦 详见砦兵。

万弩手 初,熙宁间,以鼎、澧、辰、沅、靖五郡弓弩手万三千人散居边境训练,无事耕作,有警调发。绍兴以后,增损靡定。

壮丁民社 乾道四年,楚州置。

良家子 绍兴四年,招两淮、关陕流寓及阵亡主兵将子弟骁武不能存立者充,月给比强弓手,五十人为一队。

义勇 湖北诸郡皆有义勇,惟澧州石门、慈利不置籍。其法取于主户之双丁。每十户为一甲,五甲为团。甲皆有长,择邑豪为总首。农隙教武艺,食从官司给。

湖北土丁刃弩手 政和七年,募土丁充,授以闲山,散居边境,教以武艺。绍兴因之。淳熙中,李焘力言其为不便。罢之。

湖南乡社 旧制,以乡豪领之,大者统数百家,小者亦二三百家。后言者以其不便,淳熙中,择其首领,使大者不过五十家,小者减半。

忠勇 关外西和、阶、成、凤四州所聚民兵,谓之忠勇。

镇淮 初,淮南募边民号镇淮军,数至十万,月给视效勇,惟不黥涅。久之,廪不足,肆劫掠。嘉定初,选汰归农,仅存八千余人,以充效用,余补镇江大军。淮西选二万六千余充御前武定军,分为六军,军设统制。

忠义民兵 福州诸县旧有忠义社,屯结邑民,择豪右为长,量授器甲,盗由是息,人甚赖之。后有司烦扰,失初意。开禧用兵,淮、襄民兵有籍于官者,至用百六十缗以养一兵。后又放令归业,而无所归,多散为盗。乃令每郡择豪酋一人,授以官民镇之。

建炎后砦兵

两浙西路

临安府十三砦 外沙、海内、管界、茶槽、南荡、东梓、上管、赭山、黄湾、硖石、奉口、许村、下塘。

安吉州七砦 管界、安吉、秀塞、吕小幽岭、下塘、北豪、皋塘。

平江府八砦吴江、吴长、许浦、福山、白茅、江湾、杨林、角头。

常州五砦管界、小河、马迹、香兰、分界。

江阴军二砦申港、石牌。

严州五砦威平、港口、凤林、茶山、管界。

两浙东路

庆元府十砦浙东、结埼、三姑、管界、大嵩、海内、白峰、岱山、鸣鹤、公塘。

温州十三砦城下、管界、馆头、青奥、梅奥、鹿西、莆门、南监、东北、三尖、北监、小鹿、大荆。

台州六砦管界、亭场、吴都、白塔、松门、临门。

处州二砦管界、梓亭。

江南东路

南康军五砦大孤山、水陆、四望山、河湖、左里。

江南西路

隆兴府七砦都巡、邬子、松门、港口、定江、杉市、管界。

抚州七砦城南、曾田、乐安、镇马、旗步、招携、湖平。

江州六砦管界、江内、茭石、马当、城子、孤山。

兴国二砦池口、磁湖。

袁州四砦都巡、四县、管界、白斜。

临江军三砦本军、水陆、管界。

吉州十六砦富田、走马塍、永和镇、观山、明德、沙溪、西平山、杨宅、粟传、禾山、胜乡、造口、秀洲、新砦、北乡、黄茅峡。

荆湖南路

永州三砦都巡、同巡、衡永界。

宝庆三砦黄茅、西县、卢溪。

郴州五砦管界、安福、青要、赤石、上犹。

武冈军十砦三门、石查、真良、岳溪、临口、关硖、黄石、新宁、绥宁、永和。

道州四砦营道、宁远、江华、永明。

全州四砦上军、鱼口、吉宁、平塘。

福建路

邵武军十砦同巡、检、大寺、水口、永安、明溪、仁寿、西安、永平、军口、梅口。

建宁府七砦黄琦、筹岭、盆亭、麻沙、水吉、苦竹、仁寿。

南剑州八砦岿峡、洛阳、浮流、岩前、同巡、仁寿、万安、黄土。

泉州五砦都巡、同巡、石井、小兜、三县。

福州四砦辜岭、甘蔗、五县、水口。

兴化军二砦同巡、巡盐。

漳州二砦同巡、虎岭。

广西路

贺州二砦监贺、富川。

昭州四砦昭平、云峒、西岭、立山。

钦州二砦西县、管界。

宋史卷一九三
志第一四六

兵七　召募之制

　　召募之制　起于府卫之废。唐末士卒疲于征役,多亡命者,梁祖令诸军悉黥面为字,以识军号,是为长征之兵。方其募时,先度人材,次阅走跃,试瞻视,然后黥面,赐以缗钱、衣履而隶诸籍。国初因之,或募土人就所在团立,或取营伍子弟听从本军,或募饥民以补本城,或以有罪配隶给役。取之虽非一涂,而伉健者迁禁卫,短弱者为厢军,制以队伍,束以法令。当其无事时,虽不无爵赏衣廪之费,一有征讨,则以之力战斗,给漕挽,而天下犷悍失职之徒,皆为良民之卫矣。

　　初,太祖拣军中强勇者号兵样,分送诸道,令如样招募。后更为木梃,差以尺寸高下,谓之等长杖,委长吏、都监度人材取之。当部送阙者,军头司覆验,引对便坐,分隶诸军。

　　真宗祥符中,重定等杖,自五尺八寸至五尺五寸为五等,诸州部送阙下,及等者隶次军。

　　仁宗天圣元年,诏京东西、河北、河东、淮南、陕西路募兵,当部送者刺“指挥”二字,家属给口粮。兵官代还,以所募多寡为赏罚。又诏益、利、梓、夔路岁募民充军士,及数即部送,分隶奉节、川效忠、川忠节。于是远方健勇失业之民,悉有所归。

庆历七年,诸路募厢军及五尺七寸已上者,部送阙下,试补禁卫。

至和元年,河北、河东、陕西募就粮兵,骑以四百人,步以五百人为一营。

嘉祐二年复定等杖,自上四军至武肃、忠靖皆五尺已上,差以寸分而视其奉钱:一千者以五尺八寸、七寸、三寸为三等。奉钱七百者,以五尺七寸、六寸、五寸为三等。奉钱五百者,以五尺六寸、五寸五分为三等。奉钱四百者,以五尺五寸、四寸五分为二等。奉钱三百者,以五尺五寸、四寸五分、四寸、三寸、二寸为六等。奉钱二百者,以五尺四寸、三寸五分、三寸、二寸为四等。不给奉钱者,以五尺二寸或下五寸七指八指为等。唯武严、御营喝探以艺精者充,诸司管库执技者不设等杖。

七年,御史唐介言:“比岁等募禁军多小弱,不胜铠甲,请以初创尺寸为定,敢议减缩者,论以违制。”诏:“禁军备战者,宜著此令。其备役雄武、宣敕六军、搭材之类,如军马敕。”

治平二年,募陕西土民、营伍子弟隶禁军,一营填止八分。又遣使畿县、南京、曹濮单陈许蔡亳州募民补虎翼、广勇,人加赐绢布各一。

治平四年,诏延州募保捷五营,以备更戍。

熙宁元年,诏诸州募饥民补厢军。

二年,枢密院言:“国初边州无警则罢兵,今既讲和,而屯兵至多,徒耗金帛。若于近裹粮贱处增募营兵,但令往戍极边,甚为便计。”帝与文彦博及韩绛、陈升之、吕公弼等议之,或以为自古皆募营兵,遇事息即罢,或以为缘边之兵不可多减。乃命彦博等详议以闻。

三年七月,诏京西路于有粮草州军招厢军,共三万人为额。十一月,知定州滕甫乞下本路依旧制募弓箭社,以为边备。从之。

四年十二月,枢密院言:"在京系役兵士,旧额一万八千二百五十九人,见阙六千三百九十二人,若招拣得足,即不须外路勾抽,以免不习水土、冻馁道毙之患。欲予在京及府界、京东西、河北招少壮兵,止供在京功役,不许臣僚占差,不过期年,可使充足。却对减在外招募之数,桩管所减粮赐上供,以给有司之用。"从之。

五年,权发遣延州赵离招到汉蕃弓箭手人骑四千九百八十四,为八指挥,遂擢吏部员外郎,加赐银绢二百。

七年,分遣使臣诸路选募熙河效用,先以名闻。河北、河东所募兵悉罢。

八年,诏:军士祖父母、父母老疾无侍丁而应募在他处者,听徙。

九年,诏选补捧日、天武以下诸军阙,马军三分补一,步军十分补五。

元丰二年二月,经制熙河路边防财用司言:"岷州床川、荔川、闾川砦,通远军熟羊砦,乞置牧养十监,募兵为监牧指挥。其营田乞依官庄例,募永济卒二百人,其永济卒通以千为额。"从之。七月,沿边安抚司言:"北边州军主管刺事人乞给钱三千,选募使臣职员或百姓为之,以钩致敌情。仍选通判及监官考其虚实,以行赏罚。"从之。是年,以兖、郓、齐、济、滨、棣、德、博民饥,募为兵,以补开封府界、京东西将兵之阙。

三年,又诏:"府界诸路将下阙禁军万数,有司其速募之。"又诏:"河北水灾,阙食民甚众,宜寄招补军。"

四年,京东、西路以调发兵将,累请增戍。朝廷以兵员有数,多寝其章。然州郡实有负山带海,奸盗所窥,亦当过为之虑,其令益广应募者,与免贴军及他役一年。六月,诏:"在京奉钱七百以下,选募马步军万五千人;开封府界及本路共选募义兵保甲万人;如泾原五千人不足,于秦凤路选募。"

五年五月,同提举成都府等路茶场蒲宗闵乞自秦州至熙州量地里远近险易，置车铺二十八，招刺兵士。从之。八月，诏开封府界、京西招军依式赐外，仍增钱千。十二月，诏京城四面巡检募士于四门，取民年三十五以下者。又诏河北立额步军，各于逐指挥额外招百人。

五年，诏一岁内能募及百人者，加秩一等。四月，河东路经略司请以麟州飞骑、府州威远子弟二十五以下刺为兵。

七年，广西都钤辖司言：“本路土兵阙额数多，乞选使臣往福建、江南、广东招简投换兵四千人。”诏于江南、福建路委官招换。

八年四月，河东路安抚使吕惠卿言：“河东敢勇以三百人为额，请给微薄，应募者少。臣顷在鄜延路日，奏请增三等请给，借支省马给七分草料，置营教习，自后应募者众。愿依陕西路已得指挥。”从之。

哲宗元祐元年三月，诏河北保甲愿投军人及得上四军等杖事艺者，特许招填，合给例物外，更增钱五千，中军以下三千。比等杖短一指，射保甲第一等弓弩，并许招刺。从右司谏苏辙请也。六月，门下侍郎司马光言：“诸州军兵马全欠、不足守御之处，量与立额招添。”

八年，枢密院言：“今新招兵士多是饥民，未谙教阅，乞自今住营州军差官训练，候半年民遣赴军前。”

绍圣元年，枢密院乞立招禁军官赏格，如不及数，罚亦随之。

四年，熙河兰岷路都部管、提点熙河兰岷等路汉蕃弓箭手司言，兰州金城关欲招置步军保捷四指挥、马军蕃落一指挥，从之。诏陕西路添置蕃落军十指挥，各以五百人为额，于永兴军、河中、凤翔、同华州各置两指挥，并隶住营州军将下统制训练，委逐路所属都总管司选官招人。初，三省、密院欲以收地募民牧养马，久而未集，曾布以谓不若增骑兵为简便。兼土兵乃劲兵，又诸路出戍者已竭，及建此议，众翕然皆为允，帝亦乐从之。盖牧租见存者七百万，岁额一百七十万，而十指挥之费二十五成万而已，故可与募人养马之法兼行也。

徽宗崇宁元年,湖北都钤辖舒亶奉旨相度召募施、黔州土丁,致讨辰、沅山瑶,每州无过七百人。缘瑶贼深在溪洞,险阻不通正军故也。

三年,京东等路招军五万,马军以崇捷,崇锐名,步军以崇武、崇威名。

四年七月,熙河兰湟路围运使洪中孚自河东入觐,帝问崇威、崇锐新兵教阅就绪否。中孚曰:"教阅易事也。臣不知艺祖取天下之兵与神考所分将兵曾无减损,若未尝减损,似不须增。盖兵贵简练不贵多,今遽增二军,所费至广,臣不知献议者于经费之处别有措置,或只仰给朝廷也。"帝愕然曰:"初议增兵,未尝议费,可即罢去。"中孚曰:"惰游之卒不复安于南亩,今一旦罢遣,强者聚而为盗,弱者转徙,则重为朝廷忧。不若使填诸营阙;无阙,听于额外收管,不一二年尽矣。"帝称善。九月,诏:"近降指挥,在京诸路招崇捷、崇武等指挥十万人,又招效忠、蕃落指挥及额内不足人数,虑卒难敷额,可先招崇捷、崇武十万人。候人数稍见次第,即具申取旨。

五年,诏:"抑勒诸色人投军者,并许自身及亲属越诉,其已刺安,仍并改正。"

政和二年,广西都钤司奏:"广西两将额一万三百余人,事故逃亡,于荆湖南北、江南东西寄招,缘诸路以非本职,多不用心。今兵阙六分,欲乞本路、邻路有犯徒并杖以下情重之人,除配沙门岛、广南远恶并犯强盗凶恶,杀人放火、事乾化外并依法外,余并免决刺填。"从之。

四年,中卫大夫童师敏言:"东南州郡例阙厢军,凡有役使,并是和雇。若令诸郡守臣并提刑司措置招填,庶可省费。"从之。

宣和元年,高阳关路安抚使吴玠奉手诏招填诸路禁军阙额,以十分为率,招及四分以下递展磨勘年,七分以上递减磨勘年。高阳关路河间府、沧霸恩州、信安军招填数足,乞行推赏。从之。

二年，手诏："比闻诸路州军招置厢军河清、壮城等，往往怯懦幼小，不及等样，虚费廪食，不堪驱使。今后并仰遵著令招填，如违戾，以违制论。"

四年正月，两浙东路钤辖司奏："乞将温、处、衢、婺州元管不系将禁军六指挥，更招置增为十指挥，并以五百人为额，凡五千人，庶成全将。及更于台州招置不系将禁军一指挥，以四百人为额。"从之。三月，臣僚言："窃闻道路汹汹相怖，云诸军捉人刺涅以补阙额，率数人驱一壮夫，且曳且殴，百姓叫呼，或啮指求免。日者，金明池人大和会，忽遮门大索，但长身少年，牵之而去，云"充军"。致卖蔬茹者不敢入城，行旅市人下逮奴隶，皆避藏恐惧，事骇见闻。今国家闲暇，必欲招填禁旅，当明示法令，赉以金帛，捐财百万，则十万人应募矣。捉人于途，实亏国体，流闻四方，传播远迩，殊为未便。伏望亟行禁止，以弭疑畏。"时宝箓宫道士张继滋因往尉氏，亦被刺涅，事闻，手诏提刑司根治。四月，臣僚因言："招刺阙额禁军，枢密院言限太遽，诸营弗戢，人用大骇。幸不旋踵德音禁止，群情悦服。其已被刺涅而非愿者，颇亦改正，尚有经官求免而未得者。辇谷若此，况其远乎？窃闻小人假借声势，因缘夺攘，所在多有，若或哀鸣得脱，其家已空。今往来犹怀畏避。伏望圣明特赐戒敕，应在外招军去处，毋得横滥。"从之。

七年，减掖庭用度，减侍从官以上月禀，罢诸兼局，有司据所得数拨充诸路籴本及募兵赏军之用。

钦宗即位，诏守令募州县乡村土豪为队长，各自募其亲识乡里以行。及五十人以上先与进义副尉，三百人以上与承信郎，募文武官习武勇者为统领。行日，所发州军授以器甲，人给粮半月，地里远者，所至州县接续批支。京畿辅郡兵马制置使司言："诸路召募敢勇、效用，每名先给钱三千，赴本司试验给据讫，支散银绢激赏。若监司、知通、令佐并应有官人，能召至敢勇、效用事艺高强及二百人以上者，乞与转一官，每加二百人依此。或监司、郡守、州县官以下应缘军期事件。稍有稽缓,并依军法。"从之。

靖康元年春正月,臣僚言?:"诸路见招募人兵,缘逐处漕计阙乏,乞于近州应奉司及延福宫西城钱帛,并许请用,庶得速办。"从之。又诏:"龙猛、龙骑、归远、壮勇诸军阙额,可行下诸路拣选配填。又诏:"已降指挥,逐处各以如募效用、敢勇武艺人数多寡等第推赏。"又诏:"闻希赏之人,抑勒强募。自今并取情愿,敢有违戾,当议重罚。毋得将赢弱不堪出战及已有系军籍者一例充募。"及诏:"募武举及第有材武方略,或有战功,曾经战阵,及经边任大小使臣不以罪犯已发未叙,及武学有方略智谋,及曾充弓马所子弟,及诸色有胆勇敢战之人,并许赴亲征行营司。"又诏:"募陕西土人为兵并使臣、效用等赴姚平仲军使唤,其应募人修武郎已上二十贯,进义副尉以上十五贯,军人、百姓十贯,并于开封府应管官钱内支。"

四月,诏:"已降指挥发还归朝人往大金军前,如不愿往,所在量给口券津遣;元有官守人并不厘务,支奉给之半。其愿效力军前者,许自陈。"

五月,河北、河东路宣抚司奏:"河北诸州军所管正兵绝少,又陕西游手惰民愿充军者亦众,祇缘招刺阙乏例物,是致军额常阙。今若给一色银绢,折充例手犒设起发,召募人作义勇,止于右臂上刺字,依禁军例物支衣粮料钱,陕西五路共可得二万人,比之淮、浙等路所得将兵,实可使唤。"从之,诏遣文武官各一员前去陕西路募兵二万人赴阙。遂命赵鼎特除开封府曹官,种湘差宣抚司准备将领,并充陕西路干当公事,专一募兵。是月,遣户部员外郎陈师尹往福建路募枪杖手。都水使者陈求道言:"朝廷差官往陕西招军,适当岁丰,恐未易招填。若就委监司招募保甲,啖以例物,兴免科差,以作其气,可得劲兵五万。"从之。

六月,枢密都承旨折彦实奏:"四人结连女真,为日甚久,岂无觊觎关中之志?即今诸路人马皆空,万一敌人长驱,何以枝梧?言之可为寒心,朝廷似未深虑也。河东、河朔之患已形,人故忧之;陕西之患未作,人故忽之。若每路先与十万缗,令帅臣招募土人为保护之计，责以控扼，不得放充侵入，仍须朝廷应副。漕司乘时广行储蓄，以为急务。"

又开封府尹聂山奏："招兵者，今日之急务。近缘京畿诸邑例各招刺，至于无人就募，则强捕村民及往来行人为之。遂致里甿奔骇，商旅不行，殊失朝廷爱民之意。检准政和令，诸盗再犯杖以上、情理不可决放而堪充军者，给例物刺充厢军。今京城里外间有盗贼，皆是豪猾，无所畏惮，虽经断罪，顽恶弗悛，若依上条刺充厢军，不惟得强壮之用，又且收集奸黠不复为盗。如允所请，则自内及外皆可见之施行。"从之。

七月，陕西五路制置使钱盖言："都水使者陈求道请招刺保甲五万充军。缘以来陕右正兵数少，全籍保甲守御，及运粮诸役差使外，所余无几，若更招刺五万充军，则是正丁占使殆遍，不唯难以选择，兼虑民情惊疑，别致生事。欲乞令州县晓谕保甲，取其情愿；如未有情愿之人，即乞令保甲司于正丁余数内选择，通赴阙人共成七万，可以足用。"从之。是月，钱盖奏："陕西募土人充军，多是市井乌合，不堪临敌。今折彦实支陕西六路铜钱各十万缗，每名添钱十千，自可精择少壮及等杖人，可得正军一万，六路共得六万人。"从之。

十月，枢密院奏："召募有材武勇锐及胆勇人并射猎射生户。"从之。又奏："福建路有忠义武勇言功自效取仕之人，理宜召募，除保甲正兵外，弓手、百姓、僧行，有罪军人并听应募。如有武艺高强、实有胆勇、众所推服、愿应募为部领人者，依逐项名目权摄部领，各以所募人数借补官资。"从之。

十一月，京城四壁共十万人，黄人黄旗满市。时应募者多庸丐，殊无斗争志。闰十一月，何桌用王健募奇兵，虽操瓢行乞之人，亦皆应募，仓卒未就纪律。奇兵乱，殴王健，杀使臣数十人，内前大扰。王宗濋斩渠魁数人，乃定。及出战，为铁骑所冲，望风奔溃，歼焉。

十二月，诏："诸军诈效蕃装，焚劫财物，限十日赍赃自首，与免罪。仍召募溃兵收管，给口食焉。

逃亡之法,国初以来各有增损。熙宁五年诏,禁军奉钱至五百而亡满七日者,斩。旧制,三日者死。初,执政议更法,请满十日。帝曰:"临陈而亡,过十日而首,得不长奸乎?"安石曰:"临阵而亡,法不计日,即入斩刑。今当立在军兴所亡满三日,论如对寇贼律。"枢密使蔡挺请沿边而亡满三日者斩。安石曰:"沿边有非军兴之所,不可一概坐以重刑。本立重法,以禁避寇贼及军兴而已。"帝曰:"然。"文彦博固言:"军法臣等所当总领,不宜国轻改,如前代销兵乃生变。"安石曰:"前代如杜元颖等销兵,乃其措置失当,非兵不可销也。且当萧俛时,天下兵至多,民力不给,安得不减?方幽州以朱克融等送京师,请毋遣克融还幽州煽众为乱,而朝廷乃令克融等飘泊京师,久之不调,复遣归北。克融所以复乱,亦何预销兵事?"彦博曰:"国初,禁军逃亡满一日者斩,仁宗改满三日,当时议者已虑坏军法。"安石曰:"仁宗改法以来,活人命至多,然于军人逃亡,比旧不闻加多,仁宗改法不为不善。"帝乃诏增为七日。

元丰元年,知鄂州王韶言:"乞自今逃亡配军为盗,听捕斩,赏钱。"诏坐条札韶照会:"如所犯情重,罪不至死,奏裁。"

三年六月,诏:"军士民兵逃亡随军效用,若首获,并械送所属论如法。虽立战功不赏,仍不许以功赎过,令随军榜谕。"

四年,诏沈括:"奏以军前士卒逃亡,溃散在路,本非得已,须当急且招安。卿可速具朝旨出榜,云闻战士止是不禁饥寒,逃归其家,可各随所在城砦权送纳器甲,请给粮食,听归所属。节次具招抚数以闻。

崇宁四年九月,枢密院言:"熙河都总管司旧无兵籍,乞令诸将各置籍,日具有无开收,旬具元额、见管及逃亡事故细目,申总管司,本司揭贴都簿,委机宜一员逐时抽摘点检。"从之。

十月,尚书省言:"今所在逃军聚集,至以千数,小则惊动乡邑,大则公为劫盗。累降指挥,许以首身,或令投换,终未革绝。昔神宗以将不知兵,兵不知将,故分兵领将。统兵官司,凡兵之事无所不统,则其逃亡走死,岂得不任其责?检会将敕与见行敕令,皆未有将官与人员任责之法,今来兵将不加存恤,劳役其身,至于逃避,而任职之人悉不加罪。近日熙河一路逃者几四万,将副坐视而不禁,人员将校故纵而不问,至逃亡军人所在皆有。盖自来立法未详,兼军中长行节级人员、将校,什长相统,同营相依,上下相制,岂得致其逃亡漫不省察?况招军既立赏格,则逃走安可无禁?今参详修立赏罚十数条。"并从之。

五年,枢密院备童贯所言:"陕西等处差官招谕逃亡军人,并许所在首身,更不会问,便支口券令归本营。边上军人惮于戍守之劳,往往逃窜于内郡,首身遂得口券归营,恐相习成风,有害军政。乞自今应军人首身,并须会问,逃亡赦限,依今来招谕指挥;若系赦后逃亡,即乞依条施行。"从之。

大观三年,枢密院备臣僚言云:"自陕西路提点刑狱吴安宪始陈招诱逃亡厢禁军之法,乃著许令投换改刺之令。自此诸弊浸生,军律不肃。朝廷洞见其弊,已严立法,然尚有冒名一节,其弊未除。清如主兵官旧曾占使书札、作匠、杂技、手业之徒;或与统辖军员素有嫌忌,意欲舍此而就彼;或所部逃亡数多,欲避谴责,辄将逃军承逃亡之名便与请给。既避谴责,又冒请受,上下相蒙,莫之能革,致使军士多怀擅去之心者,良以易得逭住之地也。若加重赏,申以严刑,庶革斯弊,有裨成法。"从之。

四年,枢密院言:"诸路及京畿逃亡军数居多,虽赦敕立限许首,终怀畏避。若诸路专委知州、通判或职官一员,京畿委知县,若招诱累及三百人以上,与减一年磨勘,五百人以上一年半,千人以上取旨推恩,于理为便。"

政和二年,臣僚言:"祖宗军政大备,无可议者。比多逃亡者,缘所在推行未至,及主兵司官遵奉未严故也。其弊有六:一曰上下率敛,二曰举放营债,三曰聚集赌博,四曰差使不均,五曰防送过远,六曰单身无火聚。似此虽具有条禁,而犯者极多。欲乞下有司推究,除兵将官岁终立定赏罚条格外,诏诸路提刑司,每岁终将本路州军不系将禁军见管及逃亡人数，参互比较，具最多最少处各一州知、通职位姓名，申枢密院。"从之。

三年十一月，开封少尹陈彦修言："诸厢收到寒冻赤露共五千七百余人，其间逃军数多，合行措置。今欲依押送逃军格，每二十人各差使臣一员付与系押送人，各踏逐稳便官屋安泊，依居养法关请钱米存养，候晴和，管押前去。所有沿路支破口券，并依本府押送逃军法，请于合破口券等外，更量支盘缠。"诏："每人支盘缠钱三百，衲袄一领，候二月晴暖即行发遣"。

四年，尚书省着令："诸禁军差发出戍未到军前，或已至而代去半年以上，逃亡首获，虽会恩，配如捕获法；上军首身或捕获，会恩，配依七日内法；下军本名应配者，配千里。若本管辄停留，与同罪，虽该赦仍依配法。"从之。

五年，立钱监兵匠逃刺手背法。

宣和二年，手诏："逃卒颇多，仰宣抚司措置以闻。"童贯言："凡逃卒，冬祀大赦已有百日首身免罪之文，缘内有元犯虽首身，于常法尚合移降移配者，即未敢赴官自陈。欲乞在京并京畿、京西、陕西、河东路逃军，自今指挥到日，通未满赦限共一百日，许令首身免罪，依旧军分职次收管。仍免本司本营问倛，及放免官通。如本犯经祀赦后，犹有移降移配，特与原免。若限满不首，则依常法科罪。凡逃军系在京住营，依限于在京首身者，令所隶军司当日押赴本营。若见出戍者，即破口券转押赴本路驻泊州军，并依前项指挥免罪，依旧收管。凡逃军在外，依限首身者，并于所在日破米二升，其县镇、砦并限当日解本州军，每二十人作一番，差职员管押，仍沿路给破口食，交付前路州军，转送住营去处。如见出戍，即转驻泊州军收管。凡首身军人，并不许投换他军。凡所在当职官，如能于限内用心招收逃军，措置转送住营或出戍处收管，候满，在外委提刑司，在京委开封府取索到营、出戍处公文，验人数，最优者申宣抚司取旨推恩。"并从之。

三年，诏："江、浙军前等处应逃窜军兵，并特放罪，许于本将见出军路分州县首身，依旧给请，随处权得收管。若走往他处，或于住营去处首获，即令所在官司逐旋发遣赴本将应副使唤。仍委逐路安抚、钤辖、提刑司觉察，如所在辄敢隐庇，或逐司不行觉察，并论违制。"

四年，臣僚言："中外士卒无故逃亡，所在有之。祖宗治军纪律甚严，若在戍者还家，当役者避事，必有辕门之戮。今既宥其罪，且许投换，不制于什伍之长；既立赦限，又特展日，以宽其自首之期。臣恐逃亡得计，其弊益滋。乞除恩赦外不轻与限，使知限之不可为常，庶有畏惧。"从之。

五年，臣僚言："今诸军逃亡者不以实闻。诸处冒名请给，至于拣阅差役，则巧为占破；甚不获已，则雇募遁逃以充名数，旋即遁去，无复实用。平居难于供亿，缓急无以应用，而奸人攘臂其间，坐费财赋。虽开收勘敛，法制滋详，而共利之人，一体传会。望赐处分，先令当职官核见实数，保明申达转运司，期日委诸郡守贰点阅，仍关掌兵官司照会行下；不可勾押至州者，差官就阅，期以同日究见的实。稍涉欺罔，根治不赦。监司使者分郡覆实，具数申达于朝，以待差官分按，必行罪赏。使官无虚费，而军有实用，则纪律可明，国用可省。"诏送枢密院条画措置。

七年二月，尚书省言："开封府状：'乞应在京犯盗配降出外之人，复走入京投换者，许人告捕，科以逃亡捕获之罪，酌情增配。其官司及本营典首人员、曹级容庇收留，各杖一百；因致为盗者，依差使配军入京作过法，与犯人同罪。罪止徒二年，不以去官赦原减。及在京犯罪编管出外逃亡入京之人，虽有断罪增加地里条法，缘止是募告赏格太轻，是致往往复走入京。欲乞元犯杖罪赏钱十贯，徒罪二十贯，流罪三十贯，并以犯事人家财充。'"从之。

十二月，诏："应诸路逃窜军人或已该赦恩出首避免，却归出戍去处再行逃窜之人，令于所在去处首身，并特与免罪，于一般军分安排，支破请给，发赴军前使唤。"

靖康元年三月，诏："随从行宫禁卫军兵等有逃亡者，并依法施行。"五月，臣僚言："泗州顷遣勤王之师，管押者不善统制，类多遁归，既而畏法不敢出，本州遂阁请受。在外无以给养，窃虑因聚为盗，恐他州亦多如此。乞敕应勤王兵有遁归已经赦宥者，并令首身。"从之。

六月，诏："应河东溃散诸路将佐，并仰逐路帅守发遣赴河东、河北制置司，以功赎过。"河北路制置司都统制王渊言："被旨差充招集种师道等下溃散人马，应援太原，限满不首，即寄禁家属，许人收捕赴军前，重行处置。"从之。仍自指挥到日，限以十日。河北路制使刘韐奏："近置使种师中领军到于榆次，失利溃散，师中不知存在。奉旨，师中下应统制、将佐、使臣等，并与放罪。臣按：用兵失主将，统制、将佐并合行军法。军法行，则人以主将为重，缓急必须护救。若不行军法，缓急之际争先逃遁，视主将如路人，略不顾恤。近年以来，高永年陷殁，一行将佐及中军将、提辖等未尝罪以军法，继而刘法陷殁，今种师中又死王事。若两军相遇，势力不加，血战而败，或失主将，亦无可言。榆次之战，顷刻而溃，统制、将佐、使臣走者十已八九，军士中伤十无一二，独师中不出。若谓师中抚御少恩，纪律不严，而其受命即行，奋不顾身，初闻右军战却，即遣应援，比时诸将已无在者。至贼兵犯营，师中犹未肯上马。使师中有偷生之由，闻败即行，亦必得出。一时将佐若能戮力相救，或可破敌。今一军才却，诸将不有主帅，相继而遁。其初犹有惧色，既闻放罪，遂皆释然。朝廷以太原之围未解，未欲穷治。今师旅方兴，深恐无所惩艾，遇敌必不用命。欲乞指挥，应种师中下统制、将佐并依圣旨处分，仍令军前自效。如能用命立功，与免前罪；今后非立战功，虽该恩赦不得叙复。仍乞优诏褒赠师中，以为忠义之劝。"诏："种师中下统制、将佐并降五官，仍开具职位、姓名申尚书省，余依刘韐所奏。"

八月，河北、河东路宣抚司奏："近据都统制王渊捉获溃败臣使，已管押赴宣抚副使刘韐军前交割，依军法施行外，访闻尚有未曾出首将佐、使臣。"诏："限今指军到日更与展限十日，许令于所在州军出首,仍依元降指挥免罪,特与支破递马驿券,疾速发赴军前自效,候立功日优加推赏。如再限满日更不首身,当取见职名重赏购捕,定行军法。仍多出榜示谕。”

二年四月,诏:“访闻诸处溃散军人啸聚作过,将百姓强刺充军,驱虏随行使唤,遇敌使前,害枉良民。其令有司榜谕:被虏强刺之人许以自陈,给据各令归业。愿充军者,随等杖刺填禁、厢军,依条支给例物。”又诏:“昨逃亡班直诸军,虽已降指挥抚谕,并与免罪,发归元处。其管押兵官未有指挥,可候指挥到,许于所在官司自陈,亦与免罪。”

建炎初,招募多西北之人,其后令诸路州、军、砦或三衙招募,或选刺三衙军中子弟,或从诸郡选刺中军子弟解发。复诏沧、滨及江、淮沿流州军,募善没水经时伏藏者,以五千为额。神武右军统制张俊言:“牙军多招集乌合之众,拟上等改刺胜捷,次等刺振华、振武,庶得部分归一训练为便。”诏两浙、江东,除江阴军,各募水军二百人。

绍兴元年,广东帅臣言:“本路将兵元五千二百,见千三百十九。今拟将官驻札诸军泊本路州军,以十分为率,各招其半。”

二年,累降令行在诸军,毋互相招收,及将别军人拘执,违者行军法。

四年,诏:“所招河北人充河北振武,余人刺陕西振华指挥;沿江招置水军,备战舰,募东南谙水者充,每指挥以五百为额。”

十年,诏三京路招抚处置使司,招效用军兵万人,内招使臣二千员。

十五年,福建安抚莫将言?:“汀、漳、泉、建四州,与广东、江西接壤、比年寇盗剽劫居民,土豪备私钱集社户,防捍有劳,有司不为上闻推恩,破家无所依归,势必从贼。官军不习山险,且瘴疠侵加,不能穷追,管属良民悉转为盗。请委四州守臣,募此游手无归勇健之人,各收千人,仍以效用为名,足右备用,实永久利。”诏令张渊同措置。

二十四年,殿前都指挥使杨存中言:"旧制,在京所管捧日、天武、拱圣、骁骑、骁胜、宁朔、神骑、神勇、宣武、虎翼、广勇诸指挥禁军内,捧日、天武依条升拣扈卫诸班直,拱圣、神勇以下升拣捧日、天武,除逃亡有故,仅千九百人。请于今年分定月内招千人。"

二十七年,杨存中奉旨,三衙所招效用兵令住招。今阙六千七百二十六人,若不招填,兵数日损。诏本司来年正月为始依旧招募。

隆兴元年,步军司郭振言:"本司在京日军额三万九千五百,今行在仅千二百一十九。"诏招填千七百八十一人,以三千为额,刺充神卫,虎翼,飞山、床子弩雄武等指挥。

乾道七年,马军司王友直言:"见管战马二千七百余,止有傔马六百余人,请招傔兵千五百,并充雄威。"诏招千人,刺"步傔"二字。步军司吴挺言:"步司五军,额二万五千,见阙三千六百。"诏令招填。

淳熙十六年,殿前副都指挥郭钧言:"淳熙五年住招兵,今逾十载,战队合用火分傔兵阙"诏招千人。

绍熙二年,诏步军司招军千人。

庆元元年,诏楚州招至二百六十一人补弩手、效用。五年,诏给降度牒付金州都统,招填阙额并拣汰兵,照绍熙初年令,自五尺四寸至五尺六寸三等招收。

开禧元年,兴元都统秦世辅言:"本司军多阙额,绍兴之末,管二万九千余人。乾道三年,立额二万七千,今二万五千四百,差戍、官占实万一百四十三人,点阅所部,堪披带人仅六百二十七。请从本司酌绍兴额招刺。"参知政事蒋芾言:"在内诸军,每月逃亡不下四百人,若权住招一年半,俟财用稍足招强壮,不惟省费,又得兵精。且南渡以来兵籍之数,绍兴十二年二十一一万四千五百余人,二十三年二十五万四千五百四十人,三十年三十一万八千一百三十八人,乾道三年三十二万三千三百一人,只比二十三年已增六万九千六十一人,如此何缘财用有余?"

宝庆二年,知武冈军吴愈言:"禁卫兵所以重根本、威外夷,太祖聚天下精兵在京者十余万,州郡亦十余万。嘉定十五年,三衙马步诸军凡七万余,阙,旧额三万,若以川蜀、荆襄、两淮屯戍较之,奚啻数倍于禁卫?宜遵旧制。择州郡禁兵补禁卫阙,州郡阙额帅守招填。"

绍定四年,臣僚言:"州郡有禁卒,有壮城,有厢军,有土兵,一州之财自足以给一州之兵。比年尺籍多虚,月招岁补,悉成文具。盖州郡吝养兵之费,所招无二三,逃亡已六七。宜申严帅臣,应郡守到罢,具兵额若干、逃亡若干、招填若干,考其数而黜陟之。"宝祐间,州郡阙守,承摄者遣令招刺,不询材武,务盗帑储。

咸淳季年,边报日闻,召募尤急,官降钱甚优厚。强刺平民,非无法禁。所司莫能体上意,执民为兵。或甘言诳诱;或诈名贾舟,候负贩者群至,辄载之去;或购航船人,全船疾趋所隶;或令军妇冶容诱于路,尽涅刺之。由是野无耕人,途无商旅,往往聚丁壮数十,而后敢入市。民有被执而赴水火者,有自断指臂以求免者,有与军人抗而杀伤者,无赖乘机假名为扰。

九年,贾似道疏云:"景定元年迄今,节次招军凡二十三万三千有奇,除填额创招者九万五千,近又招五万,谓之无兵不可。"十年,汪立信书抵贾似道陈三策,一谓:"内地何用多兵,宜悉抽以过江,可得六十万矣。盖兵不贵多,贵乎训练之有素。苟不堪受甲,徒取充数,将焉用之!"

考之旧制,凡军有阙额即招填。熙宁、元丰讲求民兵之政,于是募兵浸减,而三衙多虚籍。至于靖康,禁卫弱矣。中兴复用招募,立等杖,选勇壮,核人才,验虚实,审刺之法虽在诸屯,而已招者兵籍悉总于枢府云。

宋史卷一九四
志第一四七

兵八　拣选之制　廪给之制

拣选之制　建隆初,令诸州召募军士部送阙下,至则军头司覆验等第,引对便坐,而分隶诸军焉。其自厢军而升禁兵,禁兵而升上军,上军而升班直者,皆临轩亲阅,非材勇绝伦不以应募,余皆自下选补。

咸平五年,于环、庆等州厢军马步军六千余人内选材勇者四千五百人,付逐砦屯防,以代禁兵。

景德二年,宣示:"殿前、侍卫司诸禁军中老疾者众,盖久从征戍,失于拣练,每抽替至京,虽量加阅视,亦止能去其尤者。今多已抽还,宜乘此息兵,精加选拣,虽议者恐其动众,亦当断在必行。昔太祖亦尝患此,遂尺行拣阅,当时人情深以为惧,其后果成精兵。"枢密使王继英等曰:"今兵革休息,不乘此时遴选,实恐冗兵徒费廪食。"帝曰:"然。近者契丹请盟,夏人纳款,恐军旅之情谓国家便谋去兵异费。"乃命先于下军选择勇力者次补上军;其老疾者,俟秋冬慎择将臣令拣去之。

三年正月,诏遣枢密都承旨韩崇训等与殿前司、侍卫马步军司拣阅诸军兵士,供备库使、带御器械綦政敏等分往京东、西路拣阅。八月,诏效顺第一军赴京拣阅,以补虎翼名阙。是军皆河东人,帝念其累戍劳苦,故升奖焉。

大中祥符二年四月,诏曰:"江南、广东西路流配人等,皆以自抵宪章,久从配隶,念其远地,每用轸怀。属乔岳之增封,洽溥天之大庆,不拘常例,特示宽恩。江南路宜差内殿崇班段守伦就升州、洪州,广南东、西路差殿直、阁门祗候彭麟就桂州,与本路转运使同勾抽诸州杂犯配军,拣选移配淮南州军牢城及本城;有少壮堪披带者,即部送赴阙,当议近上军分安排。如不愿量移及赴阙者,亦听。若地里远处,即与转运使同乘传就彼,依此拣选。"

五年正月,帝谕知枢密院王钦若等:"在京军校差充外处人员,军数不足,有妨训练,可诏示殿前、侍卫马步简补。禁军逐指挥兵士内,捧日上三军要及三百人,龙卫上四军各二百五十人,拱圣、骁骑、骁胜、宁朔、神骑、云武骑各三百五十人,并于下次军营升填,须及得本额等样,及令军头司于诸处招拣到人内选填。营在京者引见分配,在外处者准此,仍委逐司擘画开坐以闻。在京差出者,候替回拣选。"

九年十一月,诏河北、河东、陕西诸州军拣料本城兵,五百人以上升为一指挥,于本处置营教阅武艺,升为禁军。

天禧元年二月,遣使分往诸州军拣厢军骁壮及等者升隶上军。六月,召选天下厢兵迁隶禁军者,凡五千余人。

天圣间,尝诏枢密院次禁军选补法:

凡入上四军者,捧日、天武弓以九斗,龙卫、神卫弓以七斗,天武弩以二石七斗,神卫弩以二石三斗为中格;恩冀员僚直、骁捷军士选中四军,则不复阅试。自余招拣中者,并引对。凡员僚直阙,则以选中上军及龙卫等样、弓射七斗合格者充,仍许如龙卫例选补班直。

凡选禁军,自奉钱三百已上、弓射一石五斗、弩蹹三石五半、等样及龙卫者,并亲阅,以隶龙卫、神卫。凡骑御马直阙小底,则阅拱圣、骁骑少壮善射者充。凡弓手,内殿直以下选补殿前指挥使,射一石五斗;御龙弓箭直选补御龙直、御龙骨朵子直,东西班带甲殿侍选补长入祗候,御龙诸直将、虞候选补十将,射皆一石四斗;东西班、散直选补内殿直,捧日、员僚直、天武、龙卫、神卫、亲从选补诸班直,御龙骨朵子直、弓箭直将虞候选补十将,御龙直长行选补将、虞候,射皆一石三斗;员僚、龙御、骑御马直小底选补散直,射绵一石二斗。凡弩手,东西班带甲殿侍选补长骑祗候,射四石;御龙弩直将、虞候选补十将,射三石八斗;长行选补将、虞候,射三石五斗。其捧日、天武、龙卫、亲从选补弩手班、御龙弩直者,亦如之。其次别为一等,减二斗,自余殿前指挥使、诸班直以岁久若上名出补外身职者,所试弓弩斗力皆遞减,弓自一石三斗至八斗,弩自三石二斗至五斗各有差。

凡班直经上亲阅隶籍者,有司勿复按试。其升军额者,或取少壮拳勇,或旌边有劳。至于河清遞补,牢城配军亦间下诏选补,盖使给役者有时而进,负罪者不终废也。其退老疾,则以岁首,或出军回;转员皆拣汰,上军以三岁。河北遇大阅亦如之。

景祐元年,诏选教骏填拱圣诸军,退其老疾为剩员,不任役者免为民。

三年,诏选骁骑、云骑、骁胜填拱圣,武骑、宁朔、神骑填骁骑。

康定元年,选御辇官为禁军。辇官二十六人遮辅臣喧诉,斩其首二人,余黥隶岭南,卒选如初。

庆历三年,诏韩琦、田况选京师奉钱五百已上禁军武技精捷者,营取五人,枢密院籍记姓名,以备驱使。况因言:“今天下兵逾百万,视先朝畿三倍,自昔养兵之冗,未有若是。且诸路宣毅、广勇等军孱弱众甚,大不堪战,小不堪役。宜分遣官选不堪战者降为厢军,不堪役者释之。”上然其言。

皇祐元年,拣河北、河东、陕西、京东西禁厢诸军,退其罢癃为半分,甚者给粮遣还乡里,系化外若以罪隶军或尝有战功者,悉以剩员处之。

三年，韩琦奏："河北就粮诸军愿就上军者，许因大阅自言。若等试中格，旧无罪恶，即部送阙，量材升补。"乃诏四路都总管司："自今春秋阅，委主管选长五尺六寸已上、弓一石五斗、弩三石五斗者，并家属部送阙。"

嘉祐二年，诏神卫水军等以五年，诸司库务役兵以三年一拣。五年，选京东西、陕西、河北、河东本城、牢城、河清、装卸、马递铺卒长五尺三寸胜带甲者，补禁军。其尝犯盗亡坐黥者，配外州军归远、壮勇。

八年，右正言王陶奏："天下厢军以岁首拣，至于禁军虽有驻札还日拣法，或不举。臣窃惟调发禁军本籍精锐，军出之时尤当拣练。请下有司，凡调发禁军，委当职官汰年六十已上，将校年六十五已上衰老者，如此则兵精而用省矣。"下其章。殿前、马步军司奏曰："旧制，遣戍陕西、河北、河东、广南被边诸军悉拣汰，余路则无令。请自今诸军调发，悉从拣法。"诏可。又诏："凡选本城、牢城军士以补龙猛等军者，并案籍取尝给奉钱五百及龙猛等者，以配龙猛；其不及等与尝给奉钱四百以下，若百姓黥隶及龙骑等者，以配龙骑；其龙骑军士戍还，即选填龙猛。自今本城、牢城悉三年一拣，著为令。"

治平元年，阅亲从官武技，得百二十人以补诸班直。乃诏：自今亲从官，限年三十五以下者充。又诏："如闻三路就粮兵，多老疾不胜铠甲者，可勿拘时，拣年五十以上有子弟或异姓亲属等应样者代之。如无，听召外人。"是岁，诏京畿并诸路拣龙骑、壮勇、归远、本城、牢城、宣效六军；河清、车营、致远、窑务、铸钱监、屯田务隶籍三十年胜铠甲者，部送京师填万猛等军；其自广南拣中者，就填江西、荆湖归远阙额。仍诏每三年以龙猛等军阙数闻。又诏诸路，有步射引弓两石、扩弩四石五斗已上者，奏遣诣阙。

二年，诏京东教阅补禁军。先是，京东教阅本城，自初置即番隶本路巡检，久不选补。上闻其军多勇壮可用者，欲示激劝，故有是诏。

治平四年五月，拣选拱圣、神勇以下勇分，以补捧日、天武、龙神卫阙数。

元丰三年六月，权主管马步军司燕达言：“内外就粮退军二十一指挥八千余人，以禁军小疾故拣退及武艺浅弱人配填，既不训练，又免屯戍、安居冗令，耗蠹军储。若自今更不增补，庶渐销减，候有阙，依禁军选募，教习武艺，不数年间，退军可尽变锐士。内奉钱七百者减为五百，依五百奉钱军等杖招拣。”从之。仍诏：“上四军退军改作五百奉钱军额。”八月，殿前、步军司虎翼十指挥出戍归营，闵其劳苦，诏并升补为神勇指挥。广西路经略司言：“雄略、澄海指挥阙额，请以请路配送隶牢城卒所犯稍轻、及少壮任披带者选补。”从之。

四年四月，提举河北义勇保甲狄咨言：“旧制，诸指挥兵给内有老疾年五十五已上有弟侄子孙及等杖者，令承替名粮，其间亦有不堪征役者，乞年四十已上许令承替。”诏河北马步诸军依此，十二月，诏诸班直、上四军，毋得简常有罪改配人。

元祐二年七月，诏诸路每岁于八月后解发试武艺人到阙，殿前司限次年正月，军头司限二月以前试验推恩。呈试武艺人同。

三年闰十二月，枢密院言：“在京诸军兵额多阙，而京东、西路就粮禁军往往溢额。”诏差官往逐路同长吏拣选发遣，以补其数。

大观元年四月，诏曰：“东南诸郡军旅之事，久失训齐。民虽浮弱，而阻山带江，轻而易摇。安必虑危，诚不可忽。其诸军事艺生疏精熟不同，非独见将官训练优劣，实亦系教头能否。”枢密院请委逐路提举训练官妙选精熟教头，二年一替，若能训练精熟，然后推赏。从之。

至若省并之法，凡军各有营，营各有额。皇祐间，马军以四百、步军以五百人为一营。承平既久，额存而兵阙，马一营或止数十骑，兵一营或不满一二百。而将校猥多，赐予廪给十倍士卒，递迁如额不少损。帝患之，熙宁二年，始议并废。陕西马步军营三百二十七，并为二百七十，马军额以三百人，步军以四百人。其后凡拨并者，马步军营五百四十五并为三百五十五，而京师、府界、诸路及厢军皆会总畸零，各足其常额。

凡并营，先为缮新其居室，给迁徙费。军校员溢，则以补他军阙，或随所并兵入各指挥，依职次高下同领。帝尝谓辅臣曰："天下财用，朝廷稍加意，则所省不可胜计。乃者销并军营，计减军校十将以下三千余人，除二节赐予及傔从廪给外，计一岁所省，为钱四十五万缗，米四十万石，绸绢二十万匹，布三万端，马蒿二百万。庶事若此，邦财其可胜用哉！

初议并营，大臣皆以兵骄已久，遽并之必召乱，不可。帝不听，独王安石赞决之。时苏轼言曰："近者并军搜卒之令猝然轻发，甚于前日矣，虽陛下不恤人言，持之益坚，而势穷事碍，终亦必变。他日虽有良法美政，陛下能复自信乎？"枢密使文彦博曰："近多更张，人情汹汹非一。"安石曰："事合更张，岂惮此辈纷纷邪！"帝用安石言，卒并营之。自熙宁以至元丰，岁有并废。

元符二年，枢密院言："已诏诸路并废堡砦，减罢兵将，鄜延、秦凤路已减并，余路未见施行。"诏泾原、熙河兰会、环庆、河东路速议以闻。

三年，罢都护府，安抚使隶河、兰州，以省馈运。诏边帅减额外戍兵。

建中靖国元年，减放秦凤路士兵。

大观三年，诏："昨降处分，措置东南利害，深虑事力未办，应费不赀。其帅府、望郡添置禁军，诸县置弓手，并罢其壮城兵士，令帅府置一百人，余望郡置五十人，旧多者自依旧。沿边州军除旧有外，罢增招壮城。帅府、望郡养马并步人选充马军指挥，及支常平钱收籴封桩斛斗指挥，并罢。已添置路分钤辖、路分都监，许令任满。江南东西、两浙各共差走马承受内臣一员、帅府添置机宜文字去处，并罢。

四年，诏："四辅州各减一将，其军兵仰京畿转运司将未足额并未有人，崇锐、崇威、崇捷、崇武内并废四十四指挥已拣到人，随等杖拨填四辅见阙禁军。仍将逐辅系将、不系将军兵，以住营远近相度，重别分隶排定，及八将训练驻札去处，疾带速开具以闻。河北、河东崇锐、崇威，河东十八指挥，河北不隶将十三指挥并废，见管兵令总管司拨填本路禁军阙额。河北路拨不尽人发遣上京，分填在京禁军阙额；河东拨不尽人，并于本路禁军额外收管。"

宣和五年，诏："两浙盗贼宁息，其越州置捕盗指挥，可均填江东、淮东三路州军阙额。"

至神宗之世，则又有简汰退军之令。治平四年，诏拣拱圣、神勇以下军补捧日、天武、龙卫、神卫兵阙。

熙宁元年，诏诸路监司察州兵招简不如法者按之，不任禁军者降厢军，不任厢军者免为民。

二年，从陈升之议，量减卫兵年四十以上稍不中程者请受。吕公弼及龙图阁直学士陈荐皆言退军不便。三年二月，司马光亦曰：

窃闻朝廷欲拣在京禁军四十五以上微有呈切者，尽减请给，兼其妻子徙置淮南，以就粮食。若实有此议，窃谓非宜。何则？在京禁军及其家属，率皆生长京师，亲姻联布，安居乐业，衣食县官，为日固久。年四十五未为衰老，微有呈切，尚任征役，一旦别无罪负，减其请给，徙之淮南，是横遭降配也。

且国家竭天下之财养长征兵士，本欲备御边陲。今淮南非用武之地，而多屯禁军，坐费衣食，是养无用之兵，置诸无用之地。又边陲常无事则已，异时或小有警急，主兵之臣九争求益兵。京师之兵既少，必须使使者四出，大加召募，广为拣选，将数倍多于今日所退之兵。是弃已孝阅经战之兵，而收市井猷亩之人，本欲减冗兵而冗更多，本欲省大费而费更广，非计之得也。

臣愚欲愿朝廷且依旧法，每岁拣禁军有不任征战者减充小分，小分复不任执役者，放令自便在京居止，但勿使老病者尚占名籍，虚费衣粮。人情既安于所习，国家又得其力，冗兵既去，大费自省，此国家安危所系，不敢不言。"

右正言李常亦以为言。从之。是年，诏："陕西就粮禁军额十万人，方用兵之初，其令陕西、河东亟募士补其阙。"

四年，诏："比选诸路配军为陕西强猛，其以为禁军，给赐视壮勇为优，隶步军司，役于逐路都监、总管司。"诏广东、福建、江西选本路配军壮勇者，合所募兵万人，以备征戍。三月，诏广东路选杂犯配军丁壮，每五百人为一指挥，屯广州，号新澄海，如广西之法。七月，手诏："拣诸路小分年四十五以下胜甲者，升以为大分，五十已上愿为民者听。"旧制，兵至六十一始免，犹不即许。至是免为民者甚众，冗兵由是大省。

十年，遣官偕畿内、京东西、陕西、荆湖长吏简募军士，以补军之阙。

元丰元年，诏："以马军选上军，上军选诸班者，并马射弓一石力。诸班直枪弩手阙，选亲从、亲事官，余并选捧日、龙卫弓箭手。

二年，云骑军阙二千一百，以云捷等军补之。

六年，骑兵年五十以下，教武技不成而才可以肄习者，并以为步军。

元祐四年，诏："今后岁拣禁军节级，筋力未衰者，年六十五始减充剩员。"

八年，泾原路经略司奏："拣选诸将下剩员，年六十以下精力不衰，仍充军，以补阙额。"从之。陕西诸路如之。

绍圣四年，枢密院言："龙骑系杂犯军额，阙数尚多。今欲将禁军犯徒兵及经断者,岁拣以填阙。"从之。

元符元年又言:"就粮禁军阙额,于厢军内拣选年四十以下者填。"从之。

宣和七年,诏京东西、淮南、两浙帅司精选诸军骁锐,发赴京畿辅郡兵马制置使司。

靖康元年,诏:"军兵久失教习,当汰冗滥,精加拣择。"然不能精也。方兵盛时,年五十已上皆汰为民,及销并之久,军额废阙,则六十已上复收为兵,时政得失因可见矣。

中兴以后,兵不素练。自军校转补之法行,而拣选益精。大抵有疾患则选,有老弱则选,艺能不精则选,或由中军拣补外军,或拣外边精锐以升禁卫。考《军防令》,诸军招简等杖:天武第一军五尺有八寸,捧日、天武第二军、神卫五尺七寸三分,龙卫五尺七寸,拱圣、神勇、胜捷、绕捷、龙猛、精朔五尺六寸五分,骁骑、云骑、骁胜、宣武、殿前司、虎翼殿前司、虎翼水军五尺有六寸,武骑、宁朔、步军司虎翼水军、拣中龙卫、神骑、广勇、龙骑、骁猛、雄勇、吐浑、擒戎、新立骁捷、骁武、广锐、云翼、有马劲勇、步武、威捷、武卫、床子弩雄武、飞山雄武、神锐、振武、新招振武、新置振武、振华军、雄武弩手、上威猛、厅子、无敌、上招收、冀州雄胜、澄海水军弩手五尺五寸,广捷、威胜、广德、克胜、陕府雄胜、骁雄、雄威、神虎、保捷、清边弩手、制胜、清涧、平海、雄武、龙德宫清卫、宁远、安远五尺四寸五分,克戎、万捷、云捷、横塞、捉生、有马雄略、效忠、宣毅、建安、威果、全捷、川效忠、拣中雄勇、怀顺、忠勇、教阅忠节、神威、雄略、下威猛五尺四寸,亳州雄胜、飞骑、威远、蕃落、怀恩、勇捷、上威武、下威武、忠节、靖安、川忠节、归远、壮勇、宣效五尺三寸五分,济州雄胜、骑射、桥道、清塞、奉先、奉国、武宁、威勇、忠果、劲勇、下招收、壮武、雄节、静江、武雄、广节、澄海、怀远、宁海、刀牌手、必胜五尺三寸,拣中广效、武和、武肃、忠靖、三路厢军五尺二寸。

建炎三年,诏:"江南、江东、两浙诸州军正兵、土兵,除镇江、越州,委守臣兵官巡检,六分中选一分,部辖人年四十五以下,长行年三十五以下,合用器甲,候旨选赴行在。有懦弱不堪,年甲不应,或占庇不如数选发,其当职官有刑。"

四年,诏:"神武义军统制王燮下阅到第三等军兵一千六百六十人,填厢禁军,其不任披带者,分填严州新禁军。"

绍兴二年,上谓辅臣曰:"邵青、单德忠、李捧三盗,招安至临安日久,卿等其极拣汰。吕颐浩、秦桧得旨与张俊同阅视,堪留者近七千人。诏命张俊选精锐,得兵五千人诣行在。

二十年,枢密院言都统吴玠选中让卫西兵千人,诏隶殿司。又统制杨政选西兵三百二十五人,填步军司。

二十四年,诏:"御龙直见阙数,可以殿、步二司选拍试填诸班。"

乾道二年,诏王琪选三百人充马军。

庆元三年,殿司言:"正额效用万一千五百九十二人,阙二百五十九人,于雄效内及效用带甲拍试一石力弓、三石力弩合格人填阙额。"诏:"政民祗候,亲从填班直人数,特与免;其三衙旧司官兵及御马直合拣班人,照阙额补。"

嘉定十一年,臣僚言:"今军政所先,莫如汰卒。"谓"如千兵中有百人老弱,遇敌先奔,即千人皆废矣。乞严敕中外将帅,务核其实。"

其省并法,自咸平始。建炎以后,臣僚屡言,军额有阙则并隶一等军分,足其旧额,以便教阅,而指挥,制领、将佐之属亦或罢或省,悉从其请。盖当多事之秋,患兵之不足,望增补以壮军容,事既宁息,患其有余,必并省以核军实,意则在乎少苏民力也。

嘉熙初,臣僚言:"今日兵贫若此,思变而通之。于卒伍中取强勇者,异其籍而厚其廪,且如百人之中拣十人,或二十,或三十,则是万人中有三千兵矣。时试之弓弩,课之武艺,暇则驰马击球以为乐,秋冬使之校猎。其有材力精强,则厚赏赍之。又于其中拔其尤者,数愈少而廪愈厚,待之如子弟,倚之如腹心,缓急可用。苏辙有言:'天子必有所私之将,将军必有所私之士。'又必申命主帅、制领,鼓动而精择之,假之统御之权,严其阶级之法。将乐与士亲,士乐为将用,则可以运动如意,不必别移一军,别招新军矣。"

咸淳间,招兵无虚日,科降等下钱以万计。奈何任非其人,白捕平民为兵,召募无法,拣选云乎哉!

廪禄之制　为农者出租税以养兵,为兵者事征守以卫民,其势然也。唐以天下之兵分置藩镇,天子府卫,中外校卒,不过十余万,而国用不见其有余。宋惩五代之弊,收天下甲兵数十万,悉萃京师,而国用不见其不足者,经制之有道,出纳之有节也。国初,太仓所储才支三、二岁。承平既久,岁漕江、淮粟六百万石,而缣帛、货贝、齿革百物之委不可胜用。其后军储充溢,常有余羡。内外人安,非偶然也。

凡上军都校,自捧日、天武及龙卫、神卫左右厢都指挥使遥领团练使者,月俸钱百千粟五十斛;诸班直都虞候、诸军都指挥使遥领刺史者半之。自余诸班直将校,自三十千至二千,凡十二等;诸军将校,自三十千至三百,凡二十三等,上者有傔;厢军将校,自十五千至三百五十,凡十七等,有食盐;诸班直自五千至七百,诸军自一千至三百,凡五等、厢兵阅教者,有月俸钱一百至三百,凡三等,下者给浆菜钱或食盐而已。自班直而下,将士月给粮,率称是为差;春冬赐衣有绢绵,或加绸布、缗钱。凡军士,边外率分口券,或折月粮,或从别给。其支军食,粮料院先进样,三司定仓敖界分,而以年月次之。国初,诸仓分给诸营,营在国城西,给粮于城东,南北亦然。相距有十里者,盖恐士卒习堕,使知负檐之勤。久之,有司乃取受输年月界分,以军次高下给之。

凡三岁大祀,有赐赉,有优赐。每岁寒食、端午、冬至,有特支。

特支有大小差亦有非时给者。边戍季加给银、鞋，邠、宁、环、庆缘边难于菲汲者，两月一给薪水钱，苦寒或赐絮襦裤。役兵劳苦，季给钱。戍领南者，增月奉。自川、广戍远者，别与装钱。川、广递铺率或给时服、钱、屦。屯兵州军，官赐钱宴犒校，谓之旬设，旧止待屯泊禁军，其后及于本城。

天圣七年，法寺裁定诸军衣装，骑失春冬衣各七事，步兵春衣七事、冬衣六事，敢质卖者重置之法。

景祐元年，三司使程琳上疏，论："兵在精不在众。河北、陕西军储数匮，而如募不已，且住营一兵之费，可给屯驻三兵，昔养万兵者今三万兵矣。河北岁费刍粮千二十万，其赋入支十之三；陕西岁费千五百万，其赋入支十之五。自余悉仰给京师。自咸平逮今，凡二边所增马步军指挥百六十。计骑兵一指挥所给，岁约费缗钱四万三千，步兵所给，岁约费缗钱三万二千，他给赐不预。合新旧兵所费，不啻千万缗。天地生财有限，而用无纪极，此国用所以日屈也。今同、华沿河州军，积粟至于红腐而不知用；沿边入中粟，价常踊贵而未尝足。诚愿河北、陕西募住营兵，勿复增置，遇阙即迁厢军精锐者补之，仍渐徙营内郡以使粮饷。无事时番戍于边，缓急即调发便近。严戒封疆之臣，毋得侵轶生事以觊恩赏，违令者重置之法。如此，则疆场无事，而国用有余矣。"帝嘉纳之。

康定元年，诏战场士卒给奉终其身。宰臣张士逊等言禁兵久戍边，其家在京师者，或不能自给。帝如内侍即殿隅条军校而下为数等，特出内藏库缗钱十万赐之。

庆历五年，诏："湖南路发卒征蛮，以给装钱者，毋得更予带甲钱。"

七年，帝因阅军粮，谕仓官曰："自今后当足数给之。"初，有司以粮漕自江、淮、积年而后支，惟上军所给斗升仅足，中、下军率十得八九而已。

嘉祐八年，殿前诸班请粮，比进样异，辄不受散去。御史中丞王畴以为言。诏:"提点仓官自今往检视,有不如样,同坐之。军士不时请及有喧哗,悉从军法。"

皇祐二年,诏:"在外禁军,凡郊赍折色,并给以实估之直。"

五年,诏:"广南捕蛮诸军岁满归营,人赐钱二千,月增奉钱二百。度岭阵亡及瘴疠物故者子孙或弟侄,不以等样收一人隶本营者,支衣廪之半。"

治平二年,诏:"泾原勇敢军拣为三等,差给奉钱一千至五百为三等,勿复置营,以季集渭州按阅。"

熙宁三年,帝手诏:"仓使给军粮,例有亏,减出军之家,侵牟益甚,岂朕所以爱养将士意哉!自今给粮毋损其数,三司具为令。"于是严河仓乞取减刻之事。

四年,诏付赵离:"闻鄜延路诸军数出,至鬻衣装以自给,可密体量振恤之。"先是,王安石言:"今士卒极窘,至有衣纸而擐甲者,此最为大忧,而自来将帅不敢言振恤士卒,恐成姑息,以致兵骄。臣愚以为亲士卒如爱子,故可与之俱死;爱而不能令,譬如骄子不可用也。前陛下言郭进事,臣案《进传》,言进知人疾苦,所至人为立碑纪德;士卒小有违令,辄杀之。惟其能犒赏存恤,然后能杀违令者而人无怨。今宜稍宽牵拘将帅之法,使得用封桩钱物随宜振恤,然后可以责将帅得士卒死力也。"

四年,枢密院言:"不教阅厢军拨并,各带旧请外,今后招到者,并乞依本指挥新定请受。河北崇胜、河东雄猛、陕西保宁、京东奉化、京西壮武、淮南宁淮各酱菜钱一百,月粮二石,春衣绢二匹、布半匹、钱一千,冬衣绢二匹、绸半匹、钱一千、绵十二两。两浙崇节、江东西效勇、荆南北宣节、福建保节、广东西清化除酱菜钱不支外,余如六路。川四路克宁已上各小铁钱一千,粮二石,春衣绢一匹、小铁钱十千,冬衣绢一匹、绸一匹、绵八两、小铁钱五千。"并从之。

七年,增桥道、清塞、雄胜诸军奉满三百。又诏:今后募禁军等赏给,并减旧兵之半。

十年，诏："安南道死战没者，所假衣奉咸蠲除之。弓箭手、民兵、义勇等有贷于官者，展偿限一年。又中外禁军有定额，而三司及诸路岁给诸军亦有常数。其阙额未补者，会其岁给并封桩，枢密承旨司簿其余数，辄移用，论如法。"

元丰二年，诏："荆南雄略军十二营南戍，瘴没者众，其议优恤之。军校子孙降授职，有疾及不愿为兵若无子孙者，加赐缗钱；军士子孙弟侄收为兵，并给赗，除籍后仍给粮两月；即父母年七十已上无子孙者，给衣廪之半，终其身。"

哲宗即位，悉依旧制。

徽宗崇宁四年，诏："诸军料钱不多，比闻支当十钱，恐难分用，自今可止给小平钱。"初，蔡京谋逐王恩，计不行，欲阴结环卫及诸士卒，乃奏皇城铺兵月给食钱五百者，日给一百五十。自是，每月顿增四贯五百，欲因以市私恩也。

五年，枢密院言："自熙宁以来，封桩隶枢密院，比因创招广勇、崇捷、崇武十万人，权拨封桩入尚书省。缘禁军见阙数多，若专责户部及转运司应副，恐致误事。"诏："尚书省候极足十万人外，理合拨还。自今应禁军阙额封桩钱，仍隶枢密院。"

宣和七年，诏："国家养兵，衣食丰足。近岁以来，官不守法，侵夺者多；若军司乞取及因事率敛，刻剥分数，反致不足。又官吏冗占猥多，修造役使，违法差借。杂役之兵，食浮于禁旅，假错之卒，役重于厢军。近因整缉军政，深骇听闻。自今违戾如前者，重置之法。"

靖康元年，诏："诸路州军二税课利，先行桩办军兵合支每月粮料、春衣、冬赐，数足，方许别行支散官吏请给等。禁军月粮，并免坐仓。"

自国初以来，内则三司，外则漕台，率以军储为急务，故钱粮支赐，岁有定数。至于征戍调发之特支，将士功劳之犒赏，与夫诸军阙额而收其奉廪以为上供之封桩者，虽无定数，而未尝无权衡于其间也。封桩累朝皆有之，而熙宁为盛。其后虽有今后再不封桩之诏。

然军司告乏,则暂从其请,稍或优足,则封桩如旧。盖宰执得人,则阙额用于朝廷;枢管势重,则阙额归之密院。此政和军政所益不逮于崇宁、大观之间者,由两府之势互有轻重,而不能恪守祖宗之法也。

中兴以后,多遵旧制。绍兴四年,御前军器所言:万全杂役额五百,户部廪给有常法。比申明裁减,尽皆遁逃。若依部所定月米五斗五升,日不及二升;麦四斗八升,斗折钱二百,日餐钱百,实不足赡。"诏户部裁定,月米一石七斗,增作一石九斗。

五年,诏:"效用八资旧法,内公据、甲头名称未正,其改公据为守阙进勇副尉,日餐钱二百五十、米二升;甲头为进勇副尉,日餐钱三百、米二升。非带甲入队人自依旧法。"宣抚使韩世忠言:"本军调发,老幼随行。缘效用内有不调月粮,不增给日请,军兵米二升半、钱百,效用米二升、钱二百,乞日增给赡米一升半,庶几战士无家累后顾扰,齐心用命。"诏分屯日即陈请。

十三年,诏:"殿司诸统领将官别无供给职田,日赡不足,差兵营运,浸坏军政。可与月支供给:"统制,副统制月一百五千,统领官百千,正将、同正将五十千,副将四十千,准备将三十千,皆按月给。既足其家,可责后效。若仍前差兵负贩,从私役禁军法,所贩物计赃坐之,必罚无赦。州县知而不举,同罪。"主管步军司赵密言:"比定诸军五等请给,招填阙额,要以屏革奸弊。第数内招收白身效用,填马步军使臣阙。其五等请给例内,马军效用依五人衔官例,步军效用依三人衔官例。缘旧效有曾经带甲出入,日止餐钱二百、米二升;有少壮善射者,既见初收效用廪给稍优,因逃他军希厚请。今拟五等招收白身效用与旧效用,不以马步军论,概增其给,人日支钱二百、米二升,填使臣阙。

隆兴二年,殿前司言:"诸军法,兵级年六十,将校年六十五,减充剩员给请,内有战功亦止半给。比来年及不与减落,乞每营置籍,乡贯、年甲,招刺日月悉书之,一留本营,一留户部,一留总领,以备开落。"

乾道八年,枢密院言:"二月为始,诸军七例以上,二分钱、三分银、五分会子;五人例,三分钱、四分银、三分会子。军兵折麦、餐钱,全支钱。使臣折麦、料钱,统制、军佐供给分数仍旧。"

淳熙三年,枢密院言:"兵部定请受格:效用一资守阙毅士,二资毅士,三资守阙效士,月各钱三千,折麦钱七百二十,米一石五升,春冬衣绢各二匹;四资效士,钱三千,折麦钱九百七十二,米一石一斗三升有奇,衣绢各二匹;五资守阙听候使唤,钱四千五百,折麦钱一千八十,米一石二斗,绢三匹有半;六资听候使唤,钱四千五百,折麦钱一千二百六十,米一石四斗七升,绢五匹;七资守阙听候差使,八资听候差使,钱四千五百,折麦钱一千四百四十,米一石六斗八升,绢各五匹;九资守阙准备使唤,十资准备差使,钱五千,折麦钱一千四百四十,米六石八升,绢各五匹。"

绍熙元年,知常德府王铢言:"沿边城砦之官,以备疆场不虞,廪禄既薄,给不以时,孤寒小吏,何以养廉?致使熟视奸猾泄漏禁物,公私庇盖,恬不加问,从而徇私受赇者有矣。弓手、土军、戍卒备直粮食,累月不支,迫于饥寒,侵渔蛮獠,小则致讼争,大则启边衅。乞严敕州、军按月廪给,如其未支,守倅即不得先请已奉。庶俾城砦官兵有以存济,缓急之际,得其宣力。安边弭盗,莫此为急。"

厥后弊日以滋,迨至咸淳,军将往往虚立员以冒稍食。以建康言之,有神策二军,有游击五军,有亲兵二军,有制效二军,有靖安、唐湾水军,有游击采石水军,有精锐破敌军,有效用防江军,原其初起,惟骑戍两司额耳。后乃各创军分,额多而员少。一统制月请,以会子计之,则成一万五百千,推之他军,概可见矣。

九年,四川制司有言:"戍兵生券,人月给会子六千,蜀郡物贾翔贵,请增人月给九千。"当是时财赋之出有限,廪稍之给无涯,浚民膏血,尽充边费,金帛悉归于二三大将之私帑,国用益竭,而宋亡矣。

　　臣僚尝言："古者兵与农一，官无供亿之烦，国有备御之责。后世兵与农二，竭国力以养兵，奉之若骄子，用之若佣人，今守边急务，非兵农合一不可。其说者有二：曰屯田，曰民兵。川蜀屯田为先，民兵次之；淮、襄民兵为先，屯田次之。此足食足兵之良策也。"其言阨于权奸，竟不行。

宋史卷一九五
志第一四八

兵九 　训练之制

训练之制　　禁军月奉五百以上，皆日习武技；三百以下，或给役，或习技。其后别募厢兵，亦阅习武技，号教阅厢军。戍川、广者旧不训练，嘉祐以后稍习焉。凡诸日习之法，以鼓声为节，骑兵五习，步兵四习，以其坐作进退非施于两军相当者然。自宋初以来，中外诸军皆用之。

明道二年，枢密使王曙言："本下厢军止给役而未尝习武技，宜取材勇者训肄，升补禁军。"上可其奏。

康定元年，帝御便殿阅诸军阵法。议者谓诸军止坐作进退，虽整肃可观，然临敌难用，请自今遣官阅阵毕，令解证以弓弩射。营置弓三等，自一石至八斗；弩四等，自二石八斗至二石五斗，以次阅习。诏行之陕西、河东、河北路。是岁，诏："教士不衦带金革，缓急不足以应敌。自今诸军各予铠甲十、马甲五，令迭披带。"又命诸军班听习杂武技，勿辄禁止。

庆历元年，徙边兵不教者于内郡，俟习武技即遣戍边。

二年，诸军以射亲疏为赏罚，中的者免是月诸役，仍籍其名。阙校长，则按籍取中多者补。枢密直学士杨楷请教骑兵止射九半至七斗三等弓，画的为五晕，去的二十步引满即发，射中者，视晕数给钱为赏。骑兵佩劈阵刀，训肄时以木杆代之。奏可。

四年，诏："骑兵带甲射不能发矢者，夺所乘马与本营艺优士卒。”韩琦言：“教射唯事体容及强弓，不习射亲不可以临阵。臣至边，尝定弓弩挽强、蹱硬、射亲格，愿行诸军立赏肄习。岁以春秋二时各一阅，诸营先上射亲吏卒之数，命近臣与殿前、马步军司阅之。其射亲入第四至第七等，量先给赐；入第三等已上用挽强、蹱硬中格，悉引对亲阅；等数多者，其正副指挥使亦第赐金帛。”诏以所定格班教诸军。四年，遣官以陕西阵法分教河北军士。

五年，密诏益、利、梓、夔路钤辖司，以弓弩习士卒，候民间观听浸熟，即便以短兵日教三十人，十日一易。知并州明镐言：“臣近籍诸营武艺之卒，使带甲试充奇兵外，为三等，庶几主将悉知军中武技强弱，临敌可用。”诏颁其法三路。范仲淹请以带甲射一石充奇兵，余自九斗至七斗第为三等，射力及等即升之。诏著为令。

六年，诏诸军夏三月毋教弓弩，止习短兵。又诏：“以春秋大教弓射一石四斗、弩彍三石八斗、枪刀手胜三人者，立为武艺出众格。中者，本营阙阶级即以次补。”

至和元年，诏：“诸军选将校，武艺钧，以射亲为上。”韩琦又言：“奉诏，军士弩彍四石二斗并弓箭枪手应旧规选中者，即给挺补守阙押官，然则排连旧制为虚文矣。请三路兵遇春秋大教。武技出众者优给赏物，免本营他役，候阶级阙，如旧制选补。”奏可。

治平二年，诏：“河北战卒三十万一千、陕西四十五万九百并义勇等，委总管司训练，毋得冗占。”

熙宁元年，诏曰：“国家置兵以备战守，而主兵之官冗占者众，肄习弗时，或误军事。帅臣、安抚、监司其察所部有占兵不如令者以闻。”十月，枢密院请陕西、河东选三班使臣及士人任殿侍者，以为河北诸路指使，教习骑军。或言河朔兵有教阅之名而无其实，请班教法于其军，久而弗能者，罢为厢军。奏可。

二年，帝尝语执政：“并边训练士卒，何以得其精熟？”安石对曰：“京东所教兵已精强，愿陛下推此法以责边将，间诏其兵亲临阅试。训练简阅有不如诏者罚之，而赏其能者。赏不遗贱，罚不避贵，则法行而将吏加劝，士卒无不奋励矣。"九月，选置指使巡教诸军，殿前司四人，马、步军司各三人。

三年，帝亲阅河东所教排手，进退轻捷，不畏矢石。遂诏殿前司、步军指挥当出戍者，内择枪刀手亢健者百人，教如河东法，艺精者免役使，以优奖之。

五年四月，诏在京殿前马步诸军巡教使臣，并以春秋分行校试。射命中者第赐银碟，兵房置籍考校，以多少定殿最。五月，诏以泾原路蔡挺衙教阵队于崇政殿引见，仍颁诸路。其法：五伍为队，五队为阵，阵横列，骑兵二队亦五伍列之。其出皆以鼓为节，束草象人而射焉，中者有赏。马步皆前三行枪刀，后二行弓弩，附队以虎蹲弩、床子弩各一，射与击刺迭出，皆闻金即退。预籍人马之强者隐于队中，遇可用，则别出为奇。帝以其点阅周悉，常有出野之备，故令颁行。

六年，诏："河北四路承平日久，重于改作，苟遂因循，益隳军制。其以京东武卫等六十二营隶属诸路，分番教习，余军并分遣主兵官训练。"九月，诏："自今巡教使臣校殿最，虽以十分为率，其事艺第一等及信九分已上，或射亲及四分，虽殿，除其罚；第二等事艺及八分，或射亲不及三分，虽最，削其赏。"十月，选泾原士兵之善射者，以教河朔骑军弛骤野战。帝曰："裁并军营，凡省军员四千余人，此十万军之资也。傥训练精勇，人得其用，不惟胜敌，亦以省财。"安石等曰："陛下频年选择使臣，专务训练，间御便殿躬亲试阅，赏罚既明，士卒皆奋。观其技艺之精，一人为数夫之敌，此实国家安危所系也。"是时，帝初置内教法，旬一御便殿阅武，校程其能否而劝沮之，士无不争劝者。

七年，诏教阅战法，主将度地之形，随宜施行。二月，诏："自今岁一遣使，按视五路安抚使以一及提举教阅诸军义勇保甲官，课其优劣以闻而诛赏之。"

八年，诏："在京诸军营屯迫隘，马无所调习。比创四教场，益宽大，可以驰骋。其令骑军就教者，日输一营，以马走骤阅习。"五月，臧景陈马射六事：一、顺鬃直射，二、背射，三、盘马射，四、射亲，五、野战，六、轮弄，各为说以晓射者。诏依此教习。八月，帝令曾孝宽视教营阵。大阅八军阵于荆家陂，讫事大赏。

元丰元年十月，诏立在京校试诸军技艺格，第为上中下三等。步射，六发而三中为一等，二中为二等，一中为三等。马射，五发骤马直射三矢、北射二矢，中数、等如步射法。弩射，自六中至二中，床子弩及炮自三中至一中，为及等。并赏银有差。枪刀并标排手角胜负，计所胜第赏。其弓弩堕落，或纵矢不及垛，或挽弓破体，或局而不张，或矢不满，或弩蹑不上牙，或护不发，或身倒足落，并为不合格。即射已中赏，余箭不合格者，降一等。无可降者，罢之。

是月，贾达、燕达等言：“近者增损东南排弩队法，与东南所用兵械不同，请止依东南队法，以弩手代小排。若去敌稍远则施箭，近则左手持弩如小排架隔，右手执刀以备斩伐，与长兵相参为用。”诏可，其枪手仍以标兼习。十一月，京西将刘元言：“马军教习不成，请降步军；又不成，降厢军。”乃下令诸军约一季不能学者，如所请降之。十二月，诏：开封府界、京东西将兵，十人以一人习马射，受教于中都所遣教头、在京步军诸营弓箭手，亦十人以一人习马射，受教于教习马军所。艺成，则展转分教于其军。”

二年四月，遣内侍石得一阅视京西第五将所教马军。五月，得一言其教习无状，诏本将陈宗等具析。宗等引罪，帝责曰：“朝廷比以四方骄悍为可虞，选置将臣分总禁旅，俾时训隶，以待非常。至于部勒规模，悉经朕虑，前后告戒已极周详。使宗等稍异木石，亦宜略人意。尸禄日久，既顽且懦，苟遂矜宽，实难励众，右并勒停。”是月，诏殿前、步军司兵各置都教头掌隶教习之事，弩手五营、弓箭手十营、枪刀标排手五营各选一人武艺优者奏补。逐司各举散直二人为指便，罢巡教使臣。是日，诏河东、陕西诸路：“旧制，马军自十月一日驰野战，至谷雨日止。塞上地凉，自今教起八月，止五月一日。”七月，诏诸路教阅禁军毋过两时。九月，内出教法格并图象颁行之。步射执弓、发矢、运手、举足、移步，及马射、马使蕃枪、马上野战格斗，步用标排，皆有法象，凡千余言，使军士诵习焉。

四年五月，诏东南诸路转运、提点刑狱司，体量将兵自降教阅新法之后，军士有所倍费以闻。盖自团立将兵以来，军人日新教阅，旧资技艺以给私费者，悉无暇为故也。

六年，从郭忠绍之请，步军弩手第一等者，令兼习神臂弓。

七年八月，诏开封府界、京东西路专选监司提举教阅。神宗留心武备，既命立武学、校《七书》以训武举之士，又颁兵法以肄军旅，微妙渊通，取成于心，群臣莫望焉。

元祐元年四月，右司谏苏辙上言："诸道禁军自置将以来，日夜按习武艺，将兵皆蚤晚两教，新募之士或终日不得休息。今平居无事，朝夕虐之以教阅，使无遗力以治生事，衣食殚尽，憔悴无聊，缓急安得其死力！请使禁军，除新募未习之人，其余日止一教。"是月，朝请郎任公裕言："军中诵习新法，愚懵者颇以为苦。夫射志于中，而击刺格斗期于胜，岂必尽能如法？"枢密院亦以为元降教阅新法自合教者指授，不当令兵众例诵。诏从之。九月，枢密院奏："异时马军教御阵外，更教马射。其法：全队驰马皆重行为"之"字，透空发矢，可迭出，最便利。近岁专用顺鬃直射、抹鞦背射法，止可轻骑挑战，即用众乃不能重列，非便。请自今营阅排日，马军'之'字射与立背射，隔日互教。"诏可。

三年五月，罢提举教习马军所。

六年六月，三衙申枢密院，乞近状七十日依令式放诸军教。王严叟白韩忠彦曰："景德故事，皆内侍省检举传宣，今但岁举为常，则不复见朝廷恩意。"忠彦以为然，又开陈太皇太后。曰："如此则为常事，待处分内侍省。"遂诏："今后入状，遣中侍传宣诸军住教。"

绍圣元年三月，密院言："禁军春秋大教赏法，每千人增取二百一十人，给赏有差。"从之。

二年二月，枢密院言："马军自九月至三月，每十日一次出城滓渲，教习回答野战走骤向背施放，遇风雪假故权住。"从之。

三年五月,诏在京府界诸路禁军格斗法,自今并依元丰条法教习。七月,诏选弩手兼习神臂弓。八月诏:"殿前、马步军司见管教头,别选事艺精强、通晓教像体法者,展转教习。其弓箭手马、步射射亲,用点药包指及第二指知镞,并如元丰格法。"是月,又诏复神臂弓射法为百二十步。

元符元年十月,曾布既上巡教使臣罚格,因言:"祖宗以来,御将士常使恩归人主,而威信在管军。凡申严军政,岂待朝廷立法而后施行耶?是管军失职矣。"帝深以为然。

政和元年二月,诏:"春秋大教,诸军弓弩斗力,并依元丰旧制。"

四年五月,臣僚上言:"神臂弓垛远百二十步,给箭十只,取五中为合格,军中少得该赏,恐惰于习射。送殿前、马步军司勘会,将中贴箭数并改为上垛,其一中贴此两上垛。"从之。

五年三月,诏:"自今敢占留将兵,不赴教阅,并以违御笔论。不按举者,如其罪。"十一月,臣僚言:"春秋大教,诸军弓弩上取斗力高强,其射亲中多者,激赏太薄,无以为劝。"诏依元丰法。

八年,诏州郡禁军出戍外常留五分在州教阅,从毛友之请也。

重和元年正月,而兵部侍郎宇文粹中进对,论禁军训练不精,多充杂役。帝曰:"祖宗军旅之法最为密致,神考尤加意训习,近来兵官浸以弛慢。古者春振旅,夏苃舍,秋治兵,冬大阅,皆于农隙以讲事,大司马教战之汉,大宗伯大田之礼。劝论周制,大抵军旅之政,六卿无有不总之者。今士人作守倅,任劝农事,不以劝耕稼为职;管军府事,不以督训练为意。自今如役使班直及禁卫者,当差人捉探惩戒。更候日长,即亲御教阅激赏。"寻以粹中所奏参照条令行之。

宣和三年四月,立骑射赏法,其背射上垛中贴者,依步射法推赏。

靖康元年二月,诏:"军兵久失教习,汰冗滥。今三衙与诸将招军,惟务增数希赏,但及等杖,不问勇怯。招收既不精当,教习又不以时,杂色占破,十居三四。今宜招兵之际,精加拣择,既系军籍,专使教习,不得以杂色拘占。又神臂弓、马黄弩乃中国长技,宜多行教习,以捍边骑。仍令间用衣甲教阅,庶使习熟。"四月,诏复置教场,春秋大阅,及复内教法以激赏之。"

阵法　熙宁二年十一月,赵卨乞讲求诸葛亮八阵法,以授边将,使之应变。诏郭逵同卨讲求,相度地形,定为阵图闻奏。

五年四月,诏蔡挺行先进教阅阵图。帝尝谓:"今之边臣无知奇正之体者,况奇正之变乎!且天地五行之数不过五阵之变,出于自然,非强为之。"宰相韩绛因请诸帅臣各具战阵之法来上,取其所长,立以为法。从之。帝患诸将军行无行阵之法,尝曰:"李靖结三人为队必有意。星书,羽林皆以三人为队,靖深晓此,非无据也。"乃令贾逵、郭固试之。十二月,知通远军王韶请降合行条约,诏赐御制《攻守固》、《行军环珠》、《武经总要》、《神武秘略》、《风角集古》、《四路战守束》各一部,余令关秦凤路经略司抄录。

六年,诏诸路经略司,结队并依李靖法,三人为一小队,九人为一中队,赏罚俟成序日取裁。其队伍及器甲之数,依泾原路牙教法。九月,赵卨言:"欲自今大阅汉蕃阵队,且以万二千五百人为法,旌旗麾帜各随方色。战国时,大将之旗以龟为饰,盖取前列先知之义。令中军亦宜以龟为号。其八队旗,别绘天、地、风、云、龙、虎、鸟、蛇。天、地则象其方圆,风、云则状其飞扬,龙、虎则状其翔盘之势,以备大阅。"枢密院以为阵队旗号若绘八物,应士众难辨,且其间亦有无形可绘者。遂诏止依方色,人异其形制,令勿杂而已。

七年,又命吕惠卿、曾教宽比校三五结队法。十月,以新定结队法并赏罚格及置阵形势等,遣近侍李宪付赵卨曰:"阵法之详已令宪面谕,今所图止是一小阵,卿其从容析问,宪必一一有说。然置阵法度,久失其传,今朕一旦据意所得,率尔为法,恐有未尽,宜无避忌,但具奏来。"继又诏曰:"近令李宪赍新定结队法并赏罚格付卿,同议可否,因以团立将官,更置阵法,卿必深悉朝廷经画之意。如日近可了,宜令李宪赍赴阙。"离奏曰:

置阵之法,以结队为先。李靖以五十人为一队,每三人自相得者结为一小队,合三小队为一中队,合五中队为一大队,余押官、队头、副队头、左右傔旗五人即充五十,并相依附。今圣制:"每一大队合五中队,五十人为之、中队合三小队,九人为之;小队合三人为之,亦择心意相得者。又选壮勇善枪者一人为旗头,令自择如己艺,心相得者二人为左右傔;自选勇悍者一人为引战;又选军校一人执刀在后,为拥队。凡队内一人用命,二人应援;小队用命,中队应援;中队用命,大队应援;大队用命,小队应援。如逗挠观望不即赴救,致有陷失者,本队委拥队军校,次队委本辖队将,审观不救所由,斩之。其有不可救,或赴救不及,或身自受敌,体被重创,但非可救者,皆不坐。其说虽与古同,而用法尤为精密。此盖陛下天锡勇智,不学而能也。

然议者谓四十五人而一长,不若五人而一长之密。且以五人而一长,即五十人而十长也,推之于百千万,则为长者多,而统制不一也。至如周制:五人为伍,属之比长;五伍为两,属之闾胥;四两为卒,属之族师;五卒为旅,属之党正;五旅为师,属之州长;五师为军,属之命卿。此犹今之军制,百人为都,五都为营,五营为军,十军为厢。自厢都指挥使而下,各有节级,有员品,亦昔之比长、闾胥、族师、党正之任也。

议者谓什伍之制,于都法为便,然都法恐非临阵对敌决胜之术也。况八阵之法,久失其传,圣制一新,稽之前闻,若合符节。夫法一定,易以致人。敌好击虚,吾以虚形之;敌好背实,吾以实形之。然而所击者非其虚,所背者非其实,故逸能劳之,饱能饥之,此所谓致人而不致于人也。

七年七月,诏诸路安抚使各具可用阵队法,及访求知阵队法者以闻。九月,崇仪使郭固以同详定古令阵法赐对,于是内出《攻守图》二十五部付河北。

八年二月,帝批:"见校试七军营阵,以分数不齐,前后抵牾,难为施用。可令见校试官摭其可取者,草定八军法以闻。"初,诏枢密院曰:"唐李靖兵法,世无全书,杂见《通典》,离拆伪舛。又官号物名与今称谓不同,武人将佐多不能通其意。今枢密院检详官与王振、曾收、王白、郭逢原等校正,分类解释,令今可行。"又命枢密院副都承旨张诚一、入内押班李宪与震、逢原行视宽广,用马步军二千八百人教李靖营阵法。以步军副都指挥使杨遂为都大捍举,诚一、宪为同提举,振、逢原参议公事,夏元象、臧景等为将副、部队将、干当公事,凡三十九人。

诚一等初用李靖六花阵法,约受兵千二万人为率,为七军,内虞候军各二千八百人,取战兵千九百人为七十六队,战兵内每军弩手二百,弓手三百,马军五百,跳荡四百,奇兵四百,辎重每军九百,是为二千八百人。帝谕近臣曰:

黄帝始置八阵法,败蚩尤于涿鹿。诸葛亮造八阵图于鱼复平沙之上,垒石为八行。晋桓温见之曰:"常山蛇势。"此即九军阵法也。至隋韩擒虎深明其法,以授其甥李靖。靖以时遇久乱,将臣通晓者颇多,故选六花阵以变九军之汉,使世人不能晓之。大抵八阵即九军,九军者方阵也。六花阵即七军,七军者圆阵也。盖阵以圆为体,方阵者内圆而外方,圆阵即内外俱圆矣。故以方圆物验之,则方以八包一,圆以六包一,此九军六花阵之大体也。六军者,左右虞候军各一,为二虞候军、左右厢各二,为四厢军;与中军共为七军。八阵者,加前后二军,共为九军。开国以来,置殿前、马步军三帅,即中军、前后军帅之别名;而马步军都虞候是为二虞候军,天武、捧日、龙神卫四厢是为四厢军也。中军帅总制九军,即殿前都虞候,专总中军一军之事务,是其名实与古九军及六花阵相符,而不少差也。今论兵者俱以唐李筌《太白阴经》中阵图为法,失之远矣。

朕尝览近日臣僚所献阵图,皆妄相眩惑,无一可取。果如其说,则两敌相遇,必须遣使豫约战日,择宽平之地,夷阜塞壑,诛草伐木,如射圃教场,方可尽其法尔。以理推之,其不可用决矣。今可约李靖法为九军营阵之制。然李筌图乃营法,非阵法也。朕采古之法,酌今之宜,曰营曰阵,本出于一法,特止曰营,行曰阵;在奇正言之,则营为正、阵为奇也。于是以八月大阅八军阵于城南荆家陂。已事,赐遂而下至指使、马步军银绢有差。

八年,诏诸路权住教五军阵,止教四御阵。

九年四月,帝与辅臣论营阵法,谓:“为将者少知将兵之理,且八军、六军皆大将居中,大将譬则心也,诸军四体也,运其心智,以身使臂,以臂使指,攻左则右救,攻右则则左救,前后亦然,则军何由败也!”

元丰四年,以九军法一军营阵按阅于城南好草陂,已事,奖谕。

熙宁七年,诏:“已降五阵法,令诸将教习,其旧教阵法并罢。”盖九军营阵为方、圆、曲、直、锐、凡五变,是为五阵。

元祐元年高翔言,乞以御阵与新阵法相兼教阅,从之。盖元丰七年,诏专用五阵法,而旧教御阵遂废;至是,复令互教。

绍圣三年,复罢教御阵。

大观二年,诏以五阵法颁行诸路。

靖康元年,监察御史胡舜陟奏:“通直郎秦元所著兵书、阵图、师律三策、大八阵图一、小图二,皆酌古之法,参今之宜,博而知要,实为可用。”诏令赐对。当时君虽无雄谋远略,然犹切切焉以经武为心。

高宗建炎元年,始颁枢密院教阅法,专习制御摧锋破敌之艺、全副执带出入、短桩神臂弓、长柄刀、马射穿甲、木挺。每岁拟春秋教阅法,立新格。神臂弓日给箭二十,射亲去垛百二十步。刀长丈二尺以上,毡皮裹之,引斗五十二次,不令刀头至地。每营选二十人阅习,经两阅者五十人为一队,教习分合,随队多少,分隶五军。每军各置旗号,前军绯旗,飞鸟为号;后军皂旗,龟为号;左军青旗,蛟为号;右军白旗,虎为号;中军黄旗,神人为号。又别以五色物号制招旗、分旗。举招旗,则五军以旗相应,合而成阵;举分旗,则五军以旗相应,分而成队。左右前却,或分藏为伏,或分出为奇,皆举旗为号。更鸣小金、应鼓,备赡望不及者。豫约伏藏之所,缓鸣小金即止,急鸣应鼓即奇兵出阵趋战,急鸣小金即伏兵出。其春秋大教推赏,依海行格法。

李纲言:“水战之利,南方所宜。沿河、淮、海、江帅府、要郡,宜效古制造战船,以运转轻捷安稳为良。又习火攻,以焚敌舟。”诏命杨观复往江、浙措置,河、淮别委官。三年,亲阅水军于镇江登云门外。

绍兴四年,诏殿按阅神武中军官兵推赏。

二十四年,臣僚言:“州郡禁卒,远方纵弛,多不训练,春秋教阅,临时备数,乞申严旧制。”

三十一年,诏:“比闻诸路州厢禁军、土军,有司擅私役,妨教阅。帅府其严责守兵勤兵归营,训练精熟,以备点视。

孝宗乾道二年,幸候潮门外,次幸白石阅兵,三衙率将佐道驾,射生官兵就御辇下献所获。是日,有数将独手运大刀,上曰:“刀重几何?”李舜举奏:“刀皆重数斤。”有旨:“卿等教阅精明。”又谕陈敏曰:“军马衣装整肃如此。”特锡赉鞍马、金带,士卒推赏有差。

四年,幸茅滩教阅。举黄旗,连三鼓,变方阵;五鼓,举白旗,变圆阵;次二鼓,举赤旗,变锐阵;青旗,变直阵。毕事,上大悦,赏赉加倍。兵分东西,呈大刀火炮,上问李舜举:“按阅比曩时如何?”舜举奏:“今日之兵,陛下亲训练,抚以深恩,锡以重赏,忠勇倍常。”

乾道中,诏弓箭手元射一石四斗力升加三斗,元射一石力升加五斗,弩手元射四石力升加五斗,元射两石七斗力升加八斗,进秩推赏有差。宰执进射亲赏格,虞允文曰:"拍试以斗力升请给,今用射亲定赏,恐不加意斗力。"上曰:"然。他日虽强弓弩可以取胜,若止习射亲,则斗不进。此赏格不须行。"

淳熙间,立枪手及射铁帘格。上谓辅臣曰:"闻射铁帘,诸军鼓跃奋厉。"周必大曰:"兵久不用,此辈无进取,自然气惰。今陛下激劝告戒,人人皆胜兵。"于是殿前、步军司诸军及马军旧司弓弩手,射铁帘弓箭合格兵共一千八百四十余。诏中垛帘弓箭手一石二斗力十箭,弩手四石力八箭,依格进两秩,各赐钱百缗;弓箭手一石力十箭以上,弩以上,弩手三石力八箭,各进两秩。诏中外诸军赏格亦如之。

绍熙元年,诏殿司:"许浦水军并江上水军岁春秋两教外,每月轮阅习。沿海水军准是。"知徽州徐谊言:"诸路禁军,近法以十分为率,二分习弓,六分习弩,余二分习枪牌。习弓者听兼习弩,斗力可以观其进退,射亲可以察其能否。勤惰之实,人有稽考。"诏下诸路遵守之。执政胡晋臣言:"比年用射铁帘推赏,往往获迁秩,是亦足以作成人才。"上曰:"射铁帘不难,此赏格太滥,其专以武艺精熟为尚。"

二年,枢密院言:"殿、步司诸军弓箭手,带甲六十步射,一石二斗力,箭十二,六箭中垛为本等。弩手,带甲百步射,四石力,箭十二,五箭中垛为本等。枪手,驻足举手搢刺,以四十搢为本等。主师委统制、统领较其艺。本等外取升加多者,每军五千五百人以上弓、弩、枪手各十五人,诣主帅审实,上枢密院覆试。各择优等二人升转两秩,余人给钱五缗,俟将来再试。"

庆元二年幸候潮门外大阅。

嘉泰二年,诏将按阅诸军,赏赉依庆元二年增给。

　　宝庆二年,莫泽言:"州郡禁军,平时则以防寇盗,有事则以备戎行,实录于朝廷,非州郡可得私役。比年州郡军政隳废,吝于廪给,阙额恒多。郡官、主兵官有窠占,寓公有借事,存留者不什一。当教阅时,钤、总、路分虽号主兵,仅守虚籍,莫敢号召。入教之次,坐作进退殆同儿戏。守臣利虚券不招填,主兵受厚赂改年甲。且一兵请给,岁不下百缗,以小计之,一郡占三百人,是虚费三万缗也。私役禁军,素有常宪。守帅辟园池,建第宅,不给餐钱;寓公去城辽绝,类得借兵,扰害乡间,近而辅郡至有寓公占四五百兵者。良由兵官之权轻,而私占之禁弛也。乞严戒监司、守倅等,止许借厢军,仍不得妨教阅,余官虽厢军亦勿借。"

　　淳祐十一年,台臣条陈军匠不闲阅习之弊。按旧制,禁兵毋私役。比岁凡州军屯营驻札之处。多循旧习,每一州军匠无虑数百,官无小大各战破,而雕镂、组绸、攻金、设色之事靡所不有。工艺虽精,击刺不习,设有小警,何能授甲?乞申严帅守及统兵官,应军匠听归营伍闲习训练,勿竞作无益,虚糜廪稍,以妨军实。"

　　咸淳初,臣僚言:"诸军统领、统制、正将、副将正欲在军训练,闲于武事,一有调用,令下即行,士悉将智,将悉士勇,所向无敌。今江南州郡、沿江制阃置帐前官,专任营运,不为军计,实为家谋,绝无战阵新功,率从帐前升差。大略一军仅二三千,而使臣至五六百,以供杂役。"

　　九年,臣僚言:"比者招募军兵,一时徒取充数,以觊赏格。涅刺之后,更不教阅。主兵官苦以劳役,日夜罔休,一或少违,即罹囹圄榜掠之酷,兵不堪命,而死者逃者接踵也。今请以新招军分隶诸队,使之熟纪律,习事艺,或旬或月上各郡阅试。"盖弊至于此,而训练之制大坏矣。

宋史卷一九六

志第一四九

兵十　迁补之制　屯戍之制

迁补之制　自殿前、侍卫马步军校，每遇大礼后，各以次迁，谓之"转员"。转员至军都指挥使，又迁则遥领刺史，又迁为厢都指挥使，遥领团练使。员溢，即从上罢军职，为正团练使、刺史之本任，或有他州总管、钤辖。其老疾若过失者，为御前忠佐马军都军头、副都军头，隶军头司。其黜，则为外州马步军都指挥使。凡军主阙，以军都指挥使递迁、余阙，以诸军都虞候、指挥使、副指挥使、行首、军使、副行首、副兵马使、十将递迁。凡将校，一军营止补十人，其厢都指挥使、军都指挥使、都虞候、指挥使、营主其一，即阙其三。殿前左右班都虞候遥领刺史，即与捧日军都提挥使通，以次迁捧日、龙卫厢都指挥使，仍遥领团练使。若员溢，即为正刺史补外，他如诸军例递迁。

凡列校转补，有司先阙走跃、上下马；次出指二十步，掩一日试之，左右各五占数为见物。武艺，弓射五斗，弩弣一石五斗，枪刀手稍练。负罪不至徒，年未高，或虽年高而无疾、精力不耗者，并取之。

凡诸军转员后，取殿前指挥使、长入祗候填行门，取东西班、长入祗候殿侍，诸班直充诸班押班、诸军将校者，皆新阅。前一日，命入内都知或押班一人，勾当御药院内侍一人，同军头引见司较定弓弩斗力标志之。凡弓弩艺等者，人占其一。至日，引见，弓弩列置殿前，命取一以射。军头引见司专视喝箭以奏。如喝失当，即奏改正。

入内都知或押班同勾当御药院内侍殿上察视，如引见司不觉举，亦奏改正。枪刀手竭胜负，若喝不以实，并引见司失觉举，并劾其罪。

太平兴国九年，上诣崇政殿转改诸军将校，自军都指挥使以下、员僚以上，皆按名籍劳绩而升陟之，凡数日而毕。内外感悦。乃谓宰臣等曰："朕迁转军员，先取其循谨能御下者，武勇次之。若不自谨饬，则其下不畏惮，虽有一夫之勇，亦何所用！"

咸平三年五月，上御便殿迁补军职，凡十一日而毕，自神卫右第二军都指挥使、恩州刺史周训而下，递迁者千三十一人。

四年十二月，帝谓吕蒙正曰："选众求才，诚非易事。朕常孜孜询访，冀有所得。向求于军校中，超擢八九人，委以方任，其间王能、魏能颇甚宣力，陈兴、张禹珪亦有能名。"蒙正等曰："才难求备。今拔十得五，有以见陛下知臣之明也。"

五年，帝谓知枢密院周莹曰："国朝之制，军员有阙，但权领之，三岁一迁补。未及期以功而授，止奉朝请而已。今阙员处则乏人部辖，须当例与转补。"于是召莹等至便殿，按军籍次补，其屯戍于外及军额在下素不该恩例，亦溥及之。凡再旬方毕。

景德二年四月，帝曰："殿前诸班、侍卫马步诸军及军司诸军员，因衰病或以他事出补外职，率皆临事奏裁，殊无定制，可条其入职名类例以闻。"又曰："近累有诸处立功指挥使，未可别加迁擢，皆特补本军都虞候。旧无此职名，盖权宜加置，若后有阙，不须复补。"又曰："内外诸军所阙小校，傥以名次迁补，或虑不能尽得武干之士，自今并令阅试武艺，选擢为之。"

大中祥符四年七月，诏曰："自来转补军员，皆是议定降宣命讫，方引见转补。其间有老病不任职者，临时易之，无由整齐。经汾阴大礼，应殿前马步军诸班诸军员。并分作甲次于崇政殿逐人唱名引见，朕自视之。有不任职者，当于不系禁军处优与安排，免转员之际，旋议改易。"八月，诏："殿前、侍卫马军步军司所管内外禁军军员,自来补转,体例不一,未得均平。朕夙夜思之。今来该汾阴转员,可立定久远规制。其马军、步军,自指挥使以下,各别转补,皆令自下而升。仍将殿前、侍卫马军步军司所辖军分,各衮同转补。如马军军员自近下补至拱圣,即双取之,以分补捧日、龙卫,其近下军分有阙,即却自捧日、龙卫双取,升一员资补填。其步军有阙,填补并准此。”又诏:“所议改更转补军员职名,恐诸军未喻,可降宣命云:殿前、侍卫马步军司自来多是龙卫更转入捧日,并神卫更入天武之类是致难得出职,久成沉滞。今来转员,出自朕意,并各与分两头迁改,其龙卫更不入捧日,并神卫更不入天武。其捧日、龙卫阙,于拱圣内隔间取人,分头充填。其拱圣阙,即将骁骑、云骑分头转入。其天武、神卫阙,于神勇内隔间取人,分头充填。其神勇阙,即将宣武充填。其宣武阙,取殿前、步军司虎翼充填。已上如取尽指定军员,即转已次军员充填。所有宁朔军分次第请受并转员出入,今后并特与依骁胜体例施行。”

六年十月,诏:“诸班直并马步军事军员,其诸班、捧日、龙卫、天武、神卫五头下出人外,其御龙诸直作一处转;员僚直、拱圣、骁骑、云骑、骁胜、武骑、宁朔、神骑已上军额军员,作一处挨排递迁;水军神勇、宣武,殿前司虎翼、卫圣,步军司虎翼、奉节、广勇、神射已上军额军员,作一处挨排转补;事内殿前指挥使押班至都知只本班转,其神卫、广勇、神射已下至军使、都头,即逐指挥人递迁。内有年及六十已下者并勾押赴阙,令殿前司看验闻奏,当议相度安排。所有副兵马使、副都头员阙,仍取捧日、龙卫、神勇十将充填,余并从之。内神卫水军第一指挥,公令立允神卫水军指挥;殿前司上虎翼第二、步军司上虎翼第一,并立充虎翼水军指挥,依旧系逐司管押。其神卫水军见管军员,先自奉节补入,多不会舟楫,并一齐转上外,却将虎翼水军两指挥会水军员与神卫水军共三指挥一处衮转。如转至神卫水军指挥使,除年老病患依例出职安排外,更不转上。”

天禧元年十月,以御前忠佐郭丰等六人并受将军。初,军头司定年老负犯者将黜之。帝以其久居武列,命置环卫,其带遥郡者与大将军,不带遥郡者与将军。

天圣六年,将转员,枢密院奏:"诸军将校有因循不敢戕士者,请谕殿前、马步军司密以名闻。"八年,诏殿前、侍卫司同定内外诸军排立资次。

景祐二年,如缘边就粮兵有员阙,奏以旧人次迁。

康定元年,诏三路就粮将校半以次迁,半遣自京师。又诏陕西土兵校长遣自京师,情不谙达,自今悉就本路通补。

庆历四年,诏捧日、天武选退将校超三资,余超二资,悉补外职。五年,直定府、定州路都总管司奏:"奉诏阅教军士,选补阶级,弓射九斗至一石,距埛七十步至百步,射最亲者为第一等。其阅教时,弓不必引满,力竞即发,务在必中。伏缘旧例军中拣节级,以挽强引满为胜。今一旦取射亲者为第一等,其弓力止九斗、一石,箭留三两指,而退素习挽强引满之士,于理未便。"诏诸军选节级用旧例,遇阅教即如近制。

皇祐元年,诏:诸路就粮兵阙将校,须转补满三年听迁。又诏:"将帅麾下兵,非有战功毋得请迁隶上军。

嘉祐二年,诏:京东教阅本城、骑射、威边、威勇、壮武,自初募置,即给鼓旗阅教以代禁军,如有员阙,听递迁至副指挥使止,转补后满三岁,阙三分已上即举行。其指挥使阙,即步军司补之。

至和三年,诏亲从官入殿满八年者补节级,从枢密院之请也。

治平元年,选诸班直长行洎禁军副兵马兵马使已上有材武者,得七十人,帝临轩亲阅。喻天武右第二军都指挥使王秀曰:"尔武艺虽不中格,而有战功,且能恪守法度,其以尔为正刺史,务勤乃职,无负朕之委寄也。"又喻散直虞候胡从、内殿直副都知张思曰:"尔能勤以持身,忠以事上,治军又皆整肃,其以从为内园使,思为崇仪副使。"自余擢迁有差。

二年,诏:"广南教阅忠敢、澄海,一营者即本营递迁,两营已上者,营三百人补五人,二百人至三百人补三人,二百人以下补二人,百人以下补一人,止于副指挥使。凡递迁满三岁,五阶阙二、三阶阙一即补。"四年,诏:"自今一营及二百五十人已上,置校十人,阙三人即补。二百五十人已下,置校七人,阙二人即补。京师非转员并诸道就粮并准此令。"

凡军头、十将、节级转补,谓之"排连",有司按籍阅试,如列校转员法。弓射六斗、弩弽一石七斗、枪刀手稍练并取之。如旧不试武技者,即递迁。其不教阅厢军节级,则其半递迁,其半取优健未尝犯徒刑、角力胜者充。

治平四年,有司言:"军士阙额多而将校众,请以实领兵数制将校额,第其迁补,并通领五都之事。"乃诏:"二百五十人以上,补指挥使十人,以下七人,阙二人者以次补。补十将者,马军四十人,步军如马军之数而加其一焉。百五十人以上者三十人,阙五人者以次补。不及百五十人者,如旧格补单将二十人。"

熙宁二年,枢密院请:"自今捧日、龙卫、天武、神卫厢都指挥使阙,无当次迁者,并虚之。其诸军都指挥使、都虞候当迁者,阙多则间一名补转,兼以次职事。吐浑等军都指挥使、都虞候阙者,虚其阙。"六月,诏:"河东、陕西就粮军士将校,其间材效之人,孤远无由自达,有司审度其有军功骁勇者以名闻,当摆置班行,以备本路任使。"

四年,诏:"诸班直尝备宿卫,病告满尚可疗者,殿前指挥使补外牢城指挥使,余以为捧日、天武第五军押营,奉钱三千者予五百,二千以下者予三百。"

六年,诏:"军校老而谙部辖者优假之;虽疾不至罢癃,或未七十犹堪任事者勿罢;即法虽当留而不能部辖者以闻,当议处之厢军。"十月,诏:"军士选为节级,取两尝有功者,功等以先后,又等以重轻,又等以伤多者为上。"

七年,诏:"十将以下当转资而不欲者,凡一资,以功者赐帛十五匹,技优者十匹。"六月,诏:"在京转员诸军都虞候已上至军都指挥使,以军功当迁而愿以授子孙者听,视其秩有差。"

八年,转员,帝亲阅,凡三日。旧制,捧日都虞候四人,至是,补者五人,而马军都指挥使阙骁骑二人,以捧日一人补骁骑军主,余四人如故则次军皆不得迁,乃补四人者皆为马步军副都军头。旧龙卫、拱圣、骁骑、武骑、宁朔、神骑为一百三十一营,今省五十营,而马军指挥以下已补八十一营,补外尚有溢员,乃诏所省营未移并者凡四十三,每营权置下名指挥使;副指挥使各一,军使三,以便递迁。

九年,将转员,枢密院奏:"换官稍优,军校由行伍有功,不久至团练使。"帝曰:"祖宗以来,军制固有意。凡隶在京殿前、马步军司所统诸营,置军都指挥使、都虞候分领之。凡军事,止责分领节制之人。责之既严,则遇之不得不优。至若诸路,则军校不过各领一营,不可比也。"吴充等以本大末小对,帝然之。因言:"周室虽盛,成、康之后,浸以衰微。本朝太平百有余年,由祖宗法度具在,岂可轻改也。"

元丰元年,诏禁军排连者三分其人,以其一取立功额外人,二分如令简试。十二月,诏诸军军使、都头以下并充兵额,正副指挥使以上置于额外,军行则分押诸队。又诏:"内殿直以下诸班直阙,按籍阙二分者虚其阙四之一,二分以上亦如之,不及二分补其半,余并阙之。"

四年,诏:"五路衮转土军与诸路不衮转禁军法,十将、副都头、副兵马使、都军头使并如令。自副都指挥使至都虞候尝转资者,间以赐帛,已赐帛乃迁。"

五年,诏以诸路教阅厢军为下禁军,排连如禁军法。

七年,枢密院言:"骑军诸营、诸班直以年劳升至军使者甚众,无阙可补。"诏捧日、龙卫、拱圣、骁骑、云骑、骁胜权置下名军使,凡二百四十员,拱圣、骁骑、云骑权置副兵马使,凡九十员以处之。

元祐元年,枢密院奏:"诸军将年七十,若有疾,假满百日不堪疗者,诸厢军指挥使除诸卫大将军致仕;诸军都指挥使、诸班直都虞候带遥郡除诸卫将军致仕;诸班直、上四军除屯卫,拱圣以下除领军卫:仍并以有功劳者为左,无功劳者为右。"从之。

二年,枢密院言:"旧例,行门对御呈试武艺,并临时特旨推恩,前期未尝按试,至日旋乞增加斗力,或涉唐突,因以抵罪。请于转员前一日,按定斗力。"从之。四月,枢密院言:"旧例,诸班直长行补诸军员僚,并取入班及转班二十年、年四十以上人。迨元丰四年,以阙额数多,乃特诏减五年,系一时之命。今诸军员僚溢额,傥不定制,即异时迁补不行;若便依限年旧法,又虑未有合该出职之人。请于三次渐次增及旧例年限。"从之。

五年,枢密院言:"转员马军指挥使以下至副兵马使,人数溢额,转迁不行。"诏权置下名军使一百七十人,副兵马使一百七十五人。又言:"禁军大阅,请以匹帛、银碟支赐,罢转资。"从之。六年,又言:"应排连长行充承局、押官者,先取年五十五以下,有战功公据者,仍以战功多少、得功先后、伤中轻重为次,事等而俱无伤中,则以事艺营名为次。"从之。

绍圣二年,诏:"将来转员换前班人,并从元丰转员令,仍不得过一百二十人。元祐所限人数比试家状指挥勿用。"

三年,枢密院进呈转员及行门试武艺、换前班、留住等条例。曾布言:"国初以来,皆面问其所欲,察相人才,或换官,或迁将校,或再任,此则威福在人主。以至唐突,或放罪,或行法,亦视其情状而操纵之。元祐改法,乃令大阅与三司、军头司先指试定,但对御引呈,依拍定等第推恩,殊失祖宗驭众之法。不许唐突,例坐徒罪兼决责人员,皆非旧法。唐突人虽有理,亦不施行。缘情轻者放罪,重者取旨,自有旧格。先朝燕达、林广尝唐突当降配,先帝释之,后皆为名将。至情重则杖脊配岭表者,有王明者住留叫呼,云:"若不得换前班,乞纳命。"管军买逵乞重配,先帝亦贷之,但降一等,与换外官。如此,故人知恩威皆自人主出,岂可一切付之有司!"帝悦,诏令并依元丰以前条例施行。

五年，马步军司言："三路兖转军员，请依元丰七年诏，应三月一日后续有得功嵌补升名并改转名职自充下名者，并依先补名次，各理降宣月日以为高下，审会给据，候再经兖转，即依次嵌补升转名次高下转那。自今三路军员衮转亦如之。"诏侍卫马、步军司，自今开具合转补职名申枢密院降宣，余并从之。七月，军头司引见殿前、马步军司拣到御龙诸直人材事艺应格，并补逐直将、虞候，赐杖子。一名开弓偃身不应法，黜之。

八月，枢密院言：

《转员旁通格》："捧日、天武不带遥刺军都指挥使，换左藏库使，仍除遥刺；殿前班不带遥刺都虞候，换左藏库使。"看详，殿前班带遥郡都虞候，系与捧日带遥郡军都指挥使理先后相压转迁；其不带遥殿前班都虞候、捧日军都指挥使换官班，合一等推恩。欲殿前班不带遥郡都虞候，依捧日不带遥郡军都指挥使换官。

又拱圣、神勇与骁骑已下军分有异，其逐军都虞候、指挥使理难一等换官。欲拱圣、神勇都虞候依旧换供备库使外，骁骑、云骑、宣武都虞候换左藏库副使，拱圣、神勇指挥使换内殿承制。捧日、天武、神龙卫指挥使皆系上四军，其捧日、天武换西京左藏库副使，龙、神卫换内殿承制，比捧日、天武隔两官，理有未均，欲神、龙卫指挥使换供备库副使。

又殿前班上名副都知换供库副使，下名副都知换内殿承制，自来以左右第一、第二班为资次，欲第一班换供备库副使，每二班换内殿承制。

又："换前班差遣，州部管以下，并以五路缘边为优，诸路为次。正团练使，州总管；正刺史，州钤辖；诸司使副，都巡检、驻泊都监；内殿承制、崇班，巡检、州都监；供奉官至借职，教押军队指使。"看详，诸司使、副已上差遣，见依格施行外，承制以下，欲依今来转员所差遣例。

又："拱圣、神勇、骁骑、云骑、宣武军都指挥使换文思，仍除遥刺，已带者依旧；御龙直都虞候，文思使，带遥刺者依旧；内殿直两次都虞候换左藏库使，一次文思使，带遥刺者依旧。"看详，拱圣、神勇与骁骑以下军分有异，兼御龙直都虞候遇转员合次神勇军都指挥使转行，及系环卫诸直人员最上名人，兼内殿直都虞候以次殿前班，及转员无阙，合随龙卫军都指挥使转行，理难于骁骑、云骑、宣武军都指挥使之下换官。欲御龙直、内展直都虞候依格合换官外，并除遥刺；骁骑、云骑、宣武军都指挥使止与换文思使，更不除遥郡刺史，内已带遥刺者并依旧。内殿前班副都知并与换供备库副使。

今马步军诸指挥事艺高强十将引见，取拣充员僚，内弓箭手短一指箭人合降一军安排；弩手括不发，事体颇同，并弩手堕箭与括不发亦同，欲并降一军安排。从之。

十一月，枢密院言：《转员旁通册》内御龙直都虞候至副都头换官，惟指挥使上两直与文思副使系降两资，余止一资，散员至金枪都知、副都知皆换内殿承制，不惟职名有差，自副都知约六迁方转都知；兼东西班、散直、钧容直系近下班分，副都知亦降都知一等换内殿崇班。其东西班、散直押班与副都知职名不等，两经转迁，方入近下班分副都知，理难与都知一等换内殿崇班。又散指挥至钧容直指挥使并换供备库副使，缘东西班、散直、钧容直遇转员，止是迁入上班，亦难一等换官。"诏："御龙下两直指挥使换左藏库副使，散员、散指挥、散都头、散祗候、金枪都知换供备库副使，东西班、散直押班换东头供奉官，东西班、散直押班换东头供奉官，东西班指挥使换官依旧外，散直、钧容直指挥使换左藏库副使。"缘《转员旁通册》内未载云、武骑军都指挥使转迁换官并恩例等，诏并依骁骑军都指挥使格。

四年二月，军头司引见捧日等兵试艺，帝于行间召邢斌、韩岊问曰："开弓犹有余力乎？"各对愿增二石二斗弓。遣内侍监定斗力授之，射皆应法，并特充殿前指挥使，赐缗钱。

元符元年七月，枢密院言："将校、军头、十将各转补者，委本将体量，不掩眼试五次，二十步见，若一次不同，减五步，掩一眼再试。但两眼共见二十步，或一眼全不见二十步，仍试上下马。如无病切，弓射五斗，弩踏一石五斗，枪刀、标牌手各不至生疏，并与转补。即有病切，或精神庇悴，或将校年六十九或经转补后犯奸盗赃罪情罪重以上虽该降，并隔下奏听旨。如差出者勾赴本将体量，在别州者报所在州体量。排连长行充承局、押官者，先取年五十五以下、有两次以上战功人填阙，六人更取一名；余取年四十以下、武艺高强、无病切人，试两眼各五次，二十步见者选拍。蚋步军以阙六分为率，先取弓手一分，次取弩手三分，次取枪牌刀手二分，更有零分者依六分为率，资次取拣，周而复始。长行犯徒经决及二年，或军人因移配杖罪经三年、徒罪经四年，或已升拣军分又经一年，各无过犯，并听排连。不应充军人，已投状后，审会取入逐便，虽未给公凭，其请给差使并罢，有违犯，加凡人二等。不应充军人，于法许逐便者，并追纳元请投军例物讫，报合属去处，给公凭放逐便。如非品官之家，无例物回纳，愿依旧充军者听。"从之。

三月，礼部言："检会故事，臣僚申请诸州军府管押进奉衙校等，祖宗以来，并加散官。自更官制，阶散并罢，既罢阶散，若与转资，似属太优。欲每转一资，支赐绢二十疋。如一名管押两处，只许就一处支给。或一州一军差二人同押，亦共与上件支赐。若一员官两处进奉，只随本官合推恩处从一支给。今押进奉皇帝登宝位礼物衙校等，欲依故例施行。"并从之。

宣和七年十一月，南郊制："应军员送军头司未得与差遣者，如后来别无过犯，却与差遣。应厢军人员补职及十五年未经迁补者，令所属保明闻奏。应禁军、厢军因一犯滥情重不得补充人员及递迁资给者，若经断及五年不曾再犯，及不曾犯赃，委所在候排连日审实，特与不碍迁补。"

宋史卷一九六

建炎、绍兴之间，排连，转员屡尝损益，而大率因于旧制。

乾道六年，主管侍卫马军司公事李显忠言："本司诸兵将官有阙，自来择众所推者，不以次序上闻升迁。比年须自训练官充准备将，准备将及二年升副将，副将及二年升正将，正将及三年升统领官，再及三年升制官，窃恐无以激扬士气。请今后兵将官有阙，不以年为限，许本司铨量人材胆勇服众上闻补用。"诏从其请，此诚砥砺兵将之良法也。

嘉定中，枢密院言：

诸军转员迁补，务在均一。如内诸班直循旧格排连，积习既久，往往超蹑升转，后名反居前列，高下不伦，甚失公平之意。

今参酌前后例格，均次资序：其一曰，散员左第二班副都知内殿直左第一班副都知转东西班西第二都知，内殿直左第二班副都知转散直左班都知；其二曰，散员左第二班副都知升内殿直左第一班副都知，升内殿直左第一班副都知；其三曰，散员右第一班副都知，升内殿直右第一班副都知，散员左第二班副都知升内殿直右第二班副都知；其四曰，散指挥左第一班副都知升散员左第一班副都知，散指挥右第一班副都知升散员右第一副都知；其五曰，散指挥左第二班副都知升散员左第二班副都知，散指挥右第三班副都知升右第二班副都知；其六曰，散都头左班副都知升散指挥左第一班副都知，散都头右班副都知升散指挥右第一班都知；其七曰，散祗候左班副都知升散指挥左第二班副都知，散祗候右班副都知升散指挥右第二班副都知；其八曰，内殿直左第一班押班迁转东西班西第一班副都知，内殿直右第一班押班转东西班西第三班副都知。

以上各系升四名外，御龙直御龙左第一直十将转御龙弓箭直副都头，御楷直右第一直十将转御龙弩直副都头，御龙骨朵子直左第一直十将升御龙左第一直十将，御龙弩直左第一直十将升御龙弓箭左第三直十将,系各升六名。

于是超躐积习之弊尽革,而为定制焉。

淳祐十一年,御史台条奏军功赏格违法之弊;在法,边戍获捷、奇功、暴露、撤戍者,制阃、军师举奏授官,必其人身亲行阵,有战御功。今自守阙进勇副尉至承信郎、承节郎者,其弊尤多,乃以奉权要,酬私恩,或转售于人。方等第功赏之初,即窜名其中,朝廷审核,动涉岁年,已无稽考。甚至承受、厅吏、厮卒之流,足迹未尝出都门,而沾亲冒矢石、往来军旅之恩,授以名器。请申严帅阃,令立功人亲授告身,庶革冒滥。"

宝祐五年,枢密院言:"应从军职事,必立战功,并队伍中人曾经拍试武艺;若训练官以递而升者,或年限未及仍带"权"字,俟年及方升正统制,此定法也。近年任子、杂流冒授者,才无差遣,便请从军,由统领至总管,曾几何时,超躐而进。甫得总管,却耻军职,辄称私计不便,或托父母老疾,巧计离军,又以筋力未衰,求差正任,甚非法意。"

至咸淳中,大将若吕文德、夏贵、孙虎臣、范文虎辈,矜功怙宠,慢上残下,行伍功赏,视为已物,私其族姻故旧,俾战士身膏于草莽,而奸人坐窃其勋爵矣。

屯戍之制　凡遣上军,军头司引对,赐以装钱;代还,亦入见,犒以饮食,简拔精锐,退其癃老。至于诸州禁、厢军亦皆戍更,隶州者曰驻泊。戍蜀将校,不遣都虞候,当行者易管他营。凡屯驻将校带遥郡者,以客礼见长吏,余如屯驻将校。凡驻泊军,若捍御边寇,即总管、钤辖共议,州长吏等毋预。事涉本城,并屯驻在城兵马,即知州、都监、监押同领。若州与驻泊事相关者,公牒交报。凡戍更有程;京东西、河北、河东、陕西、江、淮、两浙、荆湖、川峡、广南东路三年,广南西路二年,陕西城砦巡检并将领下兵半年。

景祐元年,诏:"若闻陕西戍卒,多为大将选置麾下,及偏裨临阵,鲜得精锐自随。自今以全军隶逐将,毋得选占。"三年,诏广、桂、荆、潭、鼎、澧六州各置雄略一营,与归远军更戍岭外。

康定元年,颁铜符、木契、传信牌。铜符上篆刻曰"某处发兵符",下铸虎豹为饰,而中分之。右符五,左旁作虎豹头四;左符五,右旁为四核令可勘合。又以篆文相向侧刻十干字为号:一甲己,二乙庚,三丙辛,四丁壬,五戊癸。左符刻十干半字,右符止刻甲己等两半字。右五符留京师,左符降总管、钤辖、知州军官高者掌之。凡发兵,枢密院下符一至五,周而复始。指挥三百人至五千人用一虎一豹符,五千人已上用双虎豹符。枢密院下符,以右符第一为始,内匣中,缄印之,命使者赍宣同下,云下第一符,发兵与使者,复缄右符以还,仍疾置闻。所在籍下符资次日月及兵数,毋得付所司。

其木契上下题"某处契",中剖之,上三枚中为鱼形,题"一、二、三",下一枚中刻空鱼,令可勘合,左旁题云"左鱼合",右旁题云"右鱼合"。上三枚留总管、钤辖官高者掌之,下一枚付诸州军城砦主掌之。总管、钤辖发兵马,百人已上,先发上契第一枚,贮以韦囊,缄印之,遣指挥赍牒同往。所在验下契与上契合即发兵,复缄上契以还,仍报总管、钤辖。其发第二、第三契亦如之。掌契官籍发契资次日月及兵数以为验。

传信牌中为池槽,藏笔墨纸,令主将掌之。每临阵传命,书纸内牌中,持报兵官,复书事宜内牌中而还。主将密以字为号验,毋得漏泄军中事。

吕夷简言:"自元昊反,被边城砦各为自守计,万一贼有奔冲,即关辅惊扰。虽夏竦等屯永兴,其实兵少。自永兴距鄜延、环庆诸路,皆数百里,设有急缓,内外不能相救。请募勇敢士三万,训以武技,分置十队,以有谋勇者三人将之,分营永兴。西寇至,则举烽相应,或乘势讨击,进退不以地分,并受夏竦等节制。"诏从之。初,赵元昊反,以夏竦、陈执中知永兴军,节度陕西诸军,久之无功。乃析秦凤、泾原、环庆、鄜延为四路,以秦、渭、庆、延知州分领本路马步军。是岁，罢铜符、木契。诏曰："陕西屯重兵，罄本路租税，益以内库钱帛，并西川岁输，而军储犹不足。宜度隙地为营田务，四路总管、转运悉兼领使。"

庆历二年，诏："已发士三万戍永兴，委总管司部分阅教。岁以八月遣万五千人戍、泾、原、仪渭州、镇戎军，十二月以万五千人代，至二月无警即还，岁以为常。"葛怀敏等丧师，命范仲淹、韩琦、庞籍复统四路，军期中覆不及者，以便宜从事。四年，夏人已纳款，乃罢。四月，帝谓辅臣曰："湖广系蛮吏士，方夏瘴热，而罹疾者众，宜遣医往为胗视。"

六年，诏："骑军以盛夏出戍，马多道死。自今以八月至二月遣发。"又诏："广南方春瘴疠，戍兵在边者权休善地。其自岭外戍回军士，予休两月。"李昭亮上言："旧制，调发诸军先引见，试以战阵，迁补校长。今或不暇试战阵，请选强壮有武技者，每十人引见转资后遣。"诏可。

时契丹使来议关南地，朝廷经制河北武备，议者欲增兵屯。程琳自大名府徙安抚陕西，上言曰：河朔地方数千里，连城三十六，民物繁庶，川原坦平。自景德以前，边数有警，官军虽众，罕有成功。盖定州、真定府、高阳关三路之兵，形势不接，召发之际，交错非便。况建全魏以制北方，而兵隶定州、真定府路，其势倒置。请以河朔兵为四路，以镇、定十州军为一路，合兵十万人；高阳关十一州军为一路，合兵八万人；沧、霸七州军为一路，合兵四万人；北京九州军为一路，合兵八万人。其驻泊钤辖、都监各掌训练，使士卒习闻主将号令，急缓即成部分。"

天子下其章，判大名府夏竦奏："镇、定二路当内外之冲，万一有警，各藉重兵，控守要害，迭为应援。若合为一，则兵柄大重，减之则不足以备敌。又沧州久隶高阳关，道里颇近，濒海斥卤，地形沮洳，东北三百里，野无民居，非贼蹊径。万一有警，可决漳、御河东灌，塘淀隔越，贼兵未易奔冲，不必别建一路。惟北京为河朔根本，宜宿重兵，控扼大河南北，内则屏蔽王畿，外则声援诸路。请以大名府、澶、怀、卫、滨、棣、德、博州、通利军建为北京路。四路各置都总管、副都总管一人，钤辖二人，都监四人。平时只以河北安抚使总制诸路，有警，即北京置四路行营都总管，择尝任两府重臣为之。"

议未决，竦入为枢密使，贾昌朝判大名府，复命规度。昌朝请如竦议，惟保州沿边巡检并雄、霸、沧州界河二司兵马，国初以来，拓边最号强劲，今未有所隶，请立沿边巡检司隶定州路，界河司隶高阳关路。

于是下诏分河北兵为四路：北京、澶、怀、卫、德、博、滨、棣州、通利、保顺军合为大名府路；瀛、莫、雄、霸、贝、冀、沧州、永静、乾宁、保定、信安军合为高阳关路；镇、邢、洺、相、赵、磁州合为真定府路；保、深、祁州、北平、广信、安肃、顺安、永宁军合为定州路。凡兵屯将领，悉如其议。韩琦兵势大分，请合定州、真定府为一，高阳关、大名府为一，朝廷以更置甫新，不报。诏四路兵依陕西遣部将往来按阅。又诏自今兵戍回，拣充捧日、龙卫、天武、神卫等军。

皇祐元年，发禁兵十指挥戍京东，以岁饥备盗。诏陕西边警既息，土兵可备守御，东军屯戍者徙内郡，以省饷馈。二年，诏："如闻河北诸屯将校，有老疾废事而不知退，有善部勒著劳效而不得进，帅臣、监司审察，密以名闻。"

四年，诏："戍兵岁满，有司按籍，远者前二月，近者前一月遣代，戍还本管听休。"五月，又诏："广西戍兵及二年而未得代者罢归，钤辖司以土兵岁一代之。"自侬智高之乱，戍兵逾二万四千，至是听还，而令土兵代戍。

至和元年，诏陈、许、郑、滑、曹州各屯禁兵三千。嘉祐五年，用贾昌朝奏，京北路置都监三人，驻札许、蔡、郑州，分督近畿屯兵。七年，诏陕西土兵番戍者毋出本路。

治平二年，发兵指挥二十，分戍永兴军、邠州、河中府，仍遣官专掌训练。三年，诏员僚直、龙卫毋出戍，神卫尝留十指押在营。又诏："顷以东兵戍岭南，冒犯瘴疠，得还者十无五六。自今岁满，以江、淮教阅忠节、威果代之。"

神宗嗣位，军政多所更革。熙宁初尝与辅臣论河北守备。韩绛等曰："汉、唐重兵皆在京师，其边戍裁足守备而已。故无横费，强本弱末。其势亦顺。开元后，有事四夷，权臣皆节制一方，重兵在西北。天宝之乱，由京师空虚，贼臣得以肆志也。"帝曰："边上老人亦谓今之边兵过于昔时，其势如倒植浮图。朕亦每以此为念也。"三年，诏："诸路戍兵，畸零不成部伍，致乖纪律，或遣郡兵，更相往来，道路艰梗，宜悉罢之，易以上番全军或就粮兵为戍；当遣者并隶总管司，以诏令从事。"

旧制，河北军马不出戍，帝虑其骄惰，五年，始命河北、河东兵更戍，减其一岁以优之。其年，诏徙河州军马驻熙州，熙州军马驻通远军，追召易集，可省极边军储。帝尝曰："穷吾国用者，冗兵也。其议徙军于内郡，以弓箭手代之，冀省边费。"

九年，诏："京师兵比留十万，余以备四方屯戍，数甚减少。自今戍兵非应发京师者勿遣"其后，言者屡请损河北冗兵，诏立额止留禁兵七万，而京东增置武卫军四十二营，训练精锐，皆以分隶河北，而以三千人散戍东南杭、扬、江宁诸州，以备盗贼。岭外惟广、韶、南雄州常有戍兵千人，桂林以瘴疠，间徙军于全、永。元丰中，或请遣陕西路骑军五七百戍桂林者，诏遣在京军马以戍之。

元祐元年六月，右谏议大夫孙觉言："将兵之禁，宜可少解，而责所在守臣与州郡兵官，可令乘时广行召募，稍补前日之额。循祖宗之法，使屯驻三边及川、广、福建诸道州军，往来道路，足以服习劳苦，南北番戍，足以均其劳佚。"诏："陕西、河东、广南将兵，不轮戍他路，河北轮近裹一将赴河东，府界、诸路逐将与不隶将兵，并更互差拨出戍别路。赴三路者差全将或半将，余路听全指挥分差，仍不过半将。"

十月，枢密院言："东南一十三将，自团将以来，未曾均定出戍路分，及不隶将兵内有出戍寨名数少、所管指挥数多去处，未得均当。欲除广南东、西两路驻札三将只充本路宁御差使,虔州第六将、全永州第九将准备广南东、西路缓急勾抽策应,并不差戍他路外,余八将及不隶将兵依均定路分都钤辖司驻泊,分擘差使。内将兵,不隶将兵路分,却于自京差拨步军前去补戍,候将兵回日,却行勾抽。"从之。

十二月,广西经略安抚使、都钤辖司言:"乞宜、融、钦、廉州系将、不系将马步军轮差赴邕州极边水土恶弱砦镇监栅及巡防并都同巡检等处,并乞依邕州条例,一年一替;其余诸州差往邕州永平、古万、太平、横山、迁隆砦镇及左、右江溪洞巡检并钦州如昔峒驻札抵棹砦,并二年一替;其诸巡检下,一年一替。"从之。

二年,河东经略安抚曾布言:"河外上番四将,每将内抽减步军赴岚、石州,分擘沿河等处差使,代开封府界等五将兵马归营;及赴岢岚、火山军驻札,代东兵两指挥赴太原府就食。"从之。是月,枢密院言:"昨为熙河兰会路戍兵数多,寻以年满,二千余人节次抽减归营,兼本路即目见管戍兵比额尚多一千三百余人。今朝旨令熙河兰会路都总管司,遇本路缓急阙人,许于秦凤路勾抽一将应副。缘本路即目事宜,虑向秋阙人防守,欲熙河兰会路都总管司遇本路缓急阙人,听全勾抽秦凤路九将应副差使,从京东差步军五指挥赴永兴军、商虢州权驻札,以备秦凤路勾抽。"从之。"

绍圣四年,枢密院备吕惠卿所言:"比缘牒报,西界点集本路叛卒。见阙守御人兵,兼土兵未填阙额,并蕃兵弓箭手比元丰元年少二千二百有余,东兵马步军比元丰四年、七年少十六指挥。乞于东兵步人内差拨一十六指挥添助防守。"兼本路自去岁泛差过军马三十六指挥,比之他路,已是倍多,即今戍兵三万六千余人,比之元丰四年人数,亦不至阙少,自可那融使唤。"诏:"鄜延路都总管司详此照会,如遇贼兵犯塞。或本路举兵,委是阙人,其年满人指挥兵级,令相度事宜,权留三两月,候事宜稍息遣还。"是月,诏:"河东路总管司那融替换上番兵马,无令戍边日久,致有劳弊。如无人替换,候春月事宜稍息,即先后上番四将抽减一番兵马归营。"

元符二年闰九月，遣秦凤戍兵十指挥应副熙河新边戍守。十一月，以吕惠卿奏，减鄜延戍兵五十指挥。三年八月，诏遣虎翼军六千戍熙河路，令代蕃兵及弓箭手还家休息。十二月，诏边帅减额外戍兵。

崇宁四年，诏：“广南瘴疠之乡，东西虽殊，气候无异。西路戍兵二年一代，而东路独限三年，代不如期，有陨于瘴疠者，朕甚恻然。其东路亦令二年一替，前期半年差人，如违，以违制论。”

大观二年六月，诏：“陕西诸路，自罢兵以来，数年于此，兵未曾彻。盖缘边将怯懦，坐费边储，戍卒劳苦。可除新边的确人外，余并依元丰罢边事日戍额人数外，余并直抽归营。有司不得占吝，如违，以违制论。”又诏：“东南除见兵额外，帅府别屯二千人，望郡一千人。帅府置奉钱五百一指挥，以威捷为名；望郡奉钱四百一指挥，以威胜为名；帅府三指挥、望郡一指挥各奉钱三百，以全捷为名；并以步军五百人为额。”三年六月，诏：“国家承平百五十年，东南一方，地大人众，已见兵寡势弱，非持久之道。可除见今兵额外，帅府别屯兵士二千人，望郡一千人。”

宣和二年，诏河北军马与陕西、河东更戍。

三年正月，诏：“河北军马与陕西、河东更戍，非元丰法，遂罢其令。应拖后人并与免罪，依旧收管。”闰五月，江、浙、淮南等路宣抚使童贯奏：“勘会江南东路、两浙东西路各有东南一将，平日未尝训练武艺，临敌必误驱策。昨睦寇初发，天兵未到已前，遣令上项将兵捕贼，遂致败衄，亡失军兵甚多。今睦贼讨平之后，协从叛亡者方始还业，非增戍兵镇遏，无以潜消凶暴。臣今拟留戍兵二万五千五百七十八人，分置江南东路、两浙东西路州军防把，一年满替出军一次，依平蛮故事，每月别给钱三百，岁给鞋钱一千。其兵并隶本路安抚隔充辖训练。”诏从之。是年，权知婺州杨应诚奏：“凡屯戍将兵，须隶守臣，使兵民之任归一，则号令不二，然后可以立事。”诏从之。续有旨改从旧制。

四年，臣僚言："东军远戍四川，皆京师及府界有武艺无过之人。既至川路，分屯散处，多不成队，而差使无时，委致劳弊。盖四川土兵既有诏不得差使，则其役并著东军，实为偏重。若令四川应有土兵、禁军与东军一同差使，不惟劳逸得均，抑亦不失熙、丰置东军弹压蜀人兼备蛮寇之意。"诏本路钤辖、转运两司公同相度利害以闻。

五年，制置所奏："江、浙增屯戍兵，相度节镇增添增两指挥处，余州各一指挥，各不隶将。内两指挥处，将一指挥以威果为名，一指挥以全捷为名，余州并以威果为名。"从之。

七年三月，诏："广南东、西路地远山险，盗贼间有窃发。内郡戍兵往彼屯守，多缘瘴疠疾病，不任捕盗；又不谙知山川道里、林壑曲折，故盗不能禁。可令每巡检下招置土人健勇轻捷者，参戍兵之半，互相关防，易于擒捕。令枢密院行之。"

靖康元年四月，以种师道为太尉，依前镇洮军节度使、河北河东宣抚使，后加同知枢密院事。时师道驻军滑州，实无兵从行，请合山东、陕西、京畿兵屯于青、沧、滑、卫、河阳，预为防秋之计。徐处仁等谓："金人重载甫还。岂能复来？不宜先自扰费，示之以弱。"议格不行。

七月，河北东路宣抚使李纲奏："臣两具论，以七月七日指挥止诸路防秋之兵为不可，必蒙圣察。今宣抚隔既无兵可差，不知朝廷既止诸路防秋之兵为不可，必蒙圣察。今宣抚司既无兵可差，不知朝廷止诸路防秋之兵，将何应副。兼远方人兵各已在路，又已借请数月，本路漕司、州县又已预半年、百日之粮，今一放散，皆成虚费，而实要兵用处无可摘那，深恐误国大计。"诏依所奏。

绍兴之初，郡盗四起，有若岳飞、刘光世诸大将领兵，尤重随宜调发，屯泊要害，探制捍蔽，是亦权宜之利矣。厥后枢府、帅臣屡言久戍之弊，甚者或十年或二十年而不更，尤可闵念。盖出戍者皆已老瘁，而诸州所留，类皆少壮及工匠，三司多以坐甲为名，占留违制，有终身未尝一日戍者。于是命帅臣、钤辖司置诸州尺籍，定其姓名，依期更戍。师臣又言："有如贵溪戍兵，三月一更，由贵溪至池州，往返一千五百里，即是一月在途，徒有劳费。愿以一年终更。"

今考绍兴间边境弗靖，故以大军屯戍，而践更之期，近者三月，远者三年，逮和议既成，诸军移屯者渐归营矣，惟防秋仍用移屯更戍之法，沿边备御亦倚重焉。乾道、淳熙、绍熙之际，一导其制。开禧初，复议用兵，驻札诸兵始复移屯。和议再成，边地一二要郡虽循旧贯。其诸驻札更戍之法不讲，而常屯之兵益多。逮夫端平破川蜀，咸淳失襄樊、裂淮甸，疆宇蹙而兵法坏。叛将卖降，庸夫秉钺，间有图国忘死之士，则遥制于权奸，移屯更戍，靡有定方。于是戍卒疲于奔命，不战而毙者众矣。至若将校之部曲，诸军之名号，士卒之众寡，详列于屯驻者，兹不重录云。

宋史卷一九七
志第一五〇

兵十一　器甲之制

　　器甲之制　其工署则有南北作坊，坊有弓弩院，诸州皆有作坊，皆役工徒而限其常课。南北作院岁造涂金脊铁甲等凡三万二千，弓弩院岁造角弝弓凡千六百五十余万，诸州岁造黄桦黑漆弓弩等凡六百二十余万。又南北作坊及诸州别造兵幕、甲袋、梭衫等什物，以备军行之用。京师所造，十日一进，谓之“旬课”，上亲阅视，置五库以贮之。尝令试床子弩于郊外，矢及七百步，又令别造步弩以试。戎具精致犀利，近代未有。

　　开宝三年五月，诏：“京都士庶之家，不得私蓄兵器。军士素能自备技击之器者，寄掌本军之司；俟出征，则阵牒以请。品官准法听得置随身器械。”时兵部令史冯继升等进火箭法，命试验，且赐衣物束帛。

　　淳化二年，申明不得私蓄兵器之禁。
　　至道二年二月，诏：先造光明细钢甲以给士卒者，初无衬里，宜以绸裹之，俾攧者不磨伤肌体。
　　咸平元年六月，御前忠佐石归宋献木羽弩箭，箭裁尺余而所激甚远，中铠甲则杆去而镞存，牢不可拔。诏增归宋月奉，且补其子为东西班侍。

三年四月,神骑副兵马使焦偓献盘铁槊,重十五斤,令偓试之,马上往复如飞,命迁本军使。八月,神卫水军队长唐福献所制火箭、火球、火蒺,造船务匠项绾等献海战船式,各赐缗钱。先是,相国寺僧法山,本洺州人,强姓,其族百口,悉为戎人所掠。至是,愿还俗隶军伍以效死力,且献铁轮拨,浑重三十三斤,首尾有刃,为马上格战具。诏补外殿直。

五年,知宁化军刘永锡制手炮以献,诏沿边造之以充用。

六年十月,给军中传信牌。其制,漆木为牌,长六寸,阔三寸,腹背刻字而中分之。置凿枘令可合;又穿二窍容笔墨,上施纸札。每临阵则分而持之,或传令,则署其言而系兵吏之颈,至彼合契,乃书复命。因冀州团练使石普之请也。

仁宗时,天下久不用兵。天圣四年,诏减诸路岁造兵器之半。是岁,诏作坊造铁枪一万五千,给秦、渭、环、庆、延州、镇戎军。

六年,诏:外器甲久不缮,先遣使分诣诸路阅视修治之。

景祐二年,罢秦州造输京师弓弩三年。诏:“广南民家毋得置博刀,犯者并锻人并以私有禁兵律论。”先是,岭南为盗者多持博刀,杖罪轻,不能禁,转运使以为言,故著是令。

四年,诏作坊制栓子枪、柤枪各五万。

康定元年四月,诏江南、淮南州军造纸甲三万,给陕西防城弓手。又诏河东强壮习弩者听自置,户四等以下官给之。八月,诏陕西制柳木旁牌。

庆历元年,知并州杨偕遣阳曲县主簿杨拯献《龙虎八阵图》及所制神盾、劈阵刀、手刀、铁连槌、铁简,且言龙虎八阵图有奇有正,有进有止,远则射,近则击以刀盾。彼蕃骑虽众,见神盾之异,必遽奔溃,然后以骁骑夹击,无不胜者。历代用兵,未有经虑及此。帝阅于崇政殿,降诏奖谕。其后,言者以为其器重大,缓急难用云。

二年,诏鄜延、环庆、泾原,秦凤路各置都作院,赐河北义勇兵弓弩箭材各一百万。

四年,赐鄜延路总管风羽子弩箭三十万。

五年,诏诸路所储兵械悉报三司,三司岁具须知以闻,仍约为程式预颁之。

八年,诏:"士庶之家,所藏兵器,非法所许者,限一月送官。敢匿,听人告捕。"

皇祐元年,御崇政殿阅知澧州、供备库副使宋守信所献冲阵无敌流星弩、拒马皮竹牌、火镰火石火纲三刃、黑漆顺水山字铁甲、野战拒马刀弩、砦脚车、冲阵剑轮无敌车、大风翎弩箭八种。

四年,河北、河东、陕西都总管司言,郭咨所造独辕冲阵无敌流星弩,可以备军阵之用。诏弓弩院如样制之。除咨为鄜延路钤辖,许置弩五百,募土民教之。既成,经略夏安期言其便,诏立独辕弩军。

五年,荆南兵马钤辖王遂上临阵拐枪。

至和元年,诏河北、河东、陕西路每岁夏曝器甲,有损断者,悉令完备。如复阅视有不堪用者,知州、通判并主兵官并贬秩。

嘉祐四年,诏:京师所制军器,多不锋利,其选朝臣各一员拣试之。

七年,诏江西制置贼盗司,在所有私造兵甲匠并籍姓名,若再犯者,并妻子徙淮南。

熙宁元年,始命入内副都知张若水、西上阁门使李评料简弓弩而增修之。若水进所造神臂弓,实李宏所献,盖弩类也。以檿为身,檀为弰,铁为鐙子枪头,铜为马面牙发,麻绳扎丝为弦。弓之身三尺有二寸,弦长二尺有五寸,箭木羽长数寸,射三百四十余步,入榆木半笴。帝阅而善之。于是神臂始用,而他器弗及焉。

二年,命河北州军凡戎器分三等以闻,又诏内库凡器甲择其良若干条上。

四年,诏诸路遣官诣州,分库藏甲兵器为三等如沿边三路,而川峡不与。

五年,帝匣斩马刀以示蔡挺,挺谓制作精而操击便,乃命中人领工造数万口赐边臣,镡长尺余,刃三尺余,首为大环。是岁,诏权三司度支副使沈起详定军器制度。起以为一已之见有限,宜令在京及三路主兵官、监官、工匠审度法度所宜,庶可传久。诏从之。

时,帝欲利戎器,而患有司苟简。王雱上疏曰:“汉宣帝号中兴贤主,而史称技巧工匠,独精于元、成之时。是虽有司之事,而上系朝廷之政。方今外御边患,内虞贼盗,而天下岁课弓弩、甲胄入充武库者以千万数,乃无一坚好精利实可为备者。臣尝观诸州作院兵匠乏少,至拘市人以备役,所作之器,但形质而已。武库之吏,计其多寡之数而藏之,未尝责贵其实用,故所积虽多,大抵敞恶,夫为政如此,而欲抗威决胜,外攘内修,未见其可也。傥欲弛武备,示天下以无事,则金木、丝枲、筋胶、角羽之材,皆民力也,无故聚工以毁之,甚可惜也。莫若更制法度,敛数州之作聚为一处,若今钱监之比,择知工事之臣使专其职;且募天下良工散为匠师,耐明廷内置工官以总制其事,察其精窳而赏罚之,则人人务胜,不加责而皆精矣。闻今武库太祖时弓尚有如新者,而近世所造往往不可用,此可见法禁之张弛矣。”大抵雱为此言,以迎逢上意,欲妄更旧制也。

六年,始置军器监,总内外军器之政。置判一人、同判一人。属有丞,有主簿,有管当公事。先是,军器领于三司,至是罢之,一总于监。凡产材州,置都作院。凡知军器利害者,听诣监陈述,于是吏民献器械法式者甚众。是岁,又置内弓箭南库。军器监奏以利害颁诸路作院为式。是年冬,以骑兵据大鞍不便野战,始制小鞍,皮鞯木鞯,长于回旋,马射得以驰骤,且选边人习骑者分隶诸军。

时周士隆上书论广西、交阯事,请为车以御象阵,文彦博非之。安石以为自前代至本朝,南方数以象胜中国,士隆策宜可用,因论自古车战法甚辩,请以车骑相当试,以观其孰利。帝亦谓北边地平,可用车为营,乃诏试车法,令沿河采车材三千两,军器监定法式造战车以进。

七年,判监吕惠卿言,其“所上弓式及其他兵器制度,下殿前、马、步三司令定夺去取,而逐司不过取责军校文状以闻,非独持其旧说不肯更张，又其智虑未必能知作器之意。臣于朝廷已行之令，非敢言改，乞就一司同议。"帝乃遣管军郝质赴监定夺，皆曰："便"。时军器监制器不一，材用滋耗。于是诏不以常制选官驰往州县根括牛皮角筋，能令数羡，次第加奖。是岁，始造箭曰狼牙，曰鸭觜，曰出尖四楞，曰一插刃凿子，凡四种推行之。

八年，诏："河北拒马，或多以竹为之，不足当敌。令军器制监造三万具赴北京、澶定州。"又令计河北所少兵器制造，其不急者毋得妄费材力。又诏民户马死，旧不以报官者并报，输皮筋以充用。

帝虑置监未有实效，而虚用材役，诏中书、枢密院核实其事，令条画以闻。军器监奏，置监以来，增造兵器若干，为工若干，视前器增而工省。帝复诘之，且令与御前工作所较工熟省，验器熟良。王韶谓："如此，恐内外相倾成俗。且往年军器监检察内臣折剥弓弩，隙由此生。今令内臣较按军器监，又如曩日相倾无已。"帝曰："比累累说军器监事，若不较见事实，即中外便以为听小臣谮诉。今令得实行法，所以明曲直也。"安石曰："诚当如此。若每事分别曲直，明其信诞，使功罪不蔽，则天下之治久矣。"王韶曰：军器监事不须比较。"帝曰："事不比较，无由见枉直。"安石曰："朝廷治事，唯欲直而已。"其后，安石卒以辩口解帝之疑，而军器监获免欺冒之罪。冬十月，军器监欲下河东等路采市曲木为鞍桥，帝以劳民费财，不许。是时，河东、陕西、广南帅臣邀功不已，请增给兵器，帝各令给与之。至是，有乞以耕牛博买器甲者。

元丰元年冬，鄜延路经略使吕惠卿乞给新样刀，军器监欲下江、浙、福建路制造，帝不许，给以内南库短刃刀五万五千口。

二年，御批有曰："河东路见运物材于缘边造军器，显为迂费张皇，可令军器监速罢之。"

三年，吉州奏："奉诏市箭笴三十万，非土地所产，且民间不素蓄，乞豫给缗钱，期以一年和市。"从之。

时西边用兵久不解。四年春，陕西转运使李稷奏："本道九军，什物之外，一皆无之，乞于永兴军库以余财立法营办。"七月，泾原路奏修渭州城毕,而防城战具寡少,乞给三弓八牛床子弩、一枪三剑箭,各欲依法式制造。诏图样给之。

五年七月,鄜延路计议边事所奏气缗钱百万、工匠千人、铁生熟五万斤、牛马皮万张造军器,并给之。八月,诏令沈括以劈阵大斧五千选给西边诸将。十一月,陕西转运使李察言:"本路都作院五,宜各委监司提举。"从之。

六年二月,诏:"熙河路守具有阙,给毡三千领、牛皮万张,运送之。八月,从环庆路赵离之请,以神臂弓一千、箭十万给之。未几,赐兰会路药箭二十五万。

七年,陕西转运副使叶康直言:"秦凤路军器见阙名物计四百三十余万,使一一为之,非十余年可就,乞自京给赐。"诏量给之。

帝性俭约。有司造将官皮甲,欲以生丝染红代牦牛尾为沥水,帝惜之,代以他毛。于一弓、一矢、一甲、一牌之用,无不尽心焉。弓曰阔闪促张弓,罢长绍旧法。矢曰减指箭。牌以栾竹穿皮为之,以易桐木牌。改素铁甲为编挨甲。其法精密,乃刘昌祚、尹抃、阎守勤等所定制度云。

八年十月,诏内外所造军器,以见余物材工匠造之,兵匠、民工即罢遣之。

元祐元年,诏:"三路既罢保甲团教,其器甲各送官收贮,勿得以破损拘民整治。八月,诏太仆少卿高遵惠,会工总及军器监内外坊作及诸州都作院工器之数,以要切军器立为岁课,务得中道,他非要切,并权住勿造。于是数年之间,督责少弛。

绍圣三年,有司言:"州郡兵备,合为虚文,恐缓急不足备御。请稍推行熙宁之诏,常令封桩、排垛,依杂队法。"从之。

元符元年,诏江、湖、淮、浙六路合造神臂弓三千、箭三十万。

二年,臣僚奏乞增造神臂弓,于是军器监所造岁益千余弓。是岁,诏河北沿边州城壁、楼橹、器械,各务修治,有不治者罪之。

先是,二广路土丁令依熙宁指挥修置器械。三年,知端州萧刓上疏，极言伤财害民，其弊非一，乞住买枪手器械疏奏不报。

崇宁初，臣僚争言元祐以来因循弛废，兵不犀利。诏复令诸路都作院创造修治，官吏考察一如熙宁时矣。时，有诏造五十将器械。从工部请，令内外共造，由是都大提举内外制造军器所之名立焉。

初，从邢恕之议，下令创造兵车数乘，买牛以驾。已而蔡硕又请河北置五十将兵器，且为兵车万乘。蔡京主其说，奸吏旁缘而因为民害者深矣。

崇宁三年，河北、陕西转运司言："兵车之式，若用许彦圭所定，则车大而费倍；若依往年二十将旧式，则轻小易用，且可省费。"诏卒以许彦圭式行之。时熙河转运副使李复先奏曰："今之用兵，与古不同。古者征战有礼，不为诡迁，多由正涂，故车可行而敌不敢轻犯。今之用兵，尽在极边，下砦驻军，各以保险为利，车不能上。又战阵之交，一进一退，车不能及，一被追袭，遂非已有。臣屡观戎马之间，虽粮糗、衣服、器械不能为用，况于车乎？臣闻此车之造，许彦圭因姚麟以进其说。朝廷以麟熟于边事，而不知彦圭轻妄、麟立私恩以误国计。其车比于常法阔六七寸，运不合辙，东来兵夫牵挽不行，以致典卖衣物，自赁牛具，终日而进六七里，弃车而逃者往往而是。夫未造则有配买物材、顾差夫匠之扰；既成，又难运致，则为诸路之患有不可胜言者矣。彦圭但图一官之得，不知有误于国，此而不诛，何以徵后！今乞便行罢造，已造者不复运来，以宽民力。"其后，彦圭卒得罪。

元丰之时，河北、河东路军器，每季终委逐路职司更互考察。元祐罢之。四年，因工部之请，复行之。

大观二年，手诏曰："前东南备御指挥，深虑监郡县吏急切者倚法害民，废职者慢令失事，如筑城壁、造军器、收战马、习水战之类，并可量度工力，计以岁月，渐次兴作，毋得急遽科敛及差雇百姓，使急不扰民，缓不废事，然后为称。"寻诏限十年一切毕工。四月，罢黎、雅等州市牦牛尾，虑为民害。八月，提举御前军器所奏，乞如崇宁五年指挥,下诸路买牛角四十万只、筋十万斤。从之。

政和二年二月,诏诸路州郡造军器有不用熙宁法式者,有司议罚,具为令。六月,又诏并用御前器所降法式,前二月指挥勿行。

三年,诏:"马甲曩用黑髹漆,今易以朱。"是岁,姚古奏更定军器,曩时甲二副,今拆造三副;曩时手刀太重,令皆令轻便易用;曩时神臂弓锤二石三斗,今锤一石四斗。从之,悉下诸路改造。

六年,军器少监邓之纲奏:"国家诸路为将一百三十有一,训练士卒,各给军器,以备不虞。惟河北诸将军器乃熙、丰时造,精利牢密,冠于诸路。臣恐岁久因循,多致损弊。乞自河北、陕西路为首,令诸路一新戎器,仰称陛下追述先志,储戎器、壮国威之意。"从之。

七年,之纲三上奏,一言修武库,二言整军器,大省国用。诏升之纲为大监,又迁一官。时宇文粹中赐对崇政殿,奏武库事,因奏:"武库有祖宗所御军器十余色,乞编入《卤簿图志》,遇郊兵重礼,陈于仪物之首,以识武功,且示不忘创业艰难意。"是年,御笔以武库当修军器近一亿万,其中箭镞五千余万,用平时工料,须七十年余然后可毕。于是令邓之纲分给沿流作院,限三年修之,而权住三年上供军器。

八年,以之纲奏,诸路岁起上供料买分数,特免三年纲发。然自时厥后,申明郡县牛皮角筋之禁,纷然为害者,之纲之请也。

宣和元年,权荆湖南路提点刑狱公事郑济奏:"本路惟潭、邵二州,各有年额制造军器。今年制造已足,躬亲试验,并依法式,不误施用。"诏加旌赏,以为诸路之劝。然自是岁督军器率用御笔处分,工造不已而较数尝阙,缮修无虚岁而每称弊坏。大抵中外相应,一以虚文,上下相蒙,而驯致靖康之祸矣。

靖康初,兵杖皆阙,诏书屡下,严立赏刑,而卒亦无补。时通判河阳、权州事张旂奏曰:"河阳自今春以来,累有军马经过,军士举随身军器若马甲、神臂弓、箭枪牌之类,于市肆博易熟食,名为寄顿,其实弃遗,避逃征役。拘收三日间,得器械四千二百余物。此乃太原援师,尚且弃捐器甲,则他路军马事势可知。宜谕民首纳,免贻他患。"帝善旂奏,赏以一官。

　　初,御前军器监、军器所万全军匠以三千七百为额,东西作坊工匠以五千为额。绍兴初,役兵才千人,久之,增至五千六百余,又于诸道增二千九百余,本券外复增给日钱百七十、月米七斗半。于是内库累岁兵械山积,而诸军悉除戎器。三十六年,诏:"工匠宜减免,江、浙、福建诸州物料悉蠲之。"有司奏物料减三之一,工匠二千、杂役兵五百为额。

　　旧,军器所得专达。建炎中,尝以阉官董愨提举,寻罢之。绍兴五年,隶工部,后复以中人典领。三十年,工部言非祖宗建官意,诏依条检察。孝宗受禅,增提点官一员,御史力论其不可,复隶工焉。

　　造车之制。渡江后,东南地多沮洳险隘,不以车为主。宗泽、李纲有战车法,王大智献车式,皆不复用,而属意甲胄、弧矢之利矣。建炎初,上谕宰执曰:"方今战士虑三十万,若皆被坚执锐,加以弧矢之利,虽强敌,无足畏也。造弓必用良工善价。"绍兴三年,提举制造军器所言:"以七十工造全装甲一。又长齐头甲每一甲用工百四十一,短齐头甲用工七十四。乞以本所全装甲为定式。"席益言:"诸州造马蝗弩,不若令造弓。"诏并改造弓弩,内马蝗弩改手射弓。

　　绍兴四年,军器所言:"得旨,依御降式造甲。缘甲之式有四等,甲叶千八百二十五,表里磨锃。内披膊叶五百四,每叶重二钱六分;又甲身叶三百三十二,每叶重四钱七分,又腿裙鹘尾叶六百七十九,每叶重四钱五分;又兜鍪帘叶三百一十,每叶重二钱五分。并兜鍪一、杯子、眉子共一斤一两,皮线结头等重五斤十二两五钱有奇。每一甲重四十有九斤十二两。若甲弃一一依元领分两,如重轻差殊,即叶不用,虚费工材。乞以新式甲叶分两轻重通融,全装共四十五斤五十斤止。"诏勿过五十斤。三十二年,诏江东安抚司造木弩五千、箭五十万。

　　隆兴元年,御降木羽弩箭式,每路依式制箭百万。淳熙九年,衢州守臣制到木鹤觜弩二千、箭十万。又湖北、京西造纳无羽箭。上曰："箭不用羽,可谓精巧,其屋藏之。"淮东总领朱俟言："镇江一军,乃韩世忠部曲。世忠造克敌弓,以当敌骑冲突,其发可至百步,其劲可穿重甲,最为利器。往岁调发,弓不免损失,存者岁久亦渐坏。今考诸军见弩手八千八百四十二人,人合用两弓,一弓一日上教,一弓备出战,合用弓万七千六百八十有四,仅存六千五百七十有四,余皆不堪施教,乞下镇江都统司足其额。"

十五年,工部侍郎李昌图言："弓矢之利,贵于便疾。神臂弓斗力及远,屡获其用。后又造神劲弓,及远虽在神臂弓上,军中多言其发迟,每神臂三矢而神劲方能一发,若临敌之际,便疾反出神臂下。"上曰："平原旷野宜用神劲弓,西蜀崇山峻岭,未知孰利。"诏金州都统司详议以闻。既而都统制吴挺奏："神劲弓并弹子头箭,诸军用之诚便疾,神臂不及也。"诏从其便。楚州兵马钤辖言："弩之力,劲者三十石,次者十五石,矢之镞状若锹,所发何啻数百步,洞穿数人。江上诸军有弩式,皆废不修。"诏两淮、荆襄沿边城守,各制二十枝,御前军器所亦如之。绍熙而后,日造器械,数目山积。

开庆元年,寿春府造匦筒木弩,与常弩明牙发不同,箭置筒内甚稳,尤便夜中施发。又造突火枪,以钜竹为筒,内安子窠,如烧放,焰绝然后子窠发出。如炮声,远闻百五十余步。

咸淳九年,沿边州郡,因降式制回回炮,有触类巧思,别置炮远还出其上。且为破炮之策尤奇。其法,用稻穰草成坚索,条围四寸,长三十四尺,每二十条为束,别以麻索系一头于楼后柱,搭过楼,下垂至地,袱梁垂四层或五层,周庇楼屋,沃以泥浆,火箭火炮不能侵,炮石虽百钧无所施矣。且轻便不费财,立名曰:"护陴篱索。"是时,兵纪不振,独器甲视旧制益详。

宋史卷一九八
志第一五一

兵十二 马政

国马之政，历五代浸废，至宋而规制备具。自建隆而后，其官司之规，厩牧之政，与夫收市之利，牧地之数，支配之等，曰券马，曰省马，曰马社，曰括买，沿革盛衰，皆可得而考焉。

凡御马之等三，入殿祗候十五匹，别驾十四匹，从驾二十匹。给用之等十有五，曰拣中，曰不得支使，曰添价，曰国信，曰臣僚，曰诸班，曰御龙直，曰捧日、捧日、龙卫，曰拱圣，曰骁骑，曰云、武骑，曰天武、龙猛，曰配军，曰杂使，曰马铺。群号之字十有七，曰"左"，曰"右"，曰"千"，曰"立"，曰"永"，曰"官"，曰"吉"，曰"夭"，曰"主"，曰"王"，曰"方"，曰"与"，曰"来"，曰"万"，曰"小"，曰"官"，曰"退"。毛物之种九十有二，叱拨之别八，青之别二，白之别一，乌之别五，赤之别五，紫之别六，骏之别十一，赭白之别六，骝之别八，驹之别六，骆之别五，骟之别五，骟之别八，驳胯之别六，驳之别三，骠之别七。

其官司之规，则太祖承前代之制，初置左、右飞龙二院，以左、右飞龙二使领之。太平兴国五年，改飞龙为天厩坊。雍熙四年，改天厩为左、右骐骥院，左右天驷监四、左右天厩坊二皆隶焉。

真宗咸平元年，创置估马司。凡市马，掌辨其良驽，平其直，以分给诸监。

三年，置群牧使，以内臣勾当制置郡牧司，京朝官为判官。

景德二年，改诸州牧龙坊悉为监，赐名，铸印以给之。在外之监十有四：大名曰大名，洺州曰广平，卫州曰淇水，并分第一、第二，河南曰洛阳,郑州曰原武,同州曰沙苑,相州曰安阳,澶州曰镇宁,邢州曰安国,中牟曰淳泽,许州曰单镇。

四年,以知枢密院陈尧叟为群牧制置使,又别置群牧使副、都监,增判官为二员。凡厩牧之政,出于群牧司,自骐骥院而下,皆听命焉。诸州有牧监,知州、通判兼领之,诸监各置勾当官二员。又置左右厢提点。又置牧养上下监,以养疗京城诸坊、监病马。又诏左右骐骥院诸坊、监官,并以三年为满;如习知马事愿留者,群牧司以闻,而徙莅他监焉。

其厩牧之政,则自太祖置养马务二,葺旧务四,以为牧放之地始。

太平兴国四年,太宗观兵于幽,得汾晋、燕蓟之马四万二千余疋,内皂充牣,始分置诸州牧养之。时殿直李潬坐赃,监牧许州,盗官菽,马多死,并主吏斩于市。又诏择丰旷地置牧龙坊八,以便牧养。

淳化二年十二月,诏围人取善马数十匹,于便殿设皂栈,教以秣饲,且以其法谕宰执,仍颁于诸军。复以医马良方赐近臣。尝从赵守伦之请,于诸州龙坊畜牝牧马万五千匹,逐水草牧放,不费刍秣,生驹蕃息,足资军用。至是,守伦复言:“诸坊牧马万疋,当生驹四千,今岁止二千五百,殿司失职当严责罚。若马百疋岁得驹七十,则加迁擢。诸坊产驹,即籍以闻。牧放军人,当募少壮充役。”并从之。

真宗大中祥符元年,立牧监赏罚之令,外监息马,一岁终以十分为率,死一分,以上勾当官罚一月俸,余等第决杖,牧倍多而死少者,给赏缗有差。凡生驹一匹,兵校而下赏绢一匹。当是时,凡内外坊、监及诸军马凡二十余万匹,饲马兵校一万六千三十八人。每岁京城草六十六万六千围,麸料六万二千二百四石,盐、油、药、糖九五千余斤、石,诸州军不预焉。左右骐骥六坊、监止留马二千余匹,皆春季出就牧,孟冬则别其羸病,就栈皂养饲。其尚乘之马,唯备用者在焉。

凡牧监之在河南北,天禧后,灵昌监为河所冲。至乾兴、天圣间,兵久不试,言者多以为牧马费广而亡补,乃废东平监,以其地赋民。五年,废单镇监。六年,废洛阳监。于是河南诸监皆废,悉以马送河北。既而诏取原武监马赴京师,移河北孳生马牧于原武。

八年,群牧司上言:"原武地广而马少,请增牧数。诏以淇水第二监四岁马属原武,岁取河北孳生四岁马分属淇水第二并原武监,移原武下等马牧于灵昌镇废监,仍隶原武。

九年,诏诸监孳生驳马,四时游牧,勿复登厩。

明道元年,议者谓:"自河南六监废,京师须马,取之河北,道远非便。"诏遣左厢提点王舜臣往度利害。舜臣言:"镇宁、灵昌、东平、淳泽四监虽废,然其地犹牧本监并骐骥院马,洛阳、单镇去京师近,罢之非便。"乃诏复二监,以牧河北孳生马。

景祐二年,拣河北诸监马一千九百牧于赵州界,隶安阳监。既而诏广平废监留其一,以赵州界牧马复隶焉,所余一监,毋毁厩舍。

四年,复以原武第二监为单镇,移于长葛县,以县令、都监兼领之。三年,诏院坊、监马岁留备用外,余为两群,牧于咸丰门外牟驼冈。

凡收养病马,估马司、骐骥院取病浅者送上监,深者送下监,分十槽医疗之。天圣六年,诏月以都监、判官一人提举。八年,言者谓上监去京城远,送病马非便。诏废之,以病浅马分属左右骐骥院六坊、监,季较抛死数,岁终第赏罚。更以骐骥院官迭往提举。

明道二年,复置上监,易名天坰,养无病马,病马并属下监。

景祐二年,诏以收养监马团群牧于陈、许州界凤凰陂,免耗刍菽,岁以为常。

治平二年,诏院坊、监马之病不堪估卖者,送淇水第一监,别为一群以牧养之。

凡马之孳生,则大名府、洺、卫、相州七监多择善种,合牝牡为群,判官岁以十二月巡行坊、监,阅二岁驹点印,第赏牧兵。诸军收驹及二岁,即送官。

天圣七年,群牧司言:"旧制,知州军、通判领同郡牧事,岁终较马死数及分已上,并生驹不及四分,并罚奉。死数少,生驹多即奏第赏。三岁都比,以该赏者闻。今请申明旧制,通判始到官,书所辖马数,岁一考之,官满,较总数为赏罚。"诏从之。

嘉祐八年,郡牧司言:"孳生七监,每监岁定牝马二千,牡马四百,岁约生驹四百,以为定数。"

治平二年,诏:"诸监生驹满三十月已上,每岁点印,选牡之良者送淇水第二监,余杂大马悉送河南三监。其淇水第二监马,候满六十月,给配诸监。诸监牝马,满三十月,本监别立郡牧放,候满五十月,乃拨配他监。"

凡收市马,戎人驱马至边,总数十、百为一券,一马预给钱千,官给刍粟,续食至京师,有司售之,分隶诸监,曰券马。边州置场,市蕃马团纲,遣殿侍部送赴阙,或就配诸军,曰省马。陕西广锐、劲勇等军,相与为社,每市马,官给直外,社众复裒金益之,曰马社。军兴,籍民马而市之以给军,曰括买。

宋初,市马唯河东、陕西、川峡三路,招马唯吐蕃、回纥、党项、藏牙族、白马、鼻家、保家、名市族诸蕃。至雍熙、端拱间,河东则麟、府、丰、岚、火山军、唐龙镇、浊轮砦,陕西则秦、渭、泾、原、仪、延、环、庆、阶州、镇戎、保安军、制胜关、浩亹府、河西则灵绥、银、夏,川峡则益、文、黎、雅、戎、茂、夔、州、永康军,京东则登州。自赵德明据有河南,其牧市唯麟、府、泾、原、仪、渭、秦、阶、环州、岢岚火山、保安、保德军。其后置场,则又止环、庆、延、渭、原、秦、阶、文州、镇戎军而已。

太祖时，岁遣中使诣边州市马，先是，两河之民入蕃界盗马入中国，官给其直。时方留意抚绥，诏禁之。

太平兴国四年，诏市吏民马十七万匹。六年，诏内属戎人驱马诣阙下者，首领县次续食，且禁富民无得私市。十二月，诏："蕃部鬻马，官取良而弃驽，又禁其私市，岁入数既不充，且无以怀远人。自今委长吏谨视马之良驽，驽即印识之，许民私市焉。"先是，以铜钱给诸蕃马直。八年，有司言戎人得钱，销铸为器，乃以布帛茶及他物易之。

天禧中，宰相向敏中言国马倍于先朝，广费刍粟。乃诏以三岁以上配军马估直出卖。先是，市马以三岁已上、十三岁已下为率。天圣中，诏市四岁已上、十岁已下。既而所市不足，群牧司以为言。乃诏入券并省马市三岁已上、十二岁已下。明年，诏府州、岢岚军自今省马三岁、四岁者不以等第，五岁已上十二岁已下、骨格良、善行者，悉许纲送估马司，余非上京省马并送并州拣马司。

景祐元年，御史中丞韩亿言："蕃部以马抵永康军中卖，所得至少，徒使羌人知蜀山川道路，非计之得。"乃诏罢之。

四年，群牧司奏河北诸军阙马，请制等杖六，付天雄军、真定府、定瀛、贝、沧州，市上生马十二岁以下，视等第给直。马自四尺七寸至四尺二寸，凡六等。其直自二万五千四百五十至万六千五百五十，课自万三千四百五十至八千九百五十九，六等，取备边兵户绝钱充直。以第一等送京师，余就配诸军。

康定初，陕西用兵，马不足。诏京畿、京东、淮南、陕西路括市战马，马四尺六寸至四尺二寸，其直自五十千至二十千，凡五等。宰臣、枢密使听畜马七，参知政事、枢密副使五，尚书、学士至知杂、阁门使已上三，升朝官阁门祗候已上一，余命官至诸司职员、寺观主首皆一。节度使至刺史，殿前马步军都指挥至军头司散员、副兵以马使皆勿括。并边七州军免。出内库珠偿民马直。又禁边臣私市，阙者官给。二年，诏："河北州军置场市马，虽除等样，如闻所得不广，宜加增直。第一等二万八千，第二等二万六千，第三等二万四千,第四等以下及牝马即依旧直,仍自第二等以下递减一寸。"

庆历四年,诏:"河北点印民间马,凡收市外,见余二万七百,除坊郭户三等、乡村三等已上养饲如旧,余点印者悉集拣市。"五年,出内藏库绢二十万,市马于府州、岢岚军。六年,诏陕西、河东社马死者,本营赙钱以助马直。

至和元年,诏:"蜀马送京师,道远多病瘴。自今以春、秋、冬部送陕西四路总管司。"二年,修陕西蕃马驿,群牧司每季檄沿路郡县察视之。边州巡检兵校,听自市马,官赏其直。又诏陕西转运使司以银十万两市马于秦州,岁以为常。

嘉祐元年,诏三司出绢三万,市马于府州以给河东军。五年,薛向言:"秦州券马至京师,给直并路费,一马计钱数万。请于原渭州、德顺军置场收市,给以解盐交引,即不耗度支缗钱。其券马姑存,以来远人。岁可别得良马八千,以三千给沿边军骑,五千入群牧司。"七年,陕西提举买马监牧司奏:"旧制,秦州以人月募得良马二百至京师,给采绢、银碗、腰带、锦袄子,蕃官、回纥隐藏不引至者,并以汉法论罪。岁募及二千,给赏物外,蕃部补蕃官,蕃官转资,回纥百姓加等给赏。今原渭、德顺军置场市马,请如秦州例施行。"诏从之。先是,诏议买马利害。吴奎等议于秦州古渭、永宁砦及原、州、德顺军各令置场,京师岁支银四万两、绸绢七万五千匹充马直,不足,以解盐钞并杂支钱给之。诏行之。八年,宰臣韩琦言:"秦州永宁砦旧以钞市马,自修古渭砦在永宁之西,而蕃汉多互市其间,因置买马场,凡岁用缗钱十余万,荡然流入房中,实耗国用。"诏复置场永宁,罢古渭砦中场。蕃部马至径鬻于秦州。

治平元年,薛向请原渭、德顺军买马官,永兴养马务,如原州、德顺军并渭州同判,三年为任,悉以所市马多少为殿最。又言:"秦州山外蕃部至原渭州、德顺军、镇戎军鬻马,充豪商钱,至秦州,所赏止得六百。今请于原渭州、德顺军,官以盐钞博易,使得轻赍至秦州,易蜀货以归。蜀商以所博盐引至岐、雍,换监银入蜀,两获其便。"群牧司请如向言施行。是岁,诏河东陕西广锐、蕃落阙马,复置社买，一马官给钱三十千。久之，马不至，乃增直如庆历诏书，第三等三十五千，第四等二十八千。四年，以成都府路岁输䌷绢三万给陕西监牧司。自是蕃部马至者众，官军仰给焉。先是，以陕西转运使兼本路监牧买马事，后又以制置陕西解盐官同主之。

大抵国初市马，岁仅得五千余匹。天圣中，蕃部省马至三万四千九百余匹。嘉祐以前，原、渭、德顺凡三岁市马至七千一百匹，秦州券马岁至万五千匹。

凡牧地，自畿甸及近郡，使择水草善地而标占之。淳化、景德间，内外坊、监总六万八千顷，诸军班又三万九百顷不预焉。岁久官失其籍，界堠不明，废置不常，而沦于侵冒者多矣。

淳化二年十二月，通利军上十《牧草地图》，上虑侵民田，遣中使检视疆理。

嘉祐中，韩琦请括诸监牧地，留牧外，听下户耕佃。遣都官员外郎高访等括河北，得闲田三千三百五十顷募佃，岁约得谷十一万七千八百石，绢三千二百五十匹，草十六万一千二百束。郡牧司言："诸监牧地间有水旱，每监牧放外，岁刈白草数万束，以备冬饲。今悉赋民，异时监马增多，及有水旱，无以转徙牧放。"诏遣左右厢提点官相度，除先被侵冒已根括出地权给租佃，余委群牧司审度存留，有闲土即募耕佃。五年，群牧司言："凡牧一马，往来践食，占地五十亩。诸监既无余地，难以募耕，请存留如故。广平废监先赋民者，亦乞取还。"乃诏："河北、京东牧监帐管草地，自今毋得纵人请射，犯者论以违制。"

群牧使欧阳修言："唐之牧地，西起陇右金城、平凉、天水，既河曲之野，内则岐、豳、泾、宁，东接银、夏，又东至于楼烦。今则没入蕃界，沦于侵佃，不可复得。惟河东岚、石之间，山荒甚多，汾河之侧，草地亦广，其间水草最宜牧养，此唐楼烦监地。迹此推之，则楼烦、元池、天池三监旧地，尚冀可得。臣往年出使，尝行威胜以东及辽州、平定军,其地率多闲旷。河东一路,水草甚佳,地势高寒,必宜马性。又京西唐、汝之间,荒地亦广。请下河东、京西转运司遣官审度,若可兴置监牧,则河北诸监,寻可废罢。"

治平末,牧地总五万五千,河南六监三万二千,而河北六监则二万三千。凡支配,骐骥院、估马司以当配军及新收马阅于便殿,数毋过二百。凡配军,视其奉钱之数,马自四尺六寸至四尺三寸,奉钱自一千至三百,为四等,差次给之,至五月权止。外州军士阙马,先奏禀乃给。荆湖路归远;雄武军士,配以在所土产马。凡阙马军士,以分数配填。

庆历四年,诏陕西、河北、河东填五分,余路填四分。他州军、府界巡检兵校听自市,官偿其直,毋过三十千。是岁,诏诸路以马给军士,比试武技,优者先给,比试两给;阙马十匹以下全给,十匹以上如旧数支。

至和元年,诏军士戍陕西、河北填七分,余路填六分。凡主兵官当借马者,至罢兵权。殿前马步军都指挥使赐所借马三,都虞候、捧日天武龙神卫四厢都指挥使二,军都指挥使一。外州在官当借马者,经略使三,总管、钤辖二,路分都监、承受、极边砦至监押、都巡检、把截、保丁指使一,毋得乘之他州并以假人,犯者论以违制。

宝元元年,诏群臣例赐马者,宰相至枢密直学士,使相至正任刺史,并皇族缘姻事当赐者,如旧制;余给马直,少卿监已上三十五千,内殿承制已下二十三千。凡群臣假官马进奉者,置籍报左藏库,偿直四十千,其后多负不偿。乃诏借马者先输直,久逋不偿者剋其奉料。

熙宁以来,有保马、户马,其后又变为给地牧马。

神宗尝患马政不善,谓枢密使文彦博曰:"群牧官非人,无以责成效。其令中书择使,卿举判官,冀国马蕃息,以给战骑。"于是以比部员外郎崔台符权群牧官,又命群牧判官刘航及台符删定《群牧敕令》,以唐制参本朝故事而奏决焉。

熙宁元年，又手诏彦博等曰："今诸州守贰虽同领群牧，而未尝亲莅职事，其议更制。应监牧、郡守贰并朝廷选授，与坊、监使臣皆第其能否，制赏罚而升黜之，宜立法以闻。"又手诏曰："方今马政不修，官吏无著效，岂任不久而才不尽欤？是何监牧之多，官吏之众，而乏才之甚也！昔唐用张万岁三世典群牧，恩信行乎下，故马政修举，后世称为能吏。今上自提总官属，下至坊、监使臣，既非铨择，而迁徙迅速，谓之'假道'，欲使官宿其业而尽其能，不可得也。为今之计者，当简其劳能，进之以序。自坊、监而上至于群牧都监，皆课其功而第进之，以为任事者劝焉。"于是，枢密副使邵元请以牧马余田修稼政，以资牧养之利。而群牧司言："马监草地四万八千余顷，今以五万马为率，一马占地五十亩，大名、广平四监余田无几，宜且仍旧。而原武、单镇、洛阳、沙苑、淇水、安阳、东平等监，余良田万七千顷，可赋民以收刍粟。"从之。

已而枢密院又言："旧制，以左右骐骥院总司国马。景德中，始增置群牧使副、都监、判官，以领厩牧之政。使领虽重，未尝躬自巡察，不能周知牧畜利病，以故马不蕃息。今宜分置官局，专任责成。"乃诏河南北分置监牧使，以刘航、崔台符为之，又置都监各一员。其在河阳者，为孳生监。凡外诸监并分属两使，各条上所当行者。诸官吏若牧田县令佐，并委监牧使举劾，专隶枢密院，不领于郡牧制置。先是，群牧司请于河北、河东、陕西都总管治所各置一监，以便给军，乃遣官下诸路详度。既又以知太原唐介之请，发沙苑马百，置监于交城。又分置河南、河北两使。时上方留意牧监地，然诸监牧田皆宽衍，为人所冒占，故议者争请收其余资以佐刍粟。言利者乘之，始以增赋入为务。

二年，诏括河南北监牧司总牧地。旧籍六万八千顷，而今籍五万五千，余数皆隐于民。自是，请以牧地赋民者纷然，而诸监寻废。是岁，天下应在马凡十五万三千六百有奇。

初，内外班直、诸军马以四月下槽出牧，迄八月上槽，风雨劳逸之不齐，故多病死。圉人岁被榜罚，吏缘牧事害民，棚井科率无宁岁。四年十月，乃命同修起居注曾教宽较度其利害。教宽请罢诸班直、诸军马出牧，以田募民出租。诏自来年如所请，仍令三司备当牧五月刍粟。

五年，废太原监。七年，废东平、原武监，而合淇水两监为一。八年，遂废河南北八监，惟存沙苑一监，而两监司牧亦罢矣。沙苑先以隶陕西提举监牧，至是，复属之群牧司。

始议废监时，群牧制置使文彦博言："议者欲赋牧地与民而收租课，散国马于编户而责孳息，非便。"诏元绛、蔡确较其利害上之。于是中书、枢密院言："河南北十二监，起熙宁二年至五年，岁出马一千六百四十匹，可给骑兵者二百六十四，余仅足邮传。而两监牧吏卒杂费及所占地租，为缗钱五十三万九千有奇，计所出马为钱三万六千四百余缗而已。今九监见马三万，若不更制，则日就损耗。"于是卒废之，以其善马分隶诸监，余马皆斥卖，收其地租给市易本钱，分寄籍常平出子钱，以为市马之直。监兵五千，以为广固指挥，修治京城焉。后遂废高阳、真定、太原、大名、定州五监。凡废监钱归市易之外，又以给熙河岁计。

诸监既废，淤田司请广行淤溉，增课以募耕者。而河北制置牧田所继言，牧田没于民者五千七百余顷。乃严侵冒之法，而加告获之赏，自是利入增多。元丰三年，废监租钱遂至百一十六万，自群牧使而下，赐赉有差。乃命太常博士路昌衡、秘书丞王得臣与逐路转运司、开封府界提点司按租地，约三年中价以定岁额。若催督违滞，以擅支封桩法论。

初，经制熙河边防财用司奏于岷州床川荔川、间川砦，通远军熟羊砦置牧养十监，议者继言蕃马法，帝欲试之近甸。六年，手诏枢密院："牧马重事，经始之际，宜得左右近臣以总其政。今自务泽陂牧马所造法，始于畿内置十监，以次推之诸路。宜令枢密院都承旨张诚一、副都承旨张山甫经度制置，权不隶尚书驾部及太仆寺。有当自朝廷处分者，枢密院主之。"已而其说皆不效。八年，同提举经度制置曹诵言："自崇仪副使温从吉建议创孳生监迨今二年，驹不蕃而死者益众。"乃命御史台校核,自置监以来,得驹不及一分四厘,马死已十分之六。于是责议者及提举官,而罢畿内十监。

元祐初,议兴废监,以复旧制。于是诏库总郎中郭茂恂往陕西、河东所当置监,寻又下河陕西转运、提点刑狱司按行河、渭、并、晋之间牧田以闻。时已罢保甲,教骑兵,而还户马于民。于是右司谏王岩叟言:"兵之所恃在马,而能蕃息者,牧监也,昔废监之初,识者皆知十年之后天下当乏马。已而不待十年,其弊已见,此甚非国之利也。乞收还户马三万,复置监如故,监牧事委之转运官,而不专置使。今郓州之东平,北京之大名、元城,卫州之淇水,相州之安阳,洺州之广平监,以及瀛、定之间棚塞草地疆画具存,使臣牧卒大半犹在,稍加招集,则指顾之间措置可定,而人免纳钱之害,国收牧马之利,岂非计之得哉?又况废监以来,牧地之赋民者,为害多端,若复置监牧而收地入官,则百姓戴恩,如释重负矣。"自是,洛阳、单镇、原武、淇水、东平、安阳等监皆复。

初,熙宁中,并天驷监为二,而左、右天厩坊亦罢。至是,复左、右天厩坊。时又有旨,内外马事并隶太仆寺,不由驾部而达尚书省。兵部尚书王存、右司谏王觌言:"先帝讲求历代之法,正省、台、寺、监之职,上下相继,各有统制。其间或濡滞不通,宜量加裁正,不可因而隳紊。"言不果行。又诏旧属群牧司者专隶太仆寺,直达枢密院,不由尚书省及驾部。至崇宁中,始诏如元丰旧制。

绍圣初,用事者更以其意为废置,而时议复变。太仆寺言,府界牧田,占佃之外,尚存三千余顷,议复畿内挈生十监。诏以壮宅副使麦文昞、内殿崇班王景俭充提举。后二年而给地牧马之政行矣。

先是,知任丘韩筠等建议,心授民牧田一顷,为官牧一马而蠲其租。县籍其高下、老壮、毛色,岁一阅,亡失者责偿,已佃牧田者依上养马。知邢州张赴上其说,且谓授田一顷为官牧一马,较陕西沿边弓箭手既养马又戍边者为优,试之一监一县,当有利而无害。枢密院是其请,且言:"熙宁中,罢诸监以赋民,岁收缗钱至百余万。元祐初,未尝讲明利害,惟务罢元丰、熙宁之政,夺已佃之田而复旧监。桑棘井庐多所毁伐，监牧官吏为费不赀，牧卒扰民，棚井抑配，为害非一。盖自复监以来，臣僚屡陈公私之害。若循元佑仓卒更张之法，久当益弊。且左右厢今岁籍马万三千有奇，堪配军者无几，惟沙苑六千匹愈于他监。今赴等所陈授田养马，厥蠲其租不责以孳息，而不愿者无所抑勒，又限以尺寸，则缓急皆可用之马矣。"乃具为条画，下太仆寺，应监牧州县悉行之。

时殿中侍御史陈次升言："给地牧马，其初始于邢州守令之请，未尝下监司详度。诸呼各有利害，厥不可知。届居与田相远者，难就耕牧。一顷之地所直不多，而亡失责偿，为钱四五十千，必非人情所愿。"言竟不行。时同知枢密院者，曾布也。

四年，遂废淇水、单镇、安阳、洛阳、原武监，罢提点所及左右厢，惟存东平、沙苑二监。曾布自叙其事曰："元佑中，复置监牧，两厢所养马止万三千匹，而不堪者过半。今既以租钱置蕃落十指挥于陕西，养马三千五百。又人户愿养者亦数千，而所存两监各可牧万马。马数多于旧监，而所省吏之费非一，近世良法，未之能及。"时三省皆称善。其后，沙苑复隶陕西买马监牧司，而东平监仍废。

崇宁元年，有司较诸路田养马之数，凡一千八百匹有奇，而河北西路占一千四百，他路自二疋以下，至河东路仅九疋，而开封府界、京西南路、京东东路皆无应募者。盖法虽已具，而犹未及行也。

大观元年，尚书省言："元佑置监，马不蕃息，而费用不赀。今沙苑最号多马，然占牧田九千余顷，刍粟、官曹岁费缗钱四十余万，而牧马止及六千。自元符元年至二年，亡失者三千九百。且素不调习，不中于用。以九千顷之田，计四十万缗之费，养马而不适于用，又亡失如此，利害灼然可见。今以九千顷之田，计其硗瘠，三分去一，犹得良田六千顷。以直计之，顷为钱五百余缗，以一顷募一马，则人得地利，马得所养，可以绍述先帝隐兵于农之意。请下永兴军路提点刑狱司及同州详度以闻。俟见实利，则六路新边闲田，当以次推行。"时熙河兰湟牧马司又请兼募愿养牝马者，每收三驹，以其二归官，一充赏。诏行之。是岁，臣僚言岷州应募养马者至万余匹，于是自守贰面下，递赏有差。明年，诏熙河路县、镇、城、砦、关、堡官并兼管干给地牧事。四年，复罢京东西路给地牧马，复东平监。

政和二年，诏诸路复行给地牧马，复罢东平监。五年，提举河东给地牧马尚中行以奏报稽违，且欲擅更法，诏授远小监当官。于是人皆趣令，牧守、提举以率先就绪迁官第赏者甚众。七年，有司言给地增牧，法成令具，诸路告功。乃下诸路春秋集教，以备选用，令下，奉行之者益力。

蔡京既罢政，新用事者更言其不便。宣和二年，诏罢政和二年以来给地牧马条令，收见马以给军。应牧田及置监处并如旧制。又复东平监。凡诸监兴罢不一，而沙苑监独不废。自给地牧马之法罢，三年而复行。时牧田已多所给占，乃诏见管及已拘收，如官司辄复请占者，以违制论。

六年，又诏立赏格，应牧马通一路及三千匹，州通县及一千，县及三百，其提点刑狱、守令各迁一官，倍者更减磨勘年。于是诸路应募牧马者为户八万七千六百有奇，为马二万三千五百。既推赏如上诏，而兵部长贰亦以兼总八路马政迁官。然北方有事，而马政亦急矣。

靖康元年，左丞李纲言："祖宗以来，择陕西、河东、河北美水草高凉之地，置监凡三十六所，比年废罢殆尽。民间杂养以充役，官吏便文以塞责，而马无复善者。今诸军阙马者太半，宜复旧制，权时之宜，括天下马，量给其直，不旬日间，则数万之马，犹可具也。"然时已不能尽行其说矣。

保甲养马者，自熙宁五年始。先是，中书省、枢密院议其事于上前，文彦博、吴充言："国马宜不可阙。今法，马死者责偿，恐非民愿。"安石以为令下而京畿投牒者已千五百户，决非出于驱迫，持论益坚。五月，诏开封府界诸县保甲愿牧马者听，仍以陕西所市马选给之。

六年，曾布等承诏上其条约：凡五路义勇保甲愿养马者，户一匹,物力高愿养二匹者听,皆以监牧见马给之,或官与其直令自市,毋或强与。府界毋过三千匹,五路毋过五千匹。袭逐盗贼外,乘越三百里者有禁。在府界者,免体量草二百五十束,加给以钱布;在五路者,岁免折变缘纳钱。三等以上,十户为一保;四等以下,十户为一社,以侍病毙遰偿者。保户马死,保户独偿之;社户马死,社户半偿之。岁一阅其肥瘠,禁苛留者。凡十四条,先从府界颁焉。五路委监司、经略司、州县更度之。于是保甲养马行于诸路矣。

时河东骑军马万一千余匹,蕃戍率十年一周。议欲省费,乃行《五路义勇保甲养马法》。兵部言:“河东正军马九千五百匹,请权罢官给,以义勇保甲马五千补之以合额。俟正军马不及五千,始行给配。”下中书、枢密院。枢密院以为:“官养一马,岁为钱二十七千。民养一马,才免折变缘纳钱六千五百,折米而输其直,为钱十四千四百,余皆出于民,决非所愿。况减军马五千疋,边防事宜何所取备?若存官军马如故,渐令民间从便牧马,不以五千为限,于理为可。”中书谓:“官养一马,以中价率之,为钱二十七千。募民牧养,可省杂费八万余缗。计前二年官马死,倍于保甲马。而保甲有马,可以习战御盗,化私两便。”帝卒从枢密院议。九年,京畿保甲养马者罢给钱布,止免输草而增马数。

元丰六年,取河东路保甲十分之二以教骑战,且以本路盐息钱给之。每二十五千令市一马,仍以五年为限。

七年,诏京东、西路保甲免教阅,每都保养马五十匹,疋给钱十千,限京东以十年,京西十五年而数足。置提举保甲马官,京西以吕公雅,京东以霍翔领之。罢乡村物力养马之令,养户马者免保甲马,皆翔所陈也。

翔及公雅既领提举事,多所建白。请借常平钱,每路五万缗,付州县出息,以赏马之充肥及孳息者。愿以私马印为保马者听。养马至三匹,蠲役外,每匹许次丁一人赎杖罪之非侵损于人者。诏悉从之。公雅又令每都岁市二十匹,限十五年者促为二年半。京西不产马,民贫乏益不堪,上虑有司责数过多,百姓未喻上意,诏如元令,稍增其数。公雅乃请每都岁市八匹，限以八年，山县限以十年。翔又奏本路马已及万匹，请令诸县弓手各养一匹，以赎失捕之罪。

哲宗嗣位，言新法之不便者，以保马为急。乃诏曰："京东、西保马，期限极宽。有司不务循守，遂致烦扰。先帝已尝手诏诘责，今犹未能遵守。其两路市马年限并如元诏。"寻又诏以两路保马分配诸军。余数付太仆寺，不堪支配者斥还民户而责官直。翔、公雅皆以罪去，而保马遂罢。

户马者，庆历中，尝诏河北民户以物力养马，以备官买。熙宁二年，河北察访使曾孝宽以为言，始参考行之。是时，诸监既废，仰给市马，而义勇保甲马复从官给，朝廷以乏马为忧。

元丰三年春，以王拱辰之请，诏开封府界、京东西、河北、陕西、河东路州县户各计资产市马，坊郭家产及三千缗、乡村五千缗、若坊郭乡村通及三千缗以上者，各养一马，增倍者马亦如之，至三疋止。马以四尺三以上，齿限八岁以下，及十五岁则更市如初，籍于提举司。于是诸道各上其数，开封府界四千六百九十四，河北东路六百一十五，西路八百五十四，秦凤等路六百四十二，永兴路二千五百四十六，河东路三百六十六，京东东路七百一十七，西路九百二十，京西南路五百九十，北路七百一十六。

时初立法，上虑商贾乘时高直以病民，命以群司绕骑以上千匹出市，以平其直。熙宁中，尝令德顺军蕃部买马，帝问其利害。王安石谓："今坊、监以五百缗得一马，若委之熙河蕃部，当不至重费。蕃部地宜马，且以畜牧为生，诚为便利。"已而得驹庳劣，亡失者责偿，蕃部苦之，其法寻废。至是，环庆路经略司复言已檄诸蕃部养马，诏阅实及格者一匹支五缗，鄜延、秦凤、泾原路准此。时西方用兵，颇调户马以给战骑，借者给还，死则偿直。七年，遂诏河东、鄜延、环庆路各发户马二千以给正兵，河东就给本路，鄜延益以永兴军等路及京西坊郭马，环庆益以秦凤等路及开封府界马。

户马既配兵，后遂不复补。京东、西既更为保马，诸路养马指挥至八年亦罢。其后给地牧马，则亦本于户马之意云。

至于牧市，则仍嘉祐之制，置买马司于原渭州、德顺军，而增为招市之令。后开熙河，则更于熙河置买马司，而以秦州买马司隶焉。八年，遂置熙河路买马坊六，而原、渭、德顺诸场皆废。继又置熙河岷州、通远军、永宁砦等场，而德顺军置马场亦复。先是，麟府路上所市马三百，以其直增于熙河而又多赢怠，乃罢本路博易，令军马司自市。时又以边臣之议，市岢岚、火山军土产马以增战骑。既又以边人盗马越疆以趣利，寻皆罢之。自是，国马专仰市于熙河、秦凤矣。

熙宁七年，熙河用兵，马道梗绝。乃诏知成都府秦延庆兼提举戎、黎州买马，以经度其事。明年，延庆言："威、雅、嘉、泸、文龙州，地接乌蛮、西羌，皆产善马。请委知州、砦主，以锦采、茶绢招市。"未及施行，会威、茂州夷人盗边，及西边马已至，八月，遂诏罢提举戎、黎买马。

元丰中，军兴乏马。六年，复命知成都吕大防同成都府、利州路转运司，经制边郡之可市马者，遂制嘉州中镇砦、雅州灵关等买马场，而马皆不至。元祐初，乃罢之。

元祐中，尝诏以蜀马给陕西军，以陕西马赴京师。崇宁五年，增黎州市马至四千疋。然凡云蜀马者，惟沈黎所市为多，其他如戎、泸等州，岁与蛮人为市，第存优恤，数马以给其直。大观初，又招播州夷界巡检杨荣，许岁市马五十疋于南平军，其给赐视戎州之数。

熙宁中，罢券马而专于招市，岁省三司钱二十万缗。自马不下槽出牧，三司复给刍秣之费，更相补除，而三司岁偿群牧者，为缗钱十万，经增市马。券马之罢已久，绍圣初，提举买马陆师闵奏复行之，令蕃汉商人愿以马结券进卖者，先从诸场验印，各具其直给券，送太仆寺偿之。其说以为券马既盛行，则纲马可罢。行之三年，枢密院言券马死不及厘，而纲马之死十倍，用赐师闵金帛，加集贤修撰，以赏其功。时议既不以券马为是，主管买马阁令亦言其枉费。然曾布力行之。崇宁中，乃诏买马一遵元丰法。

市马之官，自嘉祐中，始以陕西转运使兼本路监牧买马事，后又以制置陕西解盐同主之。熙宁中，始置提举熙河路买马，命知熙州王韶为之，而以提点刑狱为同提举。

八年，提举茶场李杞言：“卖茶买马，固为一事，乞同提举买马。”诏如其请。十年，又置群牧行司，以往来督市马者。

元丰三年，复罢为提举买马监牧司。四年，群牧判官郭茂恂言：“承诏议专以茶市马，以物帛市谷，而并茶马为一司。臣闻顷时以茶易马，兼用金帛，亦听其便。迩岁事局既分，专用银绢、钱钞，非蕃部所欲。且茶马二者，事实相须。请如诏便。”奏可。仍诏专以雅州名山茶为易马用。自是蕃马至者稍众。六年，买马司复罢兼茶事。七年，更诏以买马隶经制熙河财用司。经制司罢，乃复故。

自李杞建议，始于提举茶事兼买马，其后二职分合不一。崇宁四年，诏曰：“神宗皇帝历精庶政，经营熙河路茶马司以致国马，法制大备。其后监司欲侵夺其利以助籴买，故茶利不专，而马不敷额。近虽更立条约，令茶马司总运茶博马之职，犹虑有司苟于目前近利，不顾悠久深害。三省其谨守已行，毋辄变乱元丰成法。”自是职任始一。

市马之数，以时增损。初，原、渭、德顺凡三岁共市马万七千一百匹，而群牧羊官王海言：“嘉祐六年以前，秦州券马岁至者万五千匹。今券马法坏，请令增市，而优使臣之赏。”熙宁三年，乃诏泾、原、渭、德顺岁买万匹，三年而会之，以十分为率，及六分七厘者进一官，余分又析为三等，每增一等者更减磨勘年。自是，市马之赏始优矣。时海上《马政条约》，诏颁行之。其后，熙河市马岁增至万五千。绍圣中，又增至二万匹，岁费五十万缗。后遂以为定额，特诏增市者不在此数。

崇宁四年，提举程之邵、孙鳌抃以额外市战马及二万匹，各迁一官。鳌抃仍赐三品服。大观元年,庞寅孙等又以买物前良马及三万匹,推恩如之邵例。宣和中,宇文常、何渐等更以遵用元丰成法,省费不赀,各加职迁官。时如此类颇众。赏典优滥,官属利于多市马,取充数而已。

支配。旧制,自御马而下,次给赐臣僚,次诸军,而驿马为下。

熙宁初,枢密院言:"祖宗时,臣僚任边职者,或赐带甲马,示不忘疆场之事。承平日久,侥幸滋长。请应使臣阁门祗候以上,充三路路分州军总管、钤辖之类,赐马如故,余皆罢给。"奏可。十年,群牧司又言:"去岁给安南行营及两省、宗室、诸班直及诸军、诸司马总三千余匹,未支者犹二千。请裁宗室以下所给马,诸司停给。"从之。自罢监至此,始阙马矣。

熙宁初,诏河北骑军如陕西、河东社马例立社,更相助钱以市马,而递增官直。寻出奉宸库珠十余万充其费。其后,陕西马社苦于敛率。元丰中,乃诏本路罢其法,更从买马司给之。时又诸路置将,马不能尽给,则给其直,而委诸将自市。其在熙河兰会路者,即以为买马之数。

初,内外诸军给马,例不及其元额,视其阙之多寡,以分数填配。元丰更立为定制,凡诸军阙马应给者,在京、府界、京东西、河东、陕西路无过十之七,河北路十之六。然其后诸军阙马者多,绍圣三年,乃诏提举陆师闵于岁额外市马三万匹,给鄜延、环庆路正兵,余支弓箭手,仍权不限分数。

宣和初,真定、中山、高阳等路乏马,复给度僧牒,令帅臣就市,以补诸军之阙。

高宗绍兴二年,置马监于饶州,守倅领之。择官田为牧地,复置提举。俄废。四年,置监临安之余杭及南荡。

十九年,诏:"马五百匹为一监,牡一而牝四。监为四群。岁产驹三分及毙二分以上,有赏罚。"帝谓辅臣曰:"议者言南地不宜牧马。昨自牧养,今二三年,已得马数百。"先是,川路所置马,岁牧于镇江。是年春,上以未见蕃息,遂分江上诸军。后又置监郢、鄂间,牝牡千,十余年仅生二十驹,且不可用,乃已。故凡战马,悉仰秦、川、广三边焉。

秦马旧二万,乾道间,秦、川买马额岁万一千九百有奇,川司六千,秦司五千九百。益、梓、利三路漕司,岁出易马𬘓绢十万四千匹。成都路十一州,产茶二千一百二万斤。茶马司所收,大较若此。庆元初,合川、秦两司为万一千十有六。嘉泰末,合两司为万二千九十四。

然累岁市易,多不及额。盖南渡前,市马分而为二:其一曰战马,生于西垂,良健可备行阵,今宕昌、峰贴峡、文州所产是也;其二曰羁縻马,产西南诸蛮短小不及格,今黎、叙等五州所产是也。羁縻马每纲五十,其阄良者不过三五,中等十数,余皆下等,不可服乘。守贰贪赏格,以多为贵。经涉险远,且纲卒盗其刍粟,道毙者相望。

成都府马务,岁发江上诸军马凡五十八纲,月券钱米二百缗,岁计万一千六百缗。发岁三衙马百二十纲。其费称是。率未尝如数,盖茶马司靳钱帛,马至,价不即偿致然也。

旧蕃蛮中马,良驽有定价。绍兴中,张松为黎倅,欲马溢额觊赏,乃高直市之。夷人无厌,邀求滋甚。后邛部川蛮恃功,赵彦博始以细茶、锦与之。而夷人每贸马,以茶、锦不堪藉口。

庆元中,金人既失冀北地,马至秦司亦罕。旧川、秦市马赴密院,多道毙者。绍兴二十七年,诏川马不赴行在,分隶江上诸军,镇江、建康、荆、鄂军各七百五十,江、池军各五百,殿前司二千五百,马司、步司各千,州马良者二百进御。此十九年所定格也。

广马者,建炎末,广西提举峒丁李棫请市马赴行在。绍兴初,隶经略司。三年,即邕州置司提举,市于罗殿、自杞、大理诸蛮。未畿,废买马司,帅臣领之。七年,胡舜陟为帅,岁中市马二千四百,诏赏之。其后马益精,岁费黄金五镒,中金二百五十镒,锦四百,缣四千,廉州盐二百万斤,得马千五百。须四尺二寸已上乃市之。其直为银四十两,每高一寸增银十两,有至六七十两者。土人云,尤驵骏者,在其产处,或博黄金二十两,日行四百里,第官价已定,不能致此。

自北诸蕃本自无马,盖转市之南诏。南诏,大理国也。乾道九年,大理人李观音得等二十二人至横山砦求市马,知邕州姚恪盛陈金帛夸示之。其人大喜,出一文书,称"利贞二年十二月,"约来年以马来。所求《文选》、《五经》、《国语》、《三史》、《初学记》及医、释等书,恪厚遗遣之,而不敢上闻也。岭南自产小驷,匹直十余千,与淮、湖所出无异。大理连西戎,故多马,虽互市于广南,其实犹西马也。每择其良赴三衙,余以付江上诸军。

宝庆四年,两淮制府贸易北马五千余,而他郡亦往往市马不辍。咸淳末,有纪智立者献谋,以为两淮军将、武官、臣室皆畜马,率三借二,二借一,一全起,团结队伍,借助防江,各令饲马役夫自乘之官,优给月钱一年,以半年为约,江面宁即放归。又云,陈岩守招信,团马至七千,出没张耀,此其验也。臣僚言:宜仿祖宗遗意,亟谋和市马,如出一马,则免其某色力役。惟是川、秦之马,遵陆则崇冈复岭,盘回斗绝;舟行则峡江湍急,滩碛险恶。每纲运,公私经费十倍,而人马俱疲。上则耗国用,下则困州县。纲兵所经,甚于寇贼。虽臣僚条奏更迭,终莫得其要领。岂马政各因风土之宜,而非东南之利欤?

宋史卷一九九
志第一五二

刑法一

夫天有五气以育万物，木德以生，金德以杀，亦甚憼矣，而始终之序，相成之道也。先王有刑罚以纠其民，则必温慈惠和以行之。盖裁之以义，推之以仁，则震慑杀戮之威，非求民之死，所以求其生也。《书》曰："士制百姓于刑之中，以教祗德。"言刑以弼教，使之畏威远罪，导以之善尔。唐、虞之治，固不能废刑也。惟礼以防之，有弗及，则刑以辅之而已。王道陵迟，礼制隳废，如专任法以罔其民。于是作为刑书，欲民无犯，而乱狱滋丰，由其本末无序，不足相成故也。

宋兴，承五季之乱，太祖、太宗颇用重典，以绳奸慝，岁时躬自折狱虑囚，务底明慎，而以忠厚为本。海内悉平，文教浸盛。士初试官，皆习律令。其君一以宽仁为治，故立法之制严，而用法之情恕。狱有小疑，覆奏辄得减宥。观夫重熙累洽之际，天下之民咸乐其生，重于犯法，而致治之盛几乎三代之懿。元丰以来，刑书益繁，已而憸邪并进，刑政紊矣。国既南迁，威柄下逮，州郡之吏亦颇专行，而刑之宽猛系乎其人。然累世犹知以爱民为心，虽其失慈弱，而祖宗之遗意盖未泯焉。今撮其实，作《刑法志》。

宋法制因唐律、令、格、式，而随时损益则有《编敕》，一司、一路、一州、一县又别有《敕》。建隆初，诏判大理寺窦仪等上《编敕》四卷,凡一百有六条,诏与新定《刑统》三十卷并颁天下,参酌轻重为详,世称平允。太平兴国中,增《敕》至十五卷,淳化中倍之。咸平中增至万八千五百五十有五条,诏给事中柴成务等芟其繁乱,定可为《敕》者二百八十有六条,准律分十二门,总十一卷。又为《仪制》令一卷。当时便其简易。大中祥符间,又增三十卷,千三百七十四条。又有《农田敕》五卷,与《敕》兼行。

仁宗尝问辅臣曰:"或谓先朝诏令不可轻改,信然乎?"王曾曰:"此憸人惑上之言也。咸平之所删,太宗诏令十存一二,去其繁密以便于民,何为不可?"于是诏中外言《敕》得失,命官修定,取《咸平仪制令》及制度约束之在《敕》者五百余条,悉附《令》后,号曰《附令敕》。天圣七年《编敕》成,合《农田敕》为一书,视《祥符敕》损百有余条。其丽于法者,大辟之属十有七,流之属三十有四,徒之属百有六,仗之属二百五十有八,笞之属七十有六。又配隶之属六十有三,大辟而下奏听旨者七十有一。凡此,皆在律令外者也。

既颁行,因下诏曰:"敕令者,治世之经,而数动摇,则众听滋惑,何以训迪天下哉?自今有司毋得辄请删改。有未便者,中书、枢密院以闻。"然自庆历又复删定,增五百条,别为《总例》一卷。后又修《一司敕》二千三百十有七条,《一路敕》千八百二十有七条,《一州》、《一县敕》千四百五十有一条。其丽于法者,大辟之属总三十有一,流之属总二十有一,徒之属总百有五,杖之属总百六十有八,笞之属总十有二。又配隶之属总八十有一,大辟而下奏听旨者总六十有四。凡此,又在《编敕》之外者也。

嘉祐初,因枢密使韩琦言,内外吏兵奉禄无著令,乃命类次为《禄令》。三司以驿料名数,著为《驿令》。琦又言:"自庆历四年,距嘉祐二年,敕增至四千余条,前后牴牾。请诏中外,使言《敕》得失,如天圣故事。"七年,书成。总千八百三十四条,视《庆历敕》大辟增六十,流增五十,徒增六十有一,杖增七十有三,笞增三十有八。又配隶增三十,大辟而下奏听旨者增四十有六。又别为《续附令敕》三卷。

神宗以律不足以周事情，凡律所不载者一断以敕，乃更其目曰敕、令、格、式，而律恒存乎敕之外。熙宁初，置局修敕，诏中外言法不便者，集议更定，择其可采者赏之。元丰中，始成书二十有六卷，复下二府参订，然后颁行。帝留意法令，每有司进拟，多所是正。当谓："法出于道，人能体道，则立法足以尽事。"又曰："禁于未然之谓敕，禁于已然之谓令，设于此以待彼之谓格，使彼效之之谓式。修书者要当识此。"于是凡入笞、杖、徒、流、死，自名例以下至断狱，十有二门，丽刑名轻重者，皆为敕。自品官以下至断狱三十五门，约束禁止者，皆为令。命官之等十有七，吏、庶人之赏等七十有七，又有倍、全、分、厘之级凡五等，有等级高下者，皆为格。表奏、帐籍、开牒、符檄之类凡五卷，有体制模楷者，皆为式。

元祐初，中承刘挚言："元丰编修敕令，旧载敕者多移之令，盖违敕法重，违令罪轻，此足以见神宗仁厚之德。而有司不能推广，增多条目，离析旧制，因一言一事，辄立一法，意苟文晦，不足以该事物之情。行之几时，盖已屡变。宜取庆历、嘉祐以来新旧敕参照，支取删正，以成一代之典。"右谏议孙觉亦言烦细难以检用，乃诏挚等刊定。哲宗亲政，不专用元祐近例，稍复熙宁、元丰之制。自是用法以后冲前，改更纷然，而刑制紊矣。

崇宁元年，臣僚言："有司所守者法，法所不载，然后用例。今引例破法，非理也。"乃令各曹取前后所用例，以类编修，与法妨者去之。寻下诏追复元丰法制，凡元祐条例悉毁之。

徽宗每降御笔手诏，变乱旧章，靖康初，群臣言："祖宗有一定之法，因事改者，则随条贴说，有司易于奉行。蔡京当国，欲快己私，请降御笔，出于法令之外，前后牴牾，宜令具录付编修敕令，参用国初以来条法，删修成书。"诏从其请，书不果成。

高宗播迁，断例散逸，建炎以前，凡所施行，类出人吏省记。三年四月，始命取嘉祐条法与政和敕令对修而用之。嘉祐法与见行不同者，自官制、役法外，赏格从重，条约从轻。绍兴元年，书成，号《绍兴敕令格式》，而吏胥省记者亦复引用。监察御史刘一正言："法令

具在,吏犹得以为奸,今一切用其所省记,欺蔽何所不至。"十一月,
乃诏左右司、敕令所刊定省记之文颁之。时在京通用敕内,有已尝
冲改不该引用之文,因大理正张柄言,亦诏删削。十年,右仆射秦桧
上之。然自桧专政,率用都堂批状、指挥行事,杂入吏部续降条册之
中,修书者有所畏忌,不敢删削,至与成法并立。吏部尚书周麟之
言:"非天子不议礼,不制度,不考文。"乃诏削去之。

至乾道时,臣僚言:"绍兴以来,续降指挥无虑数千,牴牾难以
考据。"诏大理寺官详难,定其可否,类申刑部,以所隶事目分送六
部长贰参详。六年,刑部侍郎汪大猷等上其书,号《乾道敕令格式》,
八年,颁之。当是时,法令虽具,然吏一切以例从事,法当然而无例,
则事皆泥而不行,甚至隐例以坏法,贿赂既行,乃为具例。

淳熙初,诏除刑部许用乾道刑名断例,司勋许用获盗推赏例,
并乾道经置条例事指挥,其余并不得引例。既而臣僚言:乾道新书,
尚多牴牾。诏户部尚书蔡洸详定之,凡删改九百余条,号《淳熙敕令
格式》。帝复以其书散漫,用法之际,官不暇遍阅,吏因得以容奸,令
敕令所分门编类为一书,名曰《淳熙条法事类》,前此法令之所未有
也。四年七月,颁之。淳熙末,议者犹以新书尚多遗阙,有司引用,
间有便于人情者。复令刑部详定,迄光宗之世未成。庆元四年,右
丞相京镗始上其书,为百二十卷,号《庆元敕令格式》。

理宗宝庆初,敕令所言:"自庆元新书之行,今二十九年,前指
挥殆非一事,或旧法该括未尽,文意未明,须用续降参酌者;或旧法
元无,而后因事立为成法者;或已有旧法,而续降不必引用者;或一
时权宜,而不可为常法者。条目滋繁,无所遵守,乞考定之。淳祐二
年四月,敕令所上其书,名《淳祐敕令格式》。十一年,又取庆元法与
淳祐新书删润。其间修改者百四十条,创入者四百条,增入者五十
条,删去者十七条,为四百三十卷。度宗以后,遵而行之,无所更定
矣。其余一司、一路、一州、一县《敕》,前后时有增损,不可胜纪云。

五季衰乱,禁网烦密。宋兴,削除苛峻,累朝有所更定。法吏浸

用儒臣，务存仁恕，凡用法不悖而宜于时者著之。太祖受禅，始定折杖之制。凡流刑四：加役流，脊杖二十；配役三年，流三千里，脊杖二十，二千五百里，脊杖十八；二千里，脊杖十七，并配役一年，凡徒刑五：徒三年，脊杖二十；徒二年半，脊杖十八；二年，脊杖十七；一年半，脊杖十五；一年，脊杖十三。凡杖刑五：杖一百，臀杖二十；九十，臀杖十八；八十，臀杖十七；七十，臀杖十五；六十。臀杖十三。凡笞刑五：笞五十，臀杖十下；四十、三十，臀杖八下；二十，臀杖七下。常行官杖如周显德五年制，长三尺五寸，大头阔不过二寸，厚及小头径不得过九分。徒、流、笞通用常行杖，徒罪决而不役。

先是，藩镇跋扈，专杀为威，朝廷姑息，率置不问，刑部按覆之职废矣。建隆三年，令诸州奏大辟案，须刑部详覆。寻如旧制，大理寺详断，而后覆于刑部。凡诸州狱，则录事参军与司法掾参断之。自是，内外折狱蔽罪，皆有官以相覆察。又惧刑部、大理寺用法之失，别置审刑院谳之。吏一坐深，或终身不进，由是皆务持平。

唐建中令，窃盗贼满三匹者死。武宗时，窃盗赃满千钱者死。宣宗立，乃罢之。汉乾祐以来，用法益峻，民盗一钱抵极法。周初，深惩其失，复遵建中之制。帝犹以其太重，尝增为钱三千，陌以八十为限。既而诏曰："禁民为非，乃设法令，临下以简，必务哀矜。窃盗之生，本非巨蠹。近朝立制，重于律文，非爱人之旨也。自今窃盗赃满五贯足陌者死。"旧法，强盗持杖，虽不伤人，皆弃市。又诏但不伤人者，止计赃论。令诸州获盗，非状验明白，未得掠治。其当讯者，先具白长吏，得判乃讯之。凡有司擅掠囚者，论为私罪。时天下甫定，刑典弛废，吏不明习律令，牧守又多武人，率意用法。金州防御使仇超等坐故入死罪，除名，流海岛，自是人知奉法矣。

开宝二年五月，帝以暑气方盛，深念缧系之苦，乃下手诏："两京诸州，令长吏督狱掾，五日一检视，洒扫狱户，洗涤枷械。贫不能自存者给饮食，病者给医药，轻系即时决遣，毋淹滞。"自是，每仲夏申敕官吏，岁以为常。帝每亲录囚徒，专事钦恤，凡御史、大理官属，尤严选择。尝谓侍御史知杂冯炳曰："朕每读《汉书》，见张释之、于定国治狱,天下无冤民,此所望于卿也。"赐金紫以勉之。八年,广州言:"前诏窃盗赃至死者奏裁,岭南遐远,覆奏稽滞请不俟报。"帝览奏,恻然曰:"海隅习俗,贪广穿窬,固其常也。"因诏:"岭南民犯窃盗,赃满五贯至十贯者,决杖、黥面、配役,十贯以上乃死。"

太宗在御,常躬听断,在京狱有疑者,多临决之,每能烛见隐微。太平兴国六年下诏曰:"诸州大狱,长吏不亲决,胥吏旁缘为奸,逮捕证佐,滋蔓逾年而狱未具。自今长吏每五日一虑囚,情得者即决之。"复制听狱之限,大事四十日,中事二十日,小事十日,不他逮捕而易决者,毋过三日。后又定令:"决狱违限,准官书稽程律论,逾四十日则奏裁。事须证逮致稽缓者,所在以其事闻。"然州县禁系,往往犹以根穷为名,追扰辄至破家,因江西转运副使张齐贤言,令外县罪人五日一具禁放数白州。州狱别置历,长吏检察,三五日一引问疏理,月具奏上。刑部阅其禁多者,命官即往决遣,冤滞则降黜州之官吏。会两浙运司亦言:"部内州系囚满狱,长吏辄隐落,妄言狱空,盖惧朝廷诘其淹滞。"乃诏:"妄奏狱空及隐落囚数,必加深谴,募告者赏之。"

先是,诸州流罪人皆锢送阙下,所在或寅缘细微,道路非理死者十恒六七。张齐贤又请:"凡罪人至京,择清强官虑句。若显负沈屈,至罢言吏。且令只遣正身,家属俟旨,其干系者免锢送。"乃诏:"诸犯徒、流罪,并配所在牢城,勿复转送阙下。

雍熙元年,令诸州十日一具囚帐及所犯罪名、系禁日数以闻,俾刑部专意纠举。帝阅诸州所奏狱状,有系三百人者。乃令门留、寄禁、取保在外并邸店养疾者,咸准禁数,件析以闻。其鞠狱违限及可断不断、事小而禁系者,有司驳奏之。开封女子李尝击登闻鼓,自言无儿息,身且病,一旦死,家业无所付。诏本府随所欲裁置之。李无它亲,独有父,有司因系之。李又诏登闻,诉父被系。帝骇曰:"此事岂当禁系,辇毂之下,尚或如此。天下至广,安得无枉滥乎?朕恨不能亲决四方之狱,固不辞劳尔!"即日遣殿中侍御史李范等十四人,分往江南、两浙、四川、荆湖、岭南审决刑狱。吏之缓怠者,劾其罪以闻;其临事明敏、刑狱无滞者,亦以名上。始令诸州十日一虑囚。

帝尝谓宰相曰:"御史台,阁门之前,四方纲准之地。颇闻台中鞠狱,御史多不躬亲,垂帘雍容,以自尊大。鞠按之任,委在胥吏,求无冤滥,岂可得也?"乃诏御史决狱必躬亲,毋得专任胥吏,又尝谕宰臣曰:"每阅大理奏案,节目小未备,移文按覆,动涉数千里外,禁系淹久,甚可怜也。卿等详酌,非人命所系,即量罪区分,勿须再鞠。"始令诸州笞、杖罪不须证逮者,长吏即决之,勿复付所司。群臣受诏鞠狱,狱既具,骑置来上,有司断已,复骑置下之州。凡上疑狱,详覆之而无疑状,官吏并同违制之坐。其应奏疑案,亦骑置以闻。

二年,令窃盗满十贯者,奏裁;七贯,决杖、黥面、隶牢城;五贯,配役三年,三贯,二年,一贯,一年。它如旧制。八月,复分遣使臣按巡诸道。帝曰:"朕于狱犴之寄,夙夜焦劳,虑有冤滞耳。"十月,亲录京城系囚,遂至日旰。近臣或谏劳苦过甚,帝曰:"恺惠及无告,使狱讼平允,不致枉桡,朕意深以为适,何劳之有?"因谓宰相曰:"中外臣僚,若皆留心政务,天下安有不治者。古人宰一邑,守一郡,使飞蝗避境,猛虎渡河。况能惠养黎庶,申理冤滞,岂不感召和气乎?朕每自勤不息,此志必无改易。或云有司细故,帝王不当亲决,朕意则异乎是。若以尊极自居,则下情不能上达矣。"自是祁寒盛暑或雨雪稍衍,辄亲录系囚,多所原减。诸道则遣官按决,率以为常,后世遵行不废,见各帝纪。

先是,太祝刁衎上疏言:"古者投奸人于四裔,今乃远方囚人,尽归象阙,配务役。神京天子所居,岂可使流囚于此聚役。《礼》曰:'刑人于市,与众弃之。'则知黄屋紫宸之中,非行法用刑之所。望自今外处罪人,勿许解送上京亦不留于诸务充役。御前不行决罚之刑,殿前引见司钳黥法具、敕杖,皆以付御史、廷尉、京府。或出中使,或命法官,具礼监科,以重明刑谨法之意。"帝览疏甚悦,降诏褒答,然不能从也。

三年,始用儒士为司理判官,令诸州讯囚,不须众官共视,申长吏得判乃讯囚。刑部张佖言："官吏枉断死罪者,请稍峻条章,以责其明慎。"始定制:应断狱失入死刑者,不得以官减赎,检法官、判官皆削一任,而检法仍赎铜十斤,长吏则停任。寻置刑部详覆官六员,专阅天下所上案牍,勿复遣鞫狱吏。置御史台推勘官二十人,皆以京朝官为之。凡诸州有大狱,则乘传就鞫。陛辞日,帝必临遣谕之曰:"无滋蔓,无留滞。"咸赐以装钱。还,必召问所推事状,著为定令。自是,大理寺杖罪以下,须刑部详覆。又所驳天下案牍未具者,亦令详覆乃奏。判刑部李昌龄言:"旧制,大理定刑送部,详覆官入法状,主判官下断语,乃具奏。至开宝六年,阙法直官,致两司共断定覆词。今宜令大理所断案牍,寺官印署送详覆。得当,则送寺共奏,否即疏驳以闻。"

淳化初,始置诸路提点刑狱司,凡管内州府十日一报囚帐,有疑狱未决,即驰传往视之。州县稽留不决,按谳不实,长吏则劾奏,佐史、小吏许便宜按劾从事。帝又虑大理、刑部吏舞文巧诋,置审刑院于禁中,以枢密直学士李昌龄知院事,兼置详议官六员。凡狱上奏,先达审刑院,印讫,付大理寺、刑部断复以闻。乃下审刑院详议申覆,裁决讫,以付中书省。当,即下之;其未允者,宰相覆以闻,始命论决。盖重慎之至也。

凡大理寺决天下案牍,大事限二十五日,中事二十日,小事十日。审刑院详覆,大事十五日,中事十日,小事五日。三年,诏御史台鞫徒以上罪,狱具,令尚书承郎、两省给舍以上一人亲往虑问。寻又诏:"狱无大小,自中承以下,皆临鞫问,不得专责所司。"自端拱以来,诸州司理参军,皆帝自选择,民有诣阙称冤者,亦遣台使乘传按鞫,数年之间,刑罚清省矣。既而诸路提点刑狱司未尝有所平反,诏悉罢之,归其事转运司。

至道二年,帝闻诸州所断大辟,情可疑者,惧为有司所驳,不敢上其狱。乃诏死事有可疑者,具狱申转运司,择部内详练格律者令决之,须奏者乃奏。

真宗性宽慈,尤慎刑辟,尝谓宰相曰:"执法之吏,不可轻授。有不称职者,当责举主,以惩其滥。"审刑院举详议官,就刑部试断案三十二道,取引用详明者。审刑院字每奏案,令先具事状,亲览之,翌日,乃候进止,裁处轻重,必当其罪。咸平元年,从黄州守王禹偁之请,诸路置病囚院,徒、流以上有疾者处之,余责保于外。

景德三年,诏:"诸道州军断狱,内有宣敕不定刑名,止言当行极断者,所在即置大辟,颇垂平允。自今凡言处断、重断、极断、决配,朝典之类,未得论决,具狱以闻。"

四年,复置诸路提点刑狱官。先是,帝出笔记六事,其一曰:"勤恤民隐,遴柬庶官,朕无日不念也。所虑四方刑狱官吏,未尽得人,一夫受冤,即召灾沴。今军民事务,虽有转运使,且地远无由周知。先帝尝选朝臣为诸路提点刑狱,今可复置,仍以使臣副之,命中书、枢密院择官。"又曰:"河北、陕西,地控边要,尤必得人,须性度平和有执守者。"亲选太常博士陈纶、李及,自余拟名以闻;咸引对于长春殿遣之。内出御前印纸为历,书其绩效,代还,议功行赏。如刑狱枉滥不能摘举,官吏旷弛不能弹奏,务从畏避者,置以深罪。知审刑院朱选上言:"官吏因公事受财,证左明白,望论以枉法,其罪至死者,加役流。"从之。

御史台尝鞫杀人贼,狱具,知杂王随请脔剐之,帝曰:"五刑自有常制,何为惨毒也。"入内供奉官杨守珍使陕西,督捕盗贼,因请"擒获强盗至死者,望以付臣凌迟,用戒凶恶。"诏:"捕贼送所属,依法论决,毋用凌迟。"凌迟者,先断其支体,乃抉其吭,当时之极法也。盖真宗仁恕,而惨酷之刑,祖宗亦未尝用。

初,殿中侍御史赵湘尝建言:"圣王行法,必须天道。汉制大辟之科,尽冬月乃断。此古之善政,当举行之。且十二月为承天节,万方祝颂之时,而大辟决断如故。况十一月一阳始出,其气尚微,议狱缓刑,所以助阳抑阴也。望以十一月、十二月内,天下大辟未结正者,更令详覆;已结正者,未令决断。所在厚加矜恤,扫除狱房,供给饮食、薪炭之属,防护无致他故。情可悯者,奏听敕裁。合依法者,尽冬月乃断。在京大辟人,既当春孟之月,亦行庆施惠之时。伏望万几之暇，临轩躬览，情可悯者，特从末减，亦所以布圣泽于无穷。况愚民之抵罪未断，两月亦非淹延，若用刑须顺于阴阳，则四时之气和，气和则百谷丰实，水旱不作矣。"帝览奏曰："此诚嘉事！然古今异制，沿革不同，行之虑有淹滞，或因缘为奸矣。"

天禧四年乃诏："天下犯十恶、劫杀、谋杀、故杀、斗杀、放火、强劫、正枉法赃、伪造符印、厌魅咒诅、造妖书妖言、传授妖术、和造毒药、禁军诸军逃亡为盗罪至死者，每遇十二月，权住区断，过天庆节即决之。余犯至死者，十二月及春夏未得区遣，禁锢奏裁。"

在仁宗时，四方无事，户口蕃息，而克自抑畏，其于用刑尤慎。即位之初，诏内外官司，听狱决罪，须躬自阅实，毋枉滥淹滞。刑部尝荐详覆官，帝记其姓名，曰："是尝失入人罪不得迁官者，乌可任法吏？"举者皆罚金。

狱疑者谳，所从来久矣。汉尝诏："谳而后不当谳者不为失"，所以广听察、防缪滥也。时奏谳之法废。初，真宗尝览囚簿，见天下断死罪八百人，怃然动容，语宰执曰："杂犯死罪条目至多，官吏傥不尽心，岂无枉滥？故事，死罪狱具，三覆奏，盖甚重慎，何代罢之？"遂命检讨沿革，而有司终虑淹系，不果行。至是，刑部侍郎燕肃奏曰："唐大辟罪，令尚书、九卿谳之。凡决死刑，京师五覆奏，诸州三覆奏。贞观四年，断死罪二十九，开元二十五年，财五十八。今天下生齿未加于唐，而天圣三年，断大辟二千四百三十六，视唐几至百倍。京师大辟虽一覆奏，而州郡狱疑上请，法寺多所举驳，率得不应奏之罪，往往增饰事状，移情就法，失朝廷钦恤之意。望准唐故事，天下死罪皆得覆奏。议者必曰待报淹延。汉律皆以季秋论囚，唐自立春至秋分不决死刑，未闻淹留以害汉、唐之治也。"下其章中书，王曾谓："天下皆一覆奏，则必死之人，徒充满狴犴而久不得决。诸狱疑若情可矜者，听上请。"

天圣四年，遂下诏曰："朕念生齿之蕃，抵冒者众。法有高下，情有轻重，而有司巧避微文，一切致之重辟，岂称朕好生之志哉？其令天下死罪,情理可矜及刑名疑虑者,具案以闻。有司毋得举驳。"其后,虽法不应奏,吏当坐罪者,审刑院贴奏,率以恩释为例,名曰"贴放"。吏始无所索制,请谳者多得减死矣。

先是,天下旬奏狱状,虽杖、笞皆申覆,而徒、流罪非系狱,乃不以闻。六年,集贤校理聂冠卿请罢覆杖、笞,而徒以上虽不系狱,皆附奏。诏从其说。自定折杖之制,杖之长短广狭,皆有尺度,面轻重无准,官吏得以任情。至是,有司以为言,诏毋过十五两。

初,真宗时,以京师刑狱多滞冤,置纠察司,而御史台狱亦移报之。八年,御史论以为非体,遂诏勿报。祖宗时,重盗剥桑柘之禁,枯者以尺计,积四十二尺为一功,三功以上抵死。殿中丞于大成请得以减死论,下法官议,谓当如旧。帝意欲宽之,诏死者上请。

刑部分四按,大辟居其一,月覆大辟不下二百,数而详覆官才一人。明道二年,令四按分覆大辟,有能驳正死罪五人以上,岁满改官。法直官与详覆官分详天下旬奏,狱有重辟,狱官毋预燕游迎送。凡上具狱,大理寺详断,大事期三十日,小事第减十日。审刑院详议又各减半。其不待期满而断者,谓之"急按"。凡集断急按,法官与议者并书姓名,议刑有失,则皆坐之。至景祐二年,判大理寺司徒昌运言:"断狱有期日,而炎暍之时,系囚淹久,请自四月至六月减期日之半,两川、广南、福建、湖南如急按奏。"其后犹以断狱淹滞,又诏月上断狱数,列大、中、小事期日,以相参考。

是岁,改强盗法。不持杖,不得财,徒二年;得财为钱万及伤人者,死。持杖而不得财,流三千里;得财为钱五千者,死;伤人者,殊死不持杖得财为钱六千,若持杖罪不至死者,仍刺隶二千里外牢城。能告群盗劫杀人者第赏之,及十人者予钱十万。既而有司言:"窃盗不用威力,得财为钱五千,即刺为兵,反重于强盗,请减之。"遂诏至十千始刺为兵,而京城持杖窃盗,得财为钱四千,亦刺为兵。自是盗法惟京城加重,余视旧益宽矣。

庆历五年,诏罪殊死者,若祖父母、父母年八十及笃疾无期亲者,列所犯以闻。

承平日久，天下生齿益蕃，犯法者多，岁断大辟甚众，而有司未尝上其数。嘉祐五年，判刑部李绹言："一岁之中，死刑无虑二千余。夫风俗之薄，无甚于骨肉相残；衣食之穷，莫急于盗贼。今犯法者众，岂刑罚不足以止奸，而教化未能导其为善欤？愿诏刑部类天下所断大辟，岁上朝廷，以助观省。"从之。

凡在京班直诸军请量，斗斛不足，出戍之家尤甚。仓吏自以在官无禄，恣为侵渔，神宗谓非所以爱养将士之意，于是诏三司，始立《诸仓丐取法》。而中书请主典役人，岁增禄至一万八千九百余缗。凡丐取不满百钱，徒一年，每百钱则加一等；千钱流二千里，每千钱则加一等，罪止流三千里。其行货及过致者，减首罪二等。徒者皆配五百里，其赏百千；流者皆配千里，赏二百千；满十千，为首者配沙门岛，赏三百千，自首则除其罪。凡更定约束十条行之。其后内则政府，外则监司，多仿此法。内外岁增吏录至百余万缗，皆取诸坊场，河渡，市利，免行、役剩息钱。久之，议臣欲稍缓仓法，编敕所修立《告捕获仓法给赏条》，自一百千分等至三百千，而按问者减半给之。中书请依所定，诏仍旧给全赏，虽按问，亦全给。吕嘉问赏请，行货者宜止以不应为坐之，刑部始减其罪。及哲宗初，尝罢重禄法，而绍圣复仍旧。

熙宁四年，立《盗贼重法》。凡劫盗罪当死者，籍其家资以赏告人，妻子编置千里；遇赦若灾伤减等者，配远恶地。罪当徒、流者，配岭表；流罪会降者，配三千里，籍其家资之半为赏，妻子递降等有差。应编配者，虽会赦，不移不释。凡囊橐之家，劫盗死罪，情重者斩，余皆配远恶地，籍其家资之半为赏。盗罪当徒、流者，配五百里，籍其家资三之一为赏。窃盗三犯，杖配五百里或邻州。虽非重法之地，而囊橐重法之人，以重法论。其知县、捕盗官皆用举者，或武臣为尉。盗发十人以上，限内捕半不获，谥罪取旨。若复杀官吏，及累杀三人，焚舍屋百间，或群行州县之内，劫掠江海船筏之中，非重地，亦以重论。

凡重法地，嘉祐中，始于开封府诸县，后稍及诸州。以开封府东明、考城、长垣县；京西滑州；淮南宿州；河北澶州；京东应天府，濮、齐、徐、济、单、衮、郓、沂州，淮阳军；亦立重法，著为令。至元丰时，河北、京东、淮南、福建等路皆用重法，郡县浸益广矣。元丰敕，重法地分，劫盗五人以上，凶恶者，方论以重法。绍圣后，有犯即坐，不计人数。复立《妻孥编管法》。至元符三年，因刑部有请，诏改依旧敕。

先是，鲁布建言："盗情有重轻，赃有多少。今以赃论罪，则劫贫家情虽重，而以赃少减免，劫富室情虽轻，而以赃重论死。是盗之生死，系于主之贫富也。至于伤人，情状亦殊。以手足殴人，偶伤肌体，与夫兵刃汤火，固有间矣，而均谓之伤。朝廷虽许奏裁，而州郡或奏或否，死生之分，特幸与不幸尔。不若一变旧法，凡以赃定罪及伤人情状不至切害者，皆从罪止之法。其用兵刃汤火，情状酷毒，及汗辱良家，或入州县镇寨行劫，若驱虏官吏巡防人等，不以伤与不伤，凡情不可贷者，皆处以死刑，则轻重不失其当矣。及布为相，始从其议，诏有司改法。

未几，侍御史陈次升言："祖宗仁政，加于天下者甚广。刑法之重，改而从轻者至多。惟是强盗之法，特加重者，盖以禁奸宄而惠良民也。近朝廷改法，诏以强盗计赃应绞者，并减一倍；赃满不伤人，及虽伤人而情轻者奏裁。法行之后，民受其弊。被害之家，以盗无必死之理，不敢告官，而邻里亦不为之擒捕，巩怨仇报复。故贼益逞，重法地分尤甚。恐养成大寇，以贻国家之患，请复行旧法。"布罢相，翰林学士徐勣复言其不便，乃诏如旧法，前诏勿行。

先是，诸路经略、钤辖，不得便宜斩配百姓。赵抃尝知成都，乃言当独许成都四路。王安石执不可，而中书、枢密院同立法许之。其后，谢景初奏："成都妄以便宜诛释，多不当。"于是中书复删定敕文，惟军士犯罪及边防机速，许特断。及抃移成都，又请立法，御史刘季孙亦为之请依旧便宜从事，安石寝其奏。

武臣犯赃，经赦叙复后，更立年考升迁。帝曰："若此，何以戒贪吏？"故命改法。熙宁六年，枢密都承旨曾考宽等定议上之，大概仿文臣叙法而少增损尔。七年，诏："品官犯罪，按察之官并奏劾听旨。

毋得擅捕系、罢其职奉。"

元丰二年,成都府、利路钤辖言:"往时川陕绢匹为钱二千六百,以此估赃,两铁钱得比铜钱之一。近绢匹不过千三百,估赃二匹乃得一匹之罪,多至重法。"令法寺定以一钱半当铜钱之一。

元祐二年,刑部、大理寺定制:"凡断谳奏狱,每二十缗以上为大事,十缗以上为中事,不满十缗为小事。大事以十二日,中事九日,小事四日为限。若在京、八路大事十日,中事五日,小事三日。台察及刑部举劾约法状并十日,三省、枢密院再送各减半。有故量展,不得过五日。凡公案日限,大事以三十五日,中事二十五日,小事十日为限。在京、八路大事以三十日,中事半之,小事三之一。台察及刑部并三十日。每十日,断用七日,议用三日。"

五年,诏命官犯罪,事干边防军政,文臣申尚书省,武臣申枢密院。中丞苏辙言:"旧制,文臣、吏民断罪公案归中书,武臣、军士归枢密,而断例轻重,悉不相知。元丰更定官制,断狱公案并由大理、刑部申尚书省,然后上中书省取旨。自是断狱轻重比例,始得归一,天下称明焉。今复分隶枢密,必有罪同断异,失元丰本意,请并归三省。其事干边防军政者,令枢密院同进取旨,则事体归一,而兵政大臣各得其职。"六年,乃诏:"文武官有犯同按干边防军政者,刑部定断,仍三省、枢密院同取旨。"

刑部论:"佃客犯主,加凡人一等。主犯之,杖以下勿论,徒以上减凡人一等。谋杀盗诈,有所规求避免而犯者,不减。因殴致死者不刺面,配邻州,情重者奏裁。凡命士死于官或去位,其送徒道亡,则部辖将校、节级与首率众者徒一年,情轻则杖百,虽自首不免。"

政和间,诏:"品官犯罪,三问不承,即奏请追摄;若情理重害而拒隐,方许加讯。迩来有司废法,不原轻重,加讯与常人无异,将使人有轻吾爵禄之心。可申明条令,以称钦恤之意。"又诏:"宗子犯罪,庭训示辱。比有去衣受杖,伤肤败体,有恻朕怀。其令大宗正司恪守条制,违者以违御笔论。又曰:"其情理重害,别被处分。若罪至徒、流,方许制勘,余止以众证为定,仍取伏辨,无得辄加捶考。其合庭训者,并送大宗正司,以副朕敦睦九族之意。"中书省言:"《律》,'在官犯罪,去官勿论'。盖为命官立文。其后相因,掌典去官,亦用去官免罪,有犯则解役归农,幸免重罪。诏改《政和敕》掌典解役从去官法。

左道乱法,妖言惑众,先王之所不赦,至宋尤重其禁。凡传习妖教,夜聚晓散,与夫杀人祭祀之类,皆著于法,诃察甚严。故奸轨不逞之民,无以动摇愚俗。间有为之,随辄报败,其事不足纪也。

宋史卷二〇〇
志第一五三

刑法二

律令者，有司之所守也。太祖以来，其所自断，则轻重取舍，有
法外之意焉。然期末流之弊，专用己私以乱祖宗之成宪者多矣。

乾德伐蜀之役，有军大校割民妻乳而杀之，太祖召至阙，数其
罪。近臣营救颇切，帝曰："朕兴师伐罪，妇人何辜，而残忍至此！"遂
斩之。

时郡县吏承五季之习，黩货厉民，故尤严贪墨之罪。开宝三年，
董元吉守英州，月余，受赃七十余万，帝以岭表初平，欲惩掊克之
吏，特诏弃市。峡州民范义超，周显德中，以私忿怨杀同里常古真家
十二口，古真小子留留幸脱走，至是，擒义超诉有司。峡州奏，引赦
当原。帝曰："岂有杀一家十二人，可以赦论邪？"命正其罪。

八年，有司言："自三年至今，诏所贷死罪凡四千一百八人。"帝
注意刑辟，哀矜无辜，尝叹曰："尧、舜之时，四凶之罪止于投窜。先
王用刑，盖不获已，何近代宪纲之密耶！"故自开宝以来，犯大辟，非
情理深害者，多得贷死。

太平兴国六年，自春涉夏不雨，太宗意狱讼冤滥。会归德节度
推官李承信因市葱笞园户，病创死。帝闻之，坐承信弃市。

初，太祖尝决系囚，多得宽贷。而开封妇人杀其夫前室子，当徒
二年，帝以其凶虐残忍，特处死。至是，有泾州安定妇人，怒夫前妻
之子妇，绝其吭而杀之。乃下诏曰："自今继母杀伤夫前妻子，及姑

杀妇者,同凡人论。"雍熙元年,开封寡妇刘使婢诣府,诉其夫前室子王元吉毒已将死。右军巡推不得实,移左军巡掠治,元吉自诬伏。俄刘死。及府中虑囚,移司录司案问,颇得其侵诬之状,累月未决。府白于上,以其毒无显状,令免死,决徒元吉妻张击登闻鼓称冤,帝召问张,尽得其状。立遣中使捕元推官吏,御史鞫问,乃刘有奸状,惭悸成疾,惧其子发觉而诬之。推官及左、右军巡使等削任降秩;医工诈称被毒,刘母弟欺隐王氏财物及推吏受赃者,并流海岛;余决罚有差。司录主吏赏缗钱,赐束帛。初元吉之系,左军巡卒系缚榜治,谓之"鼠弹筝",极其惨毒。帝令以其法缚狱卒,宛转号叫求速死。及解缚,两手良久不能动。帝谓宰相曰:"京邑之内,乃复冤酷如此,况四方乎?"

端拱间,虏犯边郡,北面部署言:"文安、大城二县监军段重海等弃城遁,请论以军法。"帝遣中使就斩之。既行,谓曰:"此得非所管州军召之邪?往讯之乃决。"使至,果讯得乾宁牒令部送民入居城,非擅离所部,遽释之。

咸平间,有三司军将赵永昌者,素凶暴,督运江南,多为奸赃。知饶州韩昌龄廉得其状,乃移转运使冯亮,坐决停职。遂挝登闻鼓,讼昌龄与亮讪谤朝政,仍伪刻印,作亮等求解之状。真宗察其诈,于便殿自临讯,永昌屈伏,遂斩之,释亮不问,而昌龄以他事贬郓州团练副使。曹州民苏庄蓄兵器,匿亡命,豪夺民产,积赃计四十万。御史台请籍其家,帝曰:"暴横之民,国有常法,籍之,期过也。"论如律。其纵舍轻重,必当于义,多类此。

凡岁饥,强民相率持杖劫人仓廪,法应弃市,每具狱上闻,辄贷其死。真宗时,蔡州民三百一十八人有罪,皆当死。知州张荣、推官江嗣宗议取为首者杖脊,余悉论杖罪。帝下诏褒之。遣使巡抚诸道,因谕之曰:"平民艰食,强取糇粮以图活命尔,不可从盗法科之。"天圣初,有司尝奏盗劫米伤主,仁宗曰:"饥劫米可哀,盗伤主可疾。虽然,无知迫于食不足耳。"命贷之。五年,陕西旱,因诏:"民劫仓廪,非伤主者减死,刺隶他州,非首谋又减一等。"自是,诸路灾伤即降敕,饥民为盗,多蒙矜减,赖以全活者甚众。

司马光时知谏院,言曰:"臣闻敕下京东、西灾伤州军,如贫户以饥偷盗斛斗因而盗财者,与减等断放,臣窃以为非便。《周礼》荒政十有二,散利、薄征、缓刑、施力、舍禁、去几,率皆推宽大之恩以利于民,独于盗贼,愈更严急。盖以饥馑之岁,盗贼必多,残害良民,不可不除。顷年尝见州县官吏,有不知治体,务为小仁。遇凶年,劫盗斛斗,辄宽纵之,则盗贼公行,更相劫夺,乡村大扰,不免广有收捕,重加刑辟,或死或流,然后稍定。今若朝廷明降敕文,豫言与减等断放,是劝民为盗也。百姓乏食,当轻徭薄赋、开仓振贷以救其死,不当使之自相劫夺。今发府界、京东、京西水灾极多,严刑峻法以除盗贼,犹恐春冬之交,饥民啸聚,不可禁御,又况降敕以劝之。臣恐国家始于宽仁,而终于酷暴,意在活人而杀人更多也。"事报闻。

帝尝御迩英阁经筵,讲《周礼》"大荒大札,薄征缓刑"。杨安国曰:"缓刑者,乃过误之民耳,当岁歉则赦之,悯其穷也。今众持兵杖劫粮廪,一切宽之,恐不足以禁奸。"帝曰:"不然,天下皆吾赤子也。一遇饥馑,州县不能振恤,饥莩所迫,遂至为盗,又捕而杀之,不亦甚乎?"

仁宗听断,尤以忠厚为主。陇安县民诬平民五人为劫盗,尉悉执之,一人掠死,四人遂引服。其家辨于州,州不为理,悉论死。未几,秦州捕得真盗,陇州吏当坐法而会赦,帝怒,特贬知州孙济为雷州参军,余皆除名流岭南。赐钱粟五家,复其役三年。因下诏戒敕州县。广州司理参军陈仲约误入人死,有司当仲约公罪,应赎。帝谓审刑院张揆曰:"死者不可复生,而狱吏虽废,复得叙官。"命特治之,会赦勿叙用。尚书比部员外郎师仲说请老,自言恩得任子,帝以仲说尝失入人死罪,不与。其重人命如此。

时近臣有罪,多不下吏劾实,不付有司议法。谏官王贽言:"情有轻重,理分故失,而一切出于圣断,前后差异,有伤政体,刑法之官发所用哉?请自今悉付有司正以法。"诏可。近臣间有干请,辄为言官所斥。谏官陈升之尝言："有司断狱，或事连权幸，多以中旨释之。请有缘中旨得释者，劾其干请之罪，以违制论。"许之。仁宗于赏罚无所私，尤不以贵近废法，屡戒有司："被内降者，执奏，毋辄行。"未尝屈法以自徇也。知虢州周日宣诡奏水灾，有司论请如上书不实法。帝曰："州郡多言符瑞，至水旱之灾，或抑而不闻。今守臣自陈垫溺官私庐舍，意实在民，何可加罪？"

英宗在位日浅，于政令未及有所更制。然以吏习平安，慢于奉法，稍欲振起其怠惰。三班奉职和钦贷所部纲钱，至绞，帝命贷死免杖，刺隶福建路牢城。知审刑院庐士宗请稍宽其罪，帝曰："刑故而得宽，则死者滋众，非'刑期无刑'之道。俟有过误，贷无伤也。"富国仓监官受米湿恶，坏十八万石，会恩当减，帝特命夺官停之。

熙宁二年，内殿崇班郑从易母、兄俱亡于岭外，岁余方知，请行服。神宗曰："父母在远，当朝夕为念。经时无安否之问，以至逾年不知存亡邪？"特除名勒停。四年，王存立言："嘉祐中，同学究出身，为砀山县尉，尝纳官赎父配隶罪，请同举人法，得免丁徭。"帝悯之，复赐出身，仍与注官。九年，知桂州沈起欲经略交趾，取其慈恩州，交人遂破钦，犯邕管。诏边人横遭屠戮，职其致寇，罪悉在起，特削官爵，编置远恶州。

复仇，后世无法。仁宗时，单州民刘玉父为王德殴死，德更赦，玉私杀德以复父仇。帝义之，决仗、编管。元丰元年，青州民王赟父为人殴死，赟幼，未能复仇。几冠，刺仇，断支首祭父墓，自首。论当斩。帝以杀仇祭父，又自归罪，其情可矜，诏贷死，刺配邻州。宣州民叶元，有同居兄乱其妻，缢杀之，又杀兄子，强其父与嫂为约契不讼。邻里发其事，州为上请，帝曰："罪人以死，奸乱之事特出叶元之口，不足以定。罪且下民虽无知，固宜哀矜，然以妻子之爱，既罔其父，又杀其兄，戕其侄，逆理败伦，宜以殴兄至死律论。"

绍圣以来，连起党狱，忠良屏斥，国以空虚。徽宗嗣位，外事耳目之玩，内穷声色之欲，征发亡度，号令靡常。于是蔡京、王黼之属，得以诬上行私，变乱法制。崇宁五年，诏曰："出令制法，重轻予夺在上。比降特旨处分,而三省引用敕令,以为妨碍,沮抑不行,是以有司之常守,格人主之威福。夫擅杀生之谓王,能利害之谓王,何格令之有?臣强之渐,不可不戒戒。自今应有特旨处分,间有利害,明具论奏,虚心以听;如或以常法沮格不行,以大不恭论。"明年,诏:"凡御笔断罪,不许诣尚书省陈诉。如违,并以违御笔论。"又定令:"凡应承受御笔官府,稽滞一时杖一百,一日徒二年,二日加一等,罪止流三千里,三日以大不恭论。"由是吏因缘为奸,用法巧文浸深,无复祖宗忠厚之志。穷极奢侈,以竭民力,自速祸机。靖康虽知悔悟,稍诛奸恶,而谋国匪人,终亦未如之何矣。

高宗性仁柔,其于用法,每从宽厚,罪有过贷,而未尝过杀。知常州周杞擅杀人,帝曰:"朕日亲听断,岂不能任情诛僇,顾非理耳。"即命削杞籍。大理率以儒臣用法平允者为之。狱官入对,即以惨酷为戒。台臣、士曹有所平反,辄与之转官。每临轩虑囚,未尝有送下者,曰:"吾恐有司观望,锻炼以为重轻也。"吏部员外郎刘大中奉使江南回,迁左司谏,帝寻以为秘书少监。谓宰臣朱胜非曰:"大中奉使,颇多兴狱,今使为谏官,恐四方观望耳。"其用心忠厚如此。后诏:"用刑惨酷责降之人,勿堂除及亲民,止与远小监当差遣。"

当建、绍间,天下盗起,往往攻城屠邑,至兴师以讨之,然得贷亦众。同知枢院事李回尝奏强盗之数,帝曰:"皆吾赤子也,岂可一一诛之?诛其渠魁三两人足矣。"至待贪吏则极严:应受赃者,不许堂除及亲民;犯枉法自盗者,籍其名中书,罪至徒即不叙,至死者,籍其资。诸文臣寄禄官并带"左"、"右"字,赃罪人则去之。是年,申严真决赃吏法。令三省取具祖宗故事,有以旧法弃市事上者,帝曰:"何至尔耶?但断遣之足矣。贪吏害民,杂用刑威,有不得已,然岂忍置缙绅于死地邪?"

在微宗时,刑法已峻。虽尝裁定笞杖之制,而有司犹从重比。中兴之初,诏用政和递减法,自是迄嘉定不易。自蔡京当国,凡所请御笔以坏正法者,悉厘正之。诸狱具,令当职官依式检校。枷以乾木为之,轻重长短刻识其上,笞杖不得留节目,亦不得钉饰及加筋胶

之类,仍用官给火印。暑月每五日一洗濯枷杻,刑寺轮官一员,躬亲
监视。诸狱司并旬申禁状,品官、命妇在禁,别具单状。合奏案者,
具情款招伏奏闻,法司朱书检坐条例、推司录问、检法官吏姓名于
后。

　　各州每年开收编配羁管奴婢人及断过编配之数,各置籍。各路
提点刑狱司,岁具本路州军断过大辟申刑部,诸州申提刑司。其应
书禁历而不书,应申所属而不申,奏案不依式、检坐开具违令、回报
不圆致妨详覆,与提刑司详覆大辟而稽留、失复大辟致罪有出入
者,各抵罪。知州兼统兵者,非出师临阵,毋用重刑。州县月具系囚
存亡之数申提刑司,岁终比较,死囚最多者,当职官黜责,其最少
者,褒赏之。

　　旧以绢计赃者,千三百为一匹,窃盗至二十贯者徒。至是,又加
优减,以二千为一匹,盗至三贯者徒一年。三年,复诏以三千为一
匹,窃盗及凡以钱定罪,递增五分。四年,又诏:“特旨处死,情法不
当者,许大理寺奏审。”

　　五年,岁终比较,宣州、衢州、福州无病死囚,当职官各转一官,
舒州病死及一分,惠州二分六厘,当职官各降一官。六年,令刑部体
量公事,邵州、广州、高州勘命官淹系至久不报,诏知州降一官,当
职官展二年磨勘,当行吏永不收叙。德庆府勘封川县令事,七月不
报,诏知州、勘官各抵罪。九年,大理寺朱伯文广西催断刑狱,还言:
“雷州海贼两狱,并系平人七人,内五人已死。”帝恻然,诏本路提刑
以下重致罚。

　　十二年,御史台点检钱塘、仁和县狱具,钱塘大杖,一多五钱
半;仁和枷,一多一斤,一轻半斤。诏县官各降一官。十三年,诏:
“禁囚无供饭者,临安日支钱二十文,外路十五文。”十六年,诏:“诸
鞫狱追到干证人,无罪遣还者,每程给米一升半,钱十五文。”二十
一年,诏官支病囚药物钱。

　　旧法,刑部郎官四人,分左右厅,或以详覆,或以叙审,同僚而
异事,有防闲考覆之意。南渡以来,务从简省,大理少卿止一员,刑

部郎中初无分异,狱有不得其情,法有不当于理者,无所平反追改。二十六年,右司郎中汪应辰言之。诏刑部郎官依元丰法,分左右厅治事。二十七年,诏:"四川以钱引科罪者,准铜钱。"

孝宗究心庶狱,每岁临轩虑囚,率先数日令有司进款案披阅,然后决遣。法司更定律令,必亲为订正之。丞相赵雄上《淳熙条法事类》,帝读至收骡马、舟舡、契书税,曰:"恐后世有算及舟车之讥。"《户令》:"户绝之家,许给其家三千贯,及二万贯者取旨。"帝曰:"其家不幸而绝,及二万贯乃取之,是有心利其财也。"又《捕亡律》:"公人不获盗者,罚金。"帝曰:"罚金而不加罪,是使之受财纵盗也。"又:"监司、知州无额上供者赏。"帝曰:"上供既无额,是白取于民也,可赏以诱之乎?"并令削去之。其明审如此。

且于用刑,未尝以私废法。镇江都统戚方以刻剥被罪,宰臣陈俊卿言内臣有主之者,帝曰:"朕亦闻之。"乃以内侍陈瑜、李宗回等付大理狱,究其赇状,狱成,决配之。乾道二年下诏曰:"狱,重事也。用法一倾,则民无所措手足。比年以来,治狱之吏,巧持多端,随意轻重之,朕甚患焉。其自今革玩习之弊,明审克之公,使奸不容情,罚必当罪,用迪于刑之中,勉之哉,毋忽!"三年,诏曰:"狱,重事也。稽者有律,当者有比,疑者有谳。比年顾以狱情白于执政,探取旨意,以轻为重,甚亡谓也。自今其祗乃心,敬于刑,惟当为贵,毋习前非。不如吾诏,吾将大置于罚,罔攸赦。"六年,诏:"以绢计赃者,更增一贯。以四千为一匹。"议者又言:"犯盗,以敕计钱定罪,以律计绢。今律以绢定罪者递增一千,敕内以钱定罪,亦合例增一千。"从之。

临安府左右司理、府院三狱,杖直狱子以无所给,至为无籍。七年,诏:"人月给钱十贯,米六斗,每院止许置一十二人。"时州县狱禁淹延,八年,诏:"徒以上罪入禁三月者,提刑司类申刑部,置籍立限以督之。"其后,又诏中书置禁,奏取会籍,大臣按阅,以察刑寺稽违,与夫不应问难而问难,不应会而会者。

淳熙初,浙西提刑郑兴裔上《检验格目》,诏颁之诸路提刑司。

凡检覆必给三本:一申所属,一申本司,一给被害之家。绍兴法,鞠狱官推勘不得实,故有不当者,一案坐之。乾道法,又恐有移替事故者,即致淹延,乃令先决罪人不当,官吏案后收坐。至是,所司请更定死罪依绍兴法,余依乾道施行,从之。其后,有司以覆勘不同,则前官有失入之罪,往往雷同前勘。帝知其弊,十四年,诏特免一案推结一次。于是小大之狱,多得其情。二广州军狱吏,畏宪司点检送勘之害,凡有重囚,多毙于狱。臣僚以为请,乃诏二广提刑司详覆公事,若小节不完,不须追逮狱吏,委本州究实保明;遇有死者,必根究其所以致死。

　　三衙及江上诸军,各有推狱,谓之"后司"。狱成决于主帅,不经属官,故军吏多受财为奸。光宗时,乃诏通晓条制属官兼管之。广东路瘴疠,惟英德府为最甚,谓之"人间生地狱"。诸司公事欲速成者,多送之,自非死罪,至即诬伏,亟就刑责以出。五年,臣僚言之,诏:"本路诸司公事应送别州者,无送英德府。"

　　至宁宗时,刑狱滋滥。嘉泰初,天下上死案,一全年千八百一十一人,而断死者才一百八十一人,余皆贷之。乃诏诸宪台,岁终检举州军有狱空并禁人少者,申省取旨。嘉定四年诏:"以绢计赃定罪者,江北铁钱依四川法,二当铜钱一。"江西提刑徐似道言:"检验官指轻作重,以有为无,差讹交互,以故吏奸出入人罪。乞以湖南正背人形随《格目》给下,令于伤损去处,依样朱红书画,唱喝伤痕,众无异词,然后署押。"诏从之,颁之天下。五年,诏三衙及江上、四川诸军,以武举人主管后司公事。

　　理宗起自民间,具知刑狱之弊。初即位,即诏天下恤刑,又亲制《审刑铭》以警有位。每岁大暑,必临轩虑囚。自谋杀、故杀、斗杀已杀人者,为造符印、会子,放火,官员犯入己赃,将校军人犯枉法外,自余死罪,情轻者降从流,流降从徒,徒从杖,杖已下释之。大寒虑囚,及祈晴祈雪及灾祥,亦如之。有一岁凡数疏决者。后以建康亦先朝驻跸之地,罪人亦得视临安减降之法。

　　帝之用刑可谓极厚矣,而天下之狱不胜其酷。每岁冬夏,诏提刑行郡决囚,提刑惮行,悉委倅贰,倅贰不行,复委幕属。所委之人,类皆肆行威福,以要馈遗。监司、郡守,擅作威福,意所欲黥,则令入其当黥之由,意所欲杀,则令证其当死之罪,呼喝吏卒,严限日时,监勒招承,催促结款。而又擅置狱具,非法残民,或断薪为杖,搭击手足,名曰:"掉柴";或木索并施,夹两胫,名曰"夹帮";或缠绳于首,加以木楔,名曰:"脑箍";或反缚跪地,短竖坚木,交辫两股,令狱卒跳跃于上,谓之"超棍",痛深骨髓,几于殒命。宣贵之家,稍有胃挂,动籍其资。又以趁办月桩及添助版帐为名,不问罪之轻重,并从科罚。大率官取其十,吏渔其百。

诸重刑,皆申提刑司详覆,或具案奏裁,即无州县专杀之理,往往杀之而待罪。法无拘锁之条,特州县一时弹压盗贼奸暴,罪不至配者,故拘锁之,俾之省愆,或一月、两月,或一季、半年,虽永锁者亦有期限,有口食。是时,州县残忍,拘锁者竟无限日,不支口食,淹滞囚系,死而后已。又以己私攉折手足,拘锁尉司。亦有强豪赂吏,罗织平民而囚杀之。甚至户婚词讼,亦皆收禁。有饮食不充,饥饿而死者;有无力请求,吏卒凌虐而死者;有为两词赂遗,苦楚而死者.惧其发觉,先以病申,名曰"监医",实则已死;名曰"病死",实则杀之。至度宗时,虽累诏切责而禁止之,终莫能胜,而国亡矣。

诏狱,本以纠大奸匿,故其事不常见。初,群臣犯法,体大者多下御史台狱,小则开封府、大理寺鞫治焉。神宗以来,凡一时承诏置推者,谓之"制勘院",事出中书,则曰"推勘院",狱已乃罢。

熙宁二年,命尚书都官郎中沈衡鞫前知杭州祖无择于秀州,内侍乘驿追逮。御史张戬等言:"无择三朝近侍,而聚系囹圄,非朝廷以廉耻风厉臣下之意,请免其就狱,止就审问。"不从。又命崇文院校书张载鞫前知明州、光禄卿苗振于越州。狱成,无择坐贷官钱及借公使酒,谪忠正军节度副使,振坐故入裴士尧罪及所为不法,谪复州团练副使。狱半年乃决,辞所连逮官吏,坐勒停、冲替、编管又十余人,皆御史王子韶启其事。自是诏狱屡兴,其悖于法及国体所系者著之,其余不足纪也。

八年,沂州民朱唐告前余姚主簿李逢谋反。提点刑狱王庭筠言其无迹,但谤读言,语涉指斥及妄说休咎,请编配。帝疑之,遣御史台推直官塞周辅劾治。中书以庭筠所奏不当,并劾之。庭筠惧,自缢死。逢辞连宗室秀州团练使世居、医官刘育等、河中府观察推官徐革,诏捕系台狱,命中丞邓绾、同知谏院范百禄与御史徐禧杂治。狱具,赐世居死,李逢、刘育及徐革并凌迟处死,将作监主簿张靖、武进士郝士宣皆腰斩,司天监学生秦彪、百姓李士宁杖脊,并湖南编管。余连逮者追官落职。世居子孙贷死除名,削属籍。旧勘鞫官吏并劾罪。

李士宁者,挟术出入贵人门,常见世居母康,以仁宗御制诗上之。百禄谓士宁荧惑世居致不轨,且疑知其逆谋,推问不服。禧乃奏:"士宁赠诗,实仁宗御制,今狱官以为反因,臣不敢同。"百禄以士宁尝与王安石善,欲锻炼附致妖言死罪,卒论士宁徒罪,而奏"禧故出之,以媚大臣。"诏详劾理曲者以闻。百禄坐报上不实,落职。

若凌迟、腰斩之法,熙宁以前未尝用于元凶巨蠹,而自是以口语狂悖致罪者,丽于极法矣。盖诏狱之兴,始由柄国之臣藉此以威缙绅,逞其私憾,朋党之祸遂起,流毒不已。

绍圣间,章惇、蔡卞用事,既再追贬吕公著、司马光,及谪吕大防等岭外,意犹未快,仍用黄履疏高士京状追贬王珪,皆诬以"图危上躬",其言浸及宣仁,上颇惑之。最后,起同文狱,将悉诛元祐旧臣。时太府寺主簿蔡渭奏:"臣叔父硕,尝于邢恕处见文及甫元祐中所寄恕书,具述奸臣大逆不道之谋。及甫,彦博子也,必知奸状。"诏翰林承旨蔡京、吏部侍郎安惇同究问。初及甫与恕书,自谓:"毕禅当求外,入朝之计未可必,闻已逆为机阱,以榛塞基涂。"又谓:"司马昭之心,路人所知。"又云:"济之以粉昆,朋类错立,欲以眇躬为甘心快意之地。"及甫尝语蔡硕,谓司马昭指刘挚,粉昆指韩忠彦,眇躬,及甫自谓。盖俗称驸马都尉为"粉侯",人以王师约故,呼其父尧臣为"粉父",忠彦乃嘉彦之兄也。及甫除都司,为刘挚论列。又挚尝论彦博不可除三省长官，故止为平章重事。及彦博致仕，及甫自权侍郎以修撰守郡，母丧除，与恕书请补外，因为躁忿诋毁之辞。及置对，则以昭比挚如旧，眇躬乃以指上，而粉昆乃谓指王岩叟面如传粉，故曰“粉”，梁焘字况之，以“况”为兄，故曰“昆”，斥挚将谋废立，不利于上躬。京、惇言：“事涉不顺，及甫止闻其父言，无他证佐，望别差官审问。”乃诏中书舍人蹇序辰审问，仍差内侍一员同往。蔡京、安惇等共治之，将大有所诛戮，然卒不得其要领。会星变，上怒稍息，然京、惇极力锻练不少置。既而梁焘卒于化州，刘挚卒于新州，众皆疑二人不得其死。明年五月，诏：“挚、焘据文及甫等所供言语，偶逐人皆亡，不及考验，明正典刑。挚、焘诸子并勒停，永不收叙。”先时，三省进呈，帝曰：“挚等已谪遐方，朕遵祖宗遗志，未常杀戮大臣，其释勿治。”

初，元祐更政，尝置诉理所，申理冤滥。元符元年，中丞安惇言：“神宗厉精图治，明审庶狱，而陛下未亲政时，奸臣置诉理所，凡得罪熙宁、元丰之间者，咸为除雪，归怨先朝，收恩私室。乞取公案，看详从初加罪之意，复依元断施行。”时章惇犹豫未应，蔡卞即以“相公二心”之言迫之。惇惧，即日置局，命蹇序辰同安惇看详案内文状陈述，及诉理所看详于先朝言语不顺者，具名以闻。自是，以伸雪复改正重得罪者八百三十家。

及徽宗即位，改正元祐诉理之人。右正言陈瓘言：“诉理得罪，自语言不顺之外，改正者七百余人。无罪者既蒙昭雪，则看详之官如蹇序辰、安惇者，安可以不加罪乎？”序辰与惇大臣讽谕，迎合绍述之意，因谓诉理之事，形迹先朝，遂使纷纷不已。考之公议，宜正典刑。”会中书省亦请治惇、序辰罪，诏蹇序辰、安惇并除名，放归田里。

靖康初元，既戮梁方平，太傅王黼责授崇信军节度副使，永州安置。言者论黼欺君罔上，专权怙宠，蠹财害民，坏法败国，朔方之衅，黼主其谋。遣吏追至雍丘杀之，取其首以献，仍籍其家。又诏赐拱卫大夫、安德军承宣使李彦死。彦根括民田，夺民常产，重敛租课,百姓失业,愁怨溢路,官吏稍忤意,捃摭送狱,多至愤死,故特诛之。暴少保梁师成朋比王黼之罪,责彰化军节度副使,行一日,追杀之。台谏极论朱勔肆行奸恶,起花石纲,竭百姓膏血,罄州县帑藏,子侄承宣、观察者数人,厮役为横行,胜妾有封号,园第器用悉拟宫禁。三月,窜勔广南,寻赐死。赵良嗣者,本燕人马植。政和初,童贯使辽国,植邀于路,说以覆宗国之策,贯挟之以归,卒用其计,以基南北之祸。至是,伏诛。七月,暴童贯十罪,遣人即所至斩之。九月,言者论蔡攸兴燕山之役,祸及天下,骄奢淫佚,载籍所无。诏诛攸并弟脩。

　　高宗承大乱之后,治王时雍等卖国之罪,洪刍、余大均、阵冲、张卿才、李彝、王及之、周懿文、胡思文并下御史台狱。狱具,刑寺论刍纳景王宠姬,大均纳乔贵妃侍儿,及之苦辱宁德皇后女弟,当流;冲括金银自盗,与宫人饮,当绞;懿文、卿才、彝与宫人饮,卿才、彝当徒,懿文当杖;思文于推择张邦昌状内添谄奉之词,罚铜十斤:并该赦。上阅状大怒,李纲等共解之,上亦新政,重于杀士大夫,乃诏刍、大均、冲各特贷命,流沙门岛,永不放还;卿才、彝、及之、懿文、思文并以别驾安置边郡。宋齐愈下台狱,法寺以犯在五月一日赦前,奏裁。诏齐愈谋立异姓,以危宗社,非受伪命臣僚之比,特不赦,腰斩都市。诏东京及行在官擅离任者,并就本处根勘之。准宁守赵子崧,靖康末,传檄四方,语颇不逊。二年,诏御史置狱京口鞫之。情得,帝不欲暴其罪,以弃镇江罪贬南雄州。

　　建炎三年四月,苗傅等疾阉宦恣横,及闻王渊为枢密,愈不平,乃与王世修谋逆。诏御史捕世修鞫之,斩于市。七月,韩世忠执苗傅等,砾之建康。统制王德擅杀军将陈彦章,台鞫当死,帝以其有战功,特贷之。庆远军节度使范琼领兵入见,面对不逊。知枢密院张浚奏琼大逆不道,付大理寺鞫之,狱具,赐死。越州守郭仲荀,寇至弃城遁,过行在不朝。付御史台、大理寺杂治,贬广州。神武军统制鲁珏坐贼杀不辜,掠良家子女,帝以其有战功,贷之,贬瑞州。

　　绍兴元年,监察御史娄寅亮陈宗社大计,秦桧恶之。十一月,使言者论其父死匿不举哀,下大理寺劾治,迄无所得,诏免所居官。十一年,枢密使张俊使人诬张宪,谓收岳飞文字谋为变。秦桧欲乘此诛飞,命万俟离锻炼成之。飞赐死,诛其子云及宪于市。汾州进士智浃上书讼飞冤,决杖编管袁州。广西帅胡舜陟与转运使吕源有隙,源奏舜陟赃污僭拟,又以书抵桧,言舜陟讪笑朝政。桧素恶舜陟,遣大理官往治之。十三年六月,舜陟不服,死于狱,飞与舜陟死,桧权愈炽,屡兴大狱以中异己者,名曰诏狱,实非诏旨也。其后所谓诏狱,纷纷类此,故不备录云。

宋史卷二〇一
志第一五四

刑法三

天下疑狱，谳有不能决，则下两制与大臣若台谏杂议，视其事之大小，无常法，而有司建请论驳者，亦时有焉。

端拱初，广定军民崇绪隶禁兵，诉断母冯与父知逸离，今夺资产与己子。大理当崇绪讼母，罪死。太宗疑之，判大理张佖固执前断，遂下台省杂议。徐铉议曰：“今第明其母冯尝离，即须归宗，否即宗绪准法处死。今详案内不曾离异，其证有四。况不孝之刑，教之大者，宜依刑部、大理寺断。”右仆射李昉等四十三人议曰：“法寺定断为不当。若以五母皆同，即阿蒲虽贱，乃崇绪亲母，崇绪特以田业为冯强占，亲母衣食不给，所以论诉。若从法寺断死，则知逸何辜绝嗣，阿蒲何地托身?臣等议：“田产并归崇绪，冯合与蒲同居，供侍终身。如是，则子有父业可守，冯终身不至乏养。所犯并准赦原。”诏从昉等议，铉、佖各夺俸一月。

熙宁元年八月，诏：“谋杀已伤，按问欲举，自首，从谋杀减三等论。”初，登州奏有妇阿云，母服中聘于韦，恶韦丑陋，谋杀不死。按问欲举，自首。审刑院、大理寺论死，用违律为婚奏裁，敕贷其死。知登州许遵奏，引律“因犯杀伤而自首，得免所因之罪，仍从故杀伤法，”以谋为所因，当用按问欲举条减二等。刑部定如审刑、大理。时遵方召判大理，御史台劾遵，而遵不伏，请下两制议。乃令翰林学士司马光、王安石同议，二人议不同，遂各为奏。光议是刑部，安石议是遵，诏从安石所议。而御史中丞滕甫犹请再选官定议，御史钱颢请罢遵大理，诏送翰林学士吕公著韩维、知制诰钱公辅重定。公著等议如安石，制曰"可"。于是法官齐恢、王师元、蔡冠卿等皆论奏公著等所议为不当。又诏安石与法官集议，反覆论难。

明年二月庚子，诏："今后谋杀人自首，并奏听敕裁。"是月，除安石参知政事，于是奏以为："律意，因犯杀伤而自首，得免所因之罪，仍从故杀伤法；若已杀，从故杀法，则为首者必死，不须奏裁；为从者自有编敕奏裁之文，不须复立新制。"与唐介等数争议帝前，卒从安石议。复诏："自今并以去年七月诏书从事。"判刑部刘述等又请中书、枢密院合议，中丞吕诲、御史刘琦钱颢皆请如述奏，下之二府。帝以为律文甚明，不须合议。而曾公亮等皆以博尽同异、厌塞言者为无伤，乃以众议付枢密院。文彦博以为："杀伤者，欲杀而伤也，即已杀者不可首。"吕公弼以为："杀伤于律不可首。请自今已杀伤依律，其从而加功自首，即奏裁。"陈升之、韩绛议与安石略同。会富弼入相，帝令弼议，而以疾病，久之弗议。至是乃决，而弼在告，不预也。

苏州民张朝之从兄以枪戳死朝父，逃去，朝执而杀之。审刑、大理当朝十恶不睦，罪死。案既上，参知政事王安石言："朝父为从兄所杀，而朝报杀之，罪止加流役，会赦，应原。"帝从安石议，特释朝不问。

更命吕公著等定议刑名，议不称安石意，乃自具奏。初，曾公亮以中书论正刑名为非，安石曰："有司用刑不当，则审刑、大理当论正；审刑、大理用刑不当，即差官定议；议既不当，即中书自宜论奏，取决人主。此所谓国体。岂有中书不可论正刑名之理。"三年，中书上刑名未安者五：

其一，岁断死刑几二千人，比前代殊多。如强劫盗并有死法，其间情状轻重，有绝相远者，使皆抵死，良亦可哀。若为从情轻之人别立刑，如前代斩右趾之比，足以止恶而除害。禁军非在边防屯戍而逃者，亦可更宽首限，以收其勇力之效。

其二，徒流折杖之法，禁纲加密，良民偶有抵冒，致伤肌体，为终身之辱；愚顽之徒，虽一时创痛，而终无愧耻。若使情理轻者复古居作之法，遇赦第减月日，使良善者知改过自新，凶顽者有所拘系。

其三，刺配之法二百余条，其间情理轻者，亦可复古徒流移乡之法，俟其再犯，然后决刺充军。其配隶并减就本处，或与近地。凶顽之徒，自从旧法。编管之人，亦选送他所，量立役作时限，无得髡钳。

其四，令州县考察士民，有能孝悌力田为众所知者，给帖付身。偶有犯令，情轻可恕者，特议赎罚；其不悛者，科决。

其五，奏裁条目繁多，致淹刑禁，亦宜删定。

诏付编敕所详议立法。

初，韩绛尝请用肉刑，曾布复上议曰："先王之制刑罚，未尝不本于仁，然而有断肢体、刻肌肤以至于杀戮，非得已也。盖人之有罪，赎刑不足以惩之，故不得已而加之以墨、劓、剕、宫、大辟，然审适轻重，则又有流宥之法。至汉文帝除肉刑而定笞箠之令，后世因之以为律。大辟之次，处以流刑，代墨、劓、剕、宫，不惟非先王流宥之意，而又失轻重之差。古者乡田同井，人皆安土重迁。流之远方，无所资给，徒隶困辱，以至终身。近世之民，轻去乡井，转徙四方，固不为患，而居作一年，即听附籍，比于古亦轻矣。况折杖之法，于古为鞭扑之刑，刑轻不能止恶，故犯法日益众，其终必至于杀戮，是欲轻而反重也。今大辟之目至多，取其情可贷者，处之以肉刑，则人之获生者必众。若军士亡去应斩，贼盗赃满应绞，则刖其足；犯良人于法应死，而情轻者处以宫刑。至于劓、墨，则用刺配之法。降此而后为流、徒、杖、笞之罪，则制刑有差等矣。"议既上，帝问可否于执政，王安石、冯京互有论辨，迄不果行。

枢密使文彦博亦上言："唐末、五代，用重典以救时弊，故法律之外，徒、流或加至于死。国家承平百年，当用中典，然犹因循，有重于旧律者，若伪造官文书，律止流二千里，今断从绞。近凡伪造印记,再犯不至死者,亦从绞坐。夫持杖强盗,本法重于造印,今造印再犯者死,而强盗再犯赃不满五匹者不死,则用刑甚异于律文矣。请检详刑名重于旧律者,以敕律参考,裁定其当。"诏送编敕所。

又诏审刑院、大理寺议重赃并满轻赃法。审刑院言:"所犯各异之赃,不待罪等而累并,则于律义难通,宜如故事。"而大理寺言:"律称,以赃致罪,频犯者并累科;若罪犯不等者,即以重赃并满轻赃各倍论;累并不加重者,止从重。盖律意以频犯赃者,不可用二罪以上之法,故令累科;为非一犯,故令倍论。此从宽之一也。然六赃轻重不等,若犯二赃以上者,不可累轻以从重,故令并重以满轻。此从宽之二也。若以重并轻后加重,则止从一重,盖为进则改从于轻法,退亦不至于容奸。而《疏议》假设之法,适皆罪等者,盖一时命文耳。若罪等者尽数累并,不等者止科一赃,则恐知法者足以为奸,不知者但系临时幸与不幸,非律之本意也。"帝是大理议,行之。

八年,洪州民有犯徒而断杖者,其余罪会恩免,官吏失出,当劾。中书堂后官刘衮驳议,以谓:"律因罪人以致罪,罪人遇恩者,准罪人原法。洪州官吏当原。"又请自今官司出入人罪,皆用此令。而审刑院、大理寺以谓:"失入人罪,乃官司误致罪于人,难用此令。其失出者,宜如衮议。"

元丰三年,周清言:"审刑院、邢部奏断妻谋杀案问自首,变从故杀法,举轻明重,断入恶逆斩刑。窃详律意,妻谋杀夫,已杀,合入恶逆,以按问自首,变从故杀法,宜用妻殴夫死法定罪。且十恶条,谋与故斗杀夫,方入恶逆,若谋而未杀,止当不睦。既用举轻明重,宜从谋而未杀法,依敕当决重杖处死,恐不可入恶逆斩刑。"下审刑院、刑部参详,如清议。

邵武军奏谳,妇与人奸,谋杀其夫,已而夫醉归,奸者自杀之。法寺当妇谋杀为从,而刑部郎中杜纮议妇罪应死。

又兴元府奏谳,梁怀吉往视出妻之病,因寄粟,其子辄取食之,怀吉殴其子死。法寺以盗粟论,而当怀吉杂犯死罪,引敕原。而纮议出妻受寄粟,而其子辄费用,不入捕法。议既上,御史台论纮议不当,诏罚金,仍展年磨勘。而侍郎崔台符以下三人无所可否,亦罚金。

八年,尚书省言:"诸获盗,有已经杀人,及元犯强奸、强盗贷命断配之人,再犯捕获,有司例用知人欲告、或按问自处首减免法。且律文自首减等断遣者,为其情非巨蠹,有改过自新之心。至于奸、盗与余犯不同,难以例减。请强盗已杀人,并强奸或元犯强盗贷命,若持杖三人以上,知人欲告、按问欲举而自首,及因人首告应减者,并不在减等例。"初,王安石与司马光争议按问自首法,卒从安石议。至是,光为相,复申前议改焉。乃诏:强盗按问欲举自首者,不用减等。既而给事中范纯仁言:"熙宁按问欲举条并得原减,以容奸太多,元丰八年,别立条制。窃详已杀人、强奸,于法自不当首,不应更用按问减等。至于贷命及持杖强盗,亦不减等,深为太重。按《嘉祐编敕》:'应犯罪之人,因疑被执,赃证未明,或徒党就擒,未被指说,但诘问便承,皆从律按问欲举首减之科。若已经诘问,隐拒本罪,不在首减之例。'此敕当理,当时用之,天下号为刑平。请于法不首者,自不得原减,其余依《嘉祐编敕》定断,则用法当情,上以广好生之德,下则无一夫不获之冤。"从之。

又诏:"诸州鞫讯强盗,情理无可悯,刑名无疑虑,而辄奏请,许刑部举驳,重行朝典,无得用例破条。"从司马光之请也。光又上言:杀人不死,伤人不刑,尧、舜不能以致治。刑部奏钞兖、怀、耀三州之民有斗杀者,皆当论死,乃妄作情理可悯奏裁,刑部即引旧例贷之。凡律、令、敕、式或不尽载,则有司引例以决。今斗杀当死,自有正条,而刑部承例免死决配,是斗杀条律无所用也。请自今诸州所奏大辟,情理无可悯,刑名无可疑,令刑部还之,使依法处断。若实有可悯、疑虑,即令刑部具其实于奏钞,先拟处断,门下省审覆。如或不当,及用例破条,即驳奏取旨勘之。"

元祐元年,纯仁又言:"前岁四方奏谳,大辟凡二百六十四,死者止二十五人,所活垂及九分。自去年改法,至今未及百日,所奏按凡一百五十四,死者乃五十七人,所活才及六分已上。臣固知未改法前全活数多，其间必有曲贷，然犹不失'罪疑惟轻'之仁；自改法后，所活数少，其间必有滥刑，则深亏'宁失不经'之义。请自今四方奏大辟按，并令刑部、大理寺再行审覆，略具所犯及元奏因依，令执政取旨裁断，或所奏不当，亦原其罪。如此则无冤滥之狱。"

又因尚书省言，远方奏谳，待报淹系，始令川、广、福建、荆南路罪人，情轻法重当奏断者，申安抚或钤辖司酌情决断乃奏。门下侍郎韩维言："天下奏按，必断于大理，详议于刑部，然后上之中书，决之人主。近岁有司但因州郡所请，依违其言，即上中书，贴例取旨，故四方奏谳日多于前。欲望刑清事省，难矣。自今大理寺受天下奏按，其有刑名疑虑、情理可悯，须具情法轻重条律，或指所断之法，刑部详审，次第上之。"良刑部立法以闻。

崇宁五年，诏："民以罪丽法，情有重轻，则法有增损。故情重法轻，情轻法重，旧有取旨之令。今有司惟情重法轻则请加罪，而法重情轻则不奏减，是乐于罪人，而难于用恕，非所以为钦恤也。自今宜遵旧法取旨，使情法轻重各适其中，否则以违制论。"宣和六年，臣僚言："元丰旧法，有情轻法重，情重法轻，若入大辟，刑名疑虑，并许奏裁。比来诸路以大辟疑狱决于朝廷者，大理寺类以'不当'劾之，夫情理巨蠹，罪状明白，奏裁以幸宽贷，固在所戒；然有疑而难决者，一切劾之，则官吏莫不便文自营。臣恐天下无复以疑狱奏矣。愿诏大理寺并依元丰法。"从之。

绍兴初，州县盗起，道不通，诏应奏裁者，权减降断遣以闻。既而奏谳者多得轻贷，官无失入之虞，而吏有鬻狱之利，往往不应奏者，率奏之。三年，乃诏大辟应奏者，提刑司具因依缴奏。宣州民叶全二盗檀偕窖钱，偕令佃人阮授、阮捷杀全二等五人，弃尸水中，有司以"尸不经验"奏。侍御史辛炳言偕系故杀，众证分明，以近降法，不应奏。诸狱不当奏而奏者虽不论罪，今宣州观望，欲并罪之。帝曰："若宣州加罪，则实有疑者亦不复奏陈矣。"于是法寺、刑部止罚金。

五年，给事中陈与义奏有司多妄奏出入人罪，帝为申严立法，终不悛。

二十六年，右正言凌哲复上疏曰："汉高入关，悉除秦法，与民约法三章耳。所谓杀人者死，实居其首。司马光有言：'杀人者不死，虽尧、舜不能以致治。'斯言可谓至当矣。臣窃见诸路州、军大辟，虽刑法相当者，类以可悯奏裁。自去岁郊后距今，大辟奏裁者五十余人中，有实犯故杀、斗杀常赦所不原者，法既无疑，情无可悯，刑、寺并皆奏裁贷减。彼杀人者可谓幸矣，被杀者衔恨九原，何时已邪？臣恐强暴之风滋长，良善之人，莫能自保，其于刑政，为害非细。应今后大辟，情法相当、无可悯者，所司辄奏裁减贷者，乞令台臣弹劾。"帝览奏曰："但恐诸路灭裂，实有情理可悯之人，一例不奏，有失钦恤之意。"令刑部坐条行下。

驯至乾道，谳狱之弊，日益滋甚。孝宗乃诏有司缘情引条定断，更不奏裁。其后刑部侍郎方滋言："有司断罪，其间有情重法轻，情轻法重，情理可悯，刑名疑虑，命官犯罪，议亲议故之类，难以一切定断。今后宜于敕律条令，明言合奏裁事件，乞并依建隆三年敕文。"从之。

六年，臣僚请："今后大辟，只以为首应坐死罪者奏，为从不应坐死者，先次决遣。及流、徒罪，不许作情重取旨。不然，则坐以不应奏而奏之罪。"从之。

至理宗时，往往谳不时报，囚多瘐死。监察御史程元凤奏曰："今罪无轻重，悉皆送狱，狱无大小，悉皆稽留。或以追索未齐而不问，或以供款未圆而不呈，或以书拟未当而不判，狱官视以为常，而不顾其迟，狱吏留以为利，而惟恐其速。奏案申牍既下刑部，迟延日月方送理寺。理寺看详，亥复如之。寺回申部，部回申省，动涉岁月。省房又未递为呈拟，亦有呈拟而疏驳者，疏驳岁月，又复如前。展转迟回，有一二年未报下者。可疑可矜，法当奏谳，矜而全之，乃反迟回。有矜贷之报下，而其人已毙于狱者；有犯者获贷，而干连病死不一者，岂不重可念哉？请自今诸路奏谳。即以所发月日申御史台，从台臣究省、部、法寺之慢。"从之。而所司延滞，寻复如旧。

景定元年,乃下诏曰:"比诏诸提刑司,取翻异驳勘之狱,从轻断决。而长吏监司多不任责,又引奏裁,甚者有十余年不决之狱。仰提刑司守臣审勘。或前勘未尽,委有可疑,除命官、命妇、宗妇、宗女及合用荫人奏裁外,其余断讫以闻。官吏特免收坐一次。"

凡应配役者傅军籍,用重典者黥其面。会赦,则有司上其罪状,情经者,纵之;重者,终身不释。初,徒罪非有官当赎铜者,在京师则隶将作监役,兼役之宫中,或输作左校、右校役。开宝五年,御史台言:"若此者,虽有其名,无复役使。遇祠祭,供水火,则有本司供官。望令大理依格断遣。"于是并送作坊役之。

太宗以国初诸方割据,沿五代之制,罪人率配隶西北边,多亡投塞外,诱羌为寇,乃诏:"当徒者,勿复隶秦州、灵武、通远军及缘边诸郡。"时江、广已平,乃皆流南方。先是,犯死罪获贷者,多配隶登州沙门岛及通州海岛,皆有屯兵使者领护。而通州岛中凡两处官煮盐,豪强难制者隶崇明镇,懦弱者隶东州市。太平兴国五年,始令分隶盐亭役之,而沙门如故。端拱二年,诏免岭南流配荷校执役。初,妇人有罪至流,亦执针配役。至是,诏罢免之。

始令杂犯至死贷命者,勿流沙门岛,止隶诸州牢城。旧制,僮仆有犯,得私黥其面。帝谓:"僮使受佣,本良民也。"诏:"盗主财者,杖脊、黥面配牢城,勿私黥之。十贯以上,配五百里外;二十贯以上,奏裁。"帝欲宽配隶之刑,祥符六年,诏审刑院、大理寺、三司详定以闻。既而取犯茶盐矾曲、私铸造军器、市外蕃香药、挟铜钱诱汉口出界、主吏盗货官物、夜聚为妖,比旧法咸从轻减。

乾兴以前,州军长吏,往往擅配罪人。仁宗即位,首下诏禁止,且令情非巨蠹者,须奏待报。又诏诸路按察官,取乾兴赦前配隶兵籍者,列所坐罪状以闻。自是赦书下,辄及之。初,京师裁造院募女工,而军士妻有罪,皆配隶南北作坊。天圣初,特诏释之,听自便,妇人应配,则以妻窑务或军营致远务卒之无家者,著为法。时又诏曰:"闻配徒者,其妻子流离道路,罕能生还,朕甚怜之。自今应配者,录具狱刑名及所配地里,上尚书刑部详覆。"未几,又诏应配者,须长吏以下集听事虑问。后以奏牍烦冗,罢录具狱,第以单状上承进司。既又罢虑问焉。

知益州薛田言:"蜀人配徒他路者,请虽老疾毋得释。"帝曰:"远民无知犯法,终身不得还乡里,岂朕意哉?察其情可矜者许还。"后复诏罪状犷恶者勿许。初,令配隶罪人皆奏待报,既而系狱淹久,奏请烦数。明道二年,乃诏有司参酌轻重,著为令。凡命官犯重罪,当配隶,则于外州编管,或隶牙校。其坐死特贷者,多杖、黥配远州牢城,经恩量移,始免军籍。天圣初,吏同时以脏败者数人,悉窜之岭南,下诏申儆在位。有平羌县尉郑宗谔者,受赇枉法抵死,会赦当夺官。帝问辅臣曰:"尉奉月几何,岂禄薄不足自养邪?王钦若对曰:"奉虽薄,庶士固亦自守。"特杖宗谔,配隶安州。其后数惩贪吏,至其末年,吏知以廉自饰,犯法者稍损于旧矣。

罪人贷死者,旧多配沙门岛,至者多死。景祐中,诏当配沙门岛者,第配广南地牢城;广南罪人,乃配岭北。然其后又有配沙门岛者。庆历三年,即疏理天下系囚,因诏诸路配役人皆释之。六年,又诏,曰:"如闻百姓抵轻罪,而长吏擅刺隶他州,朕甚悯焉。自今非得于法外从事者,毋得辄刺罪人。"皇祐中,既赦,命知制诰曾公亮、李绚阅所配人罪状以闻,于是多所宽纵。公亮请著为故事,且请益、梓、利、夔四路就委转运、钤辖司阅之。自后每赦命官,率以为常。配隶重者沙门岛寨,其次岭表,其次三千里至邻州,其次羁管,其次迁乡。断讫,不以寒暑,即时上道。吴充建请:"流人冬寒被创,上道多冻死。请自今非情理巨蠹,遇冬月听留役本处,至春月遣之。"诏可。

熙宁二年,比部郎中、知房州张仲宣尝檄巡检体究金州金坑,无甚利,土人惮兴作,以金八两求仲宣不差官。及事觉,法官坐仲宣枉法赃应绞,援前比贷死,杖脊、黥配海岛。知审刑院苏颂言:"仲宣所犯,可比恐喝条。且古者刑不上大夫,仲宣官五品,有罪得乘车,今刑为徒隶,其人虽无足矜,恐污辱衣冠尔。"遂免杖、黥,流贺州。自是命官无杖、黥法。

六年，审刑院言："登州沙门寨配隶，以二百人为额，余则移置海外，非禁奸之意。"诏以三百人为额。广南转运司言："春州瘴疠之地，配隶至者十死八九，愿停配罪人。"诏："应配沙门岛者，许配春州，余勿配。"既而诸配隶除凶盗外，少壮者并置河州，止五百人。初，神宗以流人去乡邑，疾死于道，而护送禁卒，往来劳费，用张诚一之议，随所在配诸军重役。后中丞黄履等言，罢之。凡犯盗，刺环于耳后：徒、流，方；杖，圆；三犯杖，移于面。径不过五分。

元祐六年，刑部言："诸配隶沙门岛，强盗杀人纵火，赃满五万钱、强奸殴伤两犯至死，累脏至二十万钱、谋杀致死，及十恶死罪，造蛊已杀人者，不移配。强盗徒党杀人不同谋，赃满二十五万，遇赦移配广南，溢额者配隶远恶。余犯遇赦移配荆湖南北、福建路诸州，溢额者配隶广南。在沙门岛满五年，遇赦不该移配与不许纵还而年及六十以上者，移配广南。在岛十年者，依余犯格移配。笃疾或年及七十在岛三年以上，移配近乡州军。犯状应移而老疾者同。其永不放还者，各加二年移配。"后又定令："沙门岛已溢额，移配琼州、万安军、昌化、朱崖军。"

绍圣三年，刑部侍郎邢恕等言："艺祖初定天下，主典自盗，赃满者往往抵死。仁祖之初，尚不废也。其后用法稍宽，官吏犯自盗，罪至极法，率多贷死。然甚者犹决刺配岛，钱仙芝带馆职，李希甫历转运使，不免也。比朝廷用法益宽，主典人吏军司有犯，例各贷死，略无差别。欲望讲述祖宗故事，凡自盗，计赃多者，间出睿断，以肃中外。"诏："今后应枉法自盗，罪至死、赃数多者，并取旨。"

或患加役流法大重，官有监驱之劳，而道路有奔亡之虑。苏颂元丰中尝建议："请依古圜土，取当流者治罪讫，髡首钳足，昼则居作，夜则置之圜土。满三岁而后释，未满岁而遇赦者，不原。既释，仍送本乡，讥察出入。又三岁不犯，乃听自如。"时未果行。崇宁中，始从蔡京之请，令诸州筑圜土以居强盗贷死者。昼则役作，夜则拘之，视罪之轻重，以为久之限。许出圜土充军。无过者纵释。行之二年，其法不便，乃罢。大观元年，复行。四年，复罢。

南渡后,诸配隶,《祥符编敕》止四十六条,庆历中,增至百七十余条。至于淳熙,又增至五百七十条,则四倍于庆历矣。配法既多,犯者日众,黥配之人,所至充斥。淳熙十一年,校书郎罗点言其太重,乃诏刑、寺集议奏闻。至十四年,未有定论。其后臣僚议,以为:"若止居役,不离乡井,则几惠奸,不足以惩恶;若尽用配法,不恤黥刺,则面目一坏,谁复顾藉? 强民适长威力,有过无由自新。检照《元丰刑部格》,诸编配人自有不移,不放及移放条限;《政和编配格》又有情重、稍重、情轻、稍轻四等。若依仿旧格,稍加参订,如入情重,则仿旧刺面,用不移不放之格;其次稍重,则止刺额角,用配及十年之格;其次稍轻,则与免黥刺,用不刺面、役满放还之格;其次最轻,则降为居役,别立年限纵免之格。傥有从坐编管,则置之本城,减其放限。如此,则于见行条法并无牴牾,且使刺面之法,专处情犯凶蠹,而其他偶丽于罪,皆得全其面目,知所顾藉,可以自新。省黥徒,销奸党,诚天下之切务。"即诏有司裁定,其后迄如旧制。

嘉泰四年,臣僚言:"配隶之人,盖有两等。其乡民一时斗殴杀伤,及胥徒犯赃贷命流配等人,设使逃逸,未必能为大过,止欲从徒,配本州牢城重役,限满给据,复为良民。至于累犯强盗,及聚众贩卖私商,曾经杀伤捕获之人,非村民、胥吏之比,欲并配屯驻军,立为年限,限满改刺从正军。"从之。其所配之地,自高宗来,或配广南海外四州,或配淮、汉、四川,迄度宗之世无定法,皆不足纪也。

凡内外所上刑狱,刑部、审刑院、大理寺参主之,又有纠察在京刑狱司以相审覆。官制既行,罢审刑、纠察,归其职于刑部。四方之狱,则提点刑狱统治之。官司之狱:在开封,有府司、左右军巡院;在诸司,有殿前,马步军司及四排岸;外则三京府司、左右军巡院,诸州军院、司理院,下至诸县皆有狱。诸狱皆置楼牖,设浆铺席,时具沐浴,食令温暖,寒则给薪炭、衣物,暑则五日一涤枷杻。郡县则所职之官躬行检视,狱弊则修之使固。

神宗即位初,诏曰:"狱者,民命之所系也。比闻有司岁考天下之奏,而多瘐死。深惟狱吏并缘为奸,检视不明,使吾元元横罹其害。《书》不云乎:'与其杀不辜,宁失不经。'其具为令:应诸州军巡司院所禁罪人,一岁在狱病死及二人,五县以上州岁死三人,开封府司、军巡岁死七人,推吏、狱卒皆杖六十,增一人则加一等,罪止杖一百。典狱官如推狱,经两犯即坐从违制。提点刑狱岁终会死者之数上之,中书检察。死者过多,官吏虽已行罚,当更黜责。"

未几,复诏:"失入死罪,已决三人,正官除名编管,贰者除名,次贰者免官勒停,吏配隶千里。二人以下,视此有差。不以赦降、去官原免。未决,则比类递降一等;赦降、去官,又减一等。令审刑院、刑部断议官,岁终具尝失入徒罪五人以上,京朝官展磨勘年,幕职、州县官展考,或不与任满指射差遣,或罢,仍即断绝支赐。"以前法未备,故有是诏。又尝诏:"官司失入人罪,而罪人应原免,官司犹论如法,即失出人罪;若应徒而杖,罪人应原免者,官司乃得用因罪人以致罪之律。"

帝以国初废大理狱非是,元丰元年诏曰:"大理有狱尚矣。今中都官有所劾治,皆寓系开封诸狱,囚既猥多,难于隔讯,盛夏疾疫,传致瘐死,或主者异见,岁时不决,朕甚愍焉。其复大理狱,置卿一人,少卿二人,丞四人,专主鞫讯;检法官二人,主簿一人。应三司、诸寺监吏犯杖、笞不俟追究者,听即决,余悉送大理狱。其应奏者,并令刑部、审刑院详断。应天下奏案亦上之。"五年,分命少卿左断刑、右治狱。断刑则评事、检法,丞议,正审;治狱则丞专推劾,主簿掌案籍,少卿分领其事,而卿总焉。六年,刑部言:"旧详断官分公案讫,主判官论议改正,发详议官覆议。有差失问难,则书于检尾,送断官改正,主判官审定,然后判成。自详断官归大理为评事、司直,议官为丞,所断案草,不由长贰,类多差忒。"乃定制:分评事、司直与正为断司,丞与长贰为议司。凡断公案,正先详其当否,论定则签印注日,移议司覆议,有辨难,乃具议改正,长贰更加审定,然后判成录奏。元祐初,三省言:"旧置纠察司,盖欲察其违慢,所以谨重狱事,罢归刑部,无复纠察之制。请以纠察职事,委御史台刑察兼之,台狱则尚书省右司纠察之。"

三年,罢大理寺狱。初,大理置狱,本以囚系淹滞,俾狱事有所统,而大理卿崔台符等不能奉承德意,虽士大夫若命妇,狱辞小有连逮,辄捕系。凡逻者所探报,即下之狱。傅会锻炼,无不诬服。至是,台符等皆得罪,狱乃罢。

八年,中书省言:"昨诏内外,岁终具诸狱囚死之数。而诸路所上,遂以禁系二十而死一者不具,即是岁系二百人,许以十人狱死,恐州县弛意狱事,甚非钦恤之意。"诏刑部自今不许辄分禁系之数。绍圣二年,户部如三司故事,置推勘检法官,应在京诸司事干钱谷当追究者,从杖已下即定断。

三年,复置大理寺右治狱,官属视元丰员,仍增置司直一员。大理卿路昌衡请:"分大理寺丞为左、右推,若有翻异,自左移右。再变,即命官审问,或御史台推究。不许开封府互勘及地分探报,庶革互送挟仇之弊。徒已上罪,移御史台。命官追摄者,悉依条。若探报涉虚、用情托者,并收坐以闻。

初,法寺断狱,大辟失入有罚,失出不坐。至是,以失出死罪五人比失入一人,失出徒、流罪三名,亦如之。著为令。元符三年,刑部言:"祖宗重失入之罪,所以恤刑。夫失出,臣下之小过;好生,圣人之大德。请罢失出之责,使有司谳议之间,务尽忠恕。"诏可。政和三年,臣僚言:"远方官吏,文法既疏,刑罚失中,不能无冤。原委耳目之官,季一分录所部囚禁,遇有冤抑,先释而后以闻。岁终较所释多寡,为之殿最。其徼功故出有罪者,论如法。"诏令刑部立法:"诸入人徒、流之罪已结案,而录问官吏能驳正,或因事而能推正者,累及七人,比大辟一名推赏。"

绍兴六年,令诸鞫勘有情款异同而病死者,提刑司研究之,如冤,申朝廷取旨。十二年,令诸推究翻异狱,毋差初官、荫子及新进士,择曾经历任人。二十七年,令监察御史每冬夏点狱,有鞫勘失实者,照刑部郎官,直行移送。二十九年,令杀人无证,尸不经验之狱,具案奏裁,委提刑审问。如有可疑及翻异,从本司差官重勘,案成上本路,移他监司审定,具案闻奏。否则监司再遣官勘之,又不伏,复奏取旨。先是,有司建议:"外路狱三经翻异,在千里内者移大理寺。"三十一年,刑部以为非祖宗法,遂厘正之。乾道中,诸州翻异之囚,既经本州,次檄邻路,或再翻异,乃移隔路,至有越两路者。官吏旁午于道,逮系者困于追对四年,乃令:"鞠勘本路累尝差官犹称冤者,惟檄邻路,如尚翻异,则奏裁。淳熙三年,令县尉权县事,毋自鞠狱,即令丞、簿参之。全阙,则于州官或邻县选官权摄。

金作赎刑,盖以鞭扑之罪,情法有可议者,则宽之也。穆王赎及五刑,非法矣。宋损益旧制,凡用官荫得减赎,所以尊爵禄、养庶耻也。

乾德四年,大理正高继申上言:"《刑统·名例律》:三品、五品、七品以上官,亲属犯罪,各有等第咸赎。恐年代已深,不肖自恃先荫,不畏刑章。今犯罪身无官,须祖、父曾任本朝官,据品秩得减赎;如仕于前代,须有功惠及民、为时所推、历官三品以上,乃得请。"从之。后又定:"流内品官任流外职,准律文,徒罪以上依当赎法。诸司授勒留官及归司人犯徒流等罪,公罪许赎,私罪以决罚论。"淳化四年,诏诸州民犯罪,或入金赎,长吏得以任情而轻重之,自今不得以赎论。妇人犯杖以下,非故为,量轻重笞罚或赎铜释之。

仁宗深悯夫民之无知也,欲立赎法以待薄刑,乃诏有司曰:"先王用法简约,使人知禁而易从。后代设茶、酒、盐税之禁,夺民厚利,刑用滋章。今之《编敕》,皆出律外,又数更改,官吏且不能晓,百姓安得闻之?一陷于理,情虽可哀,法不得赎。岂礼乐之化未行,而专用刑罚之弊与?汉文帝使天下人入粟于边,以受爵免罪,几于刑措。其议科条非著于律者,或冒利犯禁,奢侈违令,或过误可悯,别为赎法。乡民以谷麦,市人以钱帛,使民重谷麦,免刑罚,则农桑自劝,富寿可期矣。"诏下,论者以为富人得赎而贫者不能免,非朝廷用法之意。时命辅臣分总职事,以参知政事范仲淹领刑法,未及有所建明而仲淹罢,事遂寝。

至和初,又诏:"前代帝王后,尝仕本朝官不及七品者,祖父母、父母、妻子罪流以下，听赎。虽不仕而常被赐予者，有罪，非巨蠹，亦如之。"随州司理参军李抃父殴人死，抃上所授官以赎父罪，帝哀而许之。君子谓之失刑，然自是未尝为比。而终宋之世。赎法惟及轻刑而已。

恩宥之制，凡大赦及天下，释杂犯死罪以下，甚则常赦所不原罪，皆除之。凡曲赦，惟一路或一州，或别京，或畿内。凡德音，则死及流罪降等，余罪释之，间亦释流罪。所被广狭无常。又，天子岁自录京师系囚，畿内则遣使，往往杂犯死罪以下，第降等，杖、笞释之，或徒罪亦得释。若并及诸路，则命监司录焉。

初，太宗尝因郊礼议赦，有秦再恩者，上书愿勿赦，引诸葛亮佐刘备数十年不赦事。帝颇疑之。时赵普对曰："凡郊礼肆眚，圣朝彝典，其仁如天，若刘备区区一方，臣所不取。"上善之，遂定赦。

初，太祖将祀南郊，诏："两京、诸道，自十月后犯强窃盗，不得预郊祀之赦。所在长吏告谕，民无冒法。"是后将祀，必先申明此诏。天圣五年，马亮言："朝廷虽有是诏，而法官断狱，乃言终是会赦，多所宽贷，惠奸失诏旨。"遂诏："已下约束而犯劫盗，及官典受赃，勿复奏，悉论如律。"七年春，京师雨，弥月不止。仁宗谓辅臣曰："岂政事未当天心耶？"因言："向者大辟覆奏，州县至于三，京师至于五，盖重人命如此。其戒有司，决狱议罪，毋或枉滥。"又曰："赦不欲数，然舍是无以召和气。"遂命赦天下。

帝在位久，明于人之情伪，尤恶讦人阴事，故一时士大夫习为惇厚。久之，小人乘间密上书，疏人过失，好事稍相与唱和，又按人赦前事，翰林学士张方平、御史吕诲以为言，因下诏曰："盖闻治古，君臣同心，上下协穆，而无激讦之俗，何其德之盛也！朕窃慕焉。嘉与公卿大夫同底斯道，而教化未至，浇薄日滋，比者中外群臣，多上章言人过失，暴扬难验之罪，或外托公言，内缘私忿，诋欺暧昧，苟陷善良。又赦令者，所以与天下更始，而有司多举按赦前之事，殆非信命，重刑罚，使人洒心自新之意也。今有上言告人罪，言赦前事者，讯之。至于言官，宜务大体，非事关朝政，自余小过细故，勿须察举。"

神宗即位,又诏曰:"夫赦令,国之大恩,所以荡涤瑕秽,纳于自新之地,是以圣王重焉。中外臣僚多以赦前事捃摭吏民,兴起狱讼,苟有违误,咸不自安,甚非持心近厚之义,使吾号令不信于天下。其内外言事、按察官毋得依前举劾,具按取旨,否则科违制之罪。御史台觉察弹奏,法寺有此奏按,许举驳以闻。"知谏院司马光言曰:"按察之官,以赦前事兴起狱讼,禁之诚为大善。至于言事之官,事体稍异。何则?御史之职,本以绳按百僚,纠擿隐伏。奸邪之状,固非一日所为。国家素尚宽仁,数下赦令,或一岁之间至于再三,若赦前之事皆不得言,则其可言者无几矣。万一有奸邪之臣,朝廷不知,误加进用,御史欲言则违今日之诏,若其不言,则陛下何从知之。臣恐因此言者得以藉口偷安,奸邪得以放心不惧。此乃人臣之至幸,非国家之长利也。请追改前诏,刊去'言事'两字。"光论至再,帝谕以"言者好以赦前事诬人",光对曰:"若言之得实,诚所欲闻,若其不实,当罪言者。"帝命光送诏于中书。

熙宁七年三月,帝以旱,欲降赦。时已两赦,王安石曰:"汤旱,以六事自责曰:'政事不节与?'若一岁三赦,是政不节矣,非所以弭灾也。"乃止。八年,编定《废免人叙格》,常赦则郡县以格叙用,凡三期一叙,即期未满而遇非次赦者,亦如之。

元祐元年,门下省言:"当官以职事堕旷,虽去官不免,犹可言;至于赦降大恩,与物更始,虽劫盗杀人亦蒙宽宥,岂可以一事差失,负罪终身?今刑部所修不以官、赦降原减条,请更删改。"

徽宗在位二十五年,而大赦二十六,曲赦十四,德音三十七。而南渡之后,绍熙岁至四赦,盖刑政紊而恩益滥矣。

宋自祖宗以来,三岁遇郊则赦,此常制也。世谓三岁一赦,于古无有。景祐中,言者以为:"三王岁祀圜丘,未尝辄赦。自唐兴兵以后,事天之礼不常行,因有大赦,以荡乱狱。且有罪者宽之未必自新,被害者抑之未必无怨。不能自新,将复为恶,不能无怨,将悔为善。一赦而使民悔善长恶,政教之大患也。愿罢三岁一赦,使良民怀惠,凶人知禁。或谓未可尽废,即请命有司,前郊三日理罪人,有过误者引而赦之。州县须诏到仿此。"疏奏,朝廷重其事,第诏:"罪人情重者,毋得以一赦免。"然亦未尝行。

宋史卷二〇二
志第一五五

艺文一

《易》曰："观乎天文，以察时变；观乎人文，以化成天下。"文之有关于世运，尚矣。然书契以来，文字多而世代日降；秦火而后，文字多而世教日兴，其故何哉？盖世道升降，人心习俗之致然，非徒文字之所为也。然去古既远，苟无斯文以范防之，则愈趋而愈下矣。故由秦而降，每以斯文之盛衰，占斯世之治忽焉。

宋有天下，先后三百余年。考其治化之污隆，风气之离合，虽不足以拟伦三代，然其时君汲汲于道艺，辅治之臣莫不以经术为先务，学士缙绅先生，谈道德性命之学，不绝于口，岂不彬彬乎进于周之文哉！宋之不竞，或以为文胜之弊，遂归咎焉，此以功利为言，未必知道者之论也。

历代之书籍，莫厄于秦，莫富于隋、唐。隋嘉则殿书三十七万卷。而唐之藏书，开元最盛，为卷八万有奇。其间唐人所自为书，几三万卷，则旧书之传者，至是盖亦鲜矣。陵迟逮至五季，干戈相寻，海寓鼎沸，斯民不复见《诗》、《书》、《礼》、《乐》之化。周显德中，始有经籍刻板，学者无笔札之劳，获睹古人全书。然乱离以来，编帙散佚，幸而存者，百无二三。

宋初，有书万余卷。其后削平诸国，收其图籍，及下诏遣使购求散亡，三馆之书，稍复增益。太宗始于左升龙门北建崇文院，而徙三馆之书以实之。又分三馆书万余卷，别为书库，目曰："秘阁"。阁成，亲临幸观书,赐从臣及直馆宴。又命近习侍卫之臣,纵观群书。

真宗时,命三馆写四部书二本,置禁中之龙图阁及后苑之太清楼,而玉宸殿、四门殿亦各有书万余卷。又以秘阁地隘,分内藏西库以广之,其右文之意,亦云至矣。已而王宫火,延及崇文、秘阁,书多煨烬。其仅存者,迁于右掖门外,谓之崇文外院,命重写书籍,选官详覆校勘,常以参知政事一人领之,书成,归于太清楼。

仁宗既新作崇文院,命翰林学士张观等编四库书,仿《开元四部录》为《崇文总目》,书凡三万六百六十九卷。神宗改官制,遂废馆职,以崇文院为秘书省,秘阁经籍图书以秘书郎主之,编辑校定,正其脱误,则主于校书郎。

徽宗时,更《崇文总目》之号为《秘书总目》。诏购求士民藏书,其有所秘未见之书足备观采者,仍命以官。且以三馆书多逸遗,命建局以补全校正为名,设官总理,募工缮写。一置宣和殿,一置太清楼,一置秘阁。自熙宁以来,搜访补辑,至是为盛矣。

尝历考之,始太祖、太宗、真宗三朝,三千三百二十七部,三万九千一百四十二卷。次仁、英两朝,一千四百七十二部,八千四百四十六卷。次神、哲、徽、钦四朝,一千九百六部,二万六千二百八十九卷。三朝所录,则两朝不复登载,而录其所未有者。四朝于两朝亦然。最其当时之目,为部六千七百有五,为卷七万三千八百七十有七焉。

迨夫靖康之难,而宣和、馆阁之储,荡然靡遗。高宗移跸临安,乃建秘书省于国史院之右,搜记遗阙,屡优献书之赏,于是四方之藏,稍稍复出,而馆阁编辑,日益以富矣。当时类次书目,得四万四千四百八十六卷。至宁宗时续书目,又得一万四千九百四十三卷,视《崇文总目》,又有加焉。

自是而后,迄于终祚,国步艰难,军旅之事,日不暇给,而君臣上下,未尝顷刻不以文学为务,大而朝廷,微而草野,其所制作、讲说、纪述、赋咏,动成卷帙,参而数之,有非前代之所及也。虽其间牴裂大道,疣赘圣谟,幽怪恍惚,琐碎支离,有所不免,然而瑕瑜相形,雅郑各趣,譬之万派归海,四渎可分,繁星丽天,五纬可识,求约于博,则有要存焉。

宋旧史,自太祖至宁宗,为书凡四。志艺文者,前后部帙,有亡增损,互有异同。今删其重复,合为一志,盖以宁宗以后史之所未录者,仿前史分经、史、子、集四类而条列之,大凡为书九千八百十九部,十一万九千九百七十二卷云。

经类十:一曰《易》类,二曰《书》类,三曰《诗》类,四曰《礼》类,五曰《乐》类,六曰《春秋》类,七曰《孝经》类,八曰《论语》类,九曰经解类,十曰小学类。

《周易古经》一卷

薛贞注《归藏》三卷

《易传》十卷题卜子夏传。

《周易上下经》六卷

《系辞说卦序卦杂卦》三卷韩康伯注。

郑玄《周易文言注义》一卷

王弼《略例》一卷

《易辨》一卷

阮嗣宗《通易论》一卷

干宝《易传》十卷

《易髓》八卷晋人撰,不知姓名。

孔颖达《正义》十四卷

《玄谈》六卷

《易正义补阙》七卷

任正一《甘棠正义》三十卷

关朗《易传》一卷

王肃《传》十一卷

陆德明《释文》一卷

卫元嵩《周易元包》十卷苏元明传，李江注。

李鼎祚《集解》十卷

史文徽《易口诀义》六卷

成玄英《流演穷寂图》五卷

蔡广成《启源》十卷

　　　又《周易外义》三卷

沙门一行《传》十二卷

王隐《要削》三卷

陆希声《传》十三卷

郭京《举正》三卷

东乡助《物象释疑》一卷

邢璹《补阙周易正义略例疏》三卷

李翔《易诠》七卷

张弧《周易上经王道小疏》五卷

张韩《启玄》一卷

青城山人《揲蓍法》一卷

王昭素《易论》三十三卷

纵康义《周易会通正义》三十三卷

阴洪道《周易新论传疏》十卷

陈搏《易龙图》一卷

范谔昌《大易源流图》一卷

　　　又《证坠简》一卷

胡旦《易演圣通论》十六卷

石介《口义》十卷

冀震《周易义略》十卷

代渊《周易旨要》二十卷

何氏《易讲疏》十三卷不著名。

陆秉《意学》十卷

《古易》十三卷出王洙家。

王洙《言象外传》十卷

刘牧《新注周易》十一卷

　　又《卦德通论》一卷,《易数钩隐图》一卷

吴秘《周易通神》一卷

黄黎献《略例》一卷

　　又《室中记师隐诀》一卷

龚鼎臣《补注易》六卷

彭汝砺《易义》十卷

赵令滰《易发微》十卷

乔执中《易说》十卷

赵仲锐《易义》五卷

谢湜《易义》十二卷

谭世勣《易传》十卷

陆太易《周易口诀》七卷

冀珍《周易阐微诗》六卷

李赟《周易说》九卷

张果《周易罔象成名图》一卷

裴通《周易玄解》三卷

邵雍《皇极经世》十二卷

　　又《叙篇系述》二卷,《观物外篇》六卷门人张缗记雍之言。

《观物内篇解》二卷雍之子伯温编。

邵伯温《周易辨惑》一卷

常豫《易源》一卷

徐庸《周易意蕴凡例总论》一卷

　　又《卦变解》二卷

宋咸《易训》三卷

　　又《易补注》十卷

　　　　又《刘牧王弼易辨》二卷

皇甫泌《易解》十九卷

郑扬庭《时用书》二十卷

　　又《明用书》九卷,《易传辞》三卷,《易传辞后语》一卷

陈良献《周易发隐》二十卷

石汝砺《乾生归一图》十卷

鲍极《周易重注》十卷

叶昌龄《图义》二卷

胡瑗《易解》一十二卷

　　《口义》十卷,《系辞说卦》三卷

欧阳修《易童子问》三卷

阮逸《易筌》六卷

王安石《易解》十四卷

尹天民《易论要纂》一卷

　　又《易说拾遗》二卷

司马光《易说》一卷

　　又三卷,《系辞说》二卷

鲜于侁《周易圣断》七卷

苏轼《易传》九卷

程颐《易传》九卷

　　又《易系辞解》一卷

张载《易说》十卷

吕大临《易章句一》卷

龚原《续解易义》十七卷

　　又《易传》十卷

李平西《河图传》一卷

李遇《删定易图序论》六卷

张弼《易解义》十卷

顾叔思《周易义类》三卷

刘概《易系辞》十卷

晁说之《录古周易》八卷

晁补说之《太极传》五卷

　　《因说》一卷,《太极外传》一卷

游酢《易说》一卷

耿南仲《易解义》十卷

安泳《周易解义》一部_{卷亡}。

陈瓘《了斋易说》一卷

邹浩《系辞纂义》二卷

张根《易解》九卷

《周易六十四卦赋》一卷_{题颍川陈君作,名亡}。

林德祖《易说》九卷

陈禾《易传》十二卷

李授之《易解通义》三十卷

朱震《易传》十一卷

　　《卦图》三卷,《易传丛说》一卷

张汝明《易索》十三卷

郭忠孝《兼山易解》二卷

　　　又《四学渊源论》三卷

任奉古《周易发题》一卷

陈高《八卦数图》二卷

林儵《易说》十二卷

　　《变卦》八卷,《变卦纂集》一卷

凌唐佐《集解》六卷

袁枢《学易索隐》一卷

夏休《讲义》九卷

郭雍《传家易解》十一卷

沈该《易小传》六卷

都絜《易变体》十六卷

　　郑克《揲蓍古法》一卷

吴沆《易璇玑》三卷

李椿年《易解》八卷

　　《疑问》一卷

李光《易说》十卷

李衡《易义海撮要》十二卷

洪兴祖《易古经考异释疑》一卷

张行成《元包数总义》二卷

　　《述衍》十八卷,《通变》四十八卷

晁公武《易诂训传》十八卷

胡铨《易传拾遗》十卷

程大昌《易原》十卷

　　又《易老通言》十卷

杨万里《易传》二十卷

林栗《易经传集解》三十六卷

李舜臣《易本传》三十三卷

曾穜《大易粹言》十卷

吕祖谦《定古易》十二篇为一卷

　　又《音训》二卷,《周易系辞精义》二卷

朱熹《易传》十一卷

　　又《本义》十二卷,《易学启蒙》三卷,《古易音训》二卷

张浚《易传》十卷

倪思《易训》三十卷

赵善誉《易说》二卷

刘文郁《易宏纲》八卷

吴仁杰《古易》十二卷

　　又《周易图说》二卷,《集古易》一卷

王日休《龙舒易解》一卷

刘翔《易解》六卷

胡有开《易解义》四十卷

邹巽《易解》六卷

郑刚中《周易窥余》十五卷

杨简《已易》一卷

潘梦旂《大易约解》九卷

麻衣道者《正易心法》一卷

郑东卿《易说》三卷

项安世《周易玩辞》十六卷

程迥《易章句》十卷

　　　又《外编》一卷,《占法》,《古易考》一卷

林至《易裨传》一卷

叶适《习学记言周易述释》一卷

李椿《观画》二卷

王炎《笔记》八卷

郑汝谐《易翼传》二卷

汤羲《周易讲义》三卷

乐只道人《羲文易论微》六卷姓名亡。

朱氏《三宫易》一卷名亡。

刘烈《虚谷子解卦周易》三卷

刘牧、郑夫注《周易》七卷

杨文焕《五十家易解》四十二卷

孙份《周易先天流衍图》十二卷程惇厚序。

刘半千《羲易正元》一卷

冯椅《易学》五十卷

商飞卿《讲义》一卷

《周易卦类》三卷

《易辞微》三卷

《易正经明疑录》一卷

《易传》四卷

《口义》六卷

《易枢》十卷

《系辞要旨》一卷并不知作者。

《易乾凿度》三卷

《易纬》七卷

《易纬稽览图》一卷

《易通卦验》二卷并郑玄注。

《流演通卦验》一卷不知作者。

王柏《读易记》十卷

　　　又《涵古易说》一卷,《大象衍义》一卷

曾几《易释象》五卷

刘禹俱《易解》十卷

程达《易解》十卷

戴溪《易总说》二卷

赵汝谈《易说》三卷

真德秀《复卦说》一卷

吴如愚《易说》一卷

李光《易传》十卷

李焘《易学》五卷

　　　又《大传杂说》一卷

朱承祖《易摅卦总论》一十卷

林起鳌《易述古言》二卷

方实孙《读易记》八卷

魏了翁《易集义》六十四卷

　　　又《易要义》一十卷

郑子厚《大易观象》三十二卷张垫补注。

　　　右易类二百十三部,一千七百四十卷。王柏《读易记》以下不
著录十九部,一百八十六卷。

《尚书》十二卷汉孔安国传。

《古文尚书》二卷孔安国隶。

伏胜《大传》三卷郑玄注。

《汲冢周书》十卷晋太康中,于汲郡得之。孔晁注。

陆德明《释文音义》一卷

孔颖达《正义》二十卷

冯继先《尚书广疏》》十八卷

　　又《尚书小疏》十三卷

尹恭初《尚书新修义疏》二十六卷

胡旦《尚书演圣通论》七卷

胡瑗《洪范口义》一卷

苏洵《洪范图论》一卷

程颐《尧典舜典解》一卷

王安石《新经书义》十三卷

　　又《洪范传》一卷

苏轼《书传》十三卷

《书说》一卷程颐门人记。

孔武仲《书说》十三卷

曾肇《书讲义》八卷

陈谔《开宝新定尚书释文》三卷

孟先《禹贡治水图》一卷

　　《尚书洪范五行记》一卷

王晦叔《周书音训》十二卷

司马光等《无逸讲议》一卷

吴安诗等《无逸说命解》二卷

刘彝《洪范解》六卷

曾旼等《讲义》三十卷

叶梦得《书传》十卷

张纲《解义》三十卷

吴孜《大义》三卷

吴棫《裨传》十三卷

张九成《尚书详说》五十卷

洪兴祖《口义发题》一卷

陈鹏飞《书解》三十卷

程大昌《书谱》二十卷

　　又《禹贡论》五卷,《禹贡论图》五卷,《禹贡后论》一卷

晁公武《尚书诂训传》四十六卷

史浩《讲义》二十二卷

吕祖谦《书说》三十五卷

黄度《书说》七卷

李舜臣《尚书小传》四卷

吴仁杰《尚书洪范辨图》一卷

陈伯达《翼范》一卷

朱熹《书说》七卷_{黄士毅集。}

林之奇《集解》五十八卷

陈经《详解》五十卷

康伯成《书传》一卷

夏僎《书解》十六卷

王炎《小传》十八卷

孙泌《尚书解》五十二卷

蔡沈《书传》六卷

胡瑗《尚书全解》二十八卷

成申之《四百家集解》五十八卷

杨玉集《尚书义宗》三卷

《三坟书》三卷_{元丰中,毛渐所得。}

《尚书治要图》五卷

《尚书解题》一卷

《浑灏发旨》一卷_{并不知作者。}

王柏《读书记》十卷

　　又《书疑》九卷,《书附传》四十卷

袁燮《书钞》十卷

袁觉《读书记》二十三卷

黄伦《尚书精义》六十卷

赵汝谈《书说》二卷

卞大亨《尚书类数》二十卷

胡铨《书解》四卷

李焘《尚书百篇图》一卷

刘甄《书青霞集解》二十卷

应镛《书约义》二十五卷

魏了翁《书要义》二十卷

右《书》类六十部，八百二卷王柏《读书记》以下不著录十三部，二百四十四卷。

《韩诗外传》十卷汉韩婴传。

《毛诗》二十卷汉毛苌为诂训传，郑玄笺。

郑玄《诗谱》三卷

陆玑《草木鸟兽虫鱼疏》二卷

孔颖达《正义》四十卷

陆德明《诗释文》三卷

成伯玙《毛诗指说统论》一卷

　　又《毛诗断章》二卷

张讦《别录》一卷

《毛诗正数》二十卷

《毛诗释题》二十卷

《毛诗小疏》二十卷

鲜于侁《诗传》六十卷

李常《诗传》十卷

鲁有开《诗集》十卷

胡旦《毛诗演圣通论》二十卷

宋咸《毛诗正纪》三卷

　　又《外义》二卷

刘宇《诗折衷》二十卷

苏子才《毛诗大义》三卷

周轼《笺传辨误》八卷

丘铸《周诗集解》二十卷

欧阳修《诗本义》十六卷

　　又《补注毛诗谱》一卷

苏辙《诗解集传》二十卷

彭汝砺《诗义》二十卷

赵令滒《讲义》二十卷

乔执中《讲义》十卷

毛渐《诗集》十卷

沈铢《诗传》二十卷

孔武仲《诗说》二十卷

王商范《毛诗序义索隐》二卷

王安石《新经毛诗义》二十卷

《舒王诗义外传》十二卷

《新解》一卷程顺门人记其师之说。

张载《诗说》一卷

赵仲锐《诗义》三卷

游酢《诗二南义》一卷

范祖禹《诗解》一卷

杨时《诗辨颖》一卷

茅知至《周诗义》二十卷

蔡卞《毛诗名物解》二十卷

董逌《广川诗故》四十卷

吴良辅《诗重文说》七卷

刘孝孙《正论》十卷

吴景山《十五国风咨解》一卷

刘泉《毛诗判篇》一卷

吴棫《毛诗叶韵补音》十卷

李樗《毛诗详解》四十六卷

晁公武《毛诗诂训传》二十卷

吕祖谦《家塾读诗记》三十二卷

郑樵《诗传》二十卷

　　又《辨妄》六卷

范处义《诗学》一卷

　　又《解颐新语》十四卷,《诗补传》三十卷

朱熹《诗集传》二十卷

　　《诗序辩》一卷

张贵谟《诗说》三十卷

郑谔《毛诗解义》三十卷

黄度《诗说》三十卷

吴氏《诗本义补遗》二卷名亡。

戴溪《续读诗记》三卷

钱文子《白石诗传》一十卷

　　又《诗训诂》三卷

黄邦颜《讲义》三卷

鲜于戣《诗颂解》三卷

黄櫄《诗解》二十卷

　　《总论》一卷

林岊《讲义》五卷

《三十家毛诗会解》一百卷吴纯编,王安石解义。

《毛诗释篇目疏》十卷

《诗疏要义》一卷

《毛诗玄谈》一卷

《毛诗章疏》二卷

《毛诗提纲》一卷

《毛诗名物性门类》八卷

《义方》二十卷

《释文》二十卷

《通义》二十卷

《毛郑诗学》十卷

《诗关雎义解》一卷

《比兴穷源》一卷并不知作者。

陈寅《诗传》十卷

许奕《毛诗说》三卷

李焘《诗谱》三卷

王应麟《诗考》五卷

　　　又《诗地理考》考五卷,《诗草木鸟兽虫鱼广疏》六卷

辅广《诗说》一部

严粲《诗集》一部

王质《诗总闻》二十卷

魏了翁《诗要义》二十卷

王柏《诗辨说》二卷

　　　又《诗可言》二十卷

高端叔《诗说》一卷

曹粹中《诗说》三十卷

项安世《毛诗前说》一卷

　　　又《诗解》二十卷

郑庠《诗古音辨》一卷

　　　右《诗》类八十二部,一千一百二十卷。陈寅《诗传》以下不著录十四部,二百四十五卷。

《仪礼》十七篇高堂生传。

《大戴礼记》十三卷戴德纂。

《礼记》二十卷戴圣纂。

郑玄《古礼注》十七卷

　　　又《周礼注》十二卷,《礼记注》二十卷,《礼记月令注》一卷

崔灵恩《三礼义宗》三十卷

成伯玙《礼记外传》十卷 张幼伦注。

韦彤《五礼精义》十卷

　　又《五礼纬书》二十卷

丘光庭《兼明书》四卷

杜肃《礼略》十卷

陆德明《音义》一卷

　　又《古礼释文》一卷

贾公彦《仪礼疏》五十卷

　　又《礼记疏》五十卷，《周礼疏》五十卷

孔颖达《礼记正义》七十卷

聂崇义《三礼图集注》二十卷

杨逢殷《礼记音训指说》二十卷

上官均《曲礼讲义》二卷

欧阳丙《三礼名义》五卷

鲁有开《三礼通义》五卷

殷介集《五礼极义》一卷

孙玉汝《五礼名义》十卷

余希文《井田王制图》一卷

《胡先生中庸义》一卷 盛乔纂集。

李洪泽《直礼》一卷

张诜《丧礼》十卷

《礼粹》二十卷 不知作者。

王恳《中礼》八卷

程颢《中庸义》一卷

吕大临《大学》一卷

　　又《中庸》一卷，《礼记传》十六卷

乔执中《中庸义》一卷

游酢《中庸解义》五卷

王安石《新经周礼义》二十二卷

王昭禹《周礼详解》四十卷

陆佃《礼记解》四十卷

　　　又《礼象》十五卷

　　《述礼新说》四卷,《仪礼义》十七卷

何洵直《礼论》一卷

陆佃《大裘议》一卷

郭忠孝《中庸说》一卷

龚原《周礼图》一卷

郭雍《中庸说》一卷

陈详道《注解仪礼》三十二卷

　　　又《礼例详解》十卷,《礼书》一百五十卷

陈旸《礼记解义》十卷

李格非《礼记精义》十六卷

杨时《周礼义辩疑》一卷

　　　又《中庸解》一卷

喻樗《大学解》一卷

司马光等《六家中庸大学解义》一卷

江与山《周礼秋官讲义》一卷

马希孟《礼记解》七十卷

《四先生中庸解义》一卷程颐、吕大临、游酢、杨时撰。

方悫礼《礼记解义》二十卷

王普《深衣制度》一卷

夏休《周礼井田谱》二十卷

　　《破礼记》二十卷

周燔《仪礼详解》十七卷

李如圭《仪礼集释》十七卷

史浩《周官讲义》十四卷

郑谔《周礼解义》二十二卷

黄度《周礼说》五卷

徐焕《周官辨略》十八卷

陈傅良《周礼说》一卷

徐行《周礼微言》十卷

易袚《周礼总义》三十六卷

朱熹《仪礼经传通解》二十三卷

  又《大学章句》一卷,《或问》二卷,《中庸章句》一卷,《或问》二卷,《中庸辑略》二卷

《十先生中庸集解》二卷朱熹序。

《三家冠婚丧祭礼》五卷司马光、程颐、张载定。

吴仁杰《禘祫绵蕞书》三卷

刘彝《周礼中义》十卷

张九成《中庸说》一卷

  《大学说》一卷

戴溪《曲礼口义》二卷

  《学记口义》二卷

司马光《中庸大学广义》一卷

钱文子《中庸集传》一卷

胡铨《礼记传》十八卷

  又《周礼传》十二卷,《二礼讲义》一卷

倪思《中庸集义》一卷

汪应辰《二经雅言》二卷

张淳《仪礼识误》一卷

俞庭椿《周礼复古编》三卷

黄榦《续仪礼经传通解》二十九卷

  又《仪礼集传集注》十四卷

林椅《周礼纲目》八卷

  《撧说》一卷

郑景炎《周礼开方图说》一卷

李心传《丁丑三礼辩》二十三卷

郑伯谦《太平经国书统集》七卷

郑氏《三礼名义疏》五卷不著名。

　　　又《三礼图》十二卷

《江都集礼图》五十卷

《三礼图驳议》二十卷

《仪礼类例》十卷

《周礼类例义断》二卷

《二礼分门统要》三十六卷

《礼记小疏》二十卷并不知作者。

石𡒯《中庸集解》二卷

项安世《中庸说》一卷

　　　　又《周礼丘乘图说》一卷

卫湜《礼记集说》一百六十卷

杨简《孔子闲居讲义》一卷

郑樵《乡饮礼》七卷

张虙《月令解》十二卷

晁公武《中庸大传》一卷

杨复《仪礼图解》十七卷

魏了翁《仪礼要义》五十卷

　　　　又《礼记要义》三十三卷,《周礼折衷》二卷,《周礼要义》三
十卷

赵顺孙《中庸纂疏》三卷

袁甫《中庸详说》二卷

陈尧道《中庸说》十三卷

　　　　又《大学说》十一卷

真德秀《大学衍义》四十三卷

谢兴甫《中庸大学讲义》三卷

王与之《周礼订义》八十卷

王应麟《集解践祚篇》一册

右《礼》类一百十三部，一千三百九十九卷。石𡒊《中庸集解》以下不著录二十六部，四百六十九卷。

蔡琰《胡笳十八拍》四卷

孔衍《琴操引》三卷

谢庄《琴论》一卷

梁武帝《钟律纬》一卷

陈僧智匠《古今乐录》十三卷

赵邦利《弹琴手势谱》一卷

又《弹琴右手法》一卷

唐玄宗《金风乐弄》一卷

太宗《九弦琴谱》二十卷

《琴谱》六卷

《唐宗庙用乐仪》一卷

《唐肃明皇后庙用乐仪》一卷

崔令钦《教坊记》一卷

吴兢《乐府古题要解》二卷

王昌龄《续乐府古解题》一卷

刘贶《大乐令壁记》三卷

《大乐图义》一卷不知作者。

田琦《声律要诀》十卷

薛易简《琴谱》一卷

段安节《琵琶录》一卷

又《乐府杂录》二卷

《乐府古题》一卷

陆鸿渐《教坊录》一卷

李勉《琴说》一卷

陈拙《琴籍》九卷

徐景安《新纂乐书》三十卷

赵惟简《琴书》三卷

宋仁宗《明堂新曲谱》一卷

　　　　又《景祐乐髓新经》一卷,《审乐要记》二卷

徽宗《黄钟徵角调》二卷

沈括《乐论》一卷

　　　　又《乐器图》一卷,《三乐谱》一卷,《乐律》一卷

冯元、宋祁《景祐广乐记》八十一卷

宋祁《大乐图》一卷

聂崇义《景祐大乐图》二十卷

刘次庄《乐府集》十卷

　　　　《乐府集序解》一卷

《大周正乐》八十八卷三代周窦严订论。

《蜀雅乐仪》三十卷

房庶《补亡乐书总要》三卷

　　　　《真馆饮福等》一卷

蔡攸《燕乐》三十四册

范镇《新定乐法》一卷

崔遵度《琴笺》一卷

李宗谔《乐纂》一卷

陈康士《琴调》三卷

　　　　又《琴调》十七卷,《琴书正声》十卷,《琴调》十七卷,《琴谱
记》一卷,《琴调谱》一卷,《楚调五章》一卷,《离骚谱》一卷

李约《琴曲东杓谱序》一卷

《琴调广陵散谱》一卷

独孤寔《九调谱》一卷

齐嵩《琴雅略》一卷

僧辨正《琴正声九弄》九卷

朱文齐《琴杂调谱》十二卷

萧祐一作"祜"《无射商九调谱》一卷

吕谓一作"滨"《广陵止息谱》一卷

张淡正《琴谱》一卷

蔡翼《琴调》一卷

僧道英《琴德谱》一卷

王邈《琴谱》一卷

沈氏《琴书》一卷失名。

《琴谱调》八卷李翱用指法。

《琴略》一卷

《琴式图》一卷

《琴谱纂要》五卷

胡瑗《景祐乐府奏议》一卷

　　又《皇祐乐府奏议》一卷

阮逸《皇祐新乐图记》三卷

陈旸《乐书》二百卷

僧灵操《乐府诗》一卷

吴良辅《琴谱》一卷

　　又《乐书》五卷,《乐记》三十六卷

杨杰《元丰新修大乐记》五卷

刘昺《大晟乐书》二十卷

　　又《乐论》八卷,《运谱四议》二十卷,《政和颁降乐曲乐章节次》一卷,《政和大晟乐府雅乐图》一卷

郑樵《系声乐谱》二十四卷

李南玉《古今大乐指堂》三卷

郭茂倩《乐府诗集》一百卷

李昌文《阮咸弄谱》一卷

滕康叔《韶武遗音》一卷

麴瞻《琴声律》二卷

　　又《琴图》一卷

令狐揆《乐要》三卷

王大方《琴声韵图》一卷

　　《昭微古今琴样》一卷

刘籍《琴义》一卷

沈建《乐府广题》二卷

马少良《琴谱三均》三卷

喻修枢《阮咸谱》一卷

吴仁杰《乐舞新书》二卷

蔡元定《律吕新书》二卷

李如篪《乐书》一卷

　　《琴说》一卷

《古乐府》十卷

赵德先《乐说》三卷

　　又《乐书》三十卷

《历代乐仪》三十卷

《乐苑》五卷

《琴笺知音操》一卷

《乐府题解》一卷

《大乐署》三卷

《历代歌词》六卷

《律吕图》一卷

《仿蔡琰胡笳十八拍》并不知作者。

右《乐》类一百十一部，一千七卷。

《春秋》七卷正经。

杜预《春秋左氏传经传集解》三十卷

　　又《春秋释例》十五卷

何休《公羊传》十二卷

　　又《左氏膏肓》十卷

范宁《谷梁传》十二卷

董仲舒《春秋繁露》十七卷

《汲冢师春》一卷《师春》纯集疏《左传》卜筮事。

荀卿《公子姓谱》二卷一名《帝王历纪谱》。

刘炫《春秋述议略》一卷

　　又《春秋义囊》二卷

孔颖达《春秋左氏传正义》三十六卷

《公羊疏》三十卷

杨士勋《春秋谷梁疏》十二卷

黄恭密《春秋指要图》一卷

李瑾《春秋指掌图》十五卷

陈岳《春秋折衷论》三十卷

《春秋灾异录》六卷

《春秋谥族图》五卷

陆德明《三传释文》八卷

陆希声《春秋通例》三卷

赵匡《春秋阐微纂类义统》十卷

陆淳《集传春秋纂例》十卷

　　又《春秋辨疑》七卷,《集注春秋微旨》三卷

卢仝《春秋摘微》四卷

杨蕴《春秋公子谱》一卷

左丘明《春秋外传国语》二十一卷韦昭注。

柳宗元《非国语》二卷

叶真《是国语》七卷

冯断先《春秋名号归一图》

　　又《春秋名字同异录》五卷

杜预《春秋世谱》七卷

张暄《春秋龟鉴图》一卷

马择言《春秋要类》五卷

徐彦《公羊疏》三十卷

叶清臣《春秋纂类》十卷

孙复《春秋尊王发微》十二卷

　　《春秋总论》一卷

李尧俞《春秋集议略论》二卷

王沿《春秋集传》十五卷

章拱之《春秋统微》二十五卷

王哲《春秋通义》十二卷

　　又《皇纲论》五卷

丁副《春秋演圣统例》二十卷

　　《春秋三传异同字》一卷

朱定序《春秋索隐》五卷

杜谔《春秋会义》二十六卷

朱瑗《春秋口义》五卷

刘敞《春秋传》十五卷

　　又《春秋权衡》十七卷,《春秋说例》十一卷,《春秋意林》二
卷

苏辙《春秋集传》十二卷

王安石《左氏解》一卷

杨彦龄《左氏春秋集表》二卷

　　又《左氏蒙求》二卷

沈括《春秋机括》二卷

赵瞻《春秋论》三十卷

　　又《春秋经解义例》二十卷

唐既济《春秋邦典》二卷

孙觉《春秋经社要义》六卷

　　《春秋经解》十五卷,《春秋学纂》十二卷

晁补之《左氏春秋传杂论》一卷

刘攽《内传国语》十卷

《春秋人谱》一卷孙子平、练明道同撰。

朱长文《春秋通志》二十卷

家安国《春秋通义》二十四卷

张大亨《春秋通训》十六卷

　　　又《五礼例宗》十卷

陆佃《春秋传》二十卷

　　　又《补遗》一卷

程颐《春秋传》一卷

黎錞《春秋经解》十二卷

王裴《春秋义解》十二卷

张昌德《春秋传类音》十卷

韩台《春秋左氏传口音》三卷

陈德宁《公羊新例》十四卷

　　　又《谷梁新例》六卷

阴洪道注《春秋叙》一卷

张翰一作干《春秋排门显义》十卷

李撰《春秋总要》十卷

袁希一作孝政《春秋要类》五卷

张德昌《春秋传类》十卷

沈纬《春秋谏类》二卷

郭翔《春秋义鉴》三十卷

王仲孚《春秋类聚》五卷

黄彬《春秋叙鉴》三卷

《春秋精义》三十卷

洪勋《春秋图鉴》五卷

《春秋加减》一卷

王睿《春秋守监》一卷

《春秋龟鉴》一卷

张杰《春秋指玄》十卷

涂昭良《春秋科义雄览》十卷

　　《春秋应判》三十卷

丁裔昌《春秋解问》一卷

邵川《春秋括义》三卷

刘英《春秋列国图》一卷

《春秋十二国年历》一卷

谢璧《春秋缀英》二卷

李涂《春秋事对》五卷蔡延龟注。

《春秋扶悬》三卷

《春秋比事》三卷

《春秋要义》十卷

《春秋策问》三十卷

《春秋夹氏》三十卷

李融《春秋枢宗》十卷

姜虔嗣《春秋三传纂要》二十卷

惠简《春秋通略全义》十五卷

元保宗《春秋事要》十卷

巩浚一作濬《春秋琢瑕》一卷

张传靖《左传编纪》十卷

崔升《春秋分门属类赋》三卷杨均注。

裴光辅《春秋机要赋》一卷

尹玉羽卿《春秋音义赋》十卷冉遂良注。

　　又《春秋字源赋》二卷杨文举注。

李象《续春秋机要赋》一卷

玉霄《春秋括囊赋集注》一卷

王邹彦《春秋蒙求》五卷

张杰《春秋图》五卷

　　《春秋指掌图》二卷

蹇遵品《左传引帖断义》十卷

《春秋纂类义统》十卷本十二卷，第二、第四阙。

《春秋通义》十二卷

《春秋新义》十卷

《春秋十二国年历》一卷一名《春秋齐年》。

《春秋文权》五卷

鲁有开《春秋指微》十卷

　　《国语音义》一卷

宋庠《国语补音》三卷

林概《辨国语》三卷

崔表《世本图》一卷

杨蕴《春秋年表》一卷

谢湜《春秋义》二十四卷

　　又《总义》三卷

崔子方《春秋经解》十二卷

　　《春秋本例例要》二十卷

吕奎《春秋要旨》十二卷

吴元绪《左氏鼓吹》一卷

刘易《春秋经解》二卷

吴孜《春秋折衷》十二卷

范柔中《春秋见微》五卷

邹氏《春秋总例》一卷

谢子房《春秋备对》十三卷

朱振《春秋指要》一卷

　　又《春秋正名颐隐要旨》十二卷，《春秋正名颐隐旨要叙论》一卷《春秋讲义》三卷

沈滋仁《春秋兴亡图鉴》一卷

陈禾《春秋传》十二卷

　　又《春秋统论》一卷

任伯雨《春秋绎圣新传》十二卷

郑昂《春秋臣传》三十卷

邓骥《春秋指踪》二十一卷

石公孺《春秋类例》十二卷

王当《春秋列国诸臣传》五十一卷

张根《春秋指南》十卷

李棠《春秋时论》一卷

叶梦得《春秋谳》三十卷

　　　　又《春秋考》三十卷,《春秋传》二十卷,《石林春秋》八卷,
《春秋指要总例》二卷

胡安国《春秋传》三十卷

　　　　又《通例》一卷,《通旨》一卷

余安行《春秋新传》十二卷

韩璜《春秋人表》一卷

范冲《春秋左氏讲义》四卷

黄叔敖《春秋讲义》五卷

洪皓《春秋纪咏》三十卷

胡铨《春秋集善》十三卷

邓名世《春秋四谱》六卷

《辨论谱说》一卷

刘本《春秋中论》三十卷

毕良史《春秋正辞》二十卷

环中《左氏春秋二十国年表》一卷

　　　　《春秋列国臣子表》十卷

郑樵《春秋地名谱》十卷

　　　　又《春秋传》十二卷,《春秋考》十二卷

周彦熠《春秋名义》二卷

毛邦彦《春秋正义》十二卷

王日休《春秋孙复解辨失》一卷

　　　　又《春秋公羊辨失》一卷,《春秋左氏辨失》一卷,《春秋谷

梁辨失》一卷,《春秋名义》一卷

董自任《春秋总鉴》十二卷

夏沐《春秋素志》三百一十五卷

　　　又《春秋麟台独讲》十一卷

《延陵先生讲义》二卷

吕本中《春秋解》二卷

晁公武《春秋故训传》三十卷

王炫《春秋门例通解》十卷

林栗《经传集解》三十三卷

时澜《左氏春秋讲义》十卷

徐得之《左氏国纪》二十卷

萧楚《春秋经辨》十卷

胡定《春秋解》十二卷

林拱辰《春秋传》三十卷

陈傅良《春秋后传》十二卷

　　　又《左氏章指》三十卷

王汝猷《春秋外传》十五卷

程迥《春秋显微例目》一卷

　　　又《春秋传》二十卷

朱临《春秋私记》一卷

　　　《春秋外传》十卷

王葆《东宫春秋讲义》三卷

　　　《春秋集传》十五卷

吕祖谦《春秋集解》三十卷

　　　又《左传类编》六卷,《左氏博议》二十卷,《左氏说》一卷

《左氏博议纲目》一卷祖谦门人张成招标注。

《左氏国语类编》二卷祖谦门人所编。

沈棐《春秋比事》二十卷

李明复《春秋集义》五十卷

又《集义纲领》二卷

任公辅《春秋明辨》十一卷

杨简《春秋解》十卷

戴溪《春秋讲义》四卷

程公说《春秋分记》九十卷

《春秋释疑》二十卷

《春秋考异》四卷

《春秋加减》四卷

《春秋直指》三卷

《左氏纪传》五十卷

《春秋四传》二十卷

《春秋类》六卷

《春秋例》六卷

《春秋表记》一卷

《王侯世系》一卷

《春秋释例地名谱》一卷

《春秋本旨》五卷

《左氏摘奇》十二卷　不知作者。

李淏《左氏广诲蒙》一卷

章冲《左氏类事始末》五卷

王柏《左氏正传》一十卷

高端叔《春秋义宗》一百五十卷

黎良能《左氏释疑》、《谱学》各一卷

沈棐《春秋比事》二十卷

吴曾《春秋考异》四卷

又《左氏发挥》六卷

方淑《春秋直音》三卷

石朝英《左传约说》一卷

又《百论》一卷

黄仲炎《春秋通说》一十三卷

辛次膺《属辞比事》五卷

李孟传《左氏说》十卷

程大昌《演繁露》六卷

李焘《春秋学》十卷

王应麟《春秋三传会考》三十六卷

杨士勋《春秋公谷考异》五卷

陆宰《春秋后传补遗》一卷

赵震揆《春秋类论》四十卷

宇文虚中《春秋纪咏》三十卷

王梦应《春秋集义》五十卷

李心传《春秋考义》十三卷

魏了翁《春秋要义》六十卷

陈藻、林希逸《春秋三传正附论》十三卷

右《春秋》类二百四十部，二千七百九十九卷。王柏《左氏正传》以下不著录二十三部，四百八十八卷。

《古文孝经》一卷凡二十二章

郑氏注《孝经》一卷

唐明皇注《孝经》一卷

元行冲《孝经疏》三卷

苏彬《孝经疏》一卷

邢昺《孝经正义》三卷

司马光《古文孝经指解》一卷

又《古文孝经指解》一卷

赵克孝《孝经传》一卷

任奉古《孝经讲疏》一卷

张元老《讲义》一卷

范祖禹《古文孝经说》一卷

吕惠卿《孝经传》一卷

吉观国《孝经新义》一部_{卷亡}。

家滋《解义》二卷

王文献《详解》一卷

林椿龄《全解》一卷

沈处厚《解》一卷

赵湘《孝经义》一卷

张师尹《通义》三卷

张九成《解》四卷

朱熹《刊误》一卷

黄榦《本旨》一卷

项安世《孝经说》一卷

冯椅《古孝经辑注》一卷

《古文孝经解》一卷

袁甫《孝经说》三卷

王行《孝经同异》三卷

右《孝经》类二十六部,三十五卷。袁甫《孝经说》以下不著录二部,六卷。

《论语》十卷_{何晏等集解}。

皇侃《论语疏》十卷

韩愈《笔解》二卷

陆德明《释文》一卷

马总《论语枢要》十卷

陈锐《论语品类》七卷

《论语井田图》一卷

邢昺《正义》十卷

周武《集解辨误》十卷

宋咸《增注》十卷

王令《注》十卷

纪亶《论语摘科辨解》十卷

王安石《通类》一卷

王雱《解》十卷

孔武仲《论语说》十卷

吕惠卿《论语义》十卷

蔡申《论语纂》十卷

苏轼《解》四卷

苏辙《论语拾遗》一卷

程颐《论语说》一卷

刘正容《重注论语》十卷

陈禾《论语传》十卷

晁说之《讲义》五卷

杨时《解》二卷

谢良佐《解》十卷

范祖禹《论语说》二十卷

游酢《杂解》一卷

龚原《论语解》一部_{卷亡。}

吕大临《解》十卷

尹焞《论语解》十卷

　　又《说》一卷

侯仲良《说》一卷

邹浩《解》十卷

汪革《直解》十卷

叶梦得《释言》十卷

黄祖舜《解义》十卷

张九成《解》十卷

吴棫《续解》十卷

又《考异》一卷,《说例》一卷

喻樗《玉泉论语学》四卷

张栻《解》十卷

汤烈《集程氏说》二卷

倪思《论语义证》二十卷

叶隆古《解义》十卷

洪兴祖《论语说》十卷

史浩《口义》二十卷

薛季宣《论语小学》二卷

林栗《论语知新》十卷

朱熹《论语精义》十卷

又《集注》十卷,《集义》十卷,《或问》二十卷,《论语注义问答通释》十卷

郑汝《解义》十卷

张演《鲁论明微》十卷

《意原》十卷

钱文子《论语传赞》二十卷

王汝猷《论语归趣》二十卷

徐焕《论语赘言》二卷

曾几《论语义》二卷

陈仪之《讲义》二卷

姜得平《本旨》一卷

《论语指南》一卷黄祖禹、沈大廉、胡宏辨论。

戴溪《石鼓答问》三卷

《东谷论语》一卷不知作者。

陈耆卿《论语记蒙》六卷

《孔子家语》十卷魏王肃注。

《论语玄义》十卷

《论语要义》十卷

《论语口义》十卷

《论语展掌疏》十卷

《论语阅义疏》十卷

《论语世谱》三卷并不知作者。

王居正《论语感发》十卷

章良史《论语控古》二十卷

黄榦《论语通释》十卷

　　又《论语意原》一卷

卞图《论语大意》二十卷

高端叔《论语传》一卷

真德秀《论语集编》一十卷

魏了翁《论语要义》一十卷

右《论语》类七十三部,五百七十九卷。王居正《论语感发》以下不
著录八部,八十二卷。

《周公谥法》一卷即汲冢周书谥法篇。

班固《白虎通》十卷

沈约《谥法》十卷

贺琛《谥法》三卷

晋阳方《五经钩沈》五卷

王彦威《续古今谥法》十四卷

刘迅《六经》五卷

《春秋谥法》一卷即杜预《春秋释例法篇》。

陆德明《经典释文》三十卷

马光极《九经释难》五卷

章崇业《五经释题杂问》一卷

僧十朋《五经指归》五卷

苏鄂《演义》十卷

刘悚《六说》五卷

《兼讲书》五卷

《授经图》三卷

胡旦《演圣通论》六十卷

刘敞《七经小传》五卷

黄敏求《九经余义》一百卷

丘光庭《兼明书》三卷

李肇《经史释题》二卷

颜师古《刊廖正俗》八卷

李涪《刊误》二卷

《九经要略》一卷

《叙元要略》一卷

《谥法》三卷

《六家谥法》二十卷范正、周沆编。

程颐《河南经说》七卷

　　又《五言集解》三卷

苏洵《嘉祐谥法》三卷

　　《皇右谥录》二十卷

杨会《经解》三十三卷

刘彝《七经中义》一百七十卷

蔡攸《政和修定谥法》八十卷

杨时《三经义辨》十卷

王居正《辨学》七卷

郑樵《谥法》三卷

李舜臣《诸经讲义》七卷

张九成《乡党》、《少仪》、《咸有一德》、《论孟子拾遗》共一卷

张载《经学理窟》三卷

项安世《家说》十卷

　　《附录》四卷

黄榦《六经讲义》一卷

《六经疑难》十四卷不知作者。

许奕《九经直音》九卷

　　　又《正讹》一卷，《诸经正典》十卷

《论语尚书周礼讲义》十卷

杨甲《六经图》六卷

林观过《经说》一卷

戴勋《西斋清选》二卷

叶仲堪《六经图》七卷

俞言《六经图说》十二卷

张贵谟《泮林讲义》三卷

周士贵《经括》一卷

游桂《经学》十二卷

《九经经旨策义》九卷不知作者。

姜得平《诗书遗意》一卷

沈贵瑶《四书要义》七篇

张九成《中康》、《大学》、《孝经说》各一卷

　　　又《四书解》六十五卷

张纲《六经辨疑》五卷

　　　又《确论》十卷

李焘《五经传授》一卷

王应麟《六经天文编》六卷

陈应隆《四书辑语》四十卷

刘元刚《三经演义》一十一卷《孝经》、《论》、《孟》。

　　右经解类五十八部，七百五十三卷。沈贵瑶《四书要义》以下不著
录九部，一百四十六卷、篇。

《尔雅》三卷郭璞注。

孔鲋《小尔雅》一卷

杨雄《方言》十四卷

史游《急就章》一卷

刘熙《释名》八卷

许慎《说文解字》十五卷

孙炎《尔雅疏》十卷

高琏《尔雅疏》七卷

徐锴《说文解字系传》四十卷

　　　又《说文解字韵谱》十卷,《说文解字通释》四十卷

僧昙域《补说文解字》三十卷

钱承志《说文正隶》三十卷

张揖《广雅音》三卷

吕忱《字林》五卷

曹宪《博雅》十卷

顾野王《玉篇》三十卷

韦昭《辨释名》一卷

王僧虔《评书》一卷

梁武帝《评书》一卷

《千字文》一卷梁周兴嗣次韵。

颜之推《证俗音字》四卷

　　　又《字始》三卷

虞荔《鼎录》一卷

萧该《汉书音义》三卷

陆法言《广韵》五卷

唐玄宗《开元文字音义》二十五卷

庾肩吾《书品论》一卷

陆德明《经典释文》三十卷

　　　又《尔雅音义》二卷

颜元孙《干禄字书》一卷

李嗣真《书后品》一卷

　　　《续古今书人优劣》一卷

王之明《述书后品》一卷

张怀瓘《书诂》一卷

  又《评书药石论》一卷,《六体论》一卷,《古文大篆书祖》一卷,《书断》三卷

颜真卿《笔法》一卷

  又《韵海鉴源》十六卷

朱禹善《书评》一卷

  又《有唐名书赞》一卷

林罕《字源偏傍小说》三卷

《金华苑》二十卷

张参《五经文字》五卷

李商隐《蜀尔雅》三卷

颜师古《急就篇注》一卷

虞世南《笔髓法》一卷

唐玄度《九经字样》一卷

  又《十体书》一卷

张彦远《法书要录》十卷

杜林岳《集备要字录》二卷

王僧虔《图书会粹》六卷

吕总《续古今书人优劣》一卷

蔡希宗《法书论》一卷

刘伯庄《史记音义》二十卷

裴瑜《尔雅注》五卷

僧守温《清浊韵钤》一卷

黄伯思《东观余论》二卷

窦俨《义训》十卷

崔逢《玉玺谱》一卷严士元重修,宋魏损润色。

郭忠恕《佩觿》三卷

  又《汗简集》七卷

《辨字图》四卷

《归字图》一卷

《正字赋》一卷

孙季昭《决疑赋》二卷

徐玄《三家老子音义》一卷

郑文宝《玉玺记》一卷

《景德韵略》一卷戚伦等详定。

宋高宗《评书》一卷亦名《翰墨志》。

邢昺《尔雅疏》十卷

欧阳融《经典分毫正字》一卷

沈立《稽正辨讹》一卷

唐耜《字说集解》三十册卷亡。

钱惟演《飞白书叙录》一卷

周越《古今法书苑》十卷

祝充《韩文音义》五十卷

李舟《切韵》五卷

丘世隆《切韵搜隐》五卷

刘希古《切韵十玉》五卷

胡元质《西汉字类》五卷

陈天麟《前汉通用古字韵编》五卷

陈彭年等《重修广韵》五卷

《韵诠》十四卷

僧师悦《韵关》一卷

丘雍《校定韵略》五卷

《韵选》五卷

《韵源》一卷

孙愐《唐韵》五卷

《天实元年集切韵》五卷

释智猷《辨体补修加字切韵》五卷

丁度《切韵》十卷

　　　又《景祐礼部韵略》五卷

《墨薮》一卷不知作者。

贾昌朝《群经音辨》三卷

夏竦《重校古文四声韵》五卷

　　　又《声韵图》一卷

司马光《切韵指掌图》一卷

　　　又《类编》四十四卷

刘温润《羌尔雅》一卷

宋祁《摘粹》一卷

欧阳修《集古录跋尾》六卷，又二卷

句中正《雍熙广韵》一百卷，《序例》一卷

　　　又《三体孝经》一卷

杨南仲《石经》七十五卷

　　　又《三体孝经》一卷

燕海《字傍辨误》一卷

道士谢利贞《玉篇解疑》三十卷

《象文玉篇》二十卷

石怀德《隶书赋》一卷

褚长文《书指论》一卷

李训《范金录》一卷

《翰林隐术》一卷

荆浩《笔法》一卷

韦氏《笔宝两字》五卷

徐浩《书谱》一卷

　　　又《古迹记》一卷

宋敏求《宝刻丛章》三十卷

刘敞《先秦古器图》一卷

李行中《引经字源》二卷

朱长文《续书断》二卷

王安石《字说》二十四卷

米芾《书评》一卷

又《宝章待访集》一卷

吕大临《考古图》十卷

李公麟《古器图》一卷

陆佃《尔雅新义》二十卷

　　《埤雅》二十卷

蔡京《崇宁鼎书》一卷

张有《复古编》二卷

　　《政和甲午祭礼器款识》一卷

王楚《钟鼎篆韵》二卷

吴棫《韵补》五卷

董衡《唐书释音》二十卷

窦苹《唐书音训》四卷

宣和重《修博古图录》三十卷

赵明诚《金石录》三十卷

　　又别本三十卷

薛尚功《重广钟鼎篆韵》七卷

　　《历代钟鼎彝器款识法帖》二十卷

张孟《押韵》十卷

许冠《韵海》五十卷

吴迁《童训统类》一卷

郑樵《石鼓文考》一卷

　　又《字始连环》二卷,《象类书》十一卷,《论梵书》三卷,《尔雅注》三卷,《书考》六卷,《通志六书略》五卷

郧升卿《四声类韵》二卷

　　又《声韵类例》一卷

《淳熙监本礼部韵略》五卷

刘球《隶韵略》七卷

潘纬《柳文音义》三卷

僧应之《临书关要》一卷

吕本中《童蒙训》三卷

周燔《六经音义》十三卷

李盛《六经释文》二卷

黄环《班书韵编》五卷

张袅《石经注文考异》四十卷

洪适《隶释》二十七卷

　　《隶续》二十一卷

史浩《童丱须知》三卷

朱熹《小学之书》四卷

　　又《四子》四卷

程端蒙《小学字训》一卷

吕祖谦《少仪外传》二卷

陈淳《北溪字义》二卷

娄机《班马字韵》二卷

　　《汉隶字源》六卷,《广干禄字书》五卷,《古鼎法贴》五卷

杨师复《汉隶释文》二卷

马居易《汉隶分韵》七卷

翟伯寿《籀文》二卷

胡寅《注叙古千文》一卷

吕氏《叙古千文》一卷

《庆元嘉定古器图》六卷

僧妙华《互注集韵》二十五卷

罗点《清勤堂法贴》六卷

李从周《字通》一卷

辽僧行均《龙龛手鉴》四卷

黄伯思《法贴刊误》一卷

释元冲《五音韵镜》一卷

施宿《大观法帖总释》二卷

　　　又《石鼓音》一卷

蔡氏《口诀》一卷名亡。

《书录》一卷

《书隐法》一卷

《笔阵图》一卷

《西汉字类》一卷

《篆注礼部韵略》五卷

《翰林禁经》三卷

《临汝帖》三卷

《笔苑文词》一卷

《法帖字证》十卷

《正俗字》十卷

《书断例传》五卷

《洪韵海源》二卷

《互注尔雅贯类》一卷

《诸家小学总录》二卷

《集古系时》十卷

《蕃汉语》一卷并不知作者。

刘绍祐《字学撮要》二卷

洪迈《次李翰蒙求》三卷

集斋彭氏《小学进业广记》一部

王应麟《蒙训》四十四卷

　　　又《小学绀珠》十卷,《小学讽咏》四卷,《补注急就篇》六卷

右小学类二百六部,一千五百七十二卷。刘绍祐《字学撮要》以下
不著录六部,六十九卷。

凡经类一千三百四部,一万三千六百八卷。

宋史卷二〇三
志第一五六

艺文二

　　史类十三：一曰正史类，二曰编年类，三曰别史类，四曰史钞类，五曰故事类，六曰职官类，七曰传记类，八曰仪注类，九曰刑法类，十曰目录类，十一曰谱牒类，十二曰地理类，十三曰霸史类。

　　司马迁《史记》一百三十卷裴骃等集注。
　　　又《史记》一百三十卷陈伯宣注。
　　班固《汉书》一百卷颜师古注。
　　范晔《后汉书》九十卷章怀太子李贤注。
　　赵扞《新校前汉书》一百卷
　　余靖《汉书刊误》三十卷
　　刘昭《补注后汉志》三十卷
　　陈寿《三国志》六十五卷裴松之注。
　　房玄龄《晋书》一百三十卷
　　杨齐宣《晋书音义》三卷
　　沈约《宋书》一百卷
　　萧子显《南齐书》五十九卷
　　姚思廉《梁书》五十六卷
　　　又《陈书》三十六卷
　　魏收《后魏书》一百三十卷

魏澹《后魏书纪》一卷本七卷。

张太素《后魏书天文志》二卷本百卷,惟存此。

李伯药《北齐书》五十卷

令狐德棻《后周书》五十卷

颜师古《隋书》八十五卷

柳芳《唐书》一百三十卷,《唐书叙例目》一卷

刘煦《唐书》二百卷

欧阳修、宋祁《新唐书》二百五十五卷,《目录》一卷

李绘《补注唐书》二百二十五卷

薛居正《五代史》一百五十卷

欧阳修《新五代史》七十四卷徐无党注。

张守节《史记正义》三十卷

司马贞《史记索隐》三十卷

张泌《汉书刊卷》一卷

《三刘汉书标注》六卷刘敞、刘颁、刘奉世。

刘颁《汉书刊误》四卷

吕夏卿《唐书直笔新例》一卷

吴缜《新唐书纠缪》二十卷

　　又《五代史纂误》三卷

《朱梁列传》十五卷

张昭《远后唐列传》三十卷

任谅《史论》三卷

韩子中《新唐史辨惑》六十卷

吴仁杰《两汉刊误补遗》十卷

富弼《前汉书纲目》一卷

刘巨容《汉书纂误》二卷

汪应辰《唐书列传辨证》二十卷

《西汉刊误》一卷不知作者。

王旦《国史》一百二十卷

吕夷简《宋三朝国史》一百五十五卷

邓洵武《神宗正史》一百二十卷

王珪《宋两朝国史》一百二十卷

王孝迪《哲宗正史》二百一十卷

李焘、洪迈《宋四朝国史》三百五十卷

《宋名臣录》八卷

《宋勋德传》一卷

《宋两朝名臣传》三十卷

《咸平诸臣录》一卷

《熙宁诸臣传》四卷

《两朝诸臣传》三十卷并不知作者。

张唐英《宋名臣传》五卷

葛炳奎《国朝名臣叙传》二十卷

右正史类五十七部，四千四百七十三卷。葛炳奎《国朝名臣叙传》不著录一部，二十卷。

荀悦《汉纪》三十卷

袁宏《后汉纪》三十卷

胡旦《汉春秋》一百卷

　　《问答》一卷

皇甫谧《帝王世纪》九卷

《竹书》三卷荀勖、和峤编。

萧方《三十国春秋》三十卷

孙盛《晋阳春秋》三十卷

杜延业《晋春秋略》二十卷

裴子野《宋略》二十卷

《王通元经薛氏传》十五卷

马总《通历》十卷

柳芳《唐历》四十卷

崔龟从《续唐历》二十二卷

裴煜之《唐太宗建元实迹》一卷

路惟衡《帝王历数图》十卷

陈岳《唐统纪》一百卷

丘悦《三国典》略二十卷

封演《古今年号录》一卷

薛党《大唐圣运图略》二卷

《帝王照录》一卷

王起《五位图》三卷

苗台符《古今通要》四卷

马永易《元和录》三卷

《大唐中兴新书纪年》三卷不知作者。

韦昭度《续皇王宝运录》十卷

程正柔《大唐补纪》三卷

凌璠《唐录政要》十三卷

《唐天祐二年日历》一卷

杜光庭《古今类聚年号图》一卷

《唐创业起居注》三卷温大雅撰。

《唐高祖实录》二十卷许敬宋、房玄令等撰。

《唐太宗实录》四十卷许敬宗撰。

《唐高宗复修实录》三十卷

《唐武后实录》二十卷

《唐中宗实录》二十卷

《唐睿宗实录》十卷，又五卷并刘知几、吴兢撰。

《唐玄宗实录》一百卷元载、令狐峘撰。

《唐肃宗实录》三十卷元载撰。

《唐代宗实录》四十卷令狐峘撰。

《唐德宗实录》五十卷裴泊等撰。

《唐建中实录》十五卷沈既济撰。

《唐顺宗实录》五卷韩愈撰。

《唐宪宗实录》四十卷

《唐穆宗实录》二十卷并路隋等撰。

《唐敬宗实录》十卷李让夷等撰。

《唐文宗实录》四十卷魏纂修撰。

《唐武宗实录》二十卷

《唐宣宗实录》三十卷

《唐懿宗实录》二十五卷

《唐僖宗实录》三十卷

《唐昭宗实录》三十卷

《唐哀宗实录》八卷并宋敏求撰。

《五代梁太祖实录》三十卷张衮、郄象等撰。

《五代唐懿宗纪年录》一卷

《五代唐献祖纪年录》一卷

《五代唐庄宗实录》三十卷并赵凤、张昭远等撰。

《五代唐明宗实录》三十卷姚颛等撰。

《五代唐愍实录》三卷张昭远等撰。

《五代唐废帝实录》十七卷张昭等同撰。

《五代晋高祖实录》三十卷

《五代晋少帝实录》二十卷并窦贞固等撰。

《五代汉高祖实录》十卷苏逢吉等撰。

《五代汉隐帝实录》十五卷

《五代周太祖实录》三十卷并张昭、尹拙、刘温叟等撰。

《五代周世宗实录》四十卷宁主溥等撰。

《南唐烈祖实录》二十卷高远撰。

《后蜀高祖实录》三十卷

《后蜀主实录》四十卷并李昊撰。

《宋太祖实录》五十卷李沆、沈伦修。

《太宗实录》八十卷钱若水修。

《真宗实录》一百五十卷晏殊等同修。

《仁宗实录》二百卷韩琦等修。

《英宗实录》三十卷曾公亮等修。

《神宗实录朱墨本》三百卷旧录本用墨书，添入者用朱书，删去者用黄抹。

《宋高宗日历》一千卷

《孝宗日历》二千卷

《光宗日历》三百卷

《宁宗日历》五百一十卷，重修五百卷

《神宗日录》二百卷赵鼎、范冲重修。

《神宗实录考异》五卷范冲撰。

《哲宗实录》一百五十卷

《徽宗实录》二百卷并汤思退进。

《徽宗实录》二百卷李焘重修。

《钦宗实录》四十卷洪迈修。

《高宗实录》五百卷傅伯寿撰。

《孝宗实录》五百卷

《光宗实录》一百卷并傅伯寿、陆游等修。

《宁宗实录》四百九十九册

《理宗实录初藁》一百九十册

《理宗日历》二百九十二册

　　又《日历》一百八十册

《度宗时政记》七十八册

《德祐事迹日记》四十五册

孙光宪《续通历》十卷

范质《五代通录》六十五卷

刘蒙叟《甲子编年》二卷

《显德日历》一卷周扈蒙、董淳、贾黄中撰。

龚颖《运历图》三卷

陈彭年《唐纪》四十卷

宋庠《纪年通谱》十二卷

郑向《五代开皇记》三十卷

　　《两朝实录大事》二卷

王玉《文武贤臣治蜀编年志》一卷

武密《帝王兴衰年代录》二卷

《五代春秋》一卷

《十代编年纪》一卷并不知作者。

章寔《历代统纪》一卷

司马光《资治通鉴》三百五十四卷

　　又《资治通鉴举要历》八十卷,《通鉴前例》一卷,《稽古录》二十卷,《历年图》六卷,《通鉴节要》六十卷,《帝统编年纪事珠玑》十二卷,《历代累年》二卷

刘恕《资治通鉴外纪》十卷

　　又《疑年谱》一卷,《通鉴问疑》一卷

章衡《编年通载》十卷

王岩叟《系年录》一卷

　　《元祐时政记》一卷

诸葛深《绍运图》一卷

杨备《历代纪元赋》一卷

胡仔《孔子编年》五卷

朱绘《历代帝王年运铨要》十卷

司马康《通鉴释文》六卷

李焘《续资治通鉴长编》一百六十八卷

　　又《四朝史薰》五十卷,《江左方镇年表》十六卷,《混天帝王五运图古今须知》一卷,《宋政录》十二卷,《宋异录》一卷,《宋年表》一卷,又《年表》一卷

史炤《资治通鉴释文》三十卷

晁公迈《历代记年》十卷

熊克《九朝通略》一百六十八卷

《中兴小历》四十一卷

吕祖谦《大事记》二十七卷

　　又《宋通鉴节》五卷,《吕氏家塾通鉴节要》二十四卷

朱熹《通鉴纲目》五十九卷

　　又《提要》五十九卷

《宋圣政编年》十二卷不知作者。

汪伯彦《建炎中兴日历》一卷

袁枢《通鉴纪事本末》四十二卷

喻汉卿《通鉴总考》一百十二卷

吴鲁《南北征伐编年》二十三卷

徐度《国纪》六十五卷

胡宏《皇王大纪》八十卷

李丙《丁未录》二百卷

李心传《建炎以来系年要录》二百卷

《国史英华》一卷不知作者。

何许《甲子纪年图》一卷

曾愭《通鉴补遗》一百篇

李孟传《读史》十卷

崔惇诗《通鉴要览》六十卷

王应麟《通鉴答问》四卷

胡安国《通鉴举要补遗》一百二十卷

沈枢《通鉴总类》二十卷

张根《历代指掌编》九十卷

李心传《孝宗要略初草》二十三卷

张公明《大宋纲目》一百六十七卷

洪迈《节资治通鉴》一百五十卷

　　又《太祖太宗本纪》三十五卷

　　又《四朝史纪》三十卷

又《列传》一百三十五卷

黄维之《太祖政要》一十卷

吕中《国朝治迹要略》十四卷

右编年类一百五十一部,一万五百七十五卷。《宁宗实录》以下不著录六部,无卷。曾慥《通鉴补遗》以下不著录十五部,九百六十八卷。

王瓘《广轩辕本纪》一卷

《汲冢周书》十卷

郭璞注《穆天子传》六卷

赵晔《吴越春秋》十卷

皇甫遵注《吴越春秋》十卷

司马彪《九州春秋》十卷

赵瞻《史记牴牾论》五卷

《汉书问答》五卷

刘珍等《东观汉纪》八卷

孔衍《春秋后语》十卷

李延寿《南史》八十卷

又《北史》一百卷

元行冲《后魏国典》三十卷

《金陵六朝记》一卷

王豹《金陵枢要》一卷

李匡文《汉后隋前瞬贯图》一卷

李康《唐明皇政录》十卷

袁皓《兴元圣功录》

《功臣录》三十卷

《唐僖宗日历》一卷

刘肃《唐新语》十三卷

《唐总记》三卷

渤海填《唐广德神异录》四十五卷

欧阳迥－作炳《唐录备阙》十五卷

裴潾《大和新修辨谤略》三卷

程光荣－作柔《唐补注记》注记－作纪三卷

曹玄圭《唐列圣统载图》十卷

郭修《唐年纪录》一卷

南卓《唐朝纲领图》五卷

《唐纪年记》二卷

吴兢《开元名臣录》三卷

　　　又《唐太宗勋史》一卷，《唐书备阙记》十卷

高峻《小史》一百十卷

许嵩《建康实录》二十卷

张询古《五代新说》二卷

刘轲《帝王历数歌》一卷

　　　又《唐年历代》一卷

裴庭裕《东观奏记》三卷

《新野史》十卷题"显德元年终南山不名子撰。"

张传靖《唐编记》－作"纪"十卷

胡旦《唐乘》－作"策"七十卷

王沿《唐志》二十一卷

孙甫《唐史记》七十五卷

王皞《唐余录》六十卷

李匡文《两汉至唐年纪》一卷

王禹偁《五代史阙文》二卷

陶岳《五代史补》五卷

詹玠《唐宋遗史》四卷

刘直方《大唐机要》三十卷

苏辙《古史六》十卷

孙冲《五代纪》七十七卷

王轸《五朝春秋》二十五卷

刘攽《五代春秋》一部卷亡。

刘恕《十国纪年》四十二卷

常璩《华阳国志》十卷

《江南志》二十卷

李清臣《平南事览》二十卷

　　《吴书实录》三卷记杨行密事。

《真宗圣政纪》一百五十卷

　　　　又《政要》十卷

《仁宗观文览古图记》十卷

丁谓《大中祥符奉祀记》五十卷,《目》二卷

　　　　又《大中祥符迎奉圣像记》二十卷,《目》二卷

李维《大中祥符降圣记》五十卷,《目》三卷

王钦若《天禧大礼记》五十卷,《目》二卷

吕夷简《三朝宝训》三十卷

李淑《三朝训览图》十卷

钱惟演《咸平圣政录》三卷

李昭遘《永熙政范》二卷

张商英《神宗正典》六卷

林希《两朝宝训》二十一卷

舒亶《元丰圣训》三卷

　　　　《六朝宝训》一部卷亡。

郑居中《崇宁圣政》二百五十五册

　　　　又《圣政录》三百二十三册

贾纬《备史》六卷

　　　　《史系》二十卷

杨九龄《正史杂论》十卷

《河洛春秋》二卷

《历代善恶春秋》二十卷

李筌《阃外春秋》十卷

薛韬玉《帝照》一卷

沈汾《元类》一卷

杨岑《皇王宝运录》三十卷

瞿一作翟骧《帝王受命编年录》十卷

徐麇《三朝革命录》三卷

钱信《皇猷录》一卷

《历代鸿名录》八卷

韦光美《嘉号录》一卷

崔偁《帝王授受图》一卷

牛检《帝王事迹相承图》三卷

《历代君臣图》二卷

龚颖《年一作运历图》八卷

贾钦文《古今代历》一卷

张敦素《通记一作纪建元历》二卷

柳粲《补注正闰位历》三卷

杜光庭《帝王年代州郡长历》二卷

王起《五运图》一卷

曹玄圭《五运图》一作录十二卷

张洽《五运元纪》一卷

《古今帝王记》十卷

卫牧《帝王真伪记》七卷

《纪年志》一卷

武密《帝王年代录》三十卷

郑伯邕《帝王年代图》一卷

　　又《帝王年代记》三卷

焦璐《圣朝年代记》一作"纪"十卷

韦光美《帝王年号图》一卷

汪奇《古今帝王年号录》一卷

李昉《历代年号》一卷

盖君平《重编史隽》三十卷

孙昱《十二国史》十二卷

《西京史略》二卷

《史记掇英》五卷并不知作者。

郑樵《通志》二百卷

萧常《续后汉书》四十二卷

李杞《改修三国志》六十七卷

陈傅良《建隆编》一卷一名《开基事要》。

蔡幼学《宋编年政要》四十卷

　　　　又《宋实录列传举要》十二卷

洪偓《五朝史述论》八卷洪迈孙。

赵甡《中兴遗史》二十卷

楼昉《中兴小传》一百篇

右别史类一百二十三部,二千二百十八卷。赵甡《中兴遗史》以下
不著录二部,一百二十卷篇。

《马史精略》五十六卷

赵世逢《两汉类要》二十卷

周护《三史菁英》三十卷

　　　《十七史赞》三十卷

《三代说辞》十卷不知作者。

孙玉汝《南北史练选》十八卷

《史略》三卷

杨侃《两汉博闻》十二卷

林钺《汉隽》十卷

宗谏《三国采要》六卷

薛儆《晋书金穴钞》十卷

荀绰《晋略》九卷

张陟《晋略》二十卷

杜延业《晋春秋略》二十卷

《晋史猎精》一百三十卷

胡寅《读史管见》三十卷

　　　又《三国六朝攻守要论》十卷

赵氏《六朝采要》十卷

杭旴《金陵六朝帝王统纪》一卷

薛韬玉《唐要录》二卷

张栻《通鉴论笃》四卷

孙甫《唐史论断》二卷

石介《唐鉴》五卷

范祖禹《唐鉴》十二卷

　　　又《帝学》八卷

陈季雅《两汉博议》十四卷

李舜臣《江东十鉴》一卷

陈傅良《西汉史钞》十七卷

《东莱先生西汉财论》十卷吕祖谦论，门人编。

刘希古《历代纪要》五十卷

乔舜《古今语要》十二卷

贾昌朝《通纪》八十卷

赵善誉《读史舆地考》六十三卷一名《舆地通鉴》。

裴松之《国史要览》二十卷

郑昕《史隽》十卷

曹化《史书集类》三卷

朱黼《纪年备遗正统论》一卷

《唯室先生两汉论》一卷陈长方。

张唐英《唐史发潜》六卷

倪遇《汉论》十三卷

陈惇修《唐史断》二十卷

王谦《唐史名贤论断》二十卷

程鹏《唐史属辞》四卷

　　《唐帝王号宰臣录》十卷

《名贤十七史确论》一百四卷不知作者。

胡旦《五代史略》四十二卷

韩保升《文行录》五十卷

李葆《续帝学》一卷

姚虞宾《诸史臣谟》八卷

郑少微《唐史发挥》十二卷

陈天麟《前汉六帖》十二卷

陈应行《读史明辨》二十四卷

　　　　又《读史明辨续集》五卷

师古《三国志质疑》十四卷

　　　　又《西汉质疑》十九卷,《东汉质疑》九卷

《何博士备论》四卷何去非。

陈亮《通鉴纲目》二十三卷

《叶学士唐史钞》十卷不知名。

唐仲友《唐史义》十五卷

　　　　又《续唐史精义》十卷

杨天惠《三国人物论》三卷

李石《世系手记》一卷

《两汉著明论》二十卷

《十二国史略》三卷

《章华集》三卷

《纵横集》二十卷

《十三代史选》五十卷

《南史撮实韵句》三卷

《议古》八卷

《史谱》七卷

《五代纂要赋》一卷

《国朝撮要》一卷

《约论》十卷并不知作者。

李焘《历代宰相年表》三十三卷

　　　又《唐宰相谱》一卷,《王射世表》一卷,《五代三衙将帅年表》一卷

窦济《皇朝名臣言行事对》十二卷

李心传《旧闻证误》十五卷

龚敦颐《符祐本末》一十卷

洪迈《记绍兴以来所见》二卷

右史钞类七十四部,一千三百二十四卷。李焘《历代宰相年表》以下不著录八部,七十五卷。

班固《汉武故事》五卷

蔡邕《独断》二卷

裴垣之《承祚实迹》一卷

王琳《魏郑公谏录》五卷

武平一《景龙文馆记》十卷

吴兢《贞观政要》十卷

　　　又《开元升平源》一卷

苏环《中枢龟鉴》一卷

韩琬《御史台记》十二卷

韦述《集贤注记》二卷

崔庭光《德宗幸奉天录》一卷

沈既济《选举志》三卷

马宇《风池录》五卷

韦执谊《翰林故事》一卷

李吉甫《元和国计略》一卷

刘公铉《邺城旧事》六卷

韦处厚《翰林学士记》一卷

元稹《承旨学士院记》一卷

李德裕《西南备边录》一卷

　　　又《两朝献替记》二卷,《柳氏旧闻》一卷

令狐澄《贞陵遗事》一卷

令狐绹《制表疏》一卷

《李司空论事》七卷唐蒋偕编,李绛所论。

南卓《纲领图》一卷

郑处诲《明皇杂录》二卷

　　　又《天宝西幸略》一卷

《吴湘事迹》一卷不知作者。

王仁豁《开元天宝遗事》一卷

卢骈《御史台三院因话录》一卷

柳玭《续贞陵遗事》一卷

郑向《起居注故事》三卷

苏颂《迩英要览》一部卷亡。

乐史《贡举故事》二十卷,《目》一卷

郑略《敕语堂判》五卷

李巨川《勤王录》二卷

杨钜《翰林旧规》一卷

张著《翰林盛事》一卷

李构《御史台故事》三卷

李肇《翰林内志》一卷

　　　又《翰林志》一卷

苏易简《续翰林志》二卷

《杜宗事迹》一卷

《梁宣底》三卷

《汾阴后土故事》三卷自汉至唐。

《武成王配乡事迹》二十卷并不知作者。

林勤《国朝典要杂编》一卷

李大性《典故辨疑》二十卷

吕夷简、林希进《五朝宝训》六十卷

　　《三朝太平宝训》二十卷

《三朝训鉴图》十卷仁宗制序。

沈该进《神宗宝训》一百卷

《神宗宝训》五十卷不知集知姓名。

洪迈集《哲宗宝训》六十卷

《钦宗宝训》四十卷

《高宗圣政》六十卷

《高宗宝训》七十卷

《孝宗宝训》六十卷并国史实录院进。

史弥远《孝宗宝训》六十卷

《绍兴求贤手诏》一卷

《高宗圣政编要》二十卷乾道、淳熙中修。

《高宗圣政典章》十卷不知作者。

《宋朝大诏令》二百四十卷绍兴中，出于宋绶家。

《永熙宝训》二卷李妨子宗谔纂。

《仁宗观文鉴古图》十卷

王洙《祖宗故事》二十卷

李淑《耕籍类事》五卷

林特《东封西祀朝谒太清宫庆赐总例》二十六卷

韩绛《治平会计录》六卷

李常《元祐会计录》三卷

崔立《故事稽疑》十卷

《孝宗圣政》五十卷

彭龟年《内治圣鉴》二十卷

《光宗圣政》三十卷

富弼《契丹议盟别录》五卷

朱胜非《秀水闲居录》二卷

吕本中《紫微杂记》一卷

蔡絛《北征纪实》二卷

万俟离《太后回銮事实》十卷

汤思退等《永祐陵迎奉录》十卷

大惟简《塞北纪实》三卷

宋敏求《朝贡录》二十卷

张养正《六朝事迹》十四卷

吴彦夔《六朝事迹别集》十四卷

韩元吉《金国生辰语录》一卷

刘珙《江东救荒录》五卷

宋介《执礼集》二卷

陈晔《通州鬻海录》一卷

龚颐正《续稽古录》一卷

洪迈《汉苑群书》三卷

　　又《会稽和买事宜录》七卷

程大昌《北边备对》六卷

《庆历边议》三卷

《开禧通和录》一卷

《开禧持书录》二卷

《开禧通问本末》一卷

《金陵叛盟记》十卷并不知作者。

宋祥《尊号录》一卷

　　又《掖垣丛志》三卷

董煟《活民书》三卷

　　又《活民书拾遗》一卷

《史馆故事录》三卷

《五国故事》二卷并不知作者。

尉迟偓《中朝故事》二卷

孔武仲《金华讲义》十三卷

王禹偁《建隆遗事》一卷

田锡《三朝奏议》五卷

曾致尧《清边前要》五十卷

李至《皇亲故事》一卷

杜镐《铸钱故事》一卷

丁谓《景德会计录》六卷

王曙《群牧故事》三卷

《两朝誓书》一卷景德中，兴契丹往复书。

辛怡显《云南录》三卷

沈该《翰林学士年表》一卷

苏耆《次续翰林志》一卷

钱惟演《金陵遗事》三卷

晁迥《别书金坡遗事》一卷

李宗谔《翰林杂记》一卷

王皞《言行录》一卷

王旦《名贤遗范录》十四卷

余靖《国信语录》一卷

李淑《三朝训鉴图》十卷

陈湜《三朝逸史》一卷

沈立《河防通议》一卷

富弼《救济流民经画事件》一卷

田况《皇祐会计录》六卷

陈次公《安南议》十篇

宋咸平《朝制要览》十五卷

李上交《近事会元》五卷

范镇《国朝事始》一卷

　　又《东斋记事》十二卷

《太平盛典》三十六卷

《国朝宝训》二十卷

《庆历会计录》二卷

《经费节要》八卷并不知作者。

张唐英《君臣政要》四十卷

陈襄《国信语录》一卷

赵概《日记》一卷

司马光《日录》三卷

郏亶《吴门水利》四卷

王安石《熙宁奏对》七十八卷

程师孟《奏录》一卷

罗从彦《宋遵尧录》八卷

何澹《历代备览》二卷

王禹《王家三世书诰》一卷

司马光《涑水记闻》三十二卷

周必大《銮坡录》一卷

　　又《淳熙玉堂杂记》一卷

陈模《东宫备览》一卷

《三朝政录》十二卷

《广东西城录》一卷

《交广图》一卷并不知作者。

曾巩《宋朝政要策》一卷

毕仲衍《中书备对》十卷

李清臣、张诚一《元丰土贡录》二卷

庞元英《文昌杂录》七卷

韩绛、吴充《枢密院时政记》十五卷

苏安《静边说》一卷

薛向《边陲利害》三卷

《仁宗君臣政要》二十卷不知何人编。

范祖禹《仁皇训典》六卷

曾巩《德音宝训》三卷

汪洙《荣观集》五卷

张舜民《使边录》一卷

朱匪躬《馆阁录》十一卷

刘永寿《章献事迹》一卷

曾布《三朝正论》二卷

林虙《元丰圣训》二十卷

家安国《平蛮录》三卷

罗畸《蓬山记》五卷

《明堂诏书》一卷不知集者。

高聿《盐池录》一卷

吴若虚《崇圣恢儒集》三卷

洪榆《创业故事》十二卷

耿延禧《建炎中兴记》一卷

程俱《麟台故事》五卷

洪兴祖《续史馆故事录》一卷

张戒《政要》一卷

李源《三朝政要增释》二十卷

欧阳安永《祖宗英睿龟鉴》十卷

陈骙《中兴馆阁录》十卷

赵翀《广南市舶录》三卷

严守则《通商集》三卷

《契丹礼物录》一卷

《金华故事》一卷

《两朝交聘往来国书》一卷并不知作者。

臧梓《吕丞相勤王记》一卷

李攸《通今集》二十卷

　　又《宋朝事实》三十五卷

袁梦麟《汉制丛录》二十卷

倪思《合宫严父书》一卷

詹仪之《淳熙经筵日进故事》一卷

    又《淳熙东宫日纳故事》一卷

李心传《建炎以来朝野杂记》十一卷

    又《朝野杂记》甲集二十卷,乙集二十卷

陆游《圣政草》一卷

彭百川《治迹统类》四十卷

    又《中兴治迹统类》三十卷

江少虞《皇朝事实类苑》二十六卷

张纲《列圣孝治类编》一百卷

黄度《艺祖宪监》三卷

    又《仁皇从谏录》三卷

赵善誉《宋朝开基要览》十四卷

右故事类一百九十八部,二千九十四卷。彭百川《治迹统类》以下不著录七部,二百二十一卷。

《东汉百官表》一卷不知作者。

陶彦藻《职官要录》七卷

    又《职官要录补遗》十八卷

李吉甫《百司举要》一卷

唐玄宗《六典》三十卷

杜英师《唐职该》一卷

梁载言《具员故事》十七卷

《大唐宰相历任记》二卷

任戬《官品纂要》十卷

《宰辅年表》一卷

《官品式律》一卷

《历代官号》十卷并不知作者。

杨侃《职林》三十卷

孔至道《百官要望》一卷

阎承琬《君臣政要》三十卷

蒲宗孟《省曹寺监事目格子》四十七卷

郗殷象《梁循资格》一卷

王涯《唐循资格》一卷

杜儒童《中书则例》一卷

谭世勣《本朝宰执表》八卷

张文褚《唐文昌损盖》三卷

万当世《文武百官图》二卷

陈绎《宰相拜罢图》一卷

　　　又《枢府拜罢录》一卷,《三省枢密院除目》四卷

司马光《百官公卿表》十五卷

孙逢吉《职官分纪》五十卷

梁劢《职官品服》三十三卷

赵氏《唐典备对》六卷不知名。

《三省仪式》一卷

《职事官迁除体格》一卷

《循资格》一卷

《循资历》一卷

《唐宰相后记》一卷

《国朝撮要》一卷

《宋朝宰辅拜罢图》四卷

《宋朝官制》十一卷

《三省总括》五卷并不知作者。

王益之《汉官总录》十卷

　　　又《职源》五十卷

　　　《宋朝相辅年表》一卷《中兴馆阁书目》云:"臣绎上,《续表》曰
臣易记。"

蔡元道《祖宗官制旧典》三卷

赵邻几《史氏懋官志》五卷

赵晔《宋官制正误沿革职官记》三卷

何异《中兴百官题名》五十卷

龚颐正《宋特命录》一卷

司马光《官制遗稿》一卷

徐自明《宰辅编年录》二十卷

蔡幼学《续百官公卿表》二十卷

　　　又《续百官表质疑》十卷

曾三异《宋新旧官制通考》十卷

　　　又《宋新旧官制通释》二卷

范冲《宰辅拜罢录》二十四卷

徐均《汉官考》四卷

董正工《职官源流》五卷

《金国明昌官制新格》一卷不知何人撰。

杨王休《诸史阙疑》三卷

赵粹中《史评》五卷

王应麟《通鉴地理考》一百卷

　　　又《通鉴地理通释》十四卷

　　　又《汉艺文志考证》十卷

　　　又《汉制考》四卷

　右职官类五十六部,五百七十八卷。杨王休《诸史阙疑》以下不著
录六部,一百三十六卷。

《刘向古列女传》九卷

《汉武内传》二卷不知作者。

郭宪《洞冥记》四卷

班昭《女戒》一卷

伶玄《赵飞燕外传》一卷

皇甫谧《高士传》十卷

袁宏《正始名士传》二卷

葛洪《西京杂记》六卷

习凿齿《襄阳耆旧记》五卷

萧韶《大清纪》十卷

杜宝《大业杂记》十卷

刘悚《国史异纂》三卷

梁载言《梁四公记》一卷

赵毅《大业略记》三卷

颜师古《大业拾遗》一卷

贾闰甫《李密传》三卷

李筌《中台志》十卷

杜儒童《隋季革命记》五卷

《隋平陈记》一卷

魏徵《隋靖列传》一卷

徐浩《庐陵王传》一卷

刘仁轨《河洛行年记》十卷

李恕已《诫子拾遗》四卷

《越国公行状》一卷唐钟绍京事迹。

陈翃《郭令公家传》十卷

　　　又《忠武公将佐略》一卷

殷亮《从颜杲卿家传》一卷

　　　又《颜真卿行状》一卷

李邕《狄梁公家传》一卷

包湑《河洛春秋》二卷

陈鸿《东城父老传》一卷

张鷟《朝野金载》二十卷

　　　又《金载补遗》三卷

李匡文《明皇幸蜀广记图》二卷

郭湜《高力士外传》一卷

姚汝能《安禄山事迹》三卷

《三朝遗事》一卷载张说、姚崇、宋璟事，不知作者。

甘伯宗《名医传》七卷

《临川名—作"贤"士贤—作"名"迹传》三卷

李淑—作"渤"《六贤传》一卷

孙仲《遗士传》一卷

　　《贤牧传》十五卷

张茂枢《张氏家传》三卷

吴操《蒋子文传》一卷

王方庆《魏玄成传》一卷

《郭元振传》一卷

范质《桑维翰传》三卷

李翰《张中承外传》一卷

温畬—作"畬"《天宝乱离记》一卷

刘谏—作"练"《国朝传记》三卷

贺楚《奉天记》一卷

《太和摧凶记》一卷

杨棲白《南行记》一卷

王坤《僖宗幸蜀记》一卷

牛朴《登庸记》一卷

江文秉《都洛私记》十卷

胡峤《陷辽记》三卷

元澄《秦京内外杂记》一卷

《蜀记》一卷

《西戎记》二卷

颜师古《獬豸记》一卷

《静乱安邦记》一卷

《睢阳得死集》一卷载张巡、许远事，不知作者。

沈既济《江淮记乱》一卷

李公佐《建中河朔记》六卷

陈岵《朝廷卓绝事记》一卷

谷况《燕南记》三卷

郑澥《凉国公平蔡录》一卷

李涪《刊误》一卷

陆贽《玄宗编遗录》二卷

韩昱《壶关录》三卷

林恩《补国史》五卷

马总《唐年小录》六卷

杜祐《实佐记》一卷

陈谏等《彭城公事迹》三卷

王昌龄《瑞应图》一卷

路隋《平淮西记》一卷

又《邠志》三卷

李肇《国史补》三卷

李潜用《乙卯记》一卷

房千里《投荒杂录》一卷

李繁《邺侯家传》十卷

李石《开成承诏录》二卷

李德裕《异域归忠传》二卷

又《大和辩谤略》三卷,《会昌伐叛记》一卷

高少逸《四夷朝贡录》十卷

李商隐《李长吉小传》五卷

蔡京《王贵妃传》一卷

李璋《太原事绩杂记》十三卷

张云《咸通庚寅解围录》一卷

郑樵《彭门纪乱》三卷

韩偓《金銮密记》一卷

朱朴《日历》一卷

李氏《大圣列圣园陵记》一卷 不知名。

丘旭《宾朋宴语》一卷

卢言《杂说》一卷

于政立《类林》十卷

李奕《唐登科记》一卷

《唐显庆登科记》五卷

徐锴《登科记》十五卷

乐史《登科记》三十卷

《登科记》一卷

《登科记》二卷起建隆至宣和四年。

张观《二十二国祥异记》三卷。

徐岱《奉天记》

徽宗《宣和殿记》一卷

又《嵩山崇福记》一卷,《太清楼特宴记》一卷,《筠庄纵鹤宣和阁记》一卷,《宴延福宫承平殿记》一卷,《明堂记》一卷,《艮岳记》一卷

陈绎《东西府记》一卷

沈立《都水记》二百卷

又《名山记》一百卷

章惇《导洛通汴记》一卷

李清臣《重修都城记》一卷

王革《天泉河记》一卷

《上党记叛》一卷

宋巨一作"宗拒"《明皇幸蜀录》一卷

赵源一《奉天录》四卷

陆贽《遣使录》一卷

李繁《北荒君长录》三卷

陆希声《北户杂录》三卷

苏特一作"时"《唐代衣冠盛事录》一卷

郑言《平剡录》一卷

《复交阯录》二卷

《哥舒翰幕府故吏录》一卷

李巨川《许国公勤王录》三卷

《乾明一作"宁"会稽录》一卷

《三楚新录》一卷

《英雄佐命录》一卷

《世宗征淮录》一卷

《濠州干戈录》一卷

乐史《孝悌录》二十卷,《赞》五卷

曹希逵一作"逢"《孝感义闻录》三卷

张续《建中西狩录》一卷

元宏《钱塘平越州录》一卷

《潘氏家录》一卷潘美行状、告辞。

胡讷《孝行录》二卷

　　　　又《贤惠录》二卷,《民表录》三卷

李升《登封诰成录》一百卷

凌准《邠志》二卷

郭廷海《妖乱志》三卷

韦瓃《国相事状》七卷

《云南事状》一卷

《刘中州事迹》一卷

《魏玄成故事》三卷

赵寅《赵君锡遗事》一卷

杨时《开成纪事》二卷

杨九龄《桂堂编事》二十卷

范镇《东斋记事》十二卷

李隐一作"随"《唐记奇事》十卷

史演《咸宁王定难实序》一卷

《登科记解题》二十卷

乐史《广孝悌—作"新"书》五十卷

危高《孝子拾遗》十卷

《绍兴名臣正论》一卷题潇湘樵夫序。

《吕颐浩遗事》一卷颐浩出处大概。

《吕颐浩逢辰记》一卷颐浩历官次序。

《朱胜非年表》一卷胜非孙昱上。

《朱胜非行状》一卷刘岑撰。

《奉神述》一卷真宗制。

史浩《会稽先贤祠传赞》二卷

张栻《诸葛武侯传》一卷

赵彦博《昭明事实》二卷

《吕文靖公事状》一卷不知作者。

王岩叟《韩忠献公别录》一卷

《韩忠献公家传》一卷韩琦五世孙庚卿作。

吕祖谦《欧公本末》四卷

《韩庄敏公遗事》一卷韩宗武记。

邵伯温《邵氏辨诬》三卷

薛齐谊《六一居士年谱》一卷

《胡刚中家传》一卷男胡兴宗撰。

黄璞《闽中名士传》一卷

岳珂《吁天辩诬》五卷

李纲等《张忠文节谊录》一卷

陈晔《种师道事迹》一卷

张琰《种师道祠堂碑》一卷

《谈氏家传》一卷谈钥撰。

王淹《槐庭济美录》十卷

《英显张侯平寇录》一卷不知作者。

洪适《五代登科记》一卷

周铸《史越王言行录》十二卷

《刘氏传忠录》三卷刘学衷撰。

《陈瓘墓志》一卷自撰。

《了斋陈先生言行录》一卷陈瓘男正同编。

《赵文定公遗事》一卷不知何人编。

《常谏议长洲政事录》一卷常安民撰。

《朱文公行状》一卷黄榦撰。

李壁《赵鼎行状》三卷

岳珂《去国金佗粹编》二十八卷

吴柔胜《宗泽行实》十卷

李朴《丰清敏遗事》一卷

《刘岳李魏传》二卷张颖撰。

刘球《刘鄜王事实》一十卷

尹机《宿州事实》一卷

石茂良《避羌夜话》一卷

　　　又《靖康录》一卷

《中兴御侮录》一卷

《皇华录》一卷

《南北欢盟录》一卷

《裔夷谋夏录》二卷并不知作者。

张师颜《金虏南迁录》一卷

张棣《金亮讲和事迹》一卷

洪遵《泉志》十五卷

张甲《浸铜要录》一卷

姚康《唐登科记》十五卷

马宇《段公别集》二卷

张陟《唐年经略志》十卷

柳玭《柳氏序训》一卷

柳珵《柳氏家学》一卷

李跃《岚斋集》一卷

段公路《北户杂录》一卷

郑昈《蜀记》三卷

《野史甘露新记》二卷

《讳行录》一卷

《大和野史》三卷

《逸史》一卷

《拓跋记》一卷

《文场盛事》一卷

《杨妃外传》一卷并不知作者。

萧时和《天祚永归记》一卷

薛图存《河南记》二卷

李绰《张尚书故实》一卷

刘昶《岭外录异》三卷

王振《汴水滔天录》一卷

王权《汴州记》一卷

高若拙《后史补》三卷

黄彬《庄宗召祸记》一卷

《晋朝陷蕃记》一卷不知作者。

余知古《渚宫旧事》十卷

张昭《太康平吴录》二卷

王仁裕《入洛记》一卷

　　又《南行记》一卷

《崔氏登科记》一卷不知作者。

范质《魏公家传》三卷

赵普《飞龙记》一卷

勾延庆《成都理乱记》八卷

钱俨《戊申英政录》一卷

阎自若《唐宋汛闻录》一卷

《曹彬别传》一卷曹彬之孙偓撰。

陈承韫《南越记》一卷

蒋之奇《广州十贤赞》一卷

安德裕《滕王广传》一卷

王延德《西州使程记》一卷

张绪《续锦里耆旧传》十卷

沈立《奉使二浙杂记》一卷

路政《乘轺录》一卷

李畋《孔子弟子赞传》六十卷

　　又《乘崖语录》一卷载张永政绩。

张齐贤《洛阳搢绅旧闻记》五卷

张逵《蜀寇乱小录》一卷

曾致尧《广中台记》八十卷

　　又《绿珠传》一卷

许载《吴唐拾遗录》十卷

乐史《唐滕王外传》一卷

又《李白外传》一卷,《洞仙集》一卷

《许迈传》一卷

《杨贵妃遗事》二卷题岷山叟上。

《李昉谈录》一卷李宗谔撰。

《潘美事迹》一卷

《平蜀录》一卷

《国朝名将行状》四卷

《议盟记》一卷

《寇准遗事》一卷

《丁谓谈录》一卷

《郭赟传略》一卷并不知作者。

任升《梁益记》十卷

钱惟演《钱俶贡奉录》一卷

《王旦遗事》一卷王素撰。

寇瑊《奉使录》一卷

王曙《唐余录》六十卷

蔡元翰《唐制举科目图》一卷

刘涣《西行记》一卷

王曾《笔录》一卷

富弼《奉使语录》二卷

　　又《奉使别录》一卷

王曙《戴斗奉使录》一卷

《燕北会要录》一卷

《虏庭杂记》十四卷

《契丹须知》一卷

《阴山杂录》十五卷

《契丹实录》一卷

《学士年表》一卷

《韩琦遗事》一卷

《孙沔遗事》一卷并不知作者。

欧阳修《归田录》八卷

王起《甘陵诛叛录》一卷

赵禼《广州牧守记》十卷

　　又《交阯事迹》八卷

曹叔卿《侬智高》一卷

滕甫《征南录》一卷

冯炳《皇祐平蛮记》二卷

刘敞《使北语录》一卷

《宁景文公笔记》五卷《契丹官仪》及《碧云霞》附。

宋敏求《三川官下记》二卷

　　又《讳行后录》五卷,《入番录》二卷,《春明退朝录》三卷

韩正彦《韩琦家传》十卷

韩潭《爱棠集》二卷

赵寅《韩琦事实》一卷

《杜滋谈录》一卷杜师秦等撰。

李复圭《李氏家传》三卷

朱定国《归田后录》十卷

陈昉《北庭须知》二卷

《王通元经薛氏传》十五卷

宋如愚《剑南须知》十卷

《黄靖国再生传》一卷廖子孟撰。

《曾巩行述》一卷曾肇撰。

《曾肇行述》一卷杨时撰。

《韩琦别录》三卷王岩叟撰。

章邦杰《章氏家传德庆编》一卷

《胡氏家传录》一卷不知作者。

《河南刘氏家传》二卷刘唐老上。

李远《青唐录》一卷

李格非《永洛城记》一卷

　　　又《洛阳名园记》一卷

《赵君锡遗事》一卷赵演撰。

苏辙《僦耳手泽》一卷,《颍滨遗老传》二卷

蔡京《党人记》一卷

吴栻《鸡林记》二十卷

王云《鸡林志》三十卷

《韩文公历官记》一卷程俱撰。

罗诱一作"罗绮"《宜春传信录》三卷

吕希哲《吕氏家塾广记》一卷

《安焘行状》一卷荣辑撰。

马永易《寿春杂志》一卷

李季兴《东北诸蕃枢要》二卷

何述《温陵张贤母传》一卷

洪兴祖《韩子年谱》一卷

孔传《阙里祖庭记》三卷

　　又《东家杂记》二卷

赵令畤《侯鲭录》一卷

王襄《南阳先生传》二十卷

郑熊《番禺杂记》三卷

《范太史遗事》一卷

《范祖禹家传》八卷并范冲编。

《韩琦定策事》一卷韩肖胄撰。

喻子材《丰公逸事》一卷

《刘安世谭录》一卷韩瓘撰。

《种谔传》一卷赵起撰。

刘棐《孝行录》二卷

汪若海《中山麟书》一卷

《胡瑗言行录》一卷关注撰。

胡珵《道护录》一卷

《刘安世言行录》二卷

《范纯仁言行录》三卷

《使高丽事纂》二卷

《平燕录》一卷

《三苏言行》五卷并不知作者。

赵世卿《安南边说》五卷

洪适《宋登科记》二十一卷

董正工《续家训》八卷

洪迈《皇族登科题名》一卷

俞观能《孝悌类鉴》七卷

冯忠嘉《海道记》一卷

《淮西记》一卷

朱熹《五朝名臣言行录》十卷

又《三朝名臣言行录》十四卷

《四朝名臣言行录》十六卷

《四朝名臣言行续录》十卷并不知何人编。

吕祖谦《阃范》三卷

费枢《廉吏传》十卷

徐度《却扫编》三卷

张景俭《嵩岳记》三卷

史愿《北辽遗事》二卷

张隐《文士传》五卷

《郴州记》一卷

《洪厓先生传》一卷

《开运陷虏事迹》一卷

《殊俗异闻集》一卷

《契丹机宜通要》四卷

《契丹事迹》一卷

《古今家诫》二卷

《南岳要录》一卷

《豪异秘录》一卷

《燕北杂录》一卷

《辽登科记》一卷

《三国史记》五十卷并不知作者。

高得相《海东三国通历》十二卷

金富轼《奉使语录》一卷

董弅《诞圣录》三卷

王安石《舒王日录》十二卷

倪思《北征录》七卷

张舜民《郴行录》一卷

关耆孙《建隆垂统略》一卷

张浚《建炎复辟平江实录》一卷

龚颐正《清江三孔先生列传谱述》一卷

邵伯温《邵氏闻见录》一卷

陆游《老学菴笔记》一卷

陈师道《后山居士丛谈》一卷

僧祖秀《游洛阳宫记》一卷

李纲《近世厚德录》一卷

安丙《靖蜀编》四卷

张九成《无垢心传录》十二卷

黎良能《读书日录》五卷

贺成大《濂湘师友录》三十三卷

汪藻《裔夷谋夏录》三卷

　　又《青唐录》三卷

晁公武《稽古后录》三十五卷

又《昭德堂薹》六十卷,《读书志》二十卷,《嵩高樵唱》二卷

范成大《吴门志》五十卷

　　又《揽辔录》一卷,《骖鸾录》一卷,《虞衡志》一卷,《吴船志》一卷

洪迈《赘薹》三十八卷

　　又《词科进卷》六卷,《苏黄押韵》三十二卷

张纲《见闻录》五卷

吴芾《湖山遗老传》一卷

李焘《陶潜新传》三卷

　　又《赵普别传》一卷

右传记类四百一部,一千九百六十四卷。张九成《无垢》、《心传录》以下不著录二十一部,三百十二卷。

宋史卷二○四

志第一五七

艺文三

卫宏《汉旧仪》三卷

应劭《汉官仪》一卷

蔡质《汉官典仪》一卷

《汉制拾遗》一卷不知何人编

萧嵩《唐开元礼》一百五十卷一云王立等作。

　　又《开元礼仪镜》五卷

韦彤《开元礼仪释》二十卷

《开元礼仪镜略》十卷

《开元礼百问》二卷

《开元礼教林》一卷

《开元礼类释》十二卷并不知作者。

颜真卿《历古创置仪》五卷

柳珵《唐礼纂要》六卷

韦公肃《礼阁新仪》三十卷

王彦威一本作"崔灵恩"《续曲台礼》三十卷

王泾《大唐郊祀录》十卷

李随《吉凶五服仪》一卷

《红亭纪吉仪》一卷独孤仪及陆贽撰。

孟诜《家祭礼》一卷

徐闰《家祭仪》一卷

郑正则《祠享仪》一卷

　　　又《家祭仪》一卷

贾琐《家荐仪》一卷

范传式《寝堂时飨仪》一卷

孙日用《仲享仪》一卷

袁郊《服饰变古元录》三卷

裴茝《书仪》三卷

刘岳《吉凶书仪》二卷

陈致雍《曲台奏议集》

　　　又《州县祭祀仪》、《五礼仪镜》六卷,《寝祀仪》一卷

朱熹《二十家古今祭礼》二卷

《政和五礼新仪》二百四十卷郑居中、白时中、慕容彦达、强渊明等撰。

杜衍《四时祭享仪》一卷

刘温叟《开宝通礼》二百卷

卢多逊《开宝通礼仪纂》一百卷

贾昌朝《太常新礼》四十卷。

沿情子《新礼》一卷不知名。

《大中祥符封禅记》五十卷丁谓、李宗谔等撰。

《大中祥符祀汾阴记》五十卷丁谓等撰。

张知白《御史台仪制》六卷

宋绶《天圣卤簿记》十卷

文彦博、高若讷《大飨明堂记》二十卷

文彦博《大飨明堂记要》二卷

欧阳修《太常因革礼》一百卷

韩琦《参用古今家祭式》无卷。

许洞《训俗书》一卷

王安石《南郊式》一百十卷

李德刍《圣朝徽名录》十卷

《国朝祀典》一卷不知作者。

陈襄《郊庙奉祀礼文》三十卷

《诸州释奠文宣王仪注》一卷元丰间重修。

司马光《书仪》八卷

　　　　又《涑水祭仪》一卷,《居家杂仪》一卷

范祖禹《祭仪》一卷

《幸太学仪》一卷元祐六年仪。

《纳后仪》一卷元祐七年仪。

吕大防、大临《家祭仪》一卷

《横渠张氏祭仪》一卷张载撰。

《释奠祭器图》及《诸州军释奠仪注》一卷崇宁中颁行。

《兰田吕氏祭说》一卷吕大均撰。

《伊川程氏祭仪》一卷程颐撰。

《宣和重修卤簿图记》三十五卷蔡攸等撰。

李沆《皇宋大典》三卷

夏休《辨常礼官仪定章九冕服》一卷

《绍兴太常初定仪注》三卷

范寅宾《五祀新仪撮要》十五卷

郑樵《乡饮礼》三卷

　　　　又《乡饮礼图》三卷

史定之《乡饮酒仪》一卷

《中兴礼书》二卷淳熙中,礼部、太常寺编。

《历代明堂事迹》一卷

《仪物志》三卷

《祀祭仪式》一卷

《太常图》一卷并不知作者。

叶克刊《南剑乡饮酒仪》一卷

汪楫《乡饮规约》一卷

《淳熙编类祭祀仪式》一卷齐庆胄所撰。

张维《释奠通祀图》一卷

李稷《公侯守宰士庶通礼》三十卷

赵师粲《熙朝盛典诗》二卷

赵希苍《赵氏祭录》二卷

朱熹《释奠仪式》一卷

　　　又《四家礼范》五卷,《家礼》一卷

李宗思《礼范》一卷

韩挺《服制》一卷

张叔椿《五礼新仪》十五卷

高阅《送终礼》一卷

陈孔硕《释奠仪礼考正》一卷

周端朝《冠婚丧祭礼》二卷集司马氏、程氏、吕氏礼。

管锐《尝闻录》一卷

吴仁杰《庙制罪言》二卷

　　　又《郊祀赘说》二卷

潘徽《江都集礼》一百四卷本百二十卷,今残阙。

和岘《秘阁集》二十卷

王皞《礼阁新编》六十三卷

黄廉《大礼式》二十卷

何洵直、蔡确《礼文》三十卷

《唐吉凶礼仪礼图》三卷

庞元英《五礼新编》五十卷

《大观礼书宾军等四礼》五百五卷,《看详》十二卷

《大观新编礼书吉礼》二百三十二卷,《看详》十七卷

欧阳修《太常礼院祀仪》二十四卷

和岘《礼神志》十卷

孙奭《大宋崇祀录》二十卷

贾昌朝《庆历祀仪》六十三卷

《朱梁南郊仪注》一卷

《吴南郊图记》一卷

王泾一作"浮"《祠仪》一卷

陈绎《南郊附式条贯》一卷

向宗儒《南郊式》十卷

陈旸《北郊祀典》三十卷

蒋猷《夏祭敕令格式》一部卷亡。

宋郊《明堂通仪》二卷

《明堂祫飨大礼令式》三百九十三卷元丰间。

《明堂大飨视朔颁朔布政仪范敕令格式》一部宣和初,卷亡。

王钦若《天书仪制》五卷

　　　又《卤簿记》三卷

冯宗道《景灵宫供奉敕令格式》六十卷

《景灵宫四孟朝献》二卷

《诸陵荐献礼文仪令格式并例》一百五十一册绍圣间,卷亡。

张谔《熙宁新定祈赛式》二卷

张杰《春秋车服图》五卷

刘孝孙《一仪实录衣服名义》二卷

《祭服制度》十六卷

《祭服图》三册卷亡。

《五服志》三卷

裴茞《五服仪》二卷

刘筠《五服年月"年月"一作"用"敕》一卷

《丧服加减》一卷

李至《正辞录》三卷

《朝会仪注》一卷元丰间。

《大礼前天兴殿仪》二卷元丰间。

叶均《徽号册宝仪注》一卷

宋绶《内东门仪制》五卷

李淑《阁门仪制》十二卷

又《王后仪范》三卷

梁颢《阁门仪制》十二卷

又并《目录》十四卷

《阁门集例》并《目录》、《大臣特恩》三十卷

《阁门仪制》四卷

《阁门令》四卷

《蜀坤仪令》一卷

《皇后册礼仪范》八册大观间，卷亡。

《帝系后妃吉礼》并《目录》一百一十卷重和元年。

王岩叟《中宫仪范》一部卷亡。

王兴之《祭鼎仪范》六卷

高中《六尚供奉式》二百册卷亡。

王睿《杂录》五卷

《营造法式》二百五十册元祐间，卷亡。

张直方《打球仪》一卷

李咏《打球仪注》一卷

《高丽入贡仪式条令》三十卷元丰间。

《高丽女真排辨式》一卷元丰间。

《诸蕃进贡令式》十六卷董毡、鬼章一，阇婆一，占城一，层檀一，大食一，勿巡一，注辇一，罗、龙、方、张、石蕃一，于阗、拂菻一，交州一，龟兹、回鹘一，伊州、西州、沙州一，三佛齐一，丹眉流一，大食陀婆离一，人俞卢和地一，陀婆离一，俞卢和地一。

王晋《使范》一卷

李商隐《使范》一卷

《家范》十卷

卢僎《家范》一卷

司马光《家范》四卷

孟说《家祭仪》一卷

周元阳《祭录》一卷

贾氏《葬王播仪》一卷

郑洵瑜《书仪》一卷

杜有晋《书仪》二卷

郑余庆《书仪》三卷

右仪注类一百七十一部，三千四百三十八卷。

《律》十二卷

《律疏》三十卷唐长孙无忌等撰。

《唐式》二十卷

李林甫《开元新格》十卷

　　又《令》三十卷，《唐律令事类》四十卷，《度支长行旨》五卷

《大和格后敕》四十卷

元泳《式苑》四卷

宋璟《旁通开元格》一卷

萧旻《开元礼律格令要决》一卷

裴光庭《开元格令科要》一卷

狄兼謩《开成刑法格》十卷

　《开成详定格》十卷

张戣《大中统类》十二卷

《大中刑法总要》六十卷

《大中已后杂敕》三卷

《大中后杂敕》十二卷

《梁令》三十卷

《梁式》二十卷

《梁格》十卷

《天成长定格》一卷

《天成杂敕》三卷

《天福编敕》三十一卷

张昭《显德刑统》二十卷

姜虔嗣《江南刑律统类》十卷

《江南格令条》八十卷

《蜀杂制敕》三卷

卢纾《刑法要录》十卷

黄克升《五刑纂要录》三卷

《刑法纂要》十二卷

《断狱立成》三卷

黄懋《刑法要例》八卷

张员《法鉴》八卷

田晋《章程体要》二卷

王行先—作"仙"《令律手鉴》二卷

张履冰《法例六赃图》二卷

张佪《判格》三卷

盛度《沿革制置敕》三卷

王皞《续疑狱集》四卷

赵绰《律鉴》一卷

　　《法要》一卷

《外台秘要》一卷

《百司考选格敕》五卷

《宪问》十卷

《建隆编敕》四卷

《开宝长定格》三卷

《太平兴国编敕》十五卷

苏易简《淳化编敕》三十卷

柴成务《咸平编敕》十二卷

丁谓《田农敕》五卷

陈彭年《大中祥符编敕》四十卷

　　又《转运司编敕》三十卷

韩琦《端拱以来宣敕札子》六十卷

　　又《嘉祐编敕》十八卷,《总例》一卷

晁迥《礼部考试进士敕》一卷

吕夷简《一司一务敕》三十卷

贾昌朝《庆历编敕》十二卷,《总例》一卷

《贡举条制》十二卷至和二年。

吴奎《嘉祐录令》十卷

　　又《驿令》三卷

《审官院编敕》十五卷

王珪《在京诸司库务条式》一百三十卷

《铨曹格敕》十四卷

孙奭《律音义》一卷

王海《群牧司编》十二卷

张稚圭《大宗正司条》六卷

王安礼《重修开封府熙宁编》十卷

沈立《新修审官西院条贯》十卷

　　又《总例》一卷

《支赐式》十二卷

《支赐式》二卷

《官马俸马草料等式》九卷

《熙宁新编大宗正司敕》八卷

陈绎《熙编三司式》四百卷

　　又《隋酒式》一卷

《马递铺特支式》二卷

《熙宁新定诸军直禄令》二卷

曾肇《将作监式》五卷

蒲宗孟《八路敕》一卷

李承之《礼房条例》并《目录》十九册卷亡。

章惇《熙宁新定孝赠式》十五卷

又《熙宁新定节式》二卷

《熙宁新定时服式》六卷

《熙宁新定皇亲录令》十卷

《司农寺敕》一卷，式一卷

《熙宁将官敕》一卷

吴充《熙宁详定军马敕》五卷

沈括《熙宁详定诸色人厨料式》一卷

《熙宁新修凡女道士给赐式》一卷

《诸敕式》二十四卷

《诸敕令格式》十二卷

又《诸敕格式》三十卷

张叙《熙宁葬式》五十五卷

范镗《熙宁详定尚书刑部敕》一卷

张诚一《熙宁五路义勇保甲敕》五卷，《总例》一卷

又《学士院等处敕式交并看详》二十卷

《御书院敕式令》二卷

许将《熙宁开封府界保甲敕》二卷

《申明》一卷

沈希颜《元丰新定在京人从敕式三等》卷亡。

李定《元丰新修国子监大学小学元新格》十卷

又《令》十三卷

贾昌朝《庆历编敕》、《律学武学敕式》共二卷

《武学敕令格式》一卷元丰间。

《明堂赦条》一卷元丰间。

曾忧《新修尚书吏部式》三卷

蔡硕《元丰将官敕》十二卷

《贡举医局龙图天章宝文阁等敕令仪式》及《看详》四百一十卷
元丰间。

《宗室及外臣葬敕令式》九十二卷元丰间。

《皇亲禄令并厘修敕式》三百四十卷

吴雍《都举提市易司敕令》并《厘正看详》二十一卷,《公式》二卷元丰间。

《水部条》十九卷元丰间。

朱服《国子监支费令式》一卷

元绛《谳狱集》十三卷

崔台符《元丰编敕令格式》并《敕书德音》、《申明》八十一卷

《吏部四选敕令格式》一部元祐初,卷亡。

《元丰户部敕令格式》一部元祐实初,卷亡。

《六曹条贯》及《看详》三千六百九十四册元祐间,卷亡。

《元祐诸司市务敕令格式》二百六册卷亡。

《六曹敕令格式》一千卷元祐初。

《绍圣续修武学敕格式看详》并《净条》十八册建中靖国初,卷亡。

《枢密院条》二十册,《看详》三十册元祐间,卷亡。

《绍圣续修律学敕令格式看详》并《净条》十二册建中靖国初,卷亡。

《诸路州县敕令格式》并《一时指挥》十三册卷亡。

《六曹格子》十册卷亡。

《中书省官制事目格》一百二十卷

《尚书省官制事目格参照》卷六十七册卷亡。

《门下省官制事目格》并《参照卷旧文净条厘析总目目录》七十二册卷亡。

《徽宗崇宁国子监算学敕令格式》并《对修看详》一部卷亡。

《崇宁国子监画学敕格式》一部卷亡。

沈锡《崇宁改修法度》十卷

《诸路州县学法》一部大观初,卷亡。

《大观新修内东门司应奉禁中请给敕令格式》一部卷亡。

《国子大学辟雍并小学敕令格式申明一时指挥目录看详》一百六十八册卷亡。

郑居中《政和新修学法》一百三十卷

李图南《宗子大小学敕令格式》十五册卷亡。

何执中《政和重修敕令格式》五百四十八册卷亡。

《政和禄令格》等三百二十一册卷亡。

《宗祀大礼敕令格式》一部政和间卷亡。

张动《直达纲运法》并《看详》一百三十一册卷亡。

王韶《政和敕令式》九百三卷

白时中《政和新修御试贡士敕令格式》一百五十九卷。

孟昌龄《政和重修国子监律学敕令格式》一百卷

《接送高丽敕令格式》一部宣和初,卷亡。

《奉使高丽敕令格式》一部宣和初,卷亡。

《明堂敕令格式》一千二百六册宣和初,卷亡。

《两浙福建路敕格式》一部宣和初,卷亡。

薛昂《神霄宫使司法令》一部卷亡。

刘次庄《青囊本旨论》一卷

王晋《使范》一卷

和凝《疑狱集》三卷

窦仪《重祥定刑统》三十卷

卢多逊《长定格》三卷

吕夷简《天圣编敕》十二卷

《天圣令文》三十卷吕夷简、夏竦等撰。

《八行八刑条》一卷大观元年御制。

《崇宁学制》一卷徽宗学校新法。

《附令敕》十八卷庆历中编,不知作者。

《五服敕》一卷刘筠、宋绶等撰。

张方平《嘉祐驿令》三卷

　　　又《嘉祐禄令》十卷

王安石《熙宁详定编敕》等二十五卷

《新编续降并叙法条贯》一卷编治平、熙宁诏旨并官吏犯罪叙法、条贯等事。

　　曾布《熙宁新编常平敕》二卷

　　《审官东院编敕》二卷熙宁七年编。

　　张大中《编修入国条贯》二卷

　　　　又《奉朝要录》二卷

　　范镗《熙宁贡举敕》二卷

　　《八路差官敕》一卷编熙宁总条、审官东院条、流内铨条。

　　《熙宁法寺断例》十二卷

　　《熙宁历任仪式》一卷不知作者。

　　蔡确《元丰司农敕令式》十七卷

　　李承之《江湖淮浙盐敕令赏格》六卷

　　曾伉《元丰新修吏部敕令式》十五卷

　　崔台符《元丰敕令式》七十二卷

　　吕惠卿《新史吏部式》二卷

　　　　又《县法》十卷

　　程龟年《五服相犯法纂》三卷

　　孙奭《律令释文》一卷

　　《续附敕令》一卷庆历中编,不知作者。

　　《三司条约》一卷庆历中纂集。

　　陆佃《国子监敕令格式》十九卷

　　曾旼《刑名断例》三卷

　　章惇《元符敕令格式》一百三十四卷

　　郑居中《学制书》一百三十卷

　　蔡京《政和续编诸路州县学敕令格式》十八卷

　　白时中《政和新修贡士敕令格式》五十一卷

　　李元弼《作邑自箴》一卷

　　张守《绍兴重修敕令格式》一百二十五卷

　　《绍兴重修六曹寺监库务通用敕令格式》五十四卷秦桧等撰。

　　《绍兴重修吏部敕令格式》并《通用格式》一百二卷朱胜非等撰。

《绍兴重修常平免役敕令格式》五十四卷秦桧等撰。

《绍兴重修贡举敕令格式申明》二十四卷绍兴中进。

《绍兴参附尚书吏部敕令格式》七十卷陈康伯等撰。

《绍兴重修在京通用敕令格式申明》五十卷绍兴中进。

《大观告格》一卷

郑克《折狱龟鉴》三卷

《乾道重修敕令格式》一百二十卷虞允文等撰。

《淳熙重修吏部左选敕令格式申明》三百卷龚茂良等撰。

《诸军班直禄令》一卷

郑至道《谕俗编》一卷

赵绪《金科易览》一卷

刘高夫《金科玉律总括持》三卷

《金科玉律》一卷

《金科类要》一卷

《刑统赋解》一卷并不知作者。

韩琦《嘉祐详定编敕》三十卷

王日休《养贤录》三十二卷

《淳熙重修敕令格式》及《随敕申明》二百四十八卷

《淳熙吏部条法总类》四十卷淳熙二年,敕令所编。

《庆元重修敕令格式》及《随敕申明》二百五十六卷庆元三年诏
重修。

《庆元条法事类》八十卷嘉泰元年,敕令所编。

《开禧重修吏部七司敕令格式申明》三百二十三卷开禧元年上。

《嘉定编修百司吏职补授法》一百三十三卷嘉定六年上。

《嘉定编修吏部条法总类》五十卷嘉定中诏修。

赵仝《疑狱集》三卷

《九族五服图制》一卷不知何人编。

《大宗正司敕令格式申明》及《目录》八十一卷绍兴重修。

《编类诸路茶盐敕令格式目录》一卷

右刑法类二百二十一部,七千九百五十五卷。

吴兢《西齐书目录》一卷

母煚《古今书录》四十卷

李肇《经史释文题》三卷

朱遵度《群书丽藻目录》五十卷

《隆安西库书目》二卷不知作者。

《唐秘阁四部书目》四卷

《唐四库搜访图书目》一卷

《梁天下郡县目》一卷

《后唐统类目》一卷

杜镐《龙图阁目》七卷

　　　又《十九代史目》二卷

《太清楼书目》四卷

《玉宸殿书目》四卷

韦述《集贤书目》一卷

《学士院杂撰目》一卷

欧阳伸一作"坤"《经书目录》十一卷

杨九龄《经史书目》七卷

杨松珍《历代史目》十五卷

宗谏注《十三代史目》十卷

商仲茂《十三代史目》一卷

《河南东斋一作"齐"史书目》三卷

曾氏《史鉴》三卷

孙玉汝《唐列圣实录目》二十五卷

《唐书叙例目录》一卷

沈建《乐府诗目录》一卷

蒋彧《书目》一卷

刘德崇《家藏龟鉴目》十卷

田镐、尹植《文枢密要目》七卷

刘沆《书目》二卷

《禁书目录》一卷学士院、司天监同定。

王尧臣、欧阳修《崇文总目》六十六卷

《沈氏万卷堂目录》二卷

欧阳修《集古录》五卷

李淑《邯郸书目》十卷

吴秘《家藏书目》二卷

《秘阁书目》一卷

《史馆书新定书目录》四卷不知作者。

李德刍《邯郸再集书目》三十卷

崔群授《京兆尹金石录》十卷

《国子监书目》一卷

《荆州田氏书总目》三卷田镐编。

刘泾《成都府古石刻总目》一卷

赵明诚《金石录》三十卷

　　又《诸道石刻目录》十卷

徐士龙《求书补阙》一卷

董逌《广川藏书志》二十六卷

郑樵《求书阙记》七卷

　　又《求书外记》十卷，《集古今系时录》一卷，《图谱有无记》二卷，《群玉会记》三十六卷

陈贻范《颍川庆善楼家藏书目》二卷

《遂安堂书目》二卷尤袤集。

《徐州江氏书目》二卷

《吕氏书目》二卷

《三川古刻总目》一卷

《鄱阳吴氏籯金堂书目》三卷

《孙氏群书录》二卷

《紫云楼书目》一卷

《川中书籍目录》二卷

《秘书省书目》二卷

陈骙《中兴馆阁书目》七十卷，《序例》一卷

石延庆、冯至游校勘《群书备检》三卷

晁公武《读书志》四卷

张攀《中兴馆阁续书目》三十卷

《诸州书目》一卷

滕强恕《东湖书自志》一卷

右目录类六十八部，六百七卷。

何承天《姓苑》十卷

林宝《姓苑》三卷

　　又《姓史》四卷，《元和姓纂》十卷

《五姓证事》二十卷

窦从则《系纂》七卷

陈湘《姓林》五卷

李利涉《姓氏秘略》三卷

　　又《编古命氏》三卷，《五声类氏族》五卷

孔平《姓系氏族》一卷

《姓略》六卷

崔日用《姓苑略》一卷

魏子野《名字族》十卷

《同姓名谱》六卷

《尚书血脉》一卷

《春秋氏族谱》一卷

《春秋宗族谥谱》一卷

《帝王历记谱》二卷

《帝系图》一卷

李匡文《天潢源派谱说》一作"统"一卷

　　又《唐皇室维城录》一卷

　　又《李氏房从谱》一卷

李茂嵩一作"高"《唐宗系谱》一卷

《唐书总记帝系》三卷

《宋玉牒》三十三卷

《仁宗玉牒》四卷

《英宗玉牒》四卷

李衢《皇室维城录》一卷

宋敏求《韵类次宗室谱》五十卷

司马光《宗室世表》三卷

《臣案家谱》一卷

黄恭之《孔子系叶传》三卷

《文宣王四十二一作"三"代家状》一卷

《阙里谱系》一卷

赵异世《赵氏大宗血脉谱》一卷

　　《赵氏龟鉴血脉图录记》一卷

令狐峘《陆氏宗系碣》一卷

陆师儒《陆氏英贤记》三卷

《蒋王恽家谱》一卷

王方庆《王氏谱》一卷

《唐汭家谱》一卷

刘复礼《刘氏大宗血脉谱》一卷

《刘与家卷》

王僧孺《徐义伦家谱》一卷

《李用休家谱》二卷

《徐商徐诜家谱》四卷

《周长球家谱》一卷

《费氏家谱》三卷

《钱氏集录》三卷

陆景献《吴郡陆氏宗系谱》一卷

毛渐《毛氏世谱》一部_{卷亡}。

曾肇《曾氏谱图》一卷

洪兴祖《韩愈年谱》一部_{卷亡}。

周文《汝南周氏家谱》一卷

崔班《欧阳家谱》一卷

梁元帝《古今同姓名录》二卷

窦澄之《抚风窦氏血脉家谱》一卷

李林甫《唐室新谱》一卷

　　　又《天下郡望姓氏族谱》一卷

《唐相谱》一卷_{不知作者}。

孔至《姓名古今杂录》一卷

陶麦麟《陶氏家谱》一卷

李匡文《元和县主昭穆谱》一卷

　　　又《皇孙郡王谱》一卷,《玉牒行楼》一卷,《偕日谱》一卷

邢晓《帝血脉小史记》五卷

　　　又《帝王血脉图小史后记》五卷

韦述《百家类例》三卷

韦述、萧颖士《宰相甲族》一卷

裴杨休《百氏谱》五卷

曹大宗《姓源韵谱》一卷

杜信《京兆杜氏家谱》一卷

刘沆《刘氏家谱》一卷

《唐颜氏家谱》一卷

《韩吏部谱录》二卷

《李氏郇王家谱》一卷_{并不知作者}。

唐邴《唐氏谱略》一卷

杨侃《家谱》一卷

《宋仙源积庆图》一卷起僖祖迄哲宗。

《宗室齿序图》一卷

《天源类谱》一卷

《祖宗属籍谱》一卷

《向敏中家谱》一卷向缄撰。

邵思《姓解》三卷

钱惟演《钱氏庆系谱》二卷

王回《清河崔氏谱》一卷

孙秘《尊祖论世录》一卷

苏洵《苏氏族谱》一卷

钱明逸《熙宁姓纂》六卷

魏予野《古今通系图》一卷

李复《南阳李英公家谱》一卷

成铎《文宣王家谱》一卷

吴逯《帝王系家谱》一卷

黄邦俊《群史姓纂韵》六卷

颜屿《衮国公正枝谱》一卷

采真子《千姓编》一卷

《符彦卿家谱》一卷符承宗撰。

《建阳陈氏家谱》一卷

《万氏谱》一卷

《赵群东祖李氏家谱》二卷

《鲜于氏血脉图》一卷

《长乐林氏家谱》一卷并不知作者

丁维皋《百族谱》三卷

邓名世《古今姓氏书辨证》四十卷

李焘《晋司马氏本支》一卷

又《齐梁本支》一卷

徐筠《姓氏源流考》七十八卷

李氏《历代诸史总括姓氏录》一卷

右谱牒类一百十部,四百三十七卷

桑钦《水经》四十卷郦道元注。

《城塚记》一卷按序魏文帝三年,刘裕得此记。

葛洪《关中记》一卷

雷次宗《豫章古今记》三卷

沈怀远《南越志》五卷

梁元帝《贡职图》一卷

杨衒之《洛阳伽兰记》三卷

《炀帝开河记》一卷不知作者。

魏王泰《坤元录》十卷

沙门辨机《大唐西域记》十二卷

梁载言《十道四蕃志》十五卷

韦述《两京新记》五卷

达奚弘通《西南海蕃行记》一卷

马温之《邺都故事》二卷

李吉甫《元和郡国图志》四十卷

元结《九疑山图记》一卷

贾耽《皇华四达》十卷

　　又《贞元十道录》四卷,《国要图》一卷

《方志图》二卷

《三代地理志》六卷

《地理论》六卷

刘之推《文括九土一作“州”要略》三卷

乐史《坐知天下记》四十卷

王曾《九域图》三卷

王洙《皇祐方域图记》三十卷,《要览》一卷

韩郁《十道四蕃引》一卷

赵珣《开元分野图》一卷

又《十道记》一卷

《十八路图》一卷,《图副》二十卷熙宁间天下州府军监县镇图。

李德刍《元丰郡县志》三十卷,《图》三卷

沈括《天下郡县图》一部卷亡。

陈坤臣《郡国入物志》一百五十卷

欧阳忞《巨鳌记》五卷

孙结《唐国鉴图》一卷

曹瑶《国照》十卷

又《元和国计图》十卷

韦澳《诸道山河地名要略》九卷一名《处分语》,一名《新集地理书》。

陈延禧《隋朝洛都记》一卷

又《蜀北路秦程记》一卷,《北征杂记》一卷

姜屿《明越风物志》七卷

元广之《金陵地记》六卷

刘公铉《邺城新记》三卷

李璋《太原事迹》十四卷

卢求《襄阳故事》十卷

《湘中记》一卷

余知古《渚宫故事》十卷

张周封《华阳风俗录》一卷

韩昱《江州事迹》三卷张密注。

韦宙一作"寅"《零陵录》一卷

杨备恩《蜀都故事》二卷

许嵩《六朝宫苑记》二卷

邢昺《景德朝陵地理记》三十卷

韦齐一作"济"沐《云南行记》二卷

马敬寔《诸道行程血脉图》一卷

陈隐之《续南荒录》一卷

韦皋一作"皐"《西南夷事状》二十卷

《西戎记》二卷

张建章《渤海国记》三卷

顾愔《新罗国记》一卷

达奚洪一作"通"《海外三十六国记》一卷

《云南风俗录》十卷

辛怡显《至道云南录》三卷

李德裕《黠戛斯朝贡图》一卷

崔峡《列国入贡图》二十卷

郭璞《山海经赞》二卷

元结《诸山记》一卷

《岳渎福地图》一卷

卢鸿《嵩岳记》一卷

《华山记》一卷

《衡山记》一卷

《峨眉山记》二卷

僧法琳《虞山记》一卷

陆鸿渐《顾渚山记》一卷

令狐见尧《玉笥山记》一卷

沈立《蜀江志》十卷

《宣和编类河防书》一百九十二卷

东方朔《十洲记》一卷

张华《异物评》二卷

刘恂《岭表录异》三卷

《岭表异物志》一卷

孟琯《岭南异物志》一卷

《南海异事》五卷

郑虔《天宝军防录》一卷

林特《会稽录》三十卷

盛度《庸调租赋》三卷

陈传《欧冶拾遗》一卷

毛渐《地理五龙秘法》一部卷亡。

林谞《闽中记》十卷

虞肇《海潮赋》一卷

僧应物《九华山记》二卷

　　　又《九华山旧录》一卷

虞求《成都记》五卷

樊绰《云南志》十卷

　　　又《南蛮记》十卷

李居一《王屋山记》一卷

徐云虔《南诏录》三卷

韦庄《蜀程记》一卷

　　　又《峡程记》一卷

莫休符《桂林风土记》一卷

章僚《海使程广记》三卷

张建章《戴斗诸蕃记》一卷

曹璠《须知国镜》二卷

王权《大梁夷门记》一卷

吴从政《襄沔杂记》三卷

窦滂《云南别录》一卷

陆广微《吴地记》一卷

曹大宗《郡国志》二卷

韦瑾《域中郡国山川图经》一卷

《唐夷逖贡》一卷

《两京道里记》三卷不知作者。

张修《九江新旧录》三卷

张氏《燕吴行役记》二卷不知作者。

罗含《湘中山水记》三卷

平居诲《于阗国行程录》一卷

胡峤《陷虏记》一卷

王德琏《鄱阳县记》一卷

徐锴《方舆记》一百三十卷

范子长《皇州郡县志》一百卷

司马俨《峡山履平集》一卷

潘子韶《峡江利涉集》一卷

杜光庭《续成都记》一卷

范旻《邕管杂记》三卷

李昉《历代宫殿名》一卷

乐史《太平寰宇记》二百卷

魏羽《吴会杂录》一卷

张参《江左记》三卷

陶岳《零陵总记》十五卷

李宗谔《图经》九十八卷

又《图经》七十七卷,《越州图经》九卷,《阳明洞天图经》十五卷

李垂《导河形胜书》一卷

王曾《契丹志》一卷

杨备《恩平郡谱》一卷

刘夔《武夷山记》一卷

程世程《重修闽中记》十卷

郭之美《罗浮山记》一卷

周衡《湘中新记》七卷

陈倩《茅山记》一卷

僧文政《南岳寻胜录》一卷

李上交《豫章西山记》二卷

《广西郡邑图志》一卷张维序。

王靖《广东会要》四卷

张田《广西会要》二卷

刘昌诗《六峰志》十卷

薛常州《地理丛考》一卷

李和篪《舆地要览》二十三卷

《重修徐州图经》三卷嘉定中撰。

《离隼志》十卷

《雁山行记》一卷不知何人编。

王日休《九丘总要》三百四十卷

余矗《圣域记》二十五卷

程大昌《雍录》十卷

钱景衎《南岳胜概》一卷

曾洵《句曲山记》七卷

周淙《临安志》十五卷

谈钥《吴与志》二十卷

潘廷立《富川图志》六卷

韩挺《仪真志》七卷

刘浩然《合肥志》十卷

李说《黄州图经》五卷

童宗说《盱江志》十卷

姜得平又《续志》十卷

袁震《临江军图经》七卷

李伸《重修临江志》七卷

雷孝友《瑞州郡县志》十九卷

田渭《辰州风土记》六卷

袁观《潼川府图经》十一卷

张津《四明图经》十二卷

史正志《建康志》十卷

江文叔《桂林志》一卷

蔡戡《静江府图志》十二卷

熊克《镇江志》十卷

葛元隗《武阳志》十卷

宋宜之《无为志》三卷

胡兆《秋浦志》八卷

罗愿《新安志》十卷

汪师孟《黄山图经》一卷

范成大《桂海虞衡志》三卷

韦楫《昭潭志》二卷

晁百揆《寻阳志》十二卷

吴芸《沅州图经》四卷

《安南土贡风俗》一卷乾道中，安南入贡，客省承诏具其风俗及贡物名数。

程九万《历阳志》十卷

苏思恭《曲江志》十二卷

毛宪《信安志》十六卷

《临贺郡志》一卷不知作者。

萧玠《晋康志》七卷

周端朝《桂阳志》五卷

刘子登《武陵图经》十四卷

郑昉《都梁志》二卷

《赤城志》四十卷陈耆卿序。

陆游《会稽志》二十卷

王中行《潮州记》一卷

《莆阳人物志》三卷郑侨序。

王震《阆苑记》三十卷

冉木《潜潘武泰志》十四卷

赵朴《成都古今集记》三十卷

张朏《齐记》一卷

《南北对镜图》一卷

《混一图》一卷

《西南蛮夷朝贡图》一卷

《巨鳌记》六卷

《交广图》一卷

《平江府五县正图经》二卷并不知作者。

李华《湟川开峡志》五卷

宋敏求《长安志》一十卷

又《东京记》二卷,《河南志》二十卷

陈舜俞《庐山记》二卷

谢颐素《海潮图论》一卷

王瓘《北道刊误志》十五卷

林须《霍山记》一卷

檀林《瓯冶拾遗》一卷

又《大理国行程》一卷

陈冠《熙河六州图记》一卷

王向弼《龙门记》三卷

王存《九域志》十卷

孟猷《上饶志》十卷

滕宗谅《九华山新录》一卷

朱长文《吴郡图经续记》三卷

王正论《古今洛城事类》二卷

王得臣《江夏辨疑》一卷

谭捄《邕管溪洞杂记》一卷

李洪《镇洮补遗》一卷

李献父《隆虑洞天录》一卷

林嶙《永阳志》三十五卷

曾旼《永阳郡县图志》四卷

刘拯《濠上摭遗》一卷

苏氏《夏国枢要》二卷

左文质《吴兴统记》十卷

孙穆《鸡林类事》三卷

马子严《岳阳志》二卷

程缜《职方机要》四十卷

范致明《岳阳风土记》一卷

　　　又《池阳记》一卷

欧阳忞《舆地广记》三十八卷

虞刚简《永康军图志》二十卷

钱绅《同安志》十卷

徐兢《宣和奉使高丽图》四十卷

吴致尧《九疑考古》二卷

洪刍《豫章职方乘》三卷

董棻《严州图经》八卷

厉居正《齐安志》二十卷

洪遵《东阳志》十卷

许靖夫《齐安拾遗》一卷

环中《汴都名实志》三卷

陈哲夫《李渠志》一卷

《续修宜春志》十卷

唐稷《清源人物志》十三卷

李盛《章贡志》十二卷

曾贲《括苍志》十卷

陈柏朋《括苍续志》一卷

赵彦励《莆阳志》十五卷

陆琰《莆阳志》七卷

李献父《相台志》十二卷

《江行图志》一卷沈该订正，不知作者。

《同安后志》十卷

《大禹治水奥录》一卷

《三辅黄图》一卷

《高丽日本传》一卷

《南剑州图经》一卷

《地里图》一卷

《指掌图》二卷

《南海录》一卷

《福建地理图》一卷

《泉南录》二卷

《吴兴杂录》七卷

《南朝宫苑记》一卷

《庐山事迹》三卷并不知作者。

李常《续庐山记》一卷

《东京至益州地里图》卷亡。

《四明山记》一卷

《地里图》一卷

《南岳衡山记》一卷

《考城图经》一卷

《常州风土记》一卷

《清溪山记》一卷

《水山记》一卷

《茅山新记》一卷

《青城山记》一卷

《契丹国土记》、《契丹疆宇图》二卷

《契丹地里图》一卷并不知作者。

李幼杰《莆阳比事》七卷

何友谅《武阳志》二十七卷

陈谦《永宁编》十五卷

黄以宁《惠阳志》十卷

刘牧《建安志》二十四卷

又《建安续志类编》二卷

邹孟卿《宁武志》十五卷

李皋《汀州志》八卷

林英发《景陵志》十四卷

杨彦为《保昌志》八卷

傅岩《郧城志》十二卷

杨泰之《普州志》三十卷

孙祖义《高邮志》三卷

宇文绍奕《临邛志》二十卷

又《补遗》十卷

林晡《姑孰志》五卷

王招《抚湖图志》九卷

杨樋《临漳志》十卷

方杰《清漳新志》十卷

章颖《文州古今记》十二卷

杜孝严《文州续记》四卷

孙㮚《春陵图志》十卷

张贵谟《临汝图志》十五卷

徐自明《零陵志》十卷

又《浮光图志》三卷

梁克家《长乐志》四十卷

张埏《零陵志》十卷

陆峻、丁光远《蕲春志》十卷

段子游《均州图经》五卷

李韦之《邵阳图志》三卷

黄汰《邵阳纪旧》一卷

巩嵘《邵陵类考》二卷

孙显祖《靖州图经》四卷

黄晔《龟山志》三卷

李震《彭门古今集志》二十卷

蔡畤《续同安志》一卷

程叔达《隆兴续职方乘》十卷

项预《吴陵志》十四卷

朱端章《南康记》八卷

　　又《庐山拾遗》二十卷

练文《庐州志》十卷

吴机《吉州记》三十四卷

钱之望、吴莘《楚州图经》二卷

刘宗《襄阳志》四十卷

刘清之《衡州图经》三卷

赵甲《隆山志》三十六卷

邹补之《毗陵志》十二卷

王铢《荆门志》十卷

张孝曾《富水志》十卷

王棨《重修荆门志》十卷

徐得之《郴江记》八卷

史本《古沔志》一卷

周梦祥《赣州图经》卷亡。

阎苍舒《兴元志》二十卷

许开《南安志》二十卷

孙昭先《淮南通川志》十卷

余元一《清湘志》六卷

郑少魏《广陵志》十二卷

褚孝锡《长沙志》十一卷

郑绅《桂阳图志》六卷

黄畴若《龙城图志》十卷

胡至《重修龙城图志》十卷

陈宇《房州图经》三卷

虞太中《临封志》三卷

曹叔达《永嘉志》二十四卷

周澂《永嘉志》七卷

郑应申《江阴志》十卷

梁希夷《新昌志》一卷

马景修《通川志》十五卷

黄环《夷陵志》六卷

马导《夔州志》十三卷

《四明风俗赋》一卷不知何人撰。

丁介《武陵郡离合记》六卷

史定之《番阳志》三十卷

杨潜《云间志》三卷

徐筠《修水志》十卷

张元成《嘉禾志》四卷

邓枢《鹤山丛志》十卷

王宽夫《古涪志》十七卷

李棣《浮光图志》二十卷

林仁伯《右归志》十卷

赵兴清《历阳志补遗》十卷

王知新《合肥志》十卷

霍篪《澧阳图志》八卷

刘伋《陵水图志》三卷

胡槻《普宁志》三卷

王寅孙《沈黎志》二十三卷

赵汝厦《程江志》五卷

　　又《琼管图经》十六卷

刘灏《清源志》七卷

沈作宾、赵不迹《会稽志》二十卷

邵笥《括苍庆元志》一卷

赵善赣《通义志》三十五卷

张士佺《西和州志》十九卷

李修己《同谷志》十七卷

李锜《续同谷志》十卷

义太初《高凉图志》七卷

赵师夋《潮州图经》二卷

郑郧《洋州古今志》十六卷

张怾《甘泉志》十五卷

陈岘《南海志》十三卷

赵伯谦《韶州新图经》十二卷

俞闻中《叙州图经》三十卷

黎伯巽《静南志》十二卷

任逢《垫江志》三十卷

刘德礼《夔州图经》四卷

马纤《续庐山记》四卷

《江州图经》一卷

《宕渠志》二卷

《吉阳军图经》一卷

《忠州图经》一卷

《珍州图经》三卷

《衢州图经》一卷

《沅州图经》四卷

《复州图经》三卷

《果州图经》五卷

《思州图经》一卷

《南平军图经》一卷

《大宁监图经》六卷并不知作者。

　　右地理类四百七部,五千一百九十六卷。

《越绝书》十五卷或云子贡所作。

赵晔《吴越春秋》十卷

司马彪《九州春秋》九卷

常璩《华阳国志》二十卷

和苞《汉赵记》一卷

范亨《燕书》十二卷

萧方《三十国春秋》三十卷

《三十国春秋钞》一卷不知作者。

吴信都镐《淝上英雄小录》二卷

《吴录》二十卷徐铉、高远、乔舜、潘祐等撰。

《南唐书》十五卷不知作者。

王颜《南唐烈祖开基志》十卷

李昊《蜀书》二十卷

蒋文怿《闽中实录》十卷

林仁志《王氏绍远图》三卷

毛文锡《前蜀王氏记事》二卷

《吴越备史》十五卷吴越钱俨托名范坰、林禹撰。

钱俨《备史遗事》五卷

王保衡《晋阳见闻要录》一卷

董淳《后蜀孟氏记事》三卷

徐铉、汤悦《江南录》十卷

路振《九国志》五十一卷

　　　又《楚书》五卷

郑文宝《南唐近事集》一卷

　　　又《江表志》二卷

陈彭年《江南别录》四卷

龙衮《江南野史》二十卷

曾颜《渤海行年记》十卷

胡宾王《刘氏兴亡录》一卷

陶岳《荆湘近事》十卷

周羽冲《三楚新录》三卷

曹衍《湖湘马氏故事》二十卷

王举《天下大定录》十卷

卢臧《楚录》五卷

张唐英《蜀梼杌》十卷

刘恕《十国纪年》四十卷

《闽王事迹》一卷

《高氏世家》十卷

《湖南故事》十三卷

《十国载记》三卷

《江南余载》二卷

《高宗皇帝过江事实》一卷

《广王事迹》一卷并不知作者。

钱惟演《家王故事》一卷

右霸史类四十四部,四百九十八卷

凡史类二千一百四十七部,四万三千一百九卷。

宋史卷二〇五
志第一五八

艺文四

　　子类十七：一曰儒家类，二曰道家类，释氏及神仙附。三曰法家类，四曰名家类。五曰墨家类，六曰纵横家类，七曰农家类，八曰杂家类，九曰小说家类，十曰天文类，十一曰五行类，十二曰蓍龟类，十三曰历算类，十四曰兵书类，十五曰杂艺术类，十六曰类事类，十七曰医书类。

　　《晏子春秋》十二卷
　　《曾子》二卷
　　《子思子》七卷
　　《孟子》十四卷
　　陆善经《孟子注》七卷
　　王雱注《孟子》十四卷
　　蒋之奇《孟子解》六卷
　　《荀卿子》二十卷战国赵人荀况书。
　　杨保注《荀子》二十卷
　　黎錞《校勘荀子》二十卷
　　《鲁仲连子》五卷战国齐人。
　　《董子》一卷董无心撰。
　　《尸子》一卷尸佼撰。

《子华子》十卷自言程氏名本，字子华，晋国人。《中兴书目》曰："近世依托。"朱熹曰："伪书也。"

《孔丛子》七卷汉孔鲋撰。朱熹曰："伪书也。"

桓宽《盐铁论》十卷

扬雄《太玄经》十卷

　　　又《扬子法言》十三卷

张齐《太玄正义统论》一卷

　　　又《太玄释文玄说》二卷

宋惟瀚《太玄经注》十卷

王涯注《太玄经》六卷

柳宗元注《扬子法言》十三卷宋咸补注。

马融《忠经》一卷

《玄测》一卷汉宋衷解，吴陆绩释之。

王符《潜夫论》十卷

关朗《洞极元经传》五卷

《四注孟子》十四卷扬雄、韩愈、李翱、熙时子四家注。

王通《文中子》十卷宋阮逸注。

太宗《帝范》二卷

颜师古《纠缪正俗》八卷

王涯《说玄》一卷

林慎思《续孟子》二卷

韩熙载《格言》五卷

真宗《正统》十卷

徐铉《质论》一卷

许洞《演玄》十卷

刁衎《本说》十卷

王敏《太平书》十卷

贾冈《山东野录》七卷

宋咸《过文中子》十卷

又《太玄音》一卷

章詧《太玄图》一卷

又《太玄经发隐》一卷

聱隅子《歔欷微论》一卷黄晞撰。

邵亢《体论》十卷

周惇颐《太极通书》一卷

司马光《潜虚》一卷

又《文中子传》一卷,《集注四家扬子》十三卷,《集注太玄经》六卷并司马光集。《家范》十卷

师望《元鉴》十卷

范镇《正书》一卷

张载《正蒙书》十卷

又《杂述》一卷

程颐《遗书》二十五卷

《语录》二卷程颐与弟子问答,《孟子解》四卷程颐门人记。

徐积《节孝语》一卷江端礼录。

吕大临《孟子讲义》十四卷

苏辙《孟子解》一卷

王令《孟子讲义》五卷

龚原《孟子解》十卷

陈旸《孟子解义》十四卷

张谥《孟子音义》三卷

丁公著《孟子手音》一卷

孙奭《孟子音义》二卷

刘安世《语录》二卷

王开祖《儒志》一卷

游酢《孟子解义》十四卷

又《杂解》一卷

谢良佐《语录》一卷

陈禾《孟子传》十四卷

晁说之《易玄星纪谱》二卷

陈渐《演玄》七卷

许允成《孟子新义》十四卷

范冲《要语》一卷

张九成《孟子拾遗》一卷

　《语录》十四卷

张宪武《劝学录》六卷

刘子翚《十论》一卷

张行成《潜虚衍义》十六卷

　　　又《皇极经世索隐》一卷,《观物外篇衍义》九卷,《翼玄》十二卷

郑樵《刊缪正俗跋正》八卷

文轸《信书》三卷

《宋衷解太玄义经诀》十卷李沂集。

马休《删孟子》一卷

陈之方《致君尧舜论》一卷

　　　又《削荀子疵》一卷

徐庸《注太玄经》十二卷

　　　又《玄颐》一卷

僧全莹《太玄略例》一卷

王绍珪《古今孝悌录》二十四卷

尹惇《孟子解》十四卷

《语录》四卷尹惇门人冯忠恕、祁宽、吕坚中记。

邹浩《孟子解》十四卷

朱熹《孟子集注》十四卷

　　　又《孟子集义》十四卷,《或问》十四卷,《延平师弟子问答》一卷,《语录》四十三卷朱熹门人所记。

张栻《孟子详说》十七卷

又《孟子解》七卷

蔡沉《至书》一卷

张氏《孟子传》十六卷

钱文子《孟子传赞》十四卷

王汝猷《孟子辨疑》十四卷

《诸儒鸣道集》七十二卷濂溪、涑水、横渠等书。

程迥《诸论辨》一卷

《近思录》十四卷朱熹、吕祖谦编类周惇、程颐、程颢、张载等书。

《外书》十二卷程颢、程颐讲学。

邵雍《渔樵问对》一卷

祝禹圭《东西铭解》一卷

苏籀《遗言》一卷

曾发《泮林讨古》二卷

张《九成语录》十四卷

胡宏《知言》一卷

《丽泽论说集》十卷吕祖谦门人记。

周葵《圣传录》一卷

吴仁杰《盐石论》丙丁二卷

陈舜申《审是集》一卷

涂近正《明伦》二卷

彭龟年《止堂训蒙》二卷

《吕氏乡约仪》一卷吕大钧撰。

《李公省心杂言》一卷不知名。

董与几《学政发纵》一卷

高登《修学门庭》一卷

刘敞《弟子记》一卷

《石月至言》一卷余应求刊其父之言。

戴溪《石鼓孟子答问》三卷

陈师道《后山理究》一卷

《北山家训》一卷

《伊洛渊源》十三卷

《闻见善善录》一卷

《质疑请益》一卷并不知作者

杨浚《韦子内篇》三卷

　　　又《圣典》三卷

王向《忠经》三卷

刘诔《续说苑》十卷

《法圣要言》十卷

李琪《皇王大政论》十卷

高举《帝道书》十卷

鲁大公《公侯正术》十卷

萧佚《牧宰政术》二卷

赵莹《群臣政论》二十五卷

　　《兴政论》三卷

丘光庭《康教论》一卷

张弧《素履子》一卷

张陟《里训》十卷

赵澡《中庸论》一卷

赵邻几《鲰子》一卷

朱昂《资理论》三卷

何涉《治道中说》三十篇卷亡。

龚鼎臣《中说解》十卷

范祖禹《帝学》八卷

章怀太子《修身要览》十卷

太宗《文明政化》十卷

真宗《承华要略》二十卷

《名墨纵横家无所增益答迩英圣问》一卷仁宗书三十五事，丁度
等答。

颜之推《家训》七卷

狄仁杰《家范》一卷

《先贤诫子书》二卷

《开元御集诫子书》一卷

《古今家戒》四卷

黄讷《家戒》一卷

柳玭《戒子拾遗》十卷

孙奕《示儿编》一部

右儒家类一百六十九部，一千二百三十四卷、篇。

河上公《老子道德经注》一卷

严遵《老子指归》十三卷

王弼《老子注》二卷

　　　又《道德略归》一卷

陆修静《老子道德经杂说》一卷

傅奕《道德经音义》二卷

唐玄宗注《老子道德经》二卷有序。

唐玄宗《道德经音疏》六卷

成玄英《道德经开题序诀义疏》七卷

杜光庭《道德经广圣义疏》三十卷

僧文傥《道德经疏义》十卷

赵至坚《道德经疏》三卷

张惠超《道德经志玄疏》三卷

陆氏《道德经传》四卷

扶少明《道德经谱》二卷

《谷神子注经诸家道德经疏》二卷河上公、葛仙公、郑思远、睿宗、
玄宗疏。

李若愚《道德经注》一卷

乔讽《道德经疏义节解》二卷

《道德经小解》一卷

陈景元《道德注》二卷

蒋之奇《老子解》二卷

　　又《老子系辞解》二卷

张湛《列子音义》一卷

张昭《补注庄子》十卷

张烜《庄子通真论》三卷

《南华真经篇目义》三卷

李暹《训文子注》十二卷

朱弁《文子注》十二卷

墨布一作"希"子《文子注》十二卷

王源《亢仓子注》三卷

《亢仓子音义》一卷

范乾元一作"九"《四子枢要》二卷

卫偕一作"稽"《白术子》三卷

太公等《阴符经注》一卷

张果《阴符经注》一卷

　　又《阴符经辨命论》一卷

袁淑真《阴符经注》一卷

　　又《阴经经疏》三卷

《阴符集解》五卷

韦洪《阴符经疏诀》一卷

蔡望《阴符经注》一卷

　　又《阴符经要义》一卷

《阴符经小解》一卷

张鲁《阴符经元义》一卷

李靖《阴符机》一卷

房山长注《大册黄帝阴符经》一卷

梁丘子注《黄庭内景玉经》一卷

《黄庭外景经》一卷

《黄庭外景玉经注诀》　一卷

《黄庭五藏论图》一卷

《老子黄庭内视图》一卷

胡愔《黄庭内景图》一卷

　《黄庭外景图》一卷

魏伯阳《周易参同契》三卷

　《参同大易志》三卷

徐从事注《周易参同契》三卷

《参同契合金丹行状十六变通真诀》一卷

郑远之《参同契心鉴》一卷

张处《参同契大易图》一卷

晁公武《老子通述》二卷

《老子道德经三十家注》六卷唐道士张君相集解。

葛玄《老子道德经节解》二卷

《道德经内解》二卷不知作者。

《老子道德经内节解》二卷题尹先生注。

王顾《老子道德经疏》四卷

李荣《老子道德经注》二卷

李约《老子道德经注》四卷

碧云子《老子道德经藏室纂微》二卷不知名。

《老子道德经义》二卷

《老子指例略》一卷并不知作者。

张湛《列子注》八卷

郭象注《庄子》十卷

成玄英《庄子疏》十卷

文如海《庄子正义》十卷

　　又《庄子邈》一卷

《黄帝阴符经》一卷旧目云,骊山老母注,李筌撰。

《集注老子》二卷明皇、河上公、王弼、王雱等注。

吕知常《老子讲义》十二卷

李筌《阴符经疏》一卷

《阴符玄谭》一卷不知作者。

《文子》十二卷旧书目云，周文子撰。

《鹖冠子》三卷不知姓名。《汉志》云："楚人，居深山，以鹖羽为冠，因号云。"

《亢仓子》三卷一名庚桑子。战国时人，老子弟子。

《抱朴子别旨》二卷不知作者。

司马子微《坐忘论》一卷

《天机经》一卷

《道体论》一卷

《无能子》一卷并不知作者。

吴筠《玄纲》一卷

刘向《关尹子》九卷

刘骥《老子通论语》二卷

徽宗《老子解》二卷

　　《列子解》八卷

吕惠卿《庄子解》十卷

司马光《老子道德经注》二卷

苏辙《老子道德经义》二卷

赵令穆《老子道德经解》二卷

李士表《庄子十论》一卷

沈该《阴符经注》一卷

朱熹《周易参同契》一卷

朱安国《阴符元机》一卷

程大昌《易老通言》十卷

右道家类一百二部，三百五十九卷。

鸠摩罗什译《金刚般若波罗蜜经》一卷

沙门昙景译《佛说未曾有因缘经》二卷

玄奘译《波般若波罗蜜多心经》一卷

般刺密帝弥伽释迦译《首楞严经》十卷

《佛说一乘究竟佛心戒经》一卷

《佛说三亭厨法经》二卷

《佛说法句经》一卷

《佛垂涅槃略说教戒经》一卷四经失译。

马鸣大师《摩诃衍论》五卷,《起信论》二卷

僧肇《宝藏论》三卷

彦宗《福田论》一卷

道信《大乘入道坐禅次第要论》一卷

法林《辨正论》八卷陈子良注。

慧海大师《入道要门论》一卷

净本和尚《论语》一卷

惠能《仰山辨宗论》一卷

《劝修破迷论》一卷

《金沙论》一卷

《明道宗》一卷

《偈宗秘论》一卷四论不知撰人。

法藏《心经》一卷

惟悫《首楞严经疏》六卷

宗密《圆觉经疏》六卷

《圆觉道场修证仪》十八卷,《起信论钞》三卷

傅大士、宝志《金则经赞》一卷

惠能《金刚经口义诀》二卷

　　　《金刚大义诀》二卷

大白和尚《金刚经诀》一卷

法深《起信论疏》二卷

忠师《百法明门论疏》二卷

萧子良《统略净住行法门》一卷

元康《中观论三十六门势疏》一卷

《华严法界观门》一卷宋密注。

傅大士《心王传语》一卷

　　《行道难歌》一卷

竺道生《十四科元赞义记》一卷

灌顶《国清道场百录》一卷

楞伽山主《小参录》一卷

道宣《通感决疑录》一卷

《大唐国师小录法要集》一卷

绍修《漳州罗汉和尚法要》三卷持琛。

白居易《八渐真议》一卷

张云《元中语宝》三卷

大阆和尚《显宗集》一卷

《大云和尚要法》一卷惠海。

元觉《一宿觉传》一卷

魏静《永嘉一宿觉禅宗集》一卷

《达摩血脉》一卷

本先《竹林集》一卷

宝觉禅师《见道颂》一卷寓言居士注。

道瑾《禅宗理性偈》一卷

《石头和尚参同契》一卷宗美注。

《惠忠国师语》一卷冉氏。

《东平大师默论》一卷

义荣《天台国师百会语要》一卷

齐宝《神要》三卷

怀和《百丈广语》一卷

统休《无性和尚说法记》一卷

惠明《楼贤法隽》一卷

《龙济和尚语要》一卷

《荷泽禅师微决》一卷

杨士达《禅关八问》一卷_{宗美}。

句令《禅门法印传》五卷

《净惠禅师偈讼》一卷

义净《求法高僧传》二卷

飞锡《往生净土传》五卷

法海《六祖法宝记》一卷

　　《坛经》一卷

卒崇《僧伽行状》一卷

灵湍《摄山楼霞寺记》一卷

师质《前代王修行记》一卷

卢求《金刚经报应记》三卷

贤首《华严经纂灵记》五卷

元伟《真门圣胄集》五卷

《云居和尚示化宝录》一卷

觉旻《高僧纂要》五卷

智月《僧美》三卷

裴休《拾遗问》一卷

神澈《七科义状》一卷

梦徵《内典编要》十卷

《紫陵语》一卷

《大藏经音》四卷

《真觉传》一卷

《浑混子》三卷解《宝藏论》。

《遗圣集》一卷

《菩提心记》一卷

《积元集》一卷

《相传杂语要》一卷

《德山集》一卷 仰山、沩山语。

《会昌破胡集》一卷

《妙香丸子法》一卷

《润文官录》一卷 唐人。

《迦叶祖裔记》一卷

《释门要录》五卷 《紫陵》以下不知撰人。

十朋《请祷集》一卷

《瑞象历年记》一卷

《惟劲禅师赞讼》一卷

《释华严漩洑偈》一卷

马裔孙《看经赞》一卷

《法喜集》二卷

文益《法眼禅师集》一卷

《法眼禅师集真赞》一卷

高越《舍利塔记》一卷

可洪《藏经音义随函》三十卷

建隆《雍熙禅颂》三卷

魏德蕃《无上秘密小录》五卷

程说《释氏蒙求》五卷

延寿《感通赋》一卷

李遵《天圣广灯录》三十卷

吕夷简《景祐宝录》二十一卷

僧肇《宝藏论》一卷

又《般若无知论》一卷,《涅槃无名论》一卷

僧慧皓《高僧传》十四卷

僧佑《弘明集》十四卷

僧宝唱《比丘尼传》五卷

僧佑《释迦谱》五卷

甄鸾《笑道论》三卷

僧慧可《达摩血脉论》一卷

费长房《开皇历代三宝记》十四卷

　　　又《开皇三宝录总目》一卷

《国清道场百录》五卷僧灌顶纂，僧智顗修。

僧法琳《破邪论》三卷

　　　又《辩正论》八卷

僧彦琮《释法琳别传》三卷

僧慧能《注金坛经》一卷

　　　又撰《金刚经口诀》一卷

僧慧昕注《坛经》二卷

僧辨机《唐西域志》十二卷

僧道宣《续高僧传》三卷

　　　又《佛道论衡》三卷，《三宝感应录》三卷，《释迦氏谱》一卷

《弘明集》三十卷

僧政觉《金沙论》一卷

僧会神《荷泽显宗记》一卷

《华严法界观门》一卷僧法顺集，僧宗密注。

僧宗密《禅源诸诠》二卷

　　　又《原人论》一卷，《大乘起信论》一卷

魏静《永嘉一宿觉禅师集》一卷

僧道世《法苑珠林》一卷

僧慧忠《十答问语录》一卷

《无住和尚说法》二卷僧钝林集。

僧普愿《语要》一卷

《庞蕴语录》一卷唐于頔编。

僧神清《北山参元语录》十卷

僧慧海《顿悟入道要门论》一卷

僧义净《求法高僧传》三卷

僧元应《唐一切经音义》一十五卷

僧澄观《华严经疏》十卷

僧绍修《语要》一卷

裴休《传心法要》一卷

《唐六译金刚经赞》一卷郑覃等撰。

僧慧祥《古清凉传》二卷

《释迦方志》一卷唐终南大一山僧撰。

僧应之《四注金刚经》一卷

僧延寿《宗镜录》一百卷

僧赞宁《僧史略》三卷

僧道原《景德传灯录》三十卷

晁迥《法藏碎金》十卷

《道院集要》三卷不知作者。

僧延昭《众吼集》一卷

僧重显《瀑布集》一卷

　　　又《语录》八卷

僧世冲《释氏咏史诗》三卷

僧居本《广法门名义》一卷

僧慧皎《僧史》二卷

僧契嵩《辅教编》三卷

僧省常《钱塘西湖净社录》三卷

僧道诚《释氏须知》三卷

僧道诚《释氏要览》三卷

王安石注《维摩诘经》三卷

朱士挺《伏虎行状》一卷

《僧自严行状》一卷陈嘉谟撰。

李之纯《成都大悲寺集》二卷

　　　又《成都大慈寺记》二卷

僧惟白《续灯录》三十卷

僧宗颐《劝孝文》二卷

　　　又《禅苑清规》十卷

蹇序辰《诸经译梵》三卷

王敏中《劝善录》六卷

杨谔《水陆仪》二卷

僧智达《祖门悟宗集》二卷

楼颖《传翕小录要集》一卷

僧宗永《宗门统要》十卷

僧智圆《闲居编》五十一卷

僧怀深注《般若波罗密多心经》一卷

僧原白注《登道歌》一卷

僧宗杲《语录》五卷黄文昌撰。

僧慧达《夹科肇论》二卷

僧应乾《楞严经标指要义》二卷

僧灵操《释氏蒙求》一卷

僧马鸣《释摩诃衍论》十卷

僧阇那多迦译《罗汉颂》一卷

僧菩提达磨《存想法》一卷

　　　又菩提达磨《胎息诀》一卷

《颂证道歌》一卷篇首题正觉禅师撰。

《净慧禅师语录》一卷

《莲社十八卷贤行状》一卷

《法显传》一卷

《诸经提要》二卷

《五公符》一卷

《宝林传录》一卷并不知作者。

李通玄《华严合论》一卷

张戒注《楞伽集注》八卷

佛陁多罗译《圆觉经》二卷

般剌密谛译《楞严经》十卷

《法宝标目》十卷王右编。

僧肇译《维摩经》十卷

晁迥《耄智余书》三卷

《八方珠玉集》四卷大圆、涂毒二僧集诸家禅语。

王日休《金则经解》四十二卷

　　《净土文》十一卷王日休撰。

《语录》二卷松源和尚讲解答问。

《普灯录》三十卷僧正受集。

《诸天传》二卷僧行霆述。

《奏对录》一卷佛照禅师淳熙奏对之语。

《崇正辨》三卷胡寅撰。

　　右释氏类二百二十二部,凡百四十九卷。

刘向《列仙传》三卷

王褒《桐柏真人王君外传》一卷

周李通《玄洲上卿苏君记》一卷

葛洪《神仙传》十卷

　　《马阴二君内传》一卷,《上真众仙记》一卷,《隐论杂诀》一卷,《金木万灵诀》一卷,《抱朴子养生论》一卷,《太清玉碑子》一卷葛洪与郑惠远问答。

《二女真诗》一卷紫微夫人及东华中侯王夫人作。

《施真人铭真论》一卷

旌阳令《许逊灵剑子》一卷

《黄帝内传》一卷钱铿得于石室。

东方朔《十洲三岛记》一卷

淮南王刘安《太阳真粹论》一卷

黄玄钟《蓬莱山西鳌远丹诀》一卷

娄敬《草衣子还丹歌》一卷

魏伯阳《还丹诀》一卷

《周易门户参同契》一卷,《大丹九转歌》一卷

华佗《老子五禽六气诀》一卷

陆修静《老子道德经杂说》一卷

《五牙导引元精经》一卷

《黄庭经》一卷其文初为五言四章,后皆七言,论人身扶养修治之理。

李千乘《黄庭中景经注》一卷

尹喜《黄庭外景经注》一卷

襄楷《大平经》一百七十卷

李坚《东极谢真人传》一卷

王禹锡《海陵三仙传》一卷

施肩吾《真仙传道集》二卷

《三往铭》一卷,《西都群仙会真记》一卷

长孙滋《崔氏守一诗传》一卷

吴筠《神仙可学论》一卷

又《形神可固论》一卷,《著生论》一卷,《明真辨伪论》一卷,《心目论》一卷,《玄门论》一卷,《元纲论》一卷,《诸家论优劣事》一卷,《辨方士惑论》一卷

杜光庭《二十四化诗》一卷

又《二十四化图》一卷,《神仙感遇传》十卷,《墉城集仙录》十卷,《应现图》三卷,《仙传拾遗》四十卷,《历代帝王崇道记》一卷,《道教灵验记》二十卷,《道经降传世授年载图》一卷

谢良弼《中岳吴天师内传》一卷

李渤《李天师传》一卷

《真系传》一卷

张隐居《演龙虎上经》二卷

卢潘《侯真人传》一卷

沈汾《续仙传》三卷

尹文操《楼观先师本行内传》一卷

《玄元圣记经》十卷

刁珧《广仙录》一卷

见素子《洞仙传》十卷

傅元镇《应缘道传》十一卷

晞阳子《宝仙传》三卷

《南岳夫人清虚玉君内传》一卷

范邈《南岳魏夫人内传》一卷

李遵《三茅君内传》一卷

梁日广《释仙论》一卷

赤松子《中诫篇》一卷

《金石论》一卷

《门天老历》一卷

冷然子《学神仙法》一卷

贾嵩《陶先生传序》三卷

吴先主孙氏《太极左仙公神仙本起内传》一卷

华峤《真人周君内传》一卷

《刘海蟾诗》一卷

《太一真君固命歌》一卷 晋葛洪译。

张融《三破论》一卷

陶弘景《养性延命录》二卷

《导引养生图》一卷,《神仙玉芝瑞草图》二卷,《上清握中诀》三卷,《登真隐诀》三十五卷,《真诰》十卷

华阳道士韦处玄注《老子西升经》二卷

魏县峦法师《服气要诀》一卷

陈处士同洪让书《老子道经》一卷

李淳风《正一五真图》一卷

孙思邈《退居志》一卷

《真气铭》一卷,《九幽福寿论》一卷,《龙虎乱日篇》一卷

李用德《晋州羊角山庆历观记》一卷

王元正《清虚子龙虎丹》一卷

《骊山母黄帝阴符大丹经解》一卷房山长集。

吴兢《保圣长生纂要坐隅障》二卷

僧一行《天真皇人九仙经》一卷

尹愔《老子五厨经注》一卷

周莅《颖阳书》一卷

昝商《导养方》三卷

李广《中指真诀》一卷

僧遵化《养生胎息诀》一卷

高骈《性箴金液颂》一卷

黄仲山《玄珠龟镜》三卷

裴铉《延寿赤书》一卷

张果《紫录丹砂表》一卷

　　《内具妙用诀》一卷,《休粮服气法》一卷

《大易志图参同经》一卷玄宗与叶静能、一行答问语。

王绅《太清宫简要记》一卷

康真人《气诀》一卷

卢遵元《太上肘后玉经方》一卷

杨知玄《淮南王练圣法》一卷

《老子元道经》一卷南统孟谪仙传授。

李延章《中元论》一卷

胡微《玉景内篇》二卷

《黄庭内景五藏六腑图》一卷大白山见素女子胡愔撰。

王悬河《三洞珠囊》三十卷

王贞范《洞天集》二卷

捷神子《唐元指玄篇》一卷

《中央黄老君洞房内经》一卷

《黄老中道君洞房内经》一卷

《黄老神临药经》一卷

《太清真人络命诀》一卷

《太上老君血脉论》一卷

《灵宝服食五芝精》一卷

《黄帝内经灵枢略》一卷

《黄帝九鼎神丹经诀》十卷

《黄帝内丹诀》一卷

《太极真人风鸣炉火经》一卷

《紫微帝君王经宝诀》一卷

《太上老君服气胎息诀》一卷

《老子中经》二卷

《老子神仙历藏经》一卷

《王母太上还童采华法》一卷

《紫微帝君紫庭秘诀》一卷

《茅真君静中吟》一卷

《王茅君杂记》一卷

《阴真君还丹歌》一卷

《金液还丹歌》一卷

《元君付道传心法门》一卷

《徐真君丹诀》一卷

《张真君灵芝集》一卷

《彭君诀黄白五元神丹经》一卷

《太一真君元丹诀》一卷

陈大素《九天飞步内诀真经》一卷

河间真人刘演《金碧潜通秘诀》一卷

大白山李真人《调元妙经》一卷

陈少微《大洞炼真宝经》一卷

申天师《服气要诀》一卷

张天师《石金记》一卷

玄元先生《日月混元经》一卷

郑先生《不传气经》一卷

建平然先生《少来苦乐传》一卷

赤城隐士《服药经》三卷

卧龙隐者《少玄胎息歌》一卷

蜀郡处士《胎息诀》一卷

成都李道士《太上洞玄灵宝修真论》一卷

务元子《混成经》一卷

务成子注《太上黄庭内景经》一卷

含光子《契真刊谬玉钥匙》一卷

邓云子《清虚真人裴君内传》一卷

广成子《灵仙秘录阴丹经》一卷

　　　《紫阳金碧经》一卷,《升玄养生论》

青霞子《旨道篇》一卷

　　　又《龙虎金液还丹通玄论》一卷,《宝藏论》一卷

易元子《劝道诗》一卷

逍遥子《内指通玄诀》三卷

《摄生秘旨》一卷

升玄子《造化伏汞图》一卷

颖阳子《神仙修真秘诀》十二卷

元阳子《金石还凡诀》一卷

真一子《金钥匙》一卷

《九真中经》一卷赤松子传。

畅元子《杂录经诀尊用要事》一卷

狐刚子《粉团》五卷

左掌子《证道歌》一卷

中皇子《服气要诀》一卷

桑榆子《新旧气经》一卷

玄明子柳冲用《巨胜歌》一卷

叶真卿《玄中经》一卷

丁少微《真一服元气法》一卷

洞元子通元子《通玄指真诀》一卷

真常子《服食还丹证验法》一卷

烟萝子《内真通玄歌》一卷

独狐滔《丹方镜源文》三卷

天台白云《服气精义论》一卷

徐怀遇《学道登真论》一卷

曹圣图《铅汞五行图》一卷

张素居《金石灵台记》一卷

高先《大道金丹歌》一卷

陈君举《朝元子玉芝书》三卷

吕洞宾《九真玉书》一卷

陶植《蓬壶集》三卷

《修仙要诀》一卷华子期授于角里先生。

《上相青童太上八术知彗灭魔神虎隐文》一卷

碧岩张道者《中山玉柜服神气经》一卷

《司世抱阳剑术》一卷

金明七真人《三洞奉道科诫》三卷

杨归年《修真延秘集》三卷

阴长生《三皇经》一卷

马明生《赤龙金虎中铅炼七返还丹诀》卷亡。

上官翼《养生经》一卷

王弁《新旧服气法》一卷

傅士安《还丹决》一卷

徐道邈注《老子西升经》二卷

刘仁会注《西升经》一卷

张随《解参同契》一卷

李审《颐神论》二卷

处士刘词《混俗颐生录》一卷

闾丘方远《太上经秘旨》一卷

道士张乾淼《自然券立成仪》一卷

张承先《度灵宝经表具事》一卷

《玉晨奔日月图》一卷

《真秘诀》一卷 宝冠授达磨。

僧玄玄《疑甄正论》三卷

王长生《紫微内庭秘诀》三卷

《传授五法立成仪》一卷

寒山子《大还心鉴》一卷

守文居镒《长生纂要》一卷

《庄周气诀》一卷

《郎然子诗》一卷

山居道士《佩服经符仪》一卷 不知名。

苏登《天老神光经》一卷

《内外丹诀》二卷 集王元正、李黄中等撰。

《崔公入药镜》三卷

《混元内外观》十卷

张君房《云笈七签》百二十卷

乐史《总仙秘录》一百三十卷

余卞《十二真君传》二卷

贾善翔《高道传》十卷

《犹龙传》三卷

张隐龙《三茅山记》一卷

王松年《仙苑编珠》一卷

李昌龄《感应篇》一卷

朱宋卿《徐神翁语录》一卷

《太宗真宗三朝传授赞咏仪》二卷

真宗《汴水发愿文》一卷

徽宗《天真示现记》三卷

陈搏《九室指玄篇》一卷

王钦若《七元图》一卷

《先天纪》三十六卷,《翊圣保德传》三卷

丁谓《降圣记》三十卷

耿肱《养生真诀》一卷

青霞子《丹台新录》九卷

李思聪《道门三界永》三卷

张端《金液还丹悟真篇》一卷

彭晓《周易参同契分章通真仪》三卷

《参同契明鉴诀》一卷

姚称《摄生月令图》一卷

钱景衍《南岳胜概编》一卷

谢修通《玉笥山祖记实录》一卷

张无梦《还元篇》一卷

《纯阳集》一卷

《上清五牙真秘诀》一卷

《二仙传》一卷

《成仙君传》一卷

《刘真人传》一卷

《平都山仙都观记》二卷

《师谱》一卷

《十真记》一卷

《仙班朝会图》五卷

《赖卿民》一卷

《大还丹照鉴登仙集》一卷

《断谷要法》一卷

《裴君传行事诀》一卷

《太上墨子枕中记》二卷

《太上太素玉录》一卷

《太上仓元上录》一卷

《学仙辨真诀》一卷

《洞真金元八景玉录》一卷

《五岳真形图》一卷

《祭六丁神法》一卷

《神仙杂歌诗》一卷

《玄门大论》一卷

《九转丹歌》一卷

《太和楼观内纪本草记》一卷

《老群出塞记》一卷

《五岳真形论》一卷

《黄帝三阳经五明乾嬴坤巴诀》一卷

《正一肘后修用诀》一卷

《正一法文目》一卷

《正一论》一卷

《正一上元九星图》一卷

《正一修行指要》三卷

《正一法十箓召仪》一卷

《正一奏章仪》一卷

《正一醮江海龙王神仪都功版仪》一卷

《太上符镜》一卷

《谷神赋》一卷

《黄书过度仪》一卷

《太上八道命籍》二卷

《灵宝圣真品位》一卷

《灵宝飞云天篆》一卷

《上清佩文诀》五卷

《上清佩文黑券诀》一卷

《福地记》一卷

《曲素优乐慧辞》一卷

《皇人三一图》一卷

《西升记》一卷

《胎精记解结行事诀》一卷

《高上金真元箓》一卷

《长睡法》一卷

《大洞玄保真养生论》一卷

《曲素诀辞》一卷

《太上丹字紫书》一卷

《绝玄金章》一卷

《紫风赤书》一卷

《灵宝步虚词》一卷

《金纽太清阴阳戒文》一卷

《太上紫书录传》一卷

《度太一玉传仪》一卷

《奔日月二景隐文》一卷

《司命杨君传记》一卷

《回耀太真隐书》一卷

《思道诚》一卷

《潘尊师传》一卷

《三尸经》一卷

《金简集》三卷

《无名道者歌》一卷

《大丹会明论》一卷

《太清真人九丹神秘经》一卷

《金镜九真玉书》一卷

《八公紫府河车歌》一卷

《大还秘经》一卷

《神仙肘后三宫诀》二卷

《太极紫微元君补命秘录》一卷

《老君八纯玄鼎经》一卷

《海蟾子还金篇》一卷

《太清篇火式》一卷

《太一真人五行重玄论》一卷

《龙虎大还丹秘诀》一卷

《炼五神丹法》一卷

《太清丹经经》一卷

《神仙庚辛经》一卷

《紫白金丹诀》一卷

《仙公药要诀》一卷

《三十六水法》一卷

《金虎赤龙经》一卷

《玉清内书》一卷

《太上老子服气口诀》一卷

《烧炼杂诀法》一卷

《太清金液神丹经》三卷

《休粮诸方》一卷

《胎息根旨要诀》一卷

《修真内炼秘诀》一卷

《上清修行诀》一卷

《大道感应论》一卷

《太上习仙经契录》一卷

《回耀飞光日月精气上经》一卷

《摄生增益录》一卷

《神气养形论》一卷

《服饵仙方》一卷

《铅汞指真诀》一卷

《服食日月皇华诀》一卷

《神仙药名隐诀》一卷

《炼花露仙醮诀》一卷

《缮生集》一卷

《道术旨归》一卷

《按摩要法》一卷

《醮人神法》一卷

《上清大洞真经玉诀》一卷

《草金丹法》一卷

《十二月五藏导引》一卷

《大易二十四篇》一卷

《服气炼神秘诀》一卷

《老君金书内序》一卷

《尹真人本行记》一卷

《陶陆问答》一卷

《诸家修行纂要》一卷

《谷神秘诀》三卷

《太清导引调气经》一卷

《大玄部道兴论》二十七卷

《富贵日用篇》一卷

《入室思赤子经》一卷

《饵芝草黄精经》一卷

《治身服气诀》一卷

《玉皇圣台神用诀》一卷

《烧金石药法》一卷

《神仙服食经》一卷

《三天君烈纪》一卷

《养生要录》三卷

《神仙九化经》一卷

《调元气法》一卷

《太上保真养生论》一卷

《神仙秘诀三论》三卷

《元君肘后术》三卷

《山水穴窦图》一卷

《养生诸神仙方》一卷

《五经题迷》一卷

右神仙类三百九十四部，一千二百十六卷。

右道家附释氏神仙类凡七百十七部，二千五百二十四卷。

《管子》二十四卷齐管夷吾撰。

《商子》五卷卫公孙鞅撰。

《慎子》一卷慎到撰。

《韩子》二十卷韩非撰。

尹知章注《管子》十九卷

杜佑《管氏指略》二卷

丁度《管子要略》五篇卷亡。

董仲舒《春秋廖事》一作"狱"十卷丁氏主，黄氏正。

李文博《治道集》十卷

张去华《大政要录》三卷

右法家类十部，九十九卷。

《公孙龙子》一卷赵人。

《尹文子》一卷齐人。

《邓析子》二卷郑人。

《刘邵人物志》二卷

杜周士《广人物志》二卷

右名家类五部，八卷。

《墨子》十五卷宋墨翟撰。

右墨家类一部,十五卷。

《鬼谷子》三卷

高诱注《战国策》三十三卷

鲍彪注《国策》十卷

右纵横家类三部,四十六卷。

《夏小正戴氏传》四卷傅崧卿注。

蔡邕《月令章句》一卷

杜台卿《玉烛宝典》十二卷

唐玄宗《删定礼记月令》一卷

李林甫《注解月令》一卷

韩鄂《岁华纪丽》四卷

韦行规《月录》一卷

李绰《秦中岁时记》一卷一名《咸镐记》。

李邕《金谷园记》一卷

徐锴《岁时广记》一百二十卷内八卷阙。

贾昌朝《国朝时令集解》十二卷

宋绶《岁时杂咏》二十卷

刘安靖《时镜新书》五卷

孙岊《备阅注时令》一卷

《岁中记》一卷

《十二月纂要》一卷

《保生月录》二卷

《四时录》四卷并不知作者。

张方《夏时志别录》一卷

　　又《夏时考异》一卷

《许状元节序故事》十二卷许尚编。

真宗《授时要录》十二卷

孙思邈《齐人月令》三卷

宗懔《荆楚岁时记》一卷

李绰《辇下岁时记》一卷

刘靖《时鉴杂—作"新"书》四卷

岑贲《月壁》一卷

孙翰《月鉴》二卷

嵇含《南方草木状》三卷

贾思勰《齐民要术》十卷

则天皇后《兆人本业》三卷

陆羽《茶经》三卷

　　　又《茶记》一卷

温庭筠《采茶录》一卷

《茶苑杂录》一卷不知作者。

张又新《煎茶水记》一卷

韩鄂《四时纂要》十卷

贾敳《医牛经》卷亡。

淮南王《养蚕经》一卷

孙光宪《蚕书》三卷

秦处度《蚕书》一卷

毛文锡《茶谱》一卷

史正志《菊谱》一卷

任玮《彭门花谱》一卷

周序《洛阳花木记》一卷

陶朱公《养鱼经》一卷

熊寅亮《农子》一卷

贾朴《牛书》一卷

王旻《山居要术》三卷

　　　又《山居杂要》三卷,《山居种莳要术》一卷

戴凯之《竹谱》三卷

无求子《酒经》一卷不知姓名。

大隐翁《酒经》一卷

《是斋售用》一卷

李淳风《四民福禄论》二卷

《牛皇经》一卷

《辨五音牛栏法》一卷

《农家切要》一卷

《荔枝故事》一卷并不知作者。

封演《钱谱》一卷

张台《钱录》一卷

于公甫《古今泉货图》一卷

侯氏《萱堂香谱》一卷

范如圭《田夫书》一卷

贾元道《大农孝经》一卷

陈靖《劝农奏议》三十篇

林勋《本政书》十卷

　　　又《本政书比较》二卷,《治地旁通》一卷

王章《水利编》三卷

僧赞宁《笋谱》一卷

僧仲休《花木录》一卷

丁谓《北苑茶录》三卷

　　　又《天香传》一卷

欧阳修《牡丹谱》一卷

蔡襄《茶录》一卷

沈立《香谱》一卷

　　　又《锦谱》一卷

《茶法易览》十卷

丁度《土牛经》一卷

孔武仲《芍药谱》一卷

张峋《花谱》一卷

沈括《志怀录》三卷

窦苹《酒谱》一卷

冯安世《林泉备》五卷

吕惠卿《建安茶用记》二卷

刘攽《芍药谱》一卷

王观《芍药谱》一卷

洪刍《香谱》五卷

章炳文《壑源茶录》一卷

吴良辅《竹谱》二卷

葛澧《酒谱》一卷

高伸《食禁经》三卷

刘异《北苑拾遗》一卷

宋子安《东溪茶录》一卷

陈翥《桐谱》一卷

张宗海《花木录》七卷

周绛《补山经》一卷

叶庭珪《南番香录》一卷

楼璹《耕织图》一卷

曾安正《禾谱》五卷

僧之谨《农器谱》三卷

陈旉《农书》三卷

熊蕃《宣和北苑贡茶录》一卷

韩彦直《永嘉橘录》三卷

王居安《经界弓量法》一卷

右农家类一百七部，四百二十三卷、篇。

《鬻熊子》一卷

吕不韦《吕氏春秋》二十六卷高诱注。

陆贾《新语》二卷

贾谊《新书》十卷

《淮南子鸿烈解》二十一卷淮南王安撰。

许慎注《淮南子》二十卷

高诱注《淮南子》十三卷

刘向《新序》十卷

　　　又《说苑》二十卷

仲长统《昌言》二卷

王充《论衡》三十卷

边谊《续论衡》二十卷

应劭《风俗通义》十卷

徐干《中论》十卷

《蒋子万机论》十卷魏蒋济撰。

诸葛亮《武侯十六条》一卷

沈颜《聱书》十卷

《傅子》五卷晋傅玄撰。

陆机《正训》十卷

崔豹《古今注》三卷

周蒙《续古今注》三卷

张华《博物志》十卷

葛洪《抱朴子内篇》二十卷

　　　又《抱朴子外篇》五十卷

《刘子》三卷题刘昼撰。

奚克让《刘子音释》三卷

　　　又《音义》三卷

湘东王绎《金楼子》十卷

庾仲容《子钞》三十卷

顾野王《符瑞图》二卷

《孙绰子》十卷

范泰《古今善言》三十卷

沈约《袖中记》三卷

《尹子五机论》三卷

商孝逸《商子新书》三卷

郑玮《道言录》三卷

杜正论《百行章》一卷

李文博《治道集》十卷

虞世南《帝王略论》五卷

刘严《刍荛论》三卷

李贤《修书要览》十卷

罗隐《两同书》二卷

李直方《正性论》一卷

韩熙载《格言》五卷

　　　又《格言后述》三卷

黄希《声隅书》十卷

李淳风《感应经》三卷

魏徵《时务策》一卷

　　　又《祥瑞录》十卷

牛敬则《十代兴亡论》十卷

张说《才命论》一卷

杨相如《君臣政要论》三卷

赵自勔《造化权舆》六卷

《元子》十卷元结撰。

杜佑《理道要诀》十卷

皇甫选注《何亮本书》三卷

邵元《体论》十卷

马总《意林》三卷

　　　又《意枢》二十卷

林慎思《伸蒙子》三卷

丘光庭《规书》一卷

　　又《兼明书》十二卷

牛希济《理源》二卷

　　又《治书》十卷

朱朴《致理书》十卷

卢藏用《子书要略》三卷

臧嘉猷《史玄机论》十卷

欧阳浚《周纪圣贤故实》十卷

徐融《帝王指要》三卷

张辅《宰辅明鉴》十卷

赵湘《补政忠言》十篇卷亡。

徐氏《忠烈图》一卷

《孝义图》一卷

赵彦卫《云麓漫钞》二十卷

　　又《云麓续钞》二卷

南唐后主李煜《杂说》二卷

《刘子法语》二十卷刘鹗撰。

　　又《通论》五卷

宋齐丘《化书》六卷

　　又《理训》十卷

葛澧《经史撮微》四卷

刘赓《稽瑞》一卷

赵蕤《长短要术》九卷

吴筠《两同书》二卷

马缟《中华古今注》三卷

苏鹗《演义》十卷

乐朋龟《五书》一卷

徵微子《服饰变古》一卷

狐刚子《感应类从谱》一卷

通幽子《灵台隐秘宝符》一卷扶风隐者。

李恂《前言往行录》三卷

《尹子》五卷

郑至道《谕俗编》一卷

彭仲刚《谕俗续编》一卷

黄岩《虑牺范围图传》一卷

张时举《弟子职女诫乡约家仪乡仪》一卷

李宗思《尊幼仪训》一卷

吕本中《官箴》一卷

何薳《春渚记闻》十三卷

王普《答问难疑》一卷

徐度《崇道却扫编》十三卷

吴曾《漫录》十三卷

魏泰《书可记》一卷

　　　又《续东轩杂录》一卷

冯忠恕《涪陵记》一卷

洪兴祖《圣贤眼目》一卷

　　　又《语林》五卷

姚宽《丛语》上下二卷

唐稷《砚冈笔志》一卷

吴箕《常谭》二卷

袁采《世范》三卷

　　　又《歠歗子》一卷

叶适《习学记言》四十五卷

项安世《项氏家记》十卷

徐彭年《涉世录》二十五卷

　　　又《涉世后录》二十五卷,《坐忘论》一卷

吕祖谦《紫微语录》一卷

叶模《石杯过庭录》三十七卷

李石《乐善录》十卷

刘鹏《县务纲目》二十卷

周朴《三教辨道论》一卷

僧赞宁《物类相感志》十卷

　　　又《要言》二卷

柳寀《薮记》十卷

王锜《动书》一卷

宋祁《笔录》一卷

龙昌期《天保正名论》八卷

胥余庆《瑞应杂录》十卷

刁衎《治道中术》三卷

朱景先《默书》三卷

邓绾《驭臣鉴古论》二十卷

王韶《敷阳子》七卷

《天鬻子》一卷不知姓名。

吴宏《群公典刑》二十卷

高承《事物纪原》十卷

陈瓘《中说》一卷

孔平仲《良史事证》一卷

李新《塾训》十三卷

　　　又《欲书》五卷

李格非《史传辨志》五卷

晁说之《客语》一卷

方行可《治本书》一卷

王扬英《黼扆诫》一卷

何伯熊《机密利害》一卷

李皓《审理书》一卷

张大楫《翠微洞隐》百八十卷

李易《要论》一卷

何亮《本书》三卷

刘长源《治本论》一卷

郑樵《十说》二卷

潘祖《志筌书》二卷

洪氏《杂家》五卷不知名。

《瑞录》十卷

《冗录》一卷

《治狱须知》一卷

《之官申戒》一卷

《瑞应图》十卷

《玉泉子》一卷

《中兴书》一卷

《汲世论》一卷并不知作者。

《东管子》十卷

李子《正辨》十卷

刘潜《群书集》三卷

成嵩《韵史》一卷

陈鄂《十经韵对》二十卷

　　又《四库韵对》九十九卷

魏玄成《祥应—作"瑞"图》十卷

刘振《通籍录异》二十卷

赵志忠《大辽事迹》十卷

　　右杂家类一百六十八部，一千五百二十三卷、篇。

宋史卷二〇六
志第一五九

艺文五

《燕丹子》三卷

东方朔《神异经》二卷晋张华传。

师旷《禽经》一卷张华注。

王子年《拾遗记》十卷晋王嘉撰。

《干宝搜神总记》十卷

《宝椟记》十卷并不知作者。

殷芸《小说》十卷

刘义庆《世说新语》三卷

任方《述异记》二卷

吴均《续齐谐记》一卷

沈约《俗说》一卷

陶弘景《古今刀剑录》一卷

江淹《铜剑赞》一卷

顾协《钱谱》一卷

颜之推《还冤志》三卷

阳松玠《八代谈薮》二卷

张说《五代新说》二卷

　　又《鉴龙图记》一卷

陆藏用《神告录》一卷

刘𫗧《传记》三卷

　　又《隋唐佳话》一卷,《小说》三卷

段成式《西阳杂俎》二十卷

　　又《续酉阳杂俎》十卷,《卢陵官下记》二卷

封演《闻见记》五卷

张读《宣室志》十卷

唐临《冥报记》二卷

陆长源《辨疑志》三卷

柳宗源《龙城录》一卷

《柳氏小说旧闻》六卷柳公权撰。

柳珵《常侍言旨》一卷

卢弘正《昭义军别录》一卷

温造《瞿童述》一卷

韦绚《戎幕闲谈》一卷

　　又《刘公嘉话》一卷,《宾客佳话》一卷

房千里《南方异物志》一卷

钟辂《前定录》一卷

刘轲《牛羊日历》一卷

李翱《卓异记》一卷

李德裕《志支机宝》一卷

　　又《幽怪录》十四卷

李商隐《杂纂》一卷

范摅《云溪友议》十一卷

陆勋《集异志》二卷

李复言《续玄怪录》五卷

李亢《独异志》十卷

袁郊《甘泽谣》一卷

裴紫芝《续卓异记》一卷

郑遂《洽闻记》二卷

康骈《剧谈录》二卷

马扱《云仙散录》一卷

尉迟枢《南楚新闻》三卷

皇甫枚《三水小牍》二卷

王睿《炙毂子杂录》五卷

胡璩《谈宾录》五卷

刘崇远《金华子杂编》三卷

赵璘《因话录》六卷

郭良辅《武孝经》一卷

《女孝经》一卷侯莫陈邈妻郑氏撰。

皇甫松《酒孝经》一卷

罗邵《会稽新录》一卷

李隐《大唐奇事》十卷

   又《潇湘录》十卷

陈输《异闻集》十卷

焦潞《神稽异苑》十卷

李匡文《资暇录》三卷

颜师古《隋遗录》一卷

郑棨《开天传信记》一卷

俞子《萤雪丛说》一卷

李义山《杂藁》一卷

刘存《事始》三卷

刘睿《续事始》三卷

冯鉴《续事始》五卷

李浚《松窗小录》一卷

刘愿《知命录》一卷

张固《幽闲鼓吹》一卷

《会昌解颐录》五卷

《树萱录》三卷

《桂苑丛谈》一卷

《闻奇录》三卷

《溟洪当》二卷

《灵怪集》一卷

《灯下闲谈》二卷

《续野人闲话》三卷

《吴越会粹》一卷并不知作者。

《阙史》一卷参寥子述。

《佛孝经》一卷旧题名鹗,不知姓。

陈善《扪虱新话》八卷

吴会《能改斋漫录》十三卷

卢氏《逸史》一卷

刘氏《耳目记》二卷

调露子《角力记》一卷

沈氏《惊听录》一卷并不知名。

《汉武帝洞冥记》四卷东汉郭宪编。

史虚白《钓矶立谈记》一卷

陈致雍《晋安海物异名记》三卷

綦师系《元道孝经》一卷

文谷《备忘小钞》二卷

杜光庭《虬须客传》一卷

僧庭藻《续北齐还冤志》一卷

高择《群居解颐》三卷

王仁裕《玉堂闲话》三卷

石文德《唐新纂》三卷

刘曦度《鉴戒录》三卷

潘遗《纪闻谈》一卷

皮光业《妖怪录》五卷

逢行珪《鬻子注》一卷

李讽《撰林》五卷

郑余庆《谈绮》一卷

《续同归说》三卷

王定保《摭言》十五卷

李绰一作"纬"《尚书故实》一卷

柳祥《潇湘录》十卷

陆希声《颐山录》一卷

柳玭《家学要录》二卷

《赂子解》一作"录"一卷

何光远《鉴诫录》三卷

　　　　又《广政杂录》三卷

薄仁裕《蜀广政杂记》一作"纪"十五卷

杨士逵《儆戒录》五卷

王仁裕《见闻录》三卷

又《唐末见闻录》八卷

韦绚《佐谈》十卷

周文玘《开颜集》二卷

皮光业《皮氏见闻录》十三卷

《启颜录》六卷,《三余外志》三卷

杨九龄《三感志》三卷

段成式《锦里新闻》三卷

牛肃《纪闻》十卷崔造注。

周随《南溪子》三卷

卢光启《初举子》三卷

《玉泉笔论》五卷

李遇之《浅疑论》三卷

金利用《玉溪编事》三卷

玉川子《啸旨》一卷

《章程》四卷

孙棨《北里志》一卷

胡节还《醉乡小略》一卷

《同归小说》三卷

杨鲁龟《令圃芝兰集》一卷

《唐说纂》四卷

司马光《游山行记》十二卷

赵瞻《西山别录》一卷

唐恪《古今广说》一百二十卷

张舜民《南迁录》一卷

高彦休《阙史》三卷

林思 一作"黄仁望"《史遗》一卷

黄仁望《续遗》五卷

《兴国拾遗》二十卷

姚崇《六诫》一卷

李大夫《诫女书》一卷

海鹏《忠经》一卷

《正顺孝经》一卷

曹希达《孝感义闻录》三卷

东方朔《感应经》三卷

王毅 一作"谷"《报应录》三卷

夏大珏 一作"侯大珏"《奇应录》五卷

狐刚子《灵图感应歌》一卷

周子良《冥通记》四卷

牛僧孺《玄怪录》十卷

李复言《搜古异录》十卷

焦璐《搜神录》三卷

麻安石《祥异集验》二卷

陈邵 一作"召"《通幽记》三卷

吴淑《异僧记》一卷

杜光庭《录异记》十卷

李玫一作"政"《纂异记》一卷

元真子《神异书》三卷

裴铏《传奇》三卷

　　《传载》一卷

曹大雅《灵异图》一卷

裴约言《灵异志》五卷

曾寓《鬼神传》二卷

曹衍《湖湘神仙显异》三卷

《灵怪实录》三卷

秦再思《洛中纪异》十卷

《秉一作"乘"异》三卷

《贯怪图》二卷

钟辂《感定录》一卷

冯鉴《广前定录》七卷

赵自勤《定命录》二卷

温奢《续定命录》一卷

陈翰一作"翱"《卓异记》一卷

乐史《续广卓异记》三卷

《小名录》三卷

陆龟蒙《古今小名录》五卷

《名贤姓字相同录》一卷

《三教论》一卷

周明辨《五经评判》六卷

虞荔《古今鼎录》一卷

《敧器图》一卷

史道硕画《八骏图》一卷

《异鱼图》五卷

沈如筠《异物志》二卷

通微子《十物志》一卷

释赞宁《物类相感志》五卷

丘光庭《海潮论》一卷

　《海潮记》一卷

张宗诲《花木录》七卷

僧仲休《花品》一卷

蔡襄《荔枝谱》一卷

同尘先生《庭萱谱》一卷

窦常《正元饮略》三卷

皇甫松《醉乡日月》三卷

尹建峰《令海珠玑》三卷

何自然《笑林》三卷

路氏《笑林》三卷

南阳德长《戏语集说》一卷

《集补江总白猿传》一卷

苏鹗《杜阳杂编》一卷

薛用弱《集异记》一卷

《国老闲谈》二卷题君玉撰，不知姓。

《大隐居士诗话》一卷不知姓名。

《释常谈》三卷

《王洙谈录》一卷并不知作者。

曾季貍《艇斋诗话》一卷

谭世卿《广说》二卷

《啸旨》、《集异记》、《博异志》一卷谷神子纂，不知姓。

费衮《梁溪漫志》一卷

何溪汶《竹庄书话》二十七卷

晁氏《谈助》一卷不知名。

《幽明杂警》三卷题退夫兴仲之所纂，不著姓。

张氏《敬诚会最》一卷

唯室先生《步里客谈》一卷

沈括《笔谈》二十五卷

　　又《清夜录》一卷

王铚《续清夜录》一卷

郭彖《睽车志》一卷

洪迈《随笔》五集七十四卷

　　又《夷坚志》六十卷甲、乙、丙志。

　　《夷坚志》八十卷丁、戊、己、庚志。

胡仔《鱼隐丛话前后集》四十卷

姚迥《随因纪述》一卷

王焕《北山纪事》十二卷

何晦《摭言》十五卷

　　又《广摭言》十五卷

僧赞宁《传载》八卷

徐铉《稽神录》十卷

苏辙《龙川志》六卷

苏轼《东坡诗话》一卷

杨囷道《四六余话》二卷

谢伋《四六谈尘》二卷

叶凯《南宫诗话》一卷

叶梦得《石林避暑录》二卷

马永卿《赖真子》五卷

赵概《见闻录》二卷

王同《叙事》一卷

刘斧《翰府名谈》二十五卷

　　又《摭遗》二十卷,《青琐高议》十八卷

僧文莹《湘山野乐》三卷

　　又《玉壶清话》十卷

李端彦《贤已集》三十二卷

王陶《谈渊》一卷

钱明逸《衣冠盛事》一卷

句颖《坐右书》一卷

曾巩《杂职》一卷

张师正《怪集》五卷

　　　又《倦游杂录》十二卷,《括异志》十卷

毕仲询《幕府燕闲录》十卷

刘攽《三异记》一卷

岑象求《吉凶影响录》八卷

庞元英《南斋杂录》一卷

孔平仲《释裨》一卷

　　　又《续世说》十二卷,《孔氏杂说》一卷

魏泰《订误集》二卷

　　　又《东轩笔录》十五卷

陈正敏《剑溪野话》三卷

　　　又《遁斋闲览》十四卷

李廌《师友谈记》十卷

王山《笔奁录》七卷

董逌《钱谱》十卷

王关之《渑水燕谈》十卷

宋肇《笔录》三卷次其祖祥遗语。

李孝友《历代钱谱》十卷

刘延世《谈圃》三卷

成材《朝野杂编》一卷

张舜民《画墁录》一卷

陈师道《谈丛究理》一卷

　《后山诗话》一卷

李献民《云斋新说》十卷

　《和平谈选士》一卷

章炳文《搜神秘览》三卷

王得臣《尘史》三卷

令狐皞如《历代神异感应录》二卷

王谠《唐语林》十一卷

黄朝英《青箱杂记》十卷

李注《李冰治水记》一卷

王巩《甲申杂记》一卷

　　又《闻见近录》一卷

朱无惑《萍州可谈》三卷

僧惠洪《冷斋夜话》十三卷

汪藻《世说叙录》三卷

洪皓《松漠纪闻》二卷

方勺《泊宅编》十卷

娄伯高《好还集》十卷

何侑《叹息》一卷

周煇《清波别志》二卷

孙宗鉴《东皋杂记》十卷

洪炎《侍儿小名录》一卷

陆游《山阴诗话》一卷

秦再思《洛中记异》十卷

姚宽《西溪丛话》二卷

耿焕《牧竖闲谈》三卷

　　又《野人闲话》五卷

陈纂《葆光录》三卷

孙光宪《北梦琐言》十二卷

潘若冲《郡阁邪言》二卷

王举《雅言系述》十卷

吴淑《秘阁闲观》五卷

　　又《江淮异人录》三卷

李昉《太平广记》五百卷

陶岳《货泉录》一卷

张齐贤《太平杂编》二卷

《贾黄中谈录》一卷张洎撰。

钱易《洞微志》三卷

　　　又《滑稽集》一卷,《南部新书》十卷

陈彭年《志异》十卷

祖士衡《西斋话记》一卷

乐史《广卓异记》二十卷

张君房《潮说》三卷

　　　又《乘异记》三卷,《科名分定录》七卷,《指绅脞说》二十卷

王缋《补姑记》八卷

李畋《该闻录》十卷

苏耆《闲谈录》二卷

黄休复《茅亭客话》十卷

欧靖《宴闲谈柄》一卷

上官融《友会谈丛》三卷

王子融《百一纪》一卷

梁嗣真《荆山杂编》四卷

邵思《说野》三卷

勾台符《岷山异事》三卷

聂田《俱异志》十卷

卢臧《范阳家志》一卷

丘睿《洛阳贵尚录》十卷

宋庠《杨亿谈苑》十五卷

汤岩起《诗海遗珠》一卷

赵辟公《杂说》一卷

江休复《嘉祐杂志》三卷

《穷神记》十卷

《延宾佳话》四卷

《林下笑谈》一卷

《世说新语》一卷

《翰苑名谈》三十卷

《说异集》二卷

《墨客挥犀》二十卷

《北窗记异》一卷

《道山新闻》一卷

《绀珠集》十三卷

《儆告》一卷

《垂虹诗话》一卷并不知作者。

右小说类三百五十九部，一千八百六十六卷。

甘、石、巫咸氏《星经》一卷

石氏《星簿赞历》一卷

张衡《大象赋》一卷

苗为注《张华小象赋》一卷

《乾象录》一卷

抱真子《上象握鉴歌》三卷

吕晚成《上象鉴》三卷

《大象玄文》二卷

《垂象志》二卷

闾丘业《大象玄机歌》一卷本三卷，残阙。

《天象图》一卷

《大象历》一卷

《入象度》一卷

《乾象秘决》一卷

祖晅《天文录》三十卷

《天文总论》十二卷

《天文广要》三十五卷

《立成天文》三卷

《符天经》一卷

曹士为《符天经疏》一卷

《符天通真立成法》二卷

《天文秘决》二卷

《天文经》三卷

《天文录经要诀》一卷钞祖暅书。

《后魏天文志》四卷

王安礼《天文书》十六卷

　《二仪赋》一卷

李淳风《乾坤秘奥》七卷

《太阳太阴赋》二卷

《日月气象图》五卷

《上象二十八宿纂要诀》一卷

《太白会运逆兆通代记图》一卷

《日行黄道图》一卷

《月行九道图》一卷

《云气图》一卷

《浑天方志图》一卷

《九州格子图》一卷

张商英《三才定位图》一卷

《大象列星图》三卷

《大象星经》一卷

《乾文星经》二卷

刘表《星经》一卷

　　又《星经》三卷

《上象占要略》一卷

《天文占》三卷

《天象占》一卷

《乾象秘占》一卷

《占北斗》一卷

张华《三家星歌》一卷

　　又《玉函宝鉴星辰图》一卷

《浑天列宿应见经》十二卷

《众星配位天隔图》一卷

《文殊星历》二卷

《上象星文幽栖赋》一卷

唐昧《秤星经》三卷

《星说系记》一作"记"一卷

《混天星图》一卷

陶隐居《天文星经》五卷

徐承嗣《星书要略》六卷

《星经手集》二卷

《天文星经》五卷

《皇祐星经》一卷

《五星交会图》一卷

徐升《长庆算五星所在宿度图》一卷

《七曜雌雄图》一卷

《文殊七曜经》一卷

《七曜会聚》一作"历"一卷

《符天九星算法》一卷

李世勣《二十八宿纂要诀》一卷

　　又《日月运行要诀》一卷

僧一行《二十八宿秘经要诀》一卷

宋均《妖瑞星图》一卷

《妖瑞星杂气象》一卷

桑道茂《大方广一作"大广方"经神图历》一卷

《仰覆玄黄图十二分野躔次》一卷

《仰观十二次图》一卷

《宿曜度分城名录》一卷

《华夏诸国城名历》一卷

《浑仪》一卷

《浑仪法要》十一卷

《浑天中影表图》一卷

欧阳发《浑仪》十二卷

　　　又《刻漏》五卷,《晷影法要》一卷

丰稷《浑仪浮漏景表铭词》四卷

苏颂《浑天仪象铭》一卷

韩显符《天文明鉴占》十卷

瞿昙悉达《开元占经》四卷

《二十八宿分野五星巡应占》一卷

《推占龙母探珠诗》一卷

《古今通占》三十卷

《握掌占》十卷

《荆州占》三卷

《蕃占星书要略》五卷

《占风九天玄女经》一卷

《云气测赋候》一卷

《占候云雨赋》一卷

《验天大明历》一卷

《符天五德定分历》三卷

王洪晖《日月五星彗孛凌犯应验图》三十卷

　　　《上象应验录》一十卷

郭颖夫—作“士”《符天大术休咎诀》一卷

　　　《五星休咎赋》一卷

张渭《符天灾福新术》五卷

《天文日月星辰变现灾祥图》一卷

仁宗《宝元天人祥异书》十卷

徐彦卿《徵应集》三卷

《玄象应验录》二十卷

《祥瑞图》一卷

《都利聿斯经》一卷

《聿斯四门经》一卷

《聿斯歌》一卷

《枢要经》一卷

《青霄玉鉴》二卷

《碧霄金鉴》三卷

《碧落经》十卷

蒋权卿《应轮心鉴》五卷

崔寓《神象气运图》十卷

《紫庭秘鉴》一卷

《玄纬经》二卷

《辨负一作"真"经》二卷

《大霄论璧第五》一卷

《气象图》一卷

《乙巳略例》十五卷

《唐书距子经》一卷

陶弘景《象历》一卷

《括星诗》一卷

《玄象隔子图》一卷

《镜图》三卷

《天文图》一卷

《三元经传》一卷

《大衍明疑论》十五卷

《交食论》一卷并不知作者。

王希明《丹元子步天歌》一卷

杨惟德《乾象新书》三十卷

　《新仪象法要》一卷

张宋臣《列宿图》一卷

张宏图《天文志讹辨》一卷

阮泰发《水运浑天机要》一卷

邹淮《考异天文书》一卷

右天文类一百三十九部，五百三十一卷。

郭璞《三命通照神白经》三卷

陶弘景《五行运气》一卷

《青子录班氏经》一卷不知名。

李淳风《五行元统》一卷

王希明《太一金镜式经》十卷

僧一行《遁甲通明无惑十八钤局》一卷

元兢《禄命厄会经》一卷

杨龙光《禄命厄运歌》一卷

李吉甫《三命行年韬钤秘密》二卷

李虚中《命书格局》二卷

《珞璩子赋》一卷不知姓名，宋李企注。

许季山《易诀》一卷

《周易八帖》四卷

《周易髓要杂诀》一卷

《周易天门子诀》二卷

《周易三略经》三卷

《易林》三卷

《诸家易林》一卷

《易新林》一卷

《易傍通手鉴》八卷

《易玄图》一卷

《周易薪蕙诀》一卷

《易颂卦》一卷

《大清易经诀》一卷

《周易通贞》三卷

《周易子夏占》一卷

《周易口诀开题》一卷

《周易飞燕转关林》一卷

《周易括世应颂》一卷

《周易鬼灵经》一卷

《周易三空诀》一卷

《周易三十六占》六卷

《周易爻咏》八卷

《周易鬼镇林》一卷

《周易金鉴歌》一卷

《周易联珠论》一卷

《周卦辘轳关》一卷

《易辘轳图颂》一卷

《易大象歌》一卷

《周易卜卦》一卷

又《玄理歌》一卷

《地理观风水歌》二卷

《阴阳相山要略》二卷

郭璞《周易玄义经》一卷

《周易察微经》一卷

《周易鬼御算》一卷

《周易逆刺》一卷

《易鉴》三卷

黄子—作"景"玄《易颂》一卷

王守一《周易探玄》九卷本十卷。

《易诀杂颂》一卷

《易杜秘林—作"林秘"》一卷

《易大象林》一卷

李鼎祚《易髓》三卷,《目》一卷

《瓶子记》三卷

成玄英《易流演》五卷

虞翻注《京房周易律历》一卷

陶隐居《易髓》三卷

王鄱《周易通神歌》一卷

张胥《周易缭绕词》一卷

灵隐子《周易河图术》一卷

焦氏《周易玉鉴颂》一卷

《周易三备杂机要》一卷

《周易经类》一卷

《法易》一作"易法"一卷

《周易筊书》一卷

《周易灵真述》一卷

《周易灵真诀》一卷

《易卦林》一卷

《周易飞伏例》一卷

《周易火筊》一卷

《周易备要》一卷

《周易六神颂》一卷

天门子《易髓》一卷

管公明《隔山照》一卷

《文王版词》一卷

王岩《金箱要录》一卷

朱异《稽疑》二卷

《罔象玄珠》五卷

《六证括天地经》一卷

《黄帝天辅经》一卷

孙膑《卜法》一卷

刘表《荆州占》二卷

《海中占》十卷

武密《古今通占鉴》三十卷

李淳风《乙巳占》十卷

　　　又《杂占》一卷

《帝王气象占》一卷

《气象占》一卷

《西天占书》一卷

《白泽图》一卷

《周循三元纂例》一卷

《阴阳遁八—作"入"局立成法》一卷

《阴阳二遁万一诀》四卷

《遁甲要用歌式》二卷

《阳遁天元局法》一卷

《阴阳遁甲经》三卷

《阴阳遁甲立成》一卷

《天一遁甲兵机要诀》二卷

《三元遁甲经》一卷

《遁甲符应经》三卷

《太一玄鉴》十卷

《太一新鉴》三卷

《枢会赋》一卷

《九宫口诀》三卷

《玉帐经》一卷

《乾坤秘》—作"要"七卷

《蓬瀛经》三卷

《济家备急广要录》一卷

《三元经》一卷

《二宅赋》一卷

《行年起造九星图》一卷

《宅心鉴式》一卷

《相宅经》一卷

《宅体一作"髓"经》一卷

《九星修造吉凶歌》一卷

《阴阳二宅歌》一卷

《二宅相占》一卷

《太白会运纤记》一卷

《九天秘记》一作"诀"一卷

《详思记》一卷

《玄女金石玄悟术》三卷

《西王母玉诀》全卷

《通玄玉鉴颂》一作"领"二卷

封演《元正一作"正元"占书》一卷

周辅《占经要诀》二卷

《蕃占要略》五卷

《天机立马占》一卷

《统占》二卷

《六甲五行杂占机要》二卷

《乙巳指占图经》三卷

《人伦宝鉴卜法》一卷

杜灵贲《卜法》一卷

《占候应验》二卷

《晷薪算经法》三卷

《易晷限算》一卷

《晷限立成》一卷

费直《焦贡晷限历》一卷

韦伟《人元晷限经》三卷

《铭》五卷

《轨革秘宝》一卷

《轨革指迷照胆诀》一卷

《轨革照胆诀》一卷

史苏《五兆龟经》一卷

　　又《龟眼玉钤论》三卷

《五兆金车口诀》一卷

《五兆秘诀》三卷

《五行日见五兆法》三卷

《五兆穴门术》三卷

《灵棋经》一卷

《龟缭绕诀》一卷

聂承休《龟经杂例要诀》一卷

《玄女玉函龟经》三卷

《古龟经》二卷

《神龟卜经》二卷

刘玄《龟髓经论》一卷

毛宝定《龟窍》一卷

《龟甲历》一卷

《龟兆口诀》五卷

《龟经要略》二卷

《龟髓诀》二卷

《春秋龟策经》一卷

黄石公《备气三元经》二卷

《玄女五兆筮经》五卷

李进注《灵棋经》一卷

《金石经》三卷

《灵骨经》一卷

《螺卜法》一卷

《大道通灵肉臑论》论一卷

《鼓角证应传》一卷

郯子《占鸟经》二卷

《占鸟法图》一卷

袁天纲一作"孙思邈"《九天玄女坠金法》一卷

《怪书》一卷

《响应经》一卷

《玄女三廉射覆经》一卷

《通明玉帐法》一卷

《遁甲步小游太一诸将立成图》二卷

《相书》七卷

《相气色诗》一卷

《要决》三卷

《玄明经》一卷

闾丘纯《射覆经》一卷

东方朔《射覆经》三卷

　　　又《占神光耳目法》一卷

《相枕经》一卷

《马经》三卷

《相马经》三卷

卢重玄《梦书》四卷

柳璨《梦隽》一卷

《周公解梦书》三卷

王升《缩或无"缩"字占梦书》十卷

陈襄《校定梦书》四卷

　　　又《校定相笏经》一卷,《校定京房婚书》三卷

李靖《候气秘法》三卷

　　又《六十甲子占风雨》一卷

《五音法》一卷

《阴阳律体—作"髓"》一卷

《灵关诀益智》二卷

《袖中金》五卷

《玄女常手经》二卷

《神诀》一卷

《游都璧玉经》一卷

麻安石《灾祥图》一卷

《风角鸟情》三卷

《日月风云气候》一卷

《日月晕贯气》一卷

《日月晕蚀》一卷

《气色经》一卷

诸葛亮《十二时风云气候》一卷

《五行云雾歌》一卷

《占风雨雷电》一卷

《年代风云—作"雨"占》一卷

窦维鋈《广古今五行记》三十卷

周麟《竹伦经》三卷

冯思古《遁甲六经》卷亡。

丘延翰《金镜图》一卷

通真子《玉霄宝鉴经》一卷

《三命指掌诀》一卷

文靖《通玄五命新括》三卷

董子平《太阴三命秘诀》一卷

徐鉴《三命机要说》一卷

李蒸《三命九中歌》一卷

何朝《命术》一卷

杨绘《开运元气本论》一卷

林开《五命秘决》五卷

僧善嵩《诀金书一十四字要诀》一卷

《凝神子》一卷不知姓名。

凝神子《八杀经》一卷

凝神子《解悟经》一卷

西城野人《参五志》二卷

《八九变通》一卷

白云愚叟《五行图》一卷

知玄子秦涣《太一占玄歌》一卷

刘烜《元中祛惑经》一卷

《占雨晴法》一卷

《金鉴占风诀》一卷

《三元飞化九宫法》一卷

《行年五鬼运转九宫法》一卷

《山冈机要赋》一卷

《山冈气象杂占赋》一卷

《五音地理诗》三卷

《五音地理经诀》十卷

《阴阳葬经》三卷

《掘机口诀》一卷

《掘鉴经一作"握鉴经"》五卷

《洞幽识秘要图》三卷

《灵宝六丁通神诀》三卷

《通天灵应宝胜法》二卷

《黄石记》五卷

刘启明《云气测候赋》一卷

《定风占诗》三卷

《风角五音占》一卷

《日月晕图经》二卷

《占候云雨赋》一卷

《风云关锁秘诀》一卷

《云气形象玄占》三卷

《天地照耀占》一卷

李经表《虹蜺灾祥》一卷

《宿曜录鬼鉴》一卷

《日月城砦气象灾祥图》一卷

《中枢秘颂太一明鉴》五卷

《太一五元新历》一卷

《太一七术》一卷

《太一阴阳定计主客决胜法》一卷

《太一循环历》一卷

《太一会运逆顺通代记阵图》一卷

《六壬军帐赋》一卷

《六壬诗》一卷

《六壬六十四卦名》一卷

《六壬战胜歌》一卷

《六壬出军立就历》三卷

《六壬玉帐经》一卷

王承昭一作"绍"《占风云歌》一卷

《占风云气候日月星辰图》七卷

《望江南风角集》二卷

张良《阴阳二遁》一卷

胡万顷《太一遁甲万胜时定主客立成诀》一卷

一行《遁甲十八局》一卷

司马骧《遁甲符宝万岁经图历》一卷

冯继明《遁甲元枢》二卷

《玄女遁甲秘诀》一卷

《天一遁甲图》一卷

《天一遁甲钤历》一卷

《天一遁甲阴局钤图》一卷

《遁甲搜元经》一卷

《遁甲阳局钤》一卷

《遁甲阴局钤》一卷

杜惟翰－作"辣"《太一集》八卷

《太一年表》一卷

《十三神太一》一卷

《御序景祐三式太一福应集要》十卷

王处讷《太一青虎甲寅经》一卷

康洙序《时游太一立成》一卷

广夷《太一秘歌》一卷

《太一细行草》一卷

《太一杂集笔草》一卷

《太一时计钤》一卷

《太一阳九百六经》一卷

《太一神枢长历》一卷

《太一阳局钤》一卷

《太一阴局钤》一卷

《九宫太一》一卷

乐产《王佐秘珠》五卷

《神枢灵辖经》十卷

马先《天宝灵应式经－作"纪"，－作"记"》五卷

《日游太一五子元出军胜负七十二局》一卷

《黄帝龙首经》一卷

《九宫经》三卷

《九宫图》一卷

《九宫占事经》一卷

桑道茂《九宫》一卷

  又《三命吉凶》二卷

《撮要日鉴》一卷

《六十四卦歌》一卷

郗良玉《三元九宫》一卷

《九宫应瑞太一图》一卷

杨龙光《九宫要诀》一卷

  又《九宫诗》一卷

《九宫推事式经》一卷

《禄命歌》一卷

《禄命经》一卷

《风后三命》三卷

朱琬《六壬寸珠集》一卷

《六壬录》六卷

《五真降符六壬神武经》一卷

《六壬关例集》三卷

《六壬维干照幽历》六卷

张氏《六壬用三十六禽秘诀》三卷

《大六壬式局杂占》一卷

《六壬玄机歌》三卷

《六壬七曜气神星禽经—作"纪"》一卷

马雄《绛囊经》一卷

《金匮经》三卷

《髓经心经鉴》三卷

徐琬《启蒙纂要》一卷

李筌《玉帐歌》十卷

《秘宝翠羽歌》三卷

《明鉴连珠歌》一卷

《清华经》三卷

《推人钩元法》一卷

由吾裕《式心经略》三卷

《式合书成》一卷

《用式法》一卷

《式经纂要》三卷

《玄女式鉴》一卷

《三式诀》三卷

《天关五符式》一卷

《三式参合立就历》三卷

《金照式经》十卷

《雷公式局》一卷

《灵应式》五卷

《小游宿历》一卷

《三元六纪历》一卷

《玉钤历》一卷

《明鉴起例历》三卷

《枝元长历》一卷

《日轮历》一卷

《五音百忌历》二卷

《葬疏》三卷

孙洪礼《万岁循环历》一卷

僧德济《胜金历》一卷

《毕天水历》一卷

《毕天六甲历》六卷

《选日枢要历》四卷

《妍神历》一卷

《择十二月钳历》二卷

《七门行历》一卷

《大要历》三卷

《三皇秘要历》一卷

《选课岁历》一卷

《大明历》二卷

杜崇龟《明时总要历》一卷

陈恭钊《天宝历注例》二卷

《唐七圣历》一卷

《横推历》一卷

《兵钤月镜纂要立成历》一卷

李淳风《十二宫入式歌》一卷

僧居白《五行指掌诀》二卷

逍遥子《鲜鹗经》三卷不知姓名。

《三命总要》三卷

《太一中天密旨》三卷

《西天都例经》一卷

《三元经》三卷

《淘命歌》一卷

《三元龟鉴》一卷

《五命》一卷

《五音凤髓经》一卷

《大衍五行数法》一卷

《三局天关论》一卷

《六十甲子释名》一卷

《金掌图窍》一卷

《三局九格六阳三命大数法》

《奇门万一决》

《遁甲万一诀》

《太一遁甲万一诀》已上四部无卷。

《阴阳万一诀》一卷

《金枢八象统元经》三卷

《太一阴阳二遁》一卷

《阴阳二遁局图》一卷

《阴阳二遁立成历》一卷

《遁甲玉女返闭局》一卷

《太一金镜备式录》十卷

《太一立成图》一卷

《太一飞鸟十精历》一卷

僧重辉－作"耀"《正德通神历》三卷

《大会杀历》卷

史序《乾坤宝典》四百五十五卷

《乾坤总录》五卷

黄淳《通乾论》五卷

《黄帝朔书》一卷托太公、师旷、东方朔撰。

《年鉴》一卷

刘玄－作"先"之《月令图》一卷

《阴阳宝录》一卷

《西天阴符紫微七政经论》一卷

《五符图》一卷

《选日阴阳月鉴》一卷

李遂《通玄三命论》三卷

李燕《三命》一卷

　　　又《三命诗》一卷,《三命九中歌》一卷

珞琭子《三命消息赋》一卷

凝神子《五行三命手鉴》一卷

《三命大行年入局韬钤》三卷

《大行年推禄命法》一卷

《三命杀历》一卷

孟遇《三命决》三卷

《禄命人元经》三卷

《禄诀经》三卷

《五行贵盛生月法》一卷

《五行消息诀》一卷

萧古一作"吉"《五行大义》五卷

《金书四字五行》一卷

《四季观五行论》一卷

珞琭子《五行家国通用图录》一卷

《训字五行歌》二卷

珞琭子《五行疏》十卷

《樵子五行志》五卷

罗宾老《五行定分经》三卷

濮阳夏《樵子五行志》五卷

窦涂《广古今阳复五行记》三十卷

《五行通用历》一卷

《金河流水诀》一卷

王叔政《推太岁行年吉凶厄》一卷

李燕《穆护词》一卷一作马融《消息机口诀》。

《洪范碎金训字》一卷

《七曜气神星禽经》三卷

《纳禽宿经》一卷

廖惟馨《星禽历》一卷

杜百一作"相伯"子《禽法》一卷

司马先生《三十六禽歌》一卷

《占课禽宿情性诀》一卷

苏登《神光经》一卷

许负《形神心鉴图》一卷

始一作"姑"布子卿《相法》一作"书"一卷

牛述《相气色面图》一卷

玄灵子《秘术骨法图》一卷

《相禄歌》二卷

《察色相书》一卷

《人鉴书》七卷

《龟照口诀》五卷

《人伦真决》十卷

《女仙相书》三卷

《相气色图》五卷

云萝《通真神相一作"明"诀》十卷

柳清风《相歌》二卷

郭岘述《显光师相法》一卷

《十七家集众相书》一卷

《占气色要诀图》一卷

柳阴一作"随"风《占气色歌》一卷

《形神论气色经》一卷

《元解诀》一卷

《相书》二卷

《月波洞中龟鉴》一卷

《应玄玉鉴》一卷

《六神相字法》一卷

《相笏经》三卷

陈混掌《相笏经》一卷管辂、李淳风法。

萧绎《相马经》一卷

常知非《马经》三卷

谷神一作"鬼谷"子《辨养马一作"养良马"论》一卷

《相马病经》三卷

《相犬经》一卷

王立豹《鹰鹞候诀》一卷

《鹰鹞五藏病源方论》一卷

《堪舆经》一卷

《太史堪舆》一卷

商绍《太史堪舆历》一卷

《黄帝四序堪舆经》一卷

《占婚书》一卷

《周公坛经》三卷

王佐明《集坛经》一卷

李远《龙纪圣异历》一卷

《五音三元宅经》三卷

《阴阳宅经》一卷

《阴阳宅经图》一卷

王澄《二宅心鉴》三卷

　　又《二宅歌》一卷

《阴阳二宅图经》一卷

《黄帝八宅经》一卷

《淮南王见机八宅经》一卷

一行《库楼经》一卷

《上象阴阳星图》一卷

《金图地鉴》一卷

《地鉴书》三卷

孙李邕《葬范》五卷

《地里六壬六甲八山经》八卷

《地理三宝经》九卷

《五音山岗诀》九卷

《地论经》五卷

《地理正经》十卷

朱仙桃《地理赞》一卷

　　又《玄堂范》一卷,《地理口诀》一卷

僧一行《地理经》十二卷

又《灵辖歌》三卷

《玉关歌》一卷

《含意歌》七卷

《通玄灵应颂》三卷

《天一通玄机微翼图》一卷

《天一玄成局》一卷

《玄枢经》一卷

《玄枢纂要》一卷

《知人秘决》二卷

《玄中祛惑经》三卷

《遁甲钤》一卷

《八门遁甲入式歌》一卷

《三元阴局》一卷

《难逃论》一卷

《灵台篇》一卷

《藻鉴了义经》一卷

《蒜首经》三卷

《玄象秘录》一卷

《真象论》一卷

《清霄玉镜要诀》一卷

《二十八宿行度口诀》一卷

《星禽课》一卷

《群书古鉴录》无卷并不知作者。

仁宗洪《范政鉴》十二卷

杨惟德、王立翰《太一福应集要》一卷

杨惟德《景祐遁甲符应经》三卷

《七曜神气经》二卷杨惟德、王立翰、李自立、何堪等撰。

丘浚《霸国环周立成历》一卷

张中《太一金照辨误归正论》一卷

魏申《太一总鉴》一百卷

上官经邦《大始元灵洞微数》一卷

张宏国《五行志讹辨》一卷

黄石公《地镜诀》一卷一名《照宝历》,是东方朔进。

庾肩吾《金英玉髓经》一卷

陶弘景《握镜图》一卷

陈乐产《神枢灵辖经》十卷

李靖《九天玄机八神课》一卷

《六壬透天关法》一卷

李鼎祚《明镜连珠》十卷

吕才《广济百忌历》二卷

李淳风《乾坤秘奥》一卷

《九天观灯法》一卷

《六壬精髓经》一卷一名《窍甲经》。

《质龟论》一卷李淳风得于石室。

僧一行《肘后术》一卷

《选日听龙经》一卷

僧令岑《六壬翠羽歌》三卷

汉道士姚可久《山阴道士经》三卷

碧眼先生《壬髓经》三卷茅山野叟汤渭注。

《发蒙陵西集》一卷

《发蒙入式真草》一卷

《阴阳集正历》三卷

《选日纂圣精要》一卷

《玄女关格经》一卷皆六壬占验之诀。

《式法》一卷起甲子,终癸亥,皆六壬推验之法。

《杂占覆射》一卷

《六壬金经玉鉴》一卷载六壬生旺克杀之数。

《万年秘诀》一卷载检择日辰吉凶之法。

《玉女肘后术》一卷以六壬三传之法为歌。

《玉关歌》一卷载六壬三传之验。

《黄河瓶子记》一卷

《神枢万一秘要经》一卷

《越覆经》一卷

《事神歌》一卷

《会灵经》一卷载六壬杂占之法。

《缬翠经》一卷

《灰火经》一卷

《蛇髓经》一卷以日辰衰旺为占。

《九门经》一卷

《小广济立成杂历》一卷

《文武百官赴任上官坛经》一卷

《玄通玉镜占》一卷

《六壬课秘诀》一卷

《六壬课钤》一卷

玉枢真人《玄女截壬课诀》一卷

《占灯法》一卷

《三镜篇》一卷

《周易神煞旁通历》一卷

《杂占秘要》一卷

《乾坤变异录》一卷

《玄女简要清华经》三卷

《太一占乌法》一卷

《参玄通正历》一卷

《择日要法》一卷

《选时图》二卷

《黄帝龙首经》一卷

《易鉴》一卷

《月纂》一卷

《万胜候天集》一卷并不知作者。

《云雨赋》一卷《崇文总》目有刘启明《占候云赋式》，即此书也。

郑德源《飞电歌》一卷

僧绍端《神释应梦书》三卷

詹省远《梦应录》一卷

杨惟德《六壬神定经》十卷

王升《六壬补阙新书》五卷

　　《上官撮要》一卷

陈从吉《类编图注万历会同》三十卷

刘氏《三历会同》一卷

周渭《弹冠必用》一卷

胡舜申《阴阳备用》十三卷

赵希道《涓吉撮要》一卷

顾昵《坛经簪饰》一卷

蒋文举《阴阳备要》一卷

赵景先《拜命历》一卷

徐道符《六壬歌》三卷

陆渐《六壬了了歌》一卷

余琇《六壬玄鉴》一卷

王齐《医门玉髓课》一卷

张玄达《相押字法》一卷

苗公达《六壬密旨》二卷

杨稠《六壬旁通历》一卷

刘玄之《月令节候图》一卷

姜岳《六壬赋》三卷

杨可《五行用式事神》一卷

郭璞《山海经》十八卷

赵浮丘公《相鹤经》一卷

　左慈《助相规诫》一卷

　郭璞《葬书》一卷

　《山海图经》十卷郭璞序，不著姓名。

　袁天刚《玄成子》一卷

　孙思邈《坐照论并五行法》一卷

　柳清风、周世明等《玉册宝文》八卷

　李淳风《立观经》一卷

　僧一行《地理经》十五卷

　　　《呼龙经》一卷，《金歌四季气色诀》一行撰论。

　孙知古《人伦龟鉴》三卷

　王澄《阴阳二宅集要》二卷

　僧正固《骨法明镜》三卷

　丘延翰《铜函记》一卷

　　　《天定盘古局》一卷

　汉赤松子《海角经》一卷

　　　《明镜碎金》七卷

　唐举《肉眼通神论》三卷

　　　《金锁歌》一卷

　鬼谷子《观气色出图相》一卷

　黄石公《八宅》二卷

　许负《相诀》三卷

　李淳风《一行禅师葬律秘密经》十卷

　吕才《杨乌子改坟枯骨经》一卷

　曾杨一《青囊经歌》二卷

　杨救贫《正龙子经》一卷

　曾文展《八分歌》一卷

　李筌《金华经》三卷

　宋齐丘《玉管照神局》二卷

《天花经》三卷序云："黄巢得于长安。

晏氏《辨气色上面诗》一卷不知名。

刘虚白《三辅学堂正诀》一卷

危延真《相法》一卷

《五星六曜面部诀》一卷

裴仲卿《玄珠囊骨法》一卷

刘度具《气色真相法》一卷

王希逸《地理秘妙歌诀》一卷

《地理名山异形歌》一卷

孙膑《葬白骨历》卷亡。

隐逸人《玉环经》一卷不知姓名。

《天涯海角经》一卷不知作者，九江李麟注解。

徽宗《太平睿览图》一卷

陈搏《人伦风鉴》一卷

司空班、范越凤《寻龙入式歌》一卷

王洙《地理新书》三十卷

苏粹明《地理指南》三卷

蔡望《五家通天局》一卷

　　《报应九星妙术文局》一卷

刘次庄《青囊本旨论二十八篇》一卷

胡翊《地理咏要》三卷

魏文卿《拨沙经》一卷

李戒《营造法式》三十四卷

《月波洞中记》一卷

《月师歌》一首言葬地二十四位星辰休咎。

《麻子经》一卷

《玄灵子》三卷

《通心经》三卷

《藻鉴渊微》一卷

《杂相骨听声》卷亡。

《气色微应》三卷

《通微妙诀》卷亡。

《中定声气骨法》卷亡。

《金歌气色秘录》一卷

《学堂气骨心镜诀》卷亡。

《玉叶歌》一卷

《洞灵经要诀》一卷

《杂相法》一卷

《天宝星经》一卷

《青囊经》卷亡。

《阴阳七元升降论》卷亡。

《玄女墓龙冢山年月》一卷

《玄女星罗宝图诀》一卷

《紫微经歌》卷亡。

《白鹤望山经》一卷

《八山二十四龙经》一卷

《天仙八卦真妙诀》一卷

《黄泉败水吉凶法》三卷

《踏地赋》一卷

《分龙真杀五音吉凶进退法》一卷

《地理澄心秘诀》一卷

《八山穿珠歌》一卷

《山头步水经》一卷

《山头放水经》一卷

《大卦煞人男女法》一卷

《地理搜破穴诀》一卷

《临山宝镜断风诀》一卷

《丛金诀》一卷

《锦囊经》一卷

《玉囊经》一卷

《黄囊大卦诀》一卷

《地理秘要集》一卷

《通玄论》一卷

《地理八卦图》一卷

《驻马经》一卷

《活曜修造吉凶法》一卷

《天中宝经知吉凶星位法》一卷

《修造九星法历代史相》一卷

《相具经》一卷并不知作者。

《李仙师五音地理诀》一卷

赤松子《碎金地理经》二卷

《地理珠玉经》一卷

《地理妙诀》三卷

《石函经》十卷

《铜函经》三卷

《周易八龙山水论地理》一卷

《老子地鉴诀秘术》一卷

《五姓合诸家风水地理》一卷

《昭幽记》一卷

《鬼灵经并枯骨经》二卷

《唐删定阴阳葬经》二卷

《唐书地理经》十卷

《青乌子歌诀》二卷

《金鸡历》一卷

《五音二十八将图》一卷

《赤松子》三卷

《易括地林》一卷

丘延翰《五家通天局》一卷

《夫子掘斗记》一卷

《孔子金锁记》一卷

《推背图》一卷

鬼谷子《白虎经》一卷

　　又《白虎五通经诀》一卷

《洞幽秘要图》一卷

《孝经雌雄图》四卷

河上公《金藏秘诀要略》一卷

《玄珠握鉴》三卷

《玉函宝鉴》三卷

《真人水鉴》十三卷

张华《三鉴灵书》三卷

陶弘景《握鉴方》三卷

《证应集》三卷

《金娄先生秘诀》三卷

《真图秘诀》一卷

《铭轨》五卷

胡济川《小游七十二局立成》一卷

《大小游三奇五福立成》一卷

《十一神旁通太岁甲子图》一卷

曹植《黄帝宝藏经》三卷

《括明经》一卷

《悟迷经》一卷

余考一作"秀"《旦暮经》一卷

《神枢万一秘经》一卷

《纪重政秘要》一卷

《雷公印法》三卷

《雷公撮杀律》一卷

徐遂《发蒙》一卷

《玄女十课》一卷

吕佐周《地论七曜》一卷

《阴术气神》一卷

《七曜气神历代帝纪》五卷

《玉堂秘诀》一卷

《大运秘要心髓诀》一卷

吕才《阴阳书》一卷

《五姓凤髓宝鉴论》一卷

《阴阳杂要》一卷

《玄珠录要》三卷

张良《玄悟歌》一卷

《斗书》一卷

《阴阳》二卷

《论》一卷

《黄帝四序经》一卷

《宝台七贤论》一卷

《五姓玉诀旁通》一卷

《选日时向背》五卷

《阴阳立成选日图》一卷

《七曜选日》一卷

《周公要诀图》一卷

《师旷择日法》一卷假黄帝问答。

《淮南子术》一卷

《推贵甲子太极尊神经》一卷

《秘诀歌》一卷

《福应集》十卷

《连珠经》十卷

《玄女断卦诀》一卷

《明体经》一卷

《心注瓶子记》一卷

《锦绣囊》一卷

《心镜歌》三卷

《指要》三卷

《万一诀》一卷

《符应》三卷

《随军枢要》三卷

《禳厌秘术诗》三卷

《广知集》二卷

《圆象玄珠经》五卷

《脉六十四卦歌诀》一卷

《人元秘枢经》三卷

《陶隐居》一卷

《风后》一卷

《李宽》一卷

《通元论》三卷

《凝神子》三卷

《黄帝四序经》一卷

《聿斯四门经》一卷

《气神经》三卷

《气神帝纪》五卷

《符天人元经》一卷

《聿斯经诀》一卷

《大定露胆诀》一卷

《聿斯都利经》一卷

《应轮心镜》三卷

《秤经》三卷

《聿斯隐经》三卷

《碧落经》十卷

《新书》三十卷

《三镜》三卷

《九天玄女诀》一卷

《龙母探珠颂》一卷

《通玄玉鉴颂》一卷

《徵应集》三卷

王与之《鼎书》十七卷

右五行类八百五十三部,二千四百二十卷。

《三坟易典》三卷题箕子注。

《周易三备》三卷题孔子师徒所述,盖依托也。

严遵《卦法》一卷

焦赣《易林传》十六卷

京房《易传算法》一卷

《易传》三卷

管辂《遇仙诀五音歌》六卷

《周易八仙歌》三卷

《易传》一卷

郭璞《周易洞林》一卷

吕才《轨限周易通神宝照》十五卷

李淳风《周易玄悟》三卷

易通子《周易菥蓂璇玑轨革口诀》三卷

蒲乾贯《周易指迷照胆诀》三卷

黄法《五兆晓明龟经》一卷

禄隐居士《易英蓍揲图》一卷不知名。

中条山道士王鄯《易镜》三卷

无惑先生《易镜正经》二卷

耿格《大演天心照》一卷

牛思纯《太极宝局》一卷

任奉古《明用蓍求卦》一卷

林儵《天道大备》五卷

《轨革金庭玉鉴》七卷

《周易神镜鬼谷林》一卷

《通玄海底眼》一卷

《六十四卦颂谕》一卷

《爻象杂占》一卷

《六十四卦火珠林》一卷

《周易灵秘诸关歌》一卷

《骺骨林》一卷

《灵龟经》一卷

《轨革传道录》一卷

《证六十甲子纳音五行》一卷

《龟图》一卷

《周易赞颂》六卷并不知作者。

　　右蓍龟类三十五部，一百卷。

宋史卷二〇七

志第一六〇

艺文六

苗锐《删定广圣历》二卷

僧一行《开元大衍历义》十三卷

启玄子《天元玉册》十卷

甄鸾《五曹算术》二卷

　　《海岛算术》一卷

赵君卿《周髀算经》二卷

张立建《算经》三卷

夏侯阳《算经》三卷

王孝通《缉古算经》一卷

谢察微《算经》三卷

李籍《九章算经音义》一卷

　　又《周髀算经音义》一卷

李绍谷《求一指蒙算术玄要》一卷

郭献之《唐实应五纪历》三卷

徐承嗣《唐建中贞元历》三卷

边刚《唐景福崇玄历》十三卷

《大唐长历》一卷

马重续《晋天福调元历》二十三卷

王处讷《周广顺明元历》一卷

又《建隆应天历》六卷

王朴《周显德钦天历》十五卷

《蜀武成永昌历》三卷

《唐保大齐政历》三卷

苗训《太平乾元历》九卷

    《太平兴国七年新修历经》三卷

史序《仪天历》十六卷

曹士芿《七曜符天历》二卷

    《七曜符天人元历》三卷

杨纬一作"绎"《符天历》一卷

王公佐《中正历》三卷

《正象历》一卷

李思议《重注曹士芿小历》一卷

《七曜符天历》一卷

《大衍通玄鉴新历》三卷

沈括《熙宁奉元历》一部卷亡。

    《熙宁奉元历经》三卷

    《立成》十四卷,《备草》六卷,《比较交蚀》六卷

卫朴《七曜细行》一卷

《新历正经》三卷

《义略》二卷

《立成》十五卷

《随经备草》五卷

《七曜细行》一卷

《长历》三十卷并孙思恭注。

《大衍历经》二卷

《大衍历立成》十一卷

《大衍历议略》一卷

《大衍议》十卷

《宣明历经》二卷

《宣明历立成》八卷

《宣明历要略》一卷

《大衍历经》二卷

《正元历立成》八卷

《崇元历经》三卷

《崇元历立成》七卷

《调元历经》二卷

《调元历立成》十二卷

《调元历草》八卷

《钦天历经》二卷

《钦天历立成》六卷

《钦天历草》三卷

《应天历经》二卷

《应天历立成》一卷

《乾元历经》二卷

《乾元历立成》二卷

《仪天历经》二卷

《仪天历立成》十三卷

《崇天历经》二卷

《崇天历立成》四卷

《明天历经》三卷

《明天历立成》十五卷

《明天历略》二卷

《符天历》三卷

姚舜辅《蚀神隐耀历》三卷

丘浚《霸国环周立成历》一卷

《阴阳集正历》三卷

《历日纂圣精要》一卷

《历枢》二卷

《难逃论》一卷

《符天行宫》一卷

《转天图》一卷

《万岁日出入昼夜立成历》一卷

《五星长历》一卷

《正象历》一卷

胡秀林《正象历经》一卷

章浦《符天九曜通元立成法》二卷

《气神经》三卷

《气神钤历》一卷

《气神随日用局图》一卷

庄守德《七曜气神歌诀》一卷

吕才《刻漏经》一卷

钱明逸《西国七曜历》一卷

阎子明注《安修睦都是聿斯诀》一卷

《聿斯隐经》一卷

《聿斯妙利要旨》一卷

李淳风注释《九章经要略》一卷

　　又注释《孙子算经》三卷，注《王孝通五经算法》一卷，一注

《甄鸾五曹算法》二卷

刘微一作"徽"《九章算田草》九卷

王孝适《辑古算经》一卷

程柔《五曹算经求一法》三卷

鲁靖《五曹时要算术》三卷

《五曹乘除见一捷例算法》一卷

夏翰一作"翰"《新重演议海岛算经》一卷

甄鸾注《徐岳大衍算术法》一卷

谢察微《发蒙算经》三卷

僧一行《心机算术括》一作"格"一卷僧栖岩注。

徐仁美《增成玄一算经》三卷

陈从运《得一算经》七卷

《三问田算术》一卷

龙受益《算法》二卷

　　又《求一算术化零歌》一卷，《新易一法算范九例要诀》一卷

徐岳《术数记遗》一卷

《合元万分历》三卷作者名术，不知姓名。

《注九章算经九卷》魏刘徽、唐李淳风注。

《孙子算经三卷》不知名。

《五曹算经》五卷李淳风等注。

《长庆宣明大历》二卷

《万年历》十二卷

《青萝妙度真经大历》一卷

《行漏法》一卷

《太始天元玉册截法》六卷

《求一算法》一卷

《细历书》一卷

《玉历通政经》三并不知作者。

燕肃《莲花漏法》一卷

钱明逸《刻漏规矩》一卷

王普《小漏款识》一卷

　　《官历刻漏图》一卷

卫朴《奉元历经》一卷

《观天历经》一卷绍圣、元符颁行。

姚舜辅《统元历经》一卷

裴伯寿、陈得一《纪天历统》七卷

　　又《统元历五星立成》二卷

《统元历日出入气刻立成》一卷,《统元历盈缩朒胐立成》一卷

《统元历义》二卷,《统元七曜细行历》二卷,《统元历气朔八行草》一卷,《统元历考古日食》一卷

《三历会同集》十卷绍兴初撰,不知名。

张祚注《法算三平化零歌》一卷尤受益法。

王守忠《求一术歌》一卷

《算范要诀》二卷

《明算指掌》三卷

江本《一位算法》二卷

任弘济《一位算法问答》一卷

杨锴《明微算经》一卷

《法算机要赋》一卷

《法算口诀》一卷

《算法秘诀》一卷

《算术玄要》一卷

刘孝荣《新历考古春秋日食》一卷

《新历考汉魏周隋日月交食》一卷,《新历考唐交食》一卷,《新历气朔八行》一卷,《强弱月格法数》一卷

贾宪《黄帝九章算经细草》九卷

张宋图《史记律历志讹辨》一卷

《仪象法要》一卷绍圣中编。

《细行历书》二十卷起庆元庚申、至嘉定己卯,太史局进。

右历算类一百六十五部,五百九十八卷。

《风后握机》一卷晋马隆略序。

《六韬》六卷不知作者。

《司马兵法》三卷齐司马穰苴撰。

孙武《孙子》三卷

吴起《吴子》三卷

《黄帝秘珠三略》三卷

《阴符二十四机》一卷

《握机图》一卷

《决胜孤虚集》一卷

《太公兵书要决》四卷

朱服校定《六韬》六卷

　　又校定《孙子》三卷,校定《司马法》三卷,校定《吴子》二卷,校定《三略》三卷

魏武帝注《孙子》三卷

萧吉注或题曹、萧注《孙子》一卷

贾林注《孙子》一卷

陈皞注《孙子》一卷

宋奇《孙子解》并《武经简要》二卷

吴章注《司马穰苴兵法》三卷

吴起《玉帐阴符》三卷

白起《阵书》一作"图"一卷

　　又《神妙行军法》三卷

《战国策》三十三卷

黄石公《神光辅星秘决》一卷

　　又《兵法》一卷

《三鉴图》一卷

《兵书统要》三卷

《三略秘要》三卷

成氏注《三略》三卷

诸葛亮《行兵法》五卷

　　又《用兵法》一卷

《行军指掌》二卷

《占风云气图》一卷

《兵书》七卷

陶侃《六军鉴要》一卷

李靖《韬钤秘术》一卷

　　又《总要》三卷

《六十甲子厌胜法》一卷

《兵书》三卷

《占风雪—作"云"气》三卷

《风云论》三卷

《三军水鉴》三卷

《用兵手诀》七卷

《出军占风气候》十卷

《卫国公手记》一卷

李世勣《六十甲子内外行兵法》一卷

李淳风《诸家秘要》三卷

　　又《行军明时秘诀》一卷

《太白华盖法》二卷

《云气营寨占》一卷

《行军历》一卷

李筌《通幽鬼诀》二卷

　　又《军旅—作"放"指归》三卷

《北帝武威经》三卷

《青囊托守胜败歌》并《营野战》一卷

李光弼《将律》一卷

　　又《武记》一卷

《九天察气诀》二卷

《玄女厌阵法》一卷

　　又《兵要式》一卷

《行兵法》二卷

《兵法》一卷

《杂占法》一卷

《六甲阴符兵法》一卷

《军谋前鉴》十卷

《兵家正书》十卷

《阃外纪一作"记"事》十卷

李氏《秘要兵书》二卷

　　又《秘要兵术》四卷

《对敌权变逆顺法》一卷

《佐国玄机》一卷

《炮经》一卷

《总戎志》二卷

李鼎祚《兵钤手历》一卷

《许子兵胜苑》十卷

《统军玉鉴录》一卷

张守一《凿门诗》一卷

《秘宝兴军集》一卷

胡万顷《军鉴式》二卷

王适《行军立成七十二局》一卷

《安营临阵观灾气》一卷

《决战胜负图》一卷

《风云气象备急占》一卷

《秘宝风云歌》一卷

《九宫军要秘术》一卷

《倚马立成鉴图》一卷

《出军占怪历》三卷

罗子昷一作"岊"《神机武略歌》三卷

易静《神机武略歌》一卷

《行军占风气》一卷

《军占要略》二卷

郑先忠《军机讨略策》三卷

《古今兵略》十卷

《论天镜一作"鉴"出战要决》一卷

《将兵秘要法》一卷

《武师左领记》三卷

牛洪道《玄机立成法》一卷

《孤虚明堂图》一卷

《军用立成》一卷

何延锡《辨解序》一卷

纪勋《军国要制》五卷

《将军总录》三卷

李远《武孝经》一卷

王峃《行军广要算经》三卷

《金符经》三卷

《十二月立阵图法》一卷

《行军走马成立成法》一卷

《立成掌中法》一卷

《行军要略分野星图法》一卷

《黄道法》一卷

徐汉卿《制胜略》三卷

牟知白《专征小格略》一卷

《图南兵略》三卷

《从征录》五卷

《出军别录》一卷

《兵书总要》四卷

《兵策秘诀》三卷

《万胜诀》二卷

《战斗秘诀》一卷

《英雄龟鉴》一卷

《兵诀》一卷

《随军要诀》一卷

《军谋要术》一卷

《韬钤秘要》一卷

《军旅要术》一卷

《军秘禳厌术》一卷

《占军机胜负龟诀》一卷

《训将胜术》二卷

《兵书手鉴》二卷

《尉缭子》五卷战国时人。

《常穰经》三卷燕昭王太子撰，盖依托。

黄石公《三略》三卷

　　又《素书》一卷张良所传。

诸葛亮《将苑》一卷

《兵书手诀》一卷，《文武奇编》一卷，《武侯八阵图》一卷

《鬼谷天甲兵书常穰术》三卷梁昭明太子撰。

陶弘景《真人水照》十三卷

李靖《六军镜》三卷

《六十甲子禳敌克应决胜术》一卷

《玉帐经》一卷

《李靖兵钤新书》一卷，并不知作者。

《九天玄女孤虚法》一卷

李淳风《悬镜经》十卷

《郭代公安边策》三卷唐郭震撰。

李筌《太白阴经》十卷

　　《占五行星度吉凶诀》一卷，注《孙子》一卷，《阃外春秋》十
卷

李光弼《统军灵辖秘策》一卷

《五家注孙子》三卷魏武帝、杜牧、陈暤、贾隐林、孟氏。

杜牧《孙子注》三卷

裴绪《新令》二卷

曹、杜注《孙子》三卷_{曹操、杜牧。}

刘玄之《行军月令》一卷

李大著《江东经略》十卷

《綦先生兵书》一十六卷_{并不知名。}

许洞《虎钤兵经》二十卷

乐产《太一王佐秘珠》五卷

卢元《韬珠秘诀》一卷

《黄帝太公兵法》三卷_{虞彦行进。}

赵彦誉《南北攻守类考》六十三卷

柴叔达《浮光战守录》一卷

《冲晦郭氏兵学》七卷_{郭雍述。}

《论五府形胜万言书》一卷

《阃外策钤》五卷

《经武略》二百九十卷

《治乱贯怪记》三卷

《三贤安边策》十一卷

《边防备卫策》一卷

《出军占候歌》一卷

《通玄玉鉴》一卷

《握镜诀怪祥歌》一卷

《玄女遁甲经》三卷

《李仆射马前诀》一卷

《防城动用》一卷

《彭门玉帐诀录》一卷

《遁甲专征赋》一卷

《帝王中枢赋》二卷

《长世论》十卷

《武备图》一卷

《兵鉴》五卷

《阴符握机运宜要》五卷并不知作者。

仁宗《攻守图术》三卷

曾公亮《武经总要》四十卷

蔡挺《裕陵边机处分》一卷

符彦卿《人事军律》三卷

曾致尧《清边前要》十卷

王洙《三朝经武圣略》十卷

《清边武略》十五卷

《风角占》一卷康定间司天台集。

任镇《康定论兵》一卷

赵珣《聚米图经》五卷

《庆历军录》一卷不知作者。

曾公奭《军政备览》一卷

耿恭《平戎议》三卷

　　《边臣要略》二十卷

赵瑜《安边致胜策》三卷

吕夏卿《兵志》三卷

丘浚《征蛮议》一卷

阮逸《野言》一卷

刘沪《备边机要》一卷

薛向《陕西建明》一卷

吉天保《十家孙子会注》十五卷

王韶《熙河阵法》一卷

韩缜《元丰清野备敌》一卷

何去非《三备略讲义》六卷

　　《备论》十四卷

戴溪《历代将鉴博义》十卷

张文伯《百将新书》十二卷

刘温润《西夏须知》一卷

王维清《武昌要诀》一卷

徐矸《司命兵机秘略》二十八卷

徐确《总夫要录》一卷

张预《集注百将传》一百卷

余壹《兵筹类要》十五卷

叶上达《神武秘略论》十卷

夏休《兵法》三卷

汪棐《进复府兵议》一卷

　　《古今屯田总议》七卷

游师雄《元祐分疆录》二卷

《崇宁边略》三卷不知作者。

刘荀《建炎德安守御录》三卷

度济《兵录》八十卷

《西斋兵议》三卷文觉兄弟问答兵机。

章颖《四将传》三卷

《神机灵秘图》三卷

《军鉴图》二卷

《纪重政军机决胜立成图》三卷

《兵书气候旗势图》一卷

《诸家兵法秘诀》四卷

《行师类要》七卷

《古今兵书》十卷

《五行阵决》一卷

《会稽兵术》三卷

《六十甲子出军秘诀》一作"略"一卷

《玄珠要诀》一卷

《军垫兵钤》三卷

《韬钤秘录》五卷

《将略兵机论》十二卷

《三军指要》五卷

《篆下六甲营图》一卷

《五十七阵出军甲子》一卷

《行军玄机百术法》一卷

《兵书出军杂占》五卷

《兵法机要》三卷

《神兵要术》三卷

《神兵机要》三卷

《总戎策》二卷

《兵书精诀》二卷

《权经对》三卷

《行军用兵玄机》三卷

《兵机要论》五卷

《行军备历》六十卷

《兵机简要》十卷

《兵谈》三卷

韩霸《水陆阵图》三卷

《强弩备术》三卷

《九九阵图》一卷

《军林要览》三卷

《制胜权略》三卷

《兵书精妙玄术》十卷

《兵籍要枢》三卷

《太一行军秘术诗》三卷

《戎机》二卷

《通神机要》三卷

刘玄一作"定"之《兵家月令》一卷

又《军令备急》一卷

汤渭《天一兵机举要歌》一卷

王洪晖《行军月令》四卷

裴守一《军诫》三卷

《兵家正史》九卷

《行军周易占》一卷

张从实《将律》一卷

焦大宪《兵易歌神兵苑》三卷

《星度用》一卷

《将术》一卷

《行兵攻具术》一卷

《行兵攻具图》一卷

《兵家秘宝》一卷

《秘宝书》一卷

《军律》三卷

张昭《制旨兵法》三卷

王洙《青囊括》一卷

杜希全《兵书要诀》三卷

释利正《长度人事军律》三卷

董承祖《至德元宝玉函经》十卷

王公亮《行师类要》七卷

刘可久《契神经》一卷

李涛《灵关诀》二卷一名《灵关集益智》。

《兵机法》一卷

《太一厌禳法》一卷

《五行阵图》一卷

《兵论》十卷

《六十甲子行军法》一卷

《会稽兵家术日月占》一卷

《统戎式令》一卷

《六甲五神用军法》一卷

《要诀兵法立成歌》一卷

《六甲攻城破敌法》一卷

《马前秘决兵书》一卷

石普《军仪条目》三卷

仁宗《神武秘略》十卷

　　　　又《行军环珠》一部卷亡。

　　　　又《四路兽守约束》一部卷亡。

《军诫》三卷

《武记》一卷

《定远安边策》三卷

《新集兵书要诀》三卷

《兵书要略》一卷

《拣将要略》十卷

《兵论》十卷

符彦卿《五行阵图》一卷

《新集行军月令》四卷

《云气图》十二卷

《统戎式镜》二卷

《行军气候秘法》三卷

《天子气章云气图》十二卷

《预知歌》三卷

《从军占》三卷

《兵书论语》三卷

《彭门玉帐歌》三卷

《太一行军六十甲子禳厌秘术诗》三卷

《兵机举要阳谓歌》一卷

郯子《新修六壬大玉帐歌》十卷

郭固《军机决胜立成图》一卷

　　又《兵法攻守图术》三卷

王存《枢密院诸房例册》一百四十二卷

蔡挺《教阅阵图》一卷

林广《阵法》一卷

王拱辰《平蛮杂议》十卷

《敌楼马面法式及申明条约并修城女墙法》二卷

杨俣《兵法图议》一卷

韩缜《枢密院五房宣式》一卷

　　又《论五府形胜万书》一卷

方垌《重演握奇》三卷

　　又《握奇阵图》一卷

梁焘《安南献议文字并目录》五卷

《愈见御戎》十册

韩绛《宣抚经制录》三卷

王革《政和营缮军补录序》一卷

余台《兵筹类要》十五卷

《秦播州胜兵法》二部

任谅《兵书》十卷

右兵书类三百四十七部,一千九百五十六卷。

李广《射评要录》一卷

梁冀《弹棋经》一卷

梁元帝《画山水松石格》一卷

姚最《续画品》一卷

李嗣真《画后品》一卷

窦蒙《画录拾遗》一卷

张又新《画总载》一卷

裴孝源《贞观公私画录》一卷

李淳风《历监天元主物簿》三卷

皇甫松《醉乡日月》三卷

张彦远《历代名画记》十卷

韦蕴《九镜射经》一卷

《唐画断》一卷

王琚《射经》一卷

王坚道《射诀》一卷

荆浩《笔法记》一卷

《李氏墨经》一卷

《张学士棋经》一卷

宋景真《唐贤名画录》一卷

《墨图》一卷

《钓鳌图》一卷

《端砚图》一卷

《画总录》五卷

《啸真》一卷

《樗蒲图》一卷并不知作者。

苏易简《文房四谱》五卷

李永德《点头文》一卷

李畋《益州名画录》三卷

唐绩《砚图谱》一卷

纪瑄《广弓经》一卷

王德用《神射式》一卷

刘怀德《射法》一卷

赵景《小酒令》一卷

赵明远《皇宋进士彩选》一卷

蔡襄《墨谱》一卷

卜恕《投壶新律》一卷

刘敞《汉官仪》三卷亦投子选也。

唐询《砚录》二卷

窦谔《饮戏助欢》三卷

郭若虚《图画见闻志》六卷

司马光《投壶新格》一卷

王趯《投壶礼格》二卷

刘道醇《新编五代名画记》一卷

《宋朝画评》四卷

李诚《新集木书》一卷

米芾《画史》一卷

任权《弓箭启蒙》一卷

张仲商《射训》一卷

马思永《射诀》一卷

王越石《射议》一卷

李孝美《墨苑》三卷

李荐《德隅堂画品》一卷

温子融《画鉴》三卷

王慎修《宣和彩选》一卷

陈日华《金渊利术》八卷

黄铸《玉签诗》一卷

李洪《续文房四谱》五卷

何珪《射义提要》一卷

　　《射经》三卷

张仲素《射经》三卷

田逸《射经》三卷

王琚《射经》二卷

《九鉴射图》一卷

徐谐《射书》十五卷

韦蕴《射诀》一卷

李章《射诀》二卷

张子霄《神射诀》一卷

李靖《弓诀》一卷

《法射指诀》一卷

黄损《射法》一卷

张守忠《射记》一卷

《弓诀》一卷

吕惠卿《弓试》一部_{卷亡}。

上官仪《投壶经》一卷

钟离景伯《草书洪范无逸中康韵谱》十卷

唐绩《棋图》五卷

《金谷园九局谱》一卷

王积薪等《棋诀》三卷

《棋势论并图》一卷

徐铉《棋图义例》一卷

《棋势》三卷

杨希璨_{一作"璨"}《四声角图》一卷

又《双泉图》一卷

《玉溪图》一卷

将元吉等《棋势》三卷

太宗《棋图》一卷

《局谱》一卷

韦玨《棋图》一卷

《奕棋经》一卷

《棋经要略》一卷

王子京《弹棋图》一卷

《樗蒲经》一卷

《双陆格》一卷

李郃《骰子彩选格》三卷

刘蒙叟《彩选格》一卷

《寻仙彩彩选》七卷

《叶子格》三卷

李煜妻周氏《系蒙小叶子格》一卷

《偏金叶子格》一卷

《小叶子例》一卷

谢赫《古今画品》一卷

徐浩《画品》一卷

曹仲连《画评》一卷

李嗣真《画后品》一卷

胡峤《广梁朝画目》三卷

王睿《不绝笔画图》一卷

郭若虚《图画见闻志》六卷

朱遵度《漆经》三卷

《马经》一卷

《辨马图》一卷

《马口齿诀》一卷

《医马经》一卷

《明堂灸马经》一卷

《论驼经》一卷

《疗驼经》一卷

《医驼方》一卷

　　右杂艺术类一百十六部,二百二十七卷。

陆机《会要》一卷

朱澹远《语丽》十卷

杜公瞻《编珠》四卷

祖孝徵《修文殿御览》三百六十卷

欧阳询《艺文类聚》一百卷

虞世南《北堂书钞》一百六十卷

高士廉、房玄龄《文思博要》一卷

徐坚《初学记》三十卷

《燕公事对》十卷

张鷟《龙筋凤髓判》十卷

杜佑《通典》二百卷

陆贽《备举文言》三十卷

张仲素《词团》十卷

白居易《白氏六帖》三十卷

《前后六帖》三十卷前，白居易撰，后，宋孔傅撰。

李翰《蒙求》三卷

丘延翰《唐蒙求》三卷

刘绮庄《集类》一百卷

李商隐《金钥》二卷

崔铉《弘文馆续会要》四十卷

李途《记室新书》三卷

颜休《文飞应韶》十五卷

高测《韶对》十卷

刘扬名《戚苑纂要》十卷

　　又《戚苑英华》十卷

孟诜《锦带书》八卷

乔舜封《古今语要》十二卷

苏冕《古今国典》一百卷

　　又《会要》四十卷

章得象《国朝会要》一百五十卷宋初至庆历四年。

大孝一作"存"傒《御览要略》十二卷

《册府元龟音义》一卷

王钦若《彤管懿范》七十卷，《目》十卷

　　《彤管懿范音义》一卷

欧阳询《麟角》一百二十卷

《白氏家传记》二十卷

薛高立《集类》三十卷

《边崖类聚》三十二卷

《类事》十卷

徐叔阳《羊头山记》十卷

于立政《类林》十卷

杜光庭《历代忠谏书》五卷

《谏书》八十卷

《唐谏净论》十卷

王昭远《禁垣备对》十卷

魏玄成《励忠节》四卷

王伯玙《励忠节抄》十卷

《书判幽烛》四十卷

《轺车事类》三卷

周佑之《五经资政》二十卷

《经典政要》三卷

尹弘远《经史要览》三十卷

《章句纂类》十四卷

李知实—作"宝"《检志》三卷

李慎微—作"徽"《理枢》七卷

邹顺《广蒙书》十卷

刘渐《群书系蒙》三卷

《九经对语》十卷

钱承志《九经简要》十卷

《经史事对》三十卷

《子史语类拾遗》十卷

韦稔《笔语类对》十卷

又《应用类对》十卷—名《笔语类对》。

黄彬《经语协韵》二十卷

朱澹《语类》五卷

杨名《广—作"唐"略新书》三卷

《十议典录》三卷

李德孙《学堂要记—作"纪"》十卷

裴说《修文异名录》十一卷

《搢绅要录》二卷

段景《文场纂要》二卷

《文场秀句》一卷

王云《文房纂要》十卷

《雕玉集类》二十卷

《雕金集》三卷

刘国润《广雕金类集》十卷

庾肩吾《彩璧》五卷

《金銮秀蕊》二十卷

陆贽《青囊书》十卷

《蒋氏宝车》—作"库"十卷

《琼林采实》三卷

温庭筠《学海两字》三十卷

郑崵—作"嵋"《双金》五卷

孙翰《锦绣谷》五卷

齐逸人《府新书》三卷

《丛髓》三卷

卢重华《文髓》一卷

《劲弩子》三卷

《玉苑丽文》五卷

段景《叠辞》二卷

《玉英》二卷

《玉屑》二卷

《金匮》二卷

《常修半臂》十卷

《紫香囊》二十卷

陆羽《警年》十卷

《穷神记》十卷

李齐庄《事解》七卷

《王氏千门》四十卷

郭道规《事鉴》五十卷

沈寥子《文鉴》四十卷

李大华《康国集》四卷

姚勗《起予集》四十卷

李贵臣《家藏龟鉴录》四卷

徐德言《分史衡鉴》十卷

薛洪《古今精义》五卷

《笔藏论》三卷

苏源《治乱集》三卷

《治道要言》十卷

马幼昌《穿杨集》四卷

李钦玄《累玉集》十卷

支迁乔—作"奇"《京国记》二卷

郭微《属文宝海》一百卷

乐黄目《学海搜奇录》六十卷

《皇览总论》十卷

张陟《唐年经略志》十卷

杨九龄《名苑》五十卷

晁光乂《十九书类语》十卷

雍公睿注张楚金《翰苑》十一卷

刘济《九经类议》—作"义"二十卷

黎翘《广略》六十卷

王博古《修文海》十七卷

郭翔《春秋义鉴》三十卷

曹化《两汉史海》十卷

杨知恽《名字族》十卷

冯洪敏《宝鉴丝纶》十卷

胡旦《将帅要略》十二卷

刘颜《辅弼名对》四十卷

景泰《边臣要略》二十卷

石待问《谏史》一百卷

王纯臣《青宫懿典》十五卷

李虚一《溉漕新书》四十卷

《童子洽闻》一卷

《麟角抄》十二卷

雷寿之《古文类纂》十卷

《汉臣蒙求》二十卷

李伉《系蒙求》二十卷

丘光庭《同姓名录》一卷

王殷范《续蒙求》三卷

《王先生十七史蒙求》十六卷

黄简《文选韵粹》三十五卷

白氏《玉连环》七卷

白氏《随求》一卷 不知名。

《重广会史》一百卷

《资谈》六十卷

《圣贤事迹》三十卷

《引证事类备用》三十卷

《门类解题》十卷

《琼林会要》三十卷

《青云梯籍》二十卷

《南史类要》二十卷

《粹籍》十五卷

《六朝采要》十卷

《十史事语》十卷

《十史事类》十二卷

《三传分门事类》十二卷

《嘉祐新编二经集粹》十卷

《鹿革事类》二十卷

《职官事对》九卷

《掫天集》六卷

《文章丛说》十卷

《新编经史子集名卷》六卷

《碎玉四渊海集》百九十五卷

《书林》四卷

《宝龟》三卷

《离辞笔苑》二卷

《诗句类》二卷

《南北事偶》三卷

《五色线》一卷

《珠浦》一卷

《重广策府沿革》一卷

《鸿都编》一卷

《文章库》一卷

《十三代史选》三十卷

《左传类要》五卷

《唐朝事类》十卷

《群玉杂俎》三卷

《增广群玉杂俎》四卷

《分声类说》三十二卷

《文选双字类要》四十卷

《书林事类》一百卷并不知作者。

郑氏《历代蒙求》一卷

孙应符《初学须知》五卷

王敦诗《书林韶会》二十八卷

曾括《孝类书》二卷

邵篪《赓韵孝悌蒙求》二卷

谯令宪《古今异偶》一百卷

《宋六朝会要》三百卷章得蒙编，王珪续。

《续会要》三百卷虞允文等撰。

《中兴会要》二百卷梁克家等撰。

《孝宗会要》二百卷杨济、钟必万总修。

《光宗会要》一百卷

《宁宗会要》一百五十卷秘书省进。

《国朝会要》五百八十八卷张从祖纂辑。

王溥《续唐会要》一百卷

　　《五代会要》三十卷

李安上《十史类要》十卷

李昉《太平御览》一千卷

王倬《班史名物编》十卷

苏易简《文选菁英》二十四卷

宋白、李宗谔《续通典》二百卷

皮文粲《鹿门家钞籍咏》五十卷

曾致尧《仙凫羽翼》三十卷

僧守能《典籍》一百卷

王钦若《册府元龟》一千卷

叶适《名臣事纂》九卷

方龟年《群书新语》十一卷

晏殊《天和殿御览》四十卷

《类要》七十七卷

宋庠《鸡跖集》二十卷

过勖《至孝通神集》三十卷

邓至《群书故事》十五卷

《故事类要》三十卷

宋并《登瀛秘录》八卷

范镇《本朝蒙求》二卷

马共《元祐学海》三十卷

任广《书籍指南》二十卷

朱绘《事原》三十卷

陈彦禧《黉堂要览》十卷

陈绍《重广六帖学林》三十卷

吴淑《事类赋》三十卷

王资深《摭史》四卷

马永易《实宾录》三十卷

《异号录》三十卷

陈贻范《千题适变录》十六卷

杨谂《古今名贤歌诗押韵》二十四卷

江少虞《皇朝事实类苑》二十六卷

叶庭珪《海录碎事》二十三卷

陈天麟《前汉六帖》十二卷

萧之美《十子奇对》三卷

　　《庄子寓言类要》一卷,《三传合璧要览》二卷,《三子合璧
要览》二卷,《四子合璧要览》二卷

刘珏《两汉蒙求》十卷

吴逢道《六言蒙求》六卷

徐子光《补注蒙求》四卷

　　又《补注蒙求》八卷

《群书治要》十卷秘阁所录。

蔡攸《政和会要》一百一十卷

晏袤数《会要》一百卷

谢谔《孝史》五十卷

度济《谏录》二十卷

叶才老《和李翰蒙求》三卷

林越《汉隽》十卷

倪遇《汉书家范》十卷

李宗序《隆平政断》二十卷

郑大中《汉规》四卷

张磁《仕学规范》四十卷

欧阳帮基《劝戒别录》三卷

阎一德《古今政事录》二十一卷

僧道蒙《仕途经史类对》十二卷

吕祖谦《观史类编》六卷

《读书记》四卷

洪迈《经子法语》二十四卷

《春秋左氏传法语》六卷,《史记法语》八卷,《前汉法语》二十卷,《后汉精语》十六卷,《三国志精语》六卷,《晋书精语》五卷,《南史精语》六卷,《唐书精语》一卷

程大昌《演番露》十四卷

又《续演蕃露》六卷,《考古编》十卷,《续考古编》十卷

程俱《班左海蒙》三卷

唐仲友《帝王经世图谱》十卷

钱端礼《诸史提要》十五卷

陈传良《汉兵制》一卷

《备边十策》九卷

徐天麟《西汉会要》七十卷

《汉兵本末》一卷

曾慥《类说》五十卷

钱文字《补汉兵志》一卷

钱讽《史韵》四十二卷

邹应龙《务学须知》二卷

高似孙《纬略》十二卷

　　《子略》四卷

吴曾《南北分门事类》十二卷

魏彦惇《名臣四科事实》十四卷

王抡《群玉义府》五十四卷

范师道《垂拱元龟会要详节》四十卷

　　《国朝类要》十二卷

俞鼎、俞经《儒学警悟》四十卷

郑厚《通鉴分门类要》四十卷

柳正夫《西汉蒙求》一卷

李孝美《文房监古》三卷

窦苹《载籍讨源》一卷

王仲闳《语本》二十五卷

毛友《左传类对赋》六卷

俞观能《孝经类鉴》七卷

胡宏《叙古蒙求》一卷

《玉山题府》二十卷

《熙宁题髓》十五卷

《帝王事实》十卷

《圣贤事实》十卷

《汉唐事实》十五卷

《国朝韵对》八卷

《引证事类》三十卷

《鲁史分门属类赋》一卷

《古今通编》八卷

《诸子谈论》三卷并不知作者。

右类事类三百七部，一万一千三百九十三卷。

《黄帝内经素问》二十四卷唐王冰注。

《素问》八卷隋全元起注。

《黄帝灵枢经》九卷

《黄帝针经》九卷

《黄帝灸经明堂》三卷

《黄帝九虚内经》五卷

扬玄操《素问释音》一作"言"一卷

　　　《素问医疗诀》一卷

秦越人《难经疏》十三卷

《黄帝脉经》一卷

　　　又《脉诀》一卷

张仲景《脉经》一卷

　　　又《五藏荣卫论》一卷

《耆婆脉经》三卷

徐氏《脉经》三卷

王叔和《脉诀》一作"经"一卷

《孩子脉论》一卷

李勣《脉经》一卷

张及《脉经手诀》一卷王善注。

徐裔《脉诀》二卷

《韩氏脉诀》一卷

《脉经》一卷

《百会要诀脉经》一卷

《碎金脉诀》一卷

《元门脉诀》一卷

《身经要集》一卷

《大医秘诀候生死部》一卷

《仓公决死生秘要》一卷

《神农五藏论》一卷

《黄帝五藏论》一卷

《黄庭五藏经》一卷

《黄庭五藏六府图》一卷

赵业《黄庭五藏论》七卷

张向容《大五藏论》一卷

　　　又《小五藏论》一卷

《五藏金鉴论》一卷

段元一作“允”亮《五藏鉴元》一作“原”四卷

孙思邈《五藏旁通明鉴图》一卷

　　　又《针经》一卷

张文懿《藏府通玄赋》一卷

《五藏摄养明鉴图》一卷

吴兢《五藏论应家象》一卷

裴王庭《五色旁通五藏图》一卷

《五藏要诀》一卷

《太元心论》一卷

岐伯《针经》一卷

扁鹊《针传》一卷

玄悟《四神针经》一卷

甄拥《针经抄》三卷

王处明《玄秘会要针经》五卷

吕博《金滕玉匮针经》三卷

《黄帝问岐伯灸经》一卷

颜齐《灸经》十卷

《明堂灸法》三卷

皇甫谧《黄帝三部针灸经》十二卷即《甲乙经》。

岐伯《论针灸要诀》一卷

《山眺一作“兆”针灸经》一卷

公孙克《针灸经》一卷

吴复珪《小儿明堂针灸经》一卷

王惟一《明堂经》三卷

《明堂玄真经诀》一卷

朱遂《明堂论》一卷

《金鉴集歌》一卷

《黄帝大素经》三卷杨上善注。

《刺法》一卷

《太上天宝金镜灵枢神景内编》九卷

《遍鹊注黄帝八十一难经》二卷秦越人撰。

扁鹊《脉经》一卷

张仲景《伤寒论》十卷

　　　《五藏论》一卷

王叔和《脉经》十卷

《脉诀机要》三卷

巢元方《巢氏诸病源候论》五十卷

崔知悌《灸劳法》一卷

王冰《素问六脉玄珠密语》一卷

诸澄《诸氏遗书》一卷

华佗《药方》一卷

《金匮要略方》三卷张仲景撰，王叔和集。

葛洪《肘后备急百一方》三卷

刘涓子《神仙遗论》十卷东蜀李顿录。

宇文士及《妆台记》六卷

师巫《颅囟经》二卷

孙思邈《千金方》三十卷

　　　《千金髓方》二十卷，《千金翼方》三十卷

《玉函方》三卷

王起《仙人水镜》一卷

王焘《外台秘方》四十卷

阵藏器《本草拾遗》十卷

孔志约《唐本草》二十卷

李昉《开宝本草》二十卷,《目》一卷

卢多逊《详定本草》二十卷,《目录》一卷

《补注本草》二十卷,《目录》一卷

李含光《本草音义》五卷

萧炳《四声本草》四卷

《本草韵略》五卷

杨损之《删繁本草》五卷

杜善方《本草性类》一卷

陈士良《食性本草》十卷

庞安时《难经解义》一卷

宋庭臣《黄帝八十一难经注释》一卷

张仲景《疗黄经》一卷

　　　又《口齿论》一卷

《金匮玉函》八卷王叔和集。

扁鹊《疗黄经》三卷

　　　又《枕中秘诀》三卷

青鸟子《风经》一卷

吴希言《风论山兆一作"眺"经》一卷

文义方《通玄经》十卷

吕广《金韬玉鉴经》三卷

《雷一作"灵"公仙人养性治一作"理"身经》三卷

《医源兆经》一卷

林亿《黄帝三部针灸经》十二卷

杨晔《膳夫经手录》四卷

《延年秘录》十一卷

《混俗颐生录》二卷

《千金纂录》二卷

《金匮录》五卷

司空舆《发焰录》一卷

梅崇献《医门秘录》五卷

《治风经心录》五卷

郭仁普《拾遗候用深灵玄录》五卷

《养性要录》一卷

党求平《摭医新说》三卷

代荣《医鉴》一卷

卫嵩《金宝鉴》三卷

段元亮《病源手鉴》二卷

田谊卿《伤寒手鉴》三卷

《千金手鉴》二十卷

王勃《医语纂要》一卷

华颙《医门简要》十卷

苏越《群方秘要》一作"会"三卷

古诜《三教保光纂要》三卷

《医明要略》一卷

张叔和《新集病总要略》一卷

《外台要略》十卷

司马光《医问》七卷

《耆婆六十四问》一卷

伏氏《医苑》一卷

《神农食忌》一卷

吴群《意医纪历》一卷

孔周南《灵方志》一卷

穆修靖《灵芝记》五卷罗公远注。

张隐居《金石灵台记》一卷

《菖蒲传》一卷

李翱《何首乌传》一卷

张尚容《延龄至宝抄》一卷

《医家要抄》五卷

《黄帝问答疾状》一卷

陶隐居《灵奇秘奥》一卷

《南海药谱》一卷

《家宝义囊》一卷

《小儿药证》一卷

《神仙玉芝图》二卷

《经食草木法》一卷

孙思邈《芝草图》三十卷

　　又《太常分药格》一卷,《神枕方》一卷

《崔氏产鉴图》一卷

《摄生月令图》一卷

《六气导引图》一卷

《侍膳图》一卷

徐玉《药对》二卷

宗令祺《广药对》三卷

《方书药类》三卷

王承宗《删繁药脉》三卷

蒋淮《疗黄歌》一卷

郭晏封《草食论》六卷

《药性论》四卷

张果《伤寒论》一卷

陈昌祚《明时政要伤寒论》三卷

李涉《伤寒方论》三十卷

《青乌子论》一卷

石昌琏《明医显微论》一卷

清溪子《消渴论》一卷

《龙树眼论》一卷

邢—作"邢"元朴《痈疽论》一卷

《痈疽论》三卷

李言少《婴孺病论》一卷

杨全迪《崔氏小儿论》一卷

《疗小儿疳病论》一卷

刘豹子《眼论》一卷

苏巘—作"游"《玄感论》一卷

李暄《岭南脚气论》二卷

《发背论》二卷

邵英俊《口齿论》一卷

萧—作"蔺"宗简《水气论》三卷

《骨蒸论》一卷

唐—作"广"陵正师《口齿论》一卷

《风疾论》一卷

杨太业《三十六种风论》一卷

喻义《疮肿论》一卷

又《广痈疽要诀》一卷

苏游《铁粉论》一卷

　　又《玄感传尸方》一卷

褚知义《钟乳论》一卷

李昭明《嵩台论》三卷

《玉鉴论》五卷

王守愚《产前产后论》一卷

　　《小儿眼论》一卷,《普济方》五卷

《应验方》三卷

《应病神通方》三卷

张文仲《法象论》一卷

《小儿五疳二十四候论》一卷

刘涓子《鬼论》一卷

僧智宣《发背论》一卷

沈泰之《痈疽论》二卷

苏敬、徐玉、唐侍中《三家脚气论》一卷

吴升、宋处《新修钟乳论》一卷

白岑《发背论》一卷

西京巢氏《水气论》一卷

李越－作"钺"《新修荣卫养生用药补泻论》十卷

杨大邺《婴儿论》二卷

《采药论》一卷

《制药论法》一卷

《连方五藏论》一卷

《五劳论》一卷

《大寿性术论》一卷

《咽喉口齿方论》五卷

《产后十九论》一卷

《小儿方术论》一卷

李温《万病拾遗》三卷

张机《金石制药法》一卷

王氏《食法》五卷

严龟《食法》十卷

《养身食法》三卷

《太清服食药法》七卷

《按摩法》一卷

《摄养禁忌法》一卷

王道中《石药异名要诀》一卷

谭延镐《色脉要诀》一卷

吴复圭《金匮指微诀》一卷

叶傅右《医门指要诀》一卷

华子颙《相色经妙诀》一卷

《制药总诀》一卷

《修玉粉丹口诀》一卷

《服云母粉诀》一卷

《伏火丹砂诀序》一卷

阵玄《北京要术》一卷

萧家《法馔》三卷

《馔林》四卷

《药林》一卷

王氏《医门集》二十卷

李崇庆《燕台集》五卷

《穿玉集》一卷

刘输《全体治世集》三十卷

雷继晖《神圣集》三卷

《华氏集》十卷

《杨氏妆台宝鉴集》三卷<small>南阳公主。</small>

《伤寒证辨集》一卷

贾黄中《神医普救方》一千卷,《目》十卷

杨归<small>一作"师"</small>厚《产乳集验方》三卷

安文恢《万全<small>一作"金"</small>方》三卷

孙廉《金鉴方》三卷

《金匮方》三卷

韦宙《独行方》十二卷

  又《玉壶备急方》一卷

郑氏《惠民方》三卷

郑氏《圃田通玄方》三卷

  又《惠心方》三卷,《纂要秘要方》三卷

《溥济安众方》三卷

支观《通玄方》十卷

刘氏《五藏旁通遵—作"导"养方》一卷

白仁叙《集验方》五卷

《服食导养方》三卷

孟氏《补养方》三卷

崔元亮《海上集验方》十卷

崔氏《骨蒸方》三卷

元希声《行要备急方》二卷

刘禹锡《传信方》二卷

王颜《续传信方》十卷

《婴孩方》十卷

黄汉忠《秘要合炼方》五卷

《针眼—作"眼针"钩方》一卷

穆昌绪—作"叔"《疗眼诸方》一卷

《孩孺—作"婴孩"杂病方》五卷

朱傅《孩孺明珠变蒸七疳方》一卷

《小儿秘录集要方》一卷

《延龄秘宝方集》五卷

《录古今服食导养方》三卷

《服食神秘方》一卷

姚和《众童延龄至宝方》十卷

　　　又《保童方》一卷

许咏—作"泳"《六十四问秘要方》一卷

《塞上方》三卷

《晨昏宁待方》二卷

王道《外台秘要乳石方》二卷

《耆婆要用方》一卷

崔行功《纂要方》十卷

《千金秘要备急方》一卷

华宗寿《升天—作"元"广济方》三卷

段咏一作"泳"《走马备急方》一卷

《天宝神验药方》一卷

《贞元集要广利方》五卷

《大和济安方》一卷

罗普宣《灵宝方》一百卷

悟玄子《安神养性方》一卷

《箧中方》一卷

萧荐礼《百一问答方》三卷

包会《应验方》三卷

《杂用药方》五十五卷

《神仙云母粉方》一卷

《服术方》一卷

《庆历善救方》一卷

《胡道洽方》一卷

贾沈《备急单方》一卷

《李八百方》一卷

波驼波利译《吞字贴肿方》一卷

李继皋《南行方》三卷

杜氏《集验方》一卷

韩待诏《肘后方》一卷

王氏《秘方》五卷

徒都子《膜外气方》一卷

潜真子《神仙金匮服食方》二卷

杨太仆《医方》一卷

沈承泽《集妙方》三卷

章秀言《草木诸药单方》一卷

吴希言《医门括源方》一卷

王朝昌《新集方》一卷

《老子服食方》一卷

《葛仙公杏仁煎方》一卷

《删繁要略方》一卷

《集诸要妙方》一卷

《备急简要方》一卷

《纂验方》一卷

《养性益寿备急方》一卷

《奏闻单方》一卷

《反魂丹方》一卷

《玄明粉方》一卷

《瘰疬方》一卷

《婆罗门僧服仙茅方》一卷

高福《摄生要录》三卷

李绛《兵部手集方》三卷

孟诜《食疗本草》六卷

沈知言《通玄秘术》三卷

昝殷《产宝》三卷

　《食医心鉴》二卷

甘伯宗《历代名医录》七卷

郑景岫《广南四时摄生论》一卷

叶长文《启玄子元和纪用经》一卷

张文懿《本草括要诗》三卷

雷敩《炮灸方》三卷

宋徽宗《圣济经》十卷

通真子《续注脉赋》一卷

《脉要新括》二卷

李大参《家伤寒指南论》一卷

严器之《伤寒明理论》四卷

王维一《新铸铜人腧穴针灸图经》三卷

高若讷《素问误文阙义》一卷

《伤寒类要》四卷

徐梦符《外科灸法论粹新书》一卷

赵从古《六甲天元运气钤》二卷

丁德用《医伤寒慈济集》三卷

马昌运《黄帝素问入试秘宝》七卷

王宗正《难经疏义》二卷

杨介存《四时伤寒总病论》六卷

僧文宥《必效方》三卷

陈师文《校正太平惠民和剂局方》五卷

陈氏《经验方》五卷不知名。

唐慎微《大观经史证类备急本草》三十二卷

王审《伤寒证治》三卷

　　　又《局方续添伤寒证治》一卷

郭稽中《妇人产育保庆集》一卷

裴宗元《药诠总辩》三卷

孙用和《传家秘宝方》五卷

钱乙《小儿药证直诀》八卷

洪氏《集验方五卷》不知名。

李石《司牧安骥集》三卷

　　　又《司牧安骥方》一卷

张涣《小儿医方妙选》三卷

王俣《编类本草单方》三十五卷

赵铸《瘴疟备急方》一卷

李璆、张致远《瘴论》二卷

郑樵《鹤顶方》二十四卷

《本草外类》五卷

《食鉴》四卷

张杰《子母秘录》十卷

王蘧《经效痈疽方》一卷

张锐《鸡峰备急方》一卷

王世臣《伤寒救俗方》一卷

胡权《治痈疽脓毒方》一卷

钱竿《海上名方》一卷

何俦《经验药方》二卷

刘元宝《神巧万全方》十二卷

党永年《撅医新说》三卷

史源《治背疮方》一卷

王貺《济世全生指迷方》三卷

王衮《王氏博济方》三卷

王伯顺《小儿方》三卷

汉东王先生《小儿形证方》三卷

胡愔《补泻内景方》三卷

栖真子《婴孩宝鉴方》一卷

蒋淮《药证病源歌》五卷

成无已《伤寒论》一卷

东旦《伤寒论方》一卷

沈虞卿《卫生产科方》一卷

沈柄《产乳十八论》_{卷亡}。

《温舍人方》一卷_{不知名}。

党禹锡《嘉祐本草》二十卷

刘方明《幼幼新书》四十卷

吴得夫《集验方》七卷

马延之《马氏录验方》一卷

李朝正《备急总效方》四十卷

陈言《三因病源方》六卷

陈抃《手集备急经效方》一卷

张允蹈《外科保安要用方》五卷

《史载之方》二卷

夏德懋《卫生十全方》十三卷

陆游《陆氏续集验方》二卷

卓伯融《妙济方》一卷

胡元质《总效方》十卷

王璆《百一选方》二十八卷

朱端章《卫生家宝方》六卷

　　又《卫生家宝产科方》八卷，《卫生家宝小儿方》二卷，《卫生家宝汤方》三卷

杨倓《杨氏家藏方》二十卷

许叔微《普济本事方》十二卷

胡氏《经验方五》卷不著名。

《备用方》二卷岳州守臣编，不著名氏。

丘哲《备急效验方》三卷

宋霖《丹毒备急方》三卷

黄环《备问方》二卷

王碛《易简方》一卷

方导《方氏集要方》二卷

王世明《济世万全方》一卷

张松《究源方》五卷

董大英《活幼悟神集》二十卷

《安庆集》十卷

曾孚先《保生护命集》一卷

戴衍《尊生要诀》一卷

定斋居士《五痔方》一卷

李氏《痈疽方》一卷不知名。

《集效方》一卷

《中兴备急方》二卷

《灸经背面相》二卷

《神应针经要诀》一卷

《伯乐针经》一卷

《伤寒要法》一卷

《兰室宝鉴》二十卷

《小儿秘要论》一卷

《绍圣重集医马方》一卷

《传信适用方》一卷

《治未病方》一卷

《用药须知》一卷

《治发背恶疮内补方》一卷

《博济婴孩宝书》二十卷

《川玉集》一卷

《产后论》一卷

冲和先生《口齿论》一卷

《脚气论》一卷

《灵苑方》二十卷

《秘宝方》二卷

《古今秘传必验方》一卷

《大医西局济世方》八卷

《产科经真环中图》一卷

陈开《医鉴后传》一卷

陈蓬《天元秘演》十卷

庞时安《难经解》一卷

朱肱《内外二景图》三卷

　　　《南阳活人书》二十卷

席延赏《黄帝针经音义》一卷

庄绰《膏肓腧穴灸法》一卷

《黄氏中藏经》一卷灵宝洞主探微真人撰。

刘温舒《内经素问论奥》四卷

刘清海《五藏类合赋》一卷

《耆婆五藏论》一卷

刘皓《眼论审的歌》一卷

徐氏《黄帝脉经指下秘诀》一卷

平尧卿《伤寒玉鉴新书》一卷

《伤寒证类要略》二卷

董常《南来保生回车论》一卷

黄维《圣济经解义》十卷

东轩居士《卫济书宝》一卷

李柽《伤寒要旨》一卷

《医家妙语》一卷

《小儿保生要方》三卷

汤民望《婴孩妙诀论》三卷

伍起予《外科新书》一卷

《痈疽方》一卷

董汲《脚气治法总要》一卷

程迥《医经正本书》一卷

娄居中《食治通说》一卷

苏颂《校本草图经》二十卷

王怀德《太平圣惠方》一百卷

姚和《众童子秘要论》三卷

钱闻礼《钱氏伤寒百问方》一卷

阎孝忠《重广保生信效方》一卷

刘甫《十全博救方》一卷

周应《简要济众方》五卷

王素《经验方》三卷

张田《幼幼方》一卷

刘彝《赣州正俗方》二卷

李端愿《简验方》一卷

崔源《本草辨误》一卷

晏傅正《明效方》五卷

葛怀敏《神效备急单方》一卷

沈括《良方》十卷

《苏沈良方》十五卷_{沈括、苏轼所著。}

陈直《奉亲养老书》一卷

文彦博《药准》一卷

董汲《旅舍备要方》一卷

初虞世《古今录验养生必用方》三卷

庞安《验方书》一卷

《胜金方》一卷

《王赵选秘方》二卷

右医书类五百九部,三千三百二十七卷"

凡子类三千九百九十九部,二万八千二百九十卷。

宋史卷二〇八

志第一六一

艺文七

集类四：一曰楚辞类，二曰别集类，三曰总集类，四曰文史类。

《楚辞》十六卷楚屈原等撰。

《楚辞》十七卷后汉王逸章句。

晁补之《续楚辞》二十卷

　　又《变离骚》二十卷

黄伯思《翼骚》一卷

洪兴祖《补注楚辞》十七卷，《考异》一卷

周紫芝《竹坡楚辞赘说》一卷

朱熹《楚辞集注》八卷，《辨证》一卷

黄铢《楚辞协韵》一卷

《离骚》一卷钱杲之集传。

右楚辞十二部，一百四卷。

《董仲舒集》一卷

《枚乘集》一卷

《刘向集》五卷

《王褒集》五卷

《扬雄集》六卷

　　又《二十四箴》二卷

《李尤集》二卷

《张衡集》六卷

《张超集》三卷

《蔡邕集》十卷

《诸葛亮集》十四卷

《曹植集》十卷

《魏文帝集》一卷

《王粲集》八卷

《陈琳集》十卷

《嵇康集》十卷

《阮林集》十卷

《张华集》二卷

　　又《诗》一卷

《江统集》一卷

《傅玄集》一卷

《束晰集》一卷

《张敏集》二卷

《潘岳集》七卷

《索靖集》一卷

《刘琨集》十卷

《陆机集》十卷

《陆云集》十卷

《郭璞集》六卷

《兰亭诗》一卷

《陶渊明集》十卷

《谢庄集》一卷

《颜延之集》五卷

《谢灵运集》九卷

《谢惠连集》五卷

《王僧达集》十卷

《鲍昭集》十卷

《江淹集》十卷

《王融集》七卷

《孔稚圭集》十卷

《谢朓集》十卷

　　又《诗》一卷

颜之推《稽圣赋》一卷

《梁简文帝集》一卷

《昭明太子集》五卷

《沈约集》九卷

　　又《诗》一卷

《刘子绰集》一卷

《刘孝威集》一卷

《吴均诗集》一卷

《何逊诗集》五卷

《庾肩吾集》二卷

《任昉集》六卷

《庾信集》二十卷

　　又《哀江南赋》一卷

《陈后主集》一卷

《江总集》七卷

《沈炯集》七卷

《徐陵诗》一卷

《张正见集》一卷

《唐太宗诗》一卷

《玄宗诗》一卷

《王绩集》五卷

《许敬宗集》十卷

《任敬臣集》十卷

《宋之问集》十卷

《沈佺期集》十卷

《崔融集》十卷

《李峤诗》十卷

《苏味道诗》一卷

《杜审言诗》一卷

《徐鸿诗》一卷

《王勃诗》八卷

　　　　又《文集》三十卷,《杂序》一卷

《杨炯集》二十卷

　　　　又《拾遗》四卷

《卢照邻集》十卷

《骆宾王集》十卷

《陈子昂集》十卷

《刘希夷诗》四卷

《赵彦昭诗》一卷

《崔湜诗》一卷

《武平一诗》一卷

《李乂诗》一卷

《孙逖集》二十卷

《张说集》三十卷

　　又《外集》二卷

《苏颋集》三十卷

《张九龄集》二十卷

《李白集》三十卷

严从《中黄子》三卷

《毛钦一集》三十卷李白撰。

《梁肃集》二十卷

《李翰集》一卷

《孟浩然诗》三卷

《王昌龄集》十卷

《崔颢诗》一卷

《卢象诗》一卷

《李适诗》一卷

《陶翰诗》一卷

《皇甫曾诗》一卷

《皇甫冉集》二卷

《严维诗》一卷

《祖咏诗》一卷

《丘为诗》一卷

《常建诗》一卷

《岑参集》十卷

《崔国辅诗》一卷

《则天中兴集》十卷

　　　　又《别集》一卷

《太宗御集》一百二十卷

《真宗御集》三百卷,《目》十卷

　　　　又《御集》一百五十卷

《仁宗御集》一百卷,《目录》三卷

《英宗御制》一卷

《神宗御笔手诏》二十一卷

　　　　又《御集》一百六十卷

《哲宗御制前后集》共二十七卷

《徽宗御制崇观宸奎集》一卷

　　　　又《宫词》一卷

《阮籍集》十卷

《阮咸集》一卷

王道珪注《哀江南赋》一卷

张庭芳注《哀江南赋》一卷

陆淳《东皋子集略》二卷

《魏文正公时务策》五卷

郭元振《九谏书》一卷

　　又《安邦策》三卷

李靖《霸国箴》一卷

王起注《崔融宝国赞》一卷

《许恭集》十卷

《任希古集》十卷

王勃《舟中纂序》五卷

卢照邻《幽忧子》三卷

骆宾王《百道判》二卷

李峤《新咏》一卷

《吴筠—作"均"集》十一卷

《杜甫小集》六卷

薛苍舒《杜诗刊误》一卷

元结《元子》十卷

　　　又《琦玕子》一卷

《常衮诏集》二十卷

贺知章《入道表》一卷

《鲍防集》五卷

　　　又《杂感诗》一卷

令狐楚《梁苑文类》三卷

《李司空论事》十七卷

《冯宿集》十卷

《邵说集》十卷

杜元颖《五题》一卷

《李绅批答》一卷

刘轲《翼孟》三卷

李德裕《穷愁志》三卷

  又《杂赋》二卷,《平泉草木记》一卷

《段全纬集》五卷

《薛逢别集》九卷

《李虞仲制集》四卷

《柳冕集》四卷

《李程表状》一卷

《李群玉后集》五卷

  又《诗集》二卷

《令狐绹表疏》一卷

夏侯韫《与凉州书》一卷

商璠《丹阳集》一卷

《舒元舆文》一卷

《谭正夫文》一卷

《张课—作"琛"文》一卷

来择《秣陵子集》一卷

  又《集》三卷

《齐夔文》一卷

《畅当诗》一卷

皇甫松《大隐赋》一卷

《于武陵诗》一卷

陆希声《颐山录诗》一卷

《陆鸾集》一卷

沈栖远《景台编》十卷

《袁皓集》一卷

黄滔《编略》十卷

《贾岛小集》八卷

《费冠卿诗》一卷

《孟迟诗》一卷

《王德舆诗》一卷

郑谷《宜阳集》一卷

郁浑《百篇》一卷

《周溃诗》一卷

薛莹《洞庭诗》一卷

《李洞诗集》三卷

《丁稜诗》一卷

《朱邺赋》三卷

　　　又《诗》三卷

《卢延让诗集》一卷

《杨弇诗》一卷

《贺兰明吉集》一卷

《徐融集》一卷

《韦说诗》一卷

《刘绮庄集》十卷

《张琳集》十卷

《徐杲集》八卷

《宗严集》一卷

《薛逢赋》四卷

　　　又《别纸》十三卷

《宋言赋》一卷

郭贲《体物集》一卷

杨复恭《行朝诗》一卷

《韩偓诗》一卷

　　　又《入翰林后诗》一卷

冯涓《怀秦赋》一卷

　　　又《集》十三卷,《龙吟集》三卷,《长乐集》一卷

朱朴《荆山子诗集》四卷

又《杂表》一卷

《孙郃小集》三卷

杨士达《拟讽谏集》五卷

《陈光诗》一卷

《吴仁璧诗》一卷

戚同文《孟诸集》二十卷

《王振诗》一卷

严虔崧《宝囊》五卷

又《表状》五卷

《倪明基诗》一卷

《李洪皋集》二卷

又《表状》一卷

《韦文靖笺表》一卷

崔升《鲁史分门属类赋》一卷

《韦鼎诗》一卷

《孙该诗》一卷

《卫单诗》一卷

《蔡融诗》一卷

《来鹏诗》一卷

《谢璧赋》一卷

又《诗集》四卷,《策林》十卷,《咏高士诗》一卷,《沃山焦山赋》一卷

扈蒙《鳌山集》二十卷

《毛钦一文》二卷

《张友正文》一卷

《南卓集》一卷

《陈陶文录》十卷

封鳌《翰藻》八卷

《胡会集》十卷

《李商隐赋》一卷

　　又《杂文》一卷

《刘邺集》四卷

　　又《从事》三卷

《陈一作"刘"黯集》一卷

陈汀《五源文集》三卷

　　又《赋》一卷

《张次宗集》六卷

刘三复《景台杂编》十卷

　　又《问遗集》三卷,《别集》一卷

《王毂集》十卷

倪曙《荻藻集》三卷

　　又《赋》一卷

《皮日休别集》七卷

《陆龟蒙诗编》十卷

　　又《赋》六卷

《钱珝制集》十卷

　　又《舟中录》二十卷

《杨夔集》五卷

　　又《赋》一卷,《冗书》十卷,《冗余集》十卷

郑昌士《白岩集》五卷

　　又《诗集》十卷

《程逊集》十卷

温庭筠《汉南真藁》十卷

　　又《集》十四卷,《握兰一作"简"集》三卷,《记室备要》三卷,
《诗集》五卷

崔嘏《管记集》十卷

蒋文或《记室定名集》三卷

卢肇《愈风集》十卷

又《大统赋注》六卷,《海潮赋》一卷,《通屈赋》一卷

郑宾一作"宝"《行宫集》十卷

张泽《饮河集》十五卷

刘宗一作"荣"望制集》八卷

陆宸《禁林集》七卷

《张玄晏集》二卷

《高骈集》三卷

李積《鼎国集》三卷

《顾云集遗》十卷

又《赋》二卷,《启事》一卷,《苕一作"昭"亭杂笔》五卷,《纂新》十卷,《苕一作"昭"川总载》十卷

康轩《九笔杂编》十五卷

《乐朋龟集》七卷

又《纶阁集》十卷

《徐寅别集》五卷

《吴融赋集》五卷

崔致远《笔耕集》二十卷

又《别集》一卷

《崔遘集》二卷

《罗衮集》二卷

《李山甫杂赋》二卷

《李磎集》四卷

《羊昭业集》十五卷

章震《肥川集》十卷

又《磨盾集》十卷

李景略《南燕染翰》二十卷

孙邵《孙子文纂》四十卷

《汪文蔚集》三卷

刘韬美《从军集》四十卷

《郭子仪表奏》五卷

《颜真卿集》十五卷

《元结集》十卷

《李岘诗》一卷

《常衮集》三十三卷

　　又《集》十卷

《韦应物集》十卷

《高适诗集》十二卷

《李嘉祐诗》一卷

《张谓诗》一卷

《卢纶诗》一卷

《李端诗》三卷

《耿纬诗》三卷

《司空文明集》一卷

《韩翊诗》五卷

《钱起诗》十二卷

《郎士元诗》二卷

《张继诗》一卷

《陆贽集》二十卷

《王仲舒制集》二卷

《羊士谔诗》一卷

《雍裕之诗》一卷

《裴度集》二卷

《武元衡诗》三卷

《权德舆集》五十卷

《韩愈集五》十卷

又《遗文》一卷,《昌黎文集序传碑记》一卷,《西掖雅言》五卷

祝光《韩文音义》五十卷

朱熹《韩文考异》十卷

樊汝霖《谱注韩文》四十卷

洪兴祖《韩文年谱》一卷

　　《韩文辨证》一卷

方崧卿《韩集举正》一卷

《柳宗元集》三十卷

张敦颐《柳文音辨》一卷

《刘禹锡集》三十卷

　　又《外集》十卷

《吕温集》十卷

《李观集》五卷

《李贺集》一卷

　　又《外集》一卷

《欧阳詹集》一卷

《欧阳衮集》一卷

《张籍集》十二卷

《孟东野诗集》十卷

《李翱集》十二卷

《皇甫湜集》八卷

《贾岛诗》一卷

《卢仝诗》一卷

《刘叉诗》一卷

《沈亚之诗》十二卷

《樊宗师集》一卷

《吴武陵诗》一卷

《张碧诗》一卷

　　又《歌行》一卷

《包幼正诗》一卷

《朱放诗》二卷

《符载集》二卷

《鲍溶歌诗》五卷

《李益诗》一卷

《李约诗》一卷

《熊孺登诗》一卷

《蒋防集》一卷

《崔元翰集》十卷

《张登集》六卷

《窦叔向诗》一卷

《窦巩诗》一卷

《穆员集》九卷

《殷尧藩诗》一卷

《独孤及集》二十卷

《张仲素诗》一卷

《刘言史诗》十卷

《章孝标集》七卷

庄南杰《杂歌行》一卷

《朱湾诗》一卷

《张祐诗》十卷

《李绛文集》六卷

《元稹集》四十八卷

　　　又《元相逸诗》二卷

《赵旸诗》一卷

白居易《长庆集》七十一卷

《袁不约诗》一卷

《施肩吾集》十卷

《李甘集》一卷

《朱庆余诗》一卷

《李程集》一卷

王涯《翰林歌词》一卷

《令孤楚表奏》十卷

　　又《歌诗》一卷

《李涉诗》一卷

《杨巨源诗》一卷

《喻凫诗》一卷

《薛莹诗》一卷

《牛僧孺集》五卷

《李绅诗》三卷

《李德裕集》二十卷

　　又《别集》十卷,《记集》二卷,《姑臧集》五卷德裕翰苑所作。

《杜牧集》二十卷

《温庭筠集》七卷

《段成式集》七卷

《薛能诗集》十卷

《崔嘏制诰》十卷

《薛逢诗》一卷

《马戴诗》一卷

《姚鹄诗》一卷

《顾况集》十五卷

《顾非熊诗》一卷

《裴夷直诗》二卷

《项斯诗》一卷

刘驾《古风诗》一卷

《李廓诗》一卷

《韩宗诗》一卷

《李远诗》一卷

曹邺《古风诗》二卷

《许浑诗集》十二卷

《姚合诗集》十卷

《李频诗》一卷

《李郢诗》一卷

《雍陶诗集》三卷

《于邺诗》十卷

《陆畅集》一卷

《刘得仁诗集》一卷

赵嘏《编年诗》二卷

《孙樵集》三卷

《储嗣宗诗》一卷

《李锴诗》一卷

《郑巢诗》一卷

郑嵎《津阳门诗》一卷

李殷《古风诗》一卷

卢肇《文标集》三卷

《李商隐文集》八卷

　　　又《四六甲乙集》四十卷,《别集》二十卷,《诗集》三卷

《刘沧诗》一卷

《于鹄诗》一卷

《郑畋诗》五卷

　　　又《诗集》一卷,《论事》一五卷

皮日休《文薮》十卷

　　　《滑台集》一卷,《吊江都赋》一卷

《刘蜕集》十卷

《李昌符诗》一卷

侯圭《江都赋》一卷

《沈光诗集》一卷

《陆龟蒙集》四卷

《喻坦之集》一卷

《周贺诗》一卷

《曹唐诗》三卷

《许棠诗集》一卷

独孤霖《玉堂集》二十卷

《李山甫诗》一卷

胡曾《咏史诗》三卷

　　　又《诗》一卷

《张乔诗》一卷

《王棨诗》一卷

于濆《古风诗》一卷

《聂夷中诗》一卷

《林宽诗》一卷

薛廷珪《凤阁书词》十卷

罗虬《比红儿诗》十卷

《罗邺诗》一卷

罗隐《湘南应用集》三卷

　　　又《淮海寓言》七卷，《甲乙集》三卷，《外集诗》一卷，《启
事》一卷，《谗本》三卷，《谗书》五卷

《崔道融集》九卷

《高骈诗》一卷

《顾云编藁》十卷

　　　又《凤策联华》三卷

司空图《一鸣集》三十卷

《崔涂诗》一卷

《崔鲁诗》一卷

《林嵩诗》一卷

《王驾诗》六卷

《唐彦谦诗集》二卷

《方干诗》二卷

《徐凝诗》一卷

《周朴诗》一卷

《陈陶诗》十卷

《王贞白集》七卷

陆希声《君阳遁叟山集记》一卷

《郑渥诗》一卷

郑云叟《拟峰集》二卷

《杜甫诗》二十卷

又《外集》一卷

《杜诗标题》三卷题鲍氏,不知名。

《王维集》十卷

《贾至集》十卷

    又《诗》一卷

《储光羲集》二卷

《綦毋潜诗》一卷

《刘长卿集》二十卷

《萧颖士集》十卷

《李华集》二十卷

秦系《秦隐君诗》一卷

《张鼎诗》一卷

《程晏集》十卷

《李华集》二十卷

《张南史诗》一卷

《陈黯集》一卷

杜荀鹤《唐风集》二卷

《严郾诗》一卷

《李溪奏议》一卷

《吴融集》五卷

《褚载诗》一卷

《曹松诗》一卷

《翁承赞诗》一卷

《张蟾诗》一卷

《孙韬集》二卷

《秦韬玉集》三卷

《郑谷诗》三卷

　　《又诗》一卷，《外集》一卷

韩偓《香奁小集》一卷

又《别集》三卷

《王毂诗》三卷

《裴说诗》一卷

《李雄诗》三卷

《说李中集》三卷

《李善夷集》六卷

《黄璞集》五卷

孙元晏《六朝咏史诗》一卷

《窦永赋》一卷

《阎防诗》一卷

《王季友诗》一卷

《林藻集》一卷

《刘宪诗》一卷

《朱景玄诗》一卷

《苏拯诗》一卷

《王建集》十卷

《杨炎集》十卷

《唐于公异奏记》一卷

《曲信陵诗》一卷

《刘商集》十卷

《戎昱集》五卷

《戴叔伦述藁》十卷

《张韦诗》一卷

《陈羽诗》一卷

《李慎诗》一卷

《刘威诗》一卷

《邵谒诗》一卷

郑昌士《四六集》一卷

《柳俭诗》一卷

《任藩诗》一卷

《杨衡诗》一卷

《文丙诗》一卷

《皮氏玉笥集》一卷 不知作者。

黄滔《莆阳黄御史集》二卷

《黄寺丞诗》一卷 不著名,题唐人。

《芦中诗》二卷 不知作者。

李琪《金门集》十卷

韦庄《浣花集》十卷

《谏草》一卷

殷文圭《冥搜集》二十卷

　　　又《登龙集》十五卷

《孙晟集》五卷

李崧《真珠集》一卷

高辇《昆玉集》一卷

《马幼昌集》四卷

林鼎《吴江应用》二十卷

王睿《炙毂子》三卷

　　　又《联珠集》五卷

周延禧《百一集》二十卷

《沈文昌集》二十卷

张沈《一飞集》三卷

吕述《东平小集》三卷

《冯道集》六卷

又《河间集》五卷,《诗集》十卷

李松《锦囊集》三卷

又《别集》一卷

王仁裕《乘辂集》五卷

又《紫阁集》五卷,《紫泥集》十二卷,《紫泥后集》四十卷,《诗集》十卷

公乘亿《珠林集》四卷

又《华林集》三卷,《集》七卷,《赋》十二卷

王超《洋源集》十卷

又《凤鸣集》三卷

《孙开物集》十六卷

李琪《应用集》三卷

《崔拙集》二卷

李愚《白沙集》十卷

又《五书》一卷

《丘光业诗》一卷

钱镠《吴越石壁记》一卷

孙光宪《荆台集》四十卷

又《笔佣集》十卷,《纪遇诗》十卷,《巩湖编玩》三卷,《橘斋集》二卷

和凝《演论集》三十卷

又《游艺集》五十卷,《红药编》五卷

贾纬《草堂集》二十卷

又《续草堂集》十五卷

张正《西掖集》三十卷

《陈九畴集》五卷

《韦庄谏疏笺表》四卷

杨怀玉《忘筌集》三卷

《王俅后集》十卷

《乔讽集》十卷

《李洪茂集》十卷

毛文晏《昌城后寓集》十五卷

　　　又《西阁集》十卷,《东壁出言》三卷

杜光庭《广成集》一百卷

　　　又《壶中集》三卷

庾傅昌《金行启运集》二十卷

李尧夫《梓潼集》二十卷

勾令言《玄舟集》十二卷

童九龄《潼江集》二十卷

王朴《翰苑集》十卷

李瀚《丁年集》十卷

《涂昭良集》八卷

李昊《蜀祖经纬略》一百卷

　　　又《枢机集》二十卷

高文圭《从军藁》二十卷

　　　又《镂冰录》二十卷,《笔耕词》二十卷

游恭《东里集》三卷

　　　又《广东里集》二十卷,《短兵集》三卷

朱浔《昌吴启霸集》三十卷

沈松《钱金集》八卷

郭昭度《芸阁集》十卷

《李氏金台凤藻集》五十卷

李为光《斐然集》五卷

程简之《金镂集》十二卷

沈颜《陵阳集》五卷

　　　又《声书》十卷,《解聱》十五卷

程柔《安居杂著》十卷

陈睿《揖让录》七卷

《李煜集》十卷

　　　又《集略》十卷，《诗》一卷

宋齐丘《祀玄集》三卷

孙晟《续古阙文》一卷

陈致雍《曲台奏议集》二十卷

孟拱辰《凤苑集》三卷

汤筠《戎机集》五卷

乔舜《拟谣》十卷

《张安石诗》一卷

《赵搏歌诗》二卷

方纳《远华集》一卷

《韦蔼诗》一卷

《张杰诗》一卷

谢磻隐《杂感诗》二卷

戴文—作"乂"《回文诗》一卷

《守素先生遗荣诗集》三卷

《谭用藏诗》一卷

罗绍威《政余诗集》一卷

《章碣诗》一卷

商绪《潜阳诗集》三卷

熊惟简《湘西诗集》三卷

《李明诗集》五卷

《郭鹏诗》一卷

孟宾子《金鳌诗集》二卷

《李叔文—作"父"诗》一卷

《王希羽诗》一卷

《廖光图诗集》二卷

《廖凝诗集》七卷
《廖邈诗集》二卷
《廖融诗集》四卷
《王梵志诗集》一卷
《左绍冲集》三卷
熊皦《屠龙集》五卷
《章一作"辛"鄢诗》一卷
朱存《金陵览古诗》二卷
《韩溉诗》一卷
《高蟾诗》二卷
《孙魴诗集》三卷
《成文干诗集》五卷
吴蜕《一字至七字诗》二卷
罗浩源《庐山杂咏诗》一卷
王遒一作"遵"《咏史》一卷
冀访《咏史》十卷
孙玄晏《览北史》三卷
崔道融《申唐诗》三卷
杜辇《咏唐史》十卷
赵容一作"谷"《刺贤诗》一卷
阎承琬《咏史》三卷
《六朝咏史》六卷
童汝为《咏史》一卷
陆元皓《咏刘子诗》三卷
《高迈赋》一卷
《谢观赋集》八卷
《蒋防赋集》一卷
《俞岩赋集》一卷
《侯圭赋集》五卷

《郑渎赋》二卷

《王翊赋集》二卷

《贾嵩赋集》三卷

《蒋凝赋集》三卷

《桑维翰赋》二卷

林绚《大统赋》二卷

《大纪赋》三卷

李希运《两京赋》一卷

崔葆《数赋》十卷

毛涛一作"铸"《浑天赋》一卷

刘恽《悲甘陵赋》一卷张龙泉、章孝标注。

卢献卿《愍征赋》一卷

张莹一作"策"《吊梁"梁"下或有"郊"字赋》一卷

王朴《乐赋》一卷

赵邻几《禹别九州赋》三卷

鲁褒《钱神论》一卷

潘询注《才命论》一卷

钱栖业《大虚潮论》一卷

杜光庭《三教论》一卷

《大宝论》一卷

丁友亮《唐兴替论》一卷

丘光庭《海潮论》一卷

赵昌嗣《海潮论》一卷

《九证心戒》一卷

杜嗣先《兔园策》十卷

郑宽《百道判》一卷

《吴康仁判》一卷

《崔锐判》一卷

《赵璘表状》一卷

《李善夷表集》一卷

《郑峨表状略》三卷

《彭霁启状》一卷

《郑氏贻孙集》四卷

《张浚表状》一卷

《李巨川启状》二卷

郑准《渚宫集》四卷

李嚣《鱼化集》一卷

《樊景表状集》五卷

《罗贯启状》二卷

《梁震表状》一卷

赵仁拱《潜龙笔职》三卷

《黄台江西表状》二卷

《周慎辞表状》五卷

郭洪《记室袖中备要》三卷

《金台倚马集》九卷

《拟状制集》三卷

《章表分门》一卷

《两制珠玑集》二卷

《搢绅集》三卷

《蓬壶集》一卷

《忘机子》五卷并不知作者。

张昭《嘉善集》五十卷

高锡《簪履编》七卷

《王祐集》二十卷

罗处约《东观集》十卷

郭贽《文懿集》三十卷

陈抟《钓潭集》二卷

《王溥集》二十卷

《赵上文集》二十卷

《薛居正集》三十卷

窦仪《端揆集》四十五卷

《白积集》十卷

徐铉《质论》一卷

《苏易简章表》十卷

《李昉集》五十卷

《朱昂集》三十卷

《王旦集》二十卷

《鞠常集》二十卷

《李莹集》十卷

梁周《翰苑制草集》二十卷

王禹偁《制诰集》十二卷

《韩乂奏议》三卷

杨亿《号略集》七卷

《刘宣集》一卷

《杨徽之集》五卷

赵师民《儒林旧德集》三十卷

《丘旭诗》一卷

　　　又《赋》一卷

曾致尧《直言集》一卷

《张翼诗》一卷

韦文化《韶程诗》一卷

赵晟《金山诗》一卷

李度《策名诗》一卷

《杨日严集》十卷

赵抃《成都古今集》三十卷

宋敏求《书闱前后集西垣制词文集》四十八卷

《吕惠卿文集》一百卷

　　　又《奏议》一百七十卷

《龚鼎臣谏草》三卷

《程师孟文集》二十卷

　　　又《奏议》十五卷

《杨绘文集》八十卷

张方平《玉堂集》二十卷

王洙《昌元集》十卷

《承干文集》十卷

《田况文集》三十卷

邓绾《治平文集》三十卷

　　　又《翰林制集》十卷,《西垣制集》三卷,《奏议》二十卷,《杂
文诗赋》五十卷

刘彝《明善集》三十卷

　　　又《居易集》二十卷

《赵世繁歌诗》十卷

《张诜文集》十卷

　　　又《奏议》三十卷

《韩绛文集》五十卷

　　　又《内外制集》十三卷

《奏议》三十卷

《庞元英文集》三十卷

《李常文集》六十卷

　　　又《奏议》二十卷

《孙觉文集》四十卷

　　　又《奏议》十二卷,《外集》十卷

《吕公孺诗集奏议》二十卷

《熊本文集》三十卷

　　　又《奏议》二十卷

《傅尧俞奏议》十卷

《叶康直文集》十卷

《李承之文集》三十卷

　　　又《奏议》二十卷

《卢秉文集》十卷

　　　又《奏议》三十卷

晁补之《鸡肋集》一百卷

《王庠文集》五十卷

《刘纹集》六十卷

《孔文仲文集》五十卷

《孔武仲奏议》二卷

《蒲宗孟文集奏议》七十卷

《张利一奏议》三卷

《乔执中古律诗赋》十五卷

　　　又《杂文碑志》十卷

《赵仲庠内外制》十卷

　　　又《杂文》五十卷,《制诰表章》十卷

《仲锐文集》十卷

《李之纯文集》二十卷

　　　又《奏议》五卷

赵世逢《英华集》十卷

《李清臣文集》一百卷

　　　又《奏议》三十卷

《李新集》四十卷

《沈洙文集》十卷

《杜纮文集》二十卷

　　　又《奏议》十卷,《后山集》三十卷

曾肇《元祐制集》十二卷

　　　又《曲阜外集》三十卷

张舜民《画墁集》一百卷

《王存文集》五十卷

《李昭集》三十卷

蒋之奇《荆溪前后集》八十九卷

　　　　又《别集》九卷,《北扉集》九卷,《西枢集》四卷,《厄言集》

五卷,《刍言》五十篇

《舒亶文集》一百卷

《龚原文集》七十卷

　　　　又《颖川唱和诗》三卷

《安焘文集》四十卷

　　　　又《奏议》十卷

《张商英文集》一百卷

《蔡肇文集》三十卷

《刘跂集》二十卷

《秦敏学集》二卷

《曾孝广文集》二十卷

《张阁文集》二十卷

《吴居厚文集》一百卷

　　　　又《奏议》一百二十卷

《吕益柔文集》五十卷

　　　　又《奏议》一卷

《姚祐文集》六十卷

　　　　又《奏议》二十卷

《上官均文集》五十卷

　　　　又《奏议》十卷

叶焕《继明集》一卷

赵仲御《东堂集》一卷

李长民《汴都赋》一卷

《鲍慎由文集》五十卷

《游酢文集》十卷

《刘安世文集》二十卷

《许安国诗》三卷

《唐恪文集》八十卷

《谭世勣文集》三十卷

　　　　又《奏议》二十一卷,《外制》五卷,《师陶集》二卷

孙希广《樵渔论》三卷

窦梦证《东堂集》三卷

《恭翔集》十卷

　　　　又《表奏集》十卷

《卢文度集》二卷

《崔氏干旄录》六卷

《李慎仪集》十二卷

《唐鸿集》五卷

《青芜编集》一卷

《陈光图集》七卷

《李洪源集》二卷

《郦炎文》四篇

沈彬《闲居集》十卷

《罗隐后集》二十卷

　　　　又《汝江集》三卷,《歌诗》十四卷,《吴越掌书记集》三卷

熊皎《南金集》二卷

《龚霖诗》一卷

《倪晓赋》一卷

《谭用之诗》一卷

《扈载集》五卷

《南唐李后主集》十卷

《宋齐丘文传》十三卷

《徐锴集》十五卷

冯延巳《阳春录》一卷

《田霖四六》一卷

潘佑《荥阳集》二十卷

左偃《钟山集》一卷

《张为诗》一卷

徐寅《探龙集》五卷

张麟《答舆论》三卷

杨九龄《桂堂编事》二十卷

《蔡昆诗》一卷

《廖正图诗》一卷

《刘昭禹诗》一卷

《孙鲂诗》五卷

《李建勋集》二十卷

杜田注《杜诗补遗正缪》十二卷

薛仓舒《杜诗补遗》五卷

　　　《续注杜诗补遗》八卷

洪兴祖《杜诗辨证》二卷

《范质集》三十卷

《赵普奏议》一卷

《李莹集》一卷

《陶谷集》十卷

王佑《襄阳风景古迹诗》一卷

《柳开集》十五卷

《徐铉集》三十二卷

《汤悦集》三卷

《宋白集》一百卷

　　　又《柳枝词》一卷

《贾黄中集》三十卷

《李至集》三十卷

《张洎集》五十卷

《李谘集》二十卷

《杨朴诗》一卷

《潘阆诗》一卷

《罗处约诗》一卷

《李光辅集》一卷

《王操诗》一卷

卢稹《曲肱编》六卷

《赵湘集》十二卷

《古成之集》三卷

《章士廉集》二卷

张君房《野语》三卷

《李九龄诗集》一卷

《廖氏家集》一卷

王禹偁《小畜集》三卷

　　　又《外集》二十卷,《承明集》十卷,《别集》十六卷

《田锡集》五十卷

　　　又《别集》三卷,《奏议》二卷

魏野《草堂集》二卷

　　　又《钜鹿东观集》十卷

《张咏集》十卷

《寇准诗》三卷

　　　又《巴东集》一卷

《丁谓集》八卷

　　　又《虎丘录》五十卷,《刀笔集》二卷,《青衿集》三卷,《知命
集》一卷

《胡旦集》十六卷

《陈靖集》十卷

晁迥《昭德新编》三卷

《穆修集》三卷

《熊知至集》一卷

《刘随谏草》二十卷

《林逋诗》七卷

　　　又《诗》二卷

《柴庆集》十卷

《刘夔应制》一卷

《谢伯初诗》一卷

《吕祐之集》二十卷

钱惟演《拥旄集》五卷

陈尧佐《愚丘集》二卷

　　　又《潮阳新编》一卷

《石介集》二十卷

《夏竦集》一百卷

　　　又《策论》十三卷

宋庠《缇巾集》十二卷

　　　又《操缦集》六卷,《连珠》一卷

《王随集》二十卷

《石延年诗》二卷

《宋郊文集》四十四卷

《宋祁集》一百五十卷

　　　又《濡削》一卷,《刀笔集》二十卷,《西川猥藁》三卷

《郑文宝集》三十卷

杨亿《蓬山集》五十四卷

　　　又《武夷新编集》二十卷,《颍阴集》二十卷,《刀笔集》二十
卷,《别集》十二卷,《汝阳杂编》二十卷

《銮坡遗札》十二卷

刘筠《册府应言集》十卷

　　　又《荣遇集》二十卷,《山中刀笔集》三卷,《表奏》六卷,《肥
川集》四卷

《韩丕诗》三卷

《种放集》十卷

李介《种放江南小集》二卷

《柴成务集》二十卷

《孙何集》四十卷

《孙仅诗》一卷

《许申集》一卷

《钱易集》六十卷

《高弁集》三卷

《钱昭度诗一卷

《唐异诗集》一卷

《江为诗》一卷

《李畋集》十卷

《张涑集》三卷

《张景集》二十卷

《郭震集》四卷

《郑修集》一卷

《许允豹诗》一卷

刘若冲《永昌应制集》三卷

《陈渐集》十五卷

陈充《民士编》二十卷

钱彦远《谏垣集》三十卷

　　又《谏垣遗藁》五卷

《齐唐集》三十卷

　　又《策论》十卷

《鲍当集》一卷

　　又《后集》一卷

何涉《治道中术》六卷

《仲讷集》十二卷

《梅尧臣集》六十卷

　　　又《后集》二卷

《毕田诗》一卷

杨备《姑苏百题诗》三卷

宋绶《常山秘殿集》三卷

　　　又《托车集》五卷,《常山遗札》三卷

《许推官吟》一卷

袁陟《庐山四游诗》一卷

　　　又《金陵访古诗》一卷,《鲁交集》三卷

《郑伯玉诗》一卷

《颜太初集》十卷

《范仲淹集》二十卷

　　　又《别集》四卷,《尺牍》二卷,《奏议》十五卷,《丹阳编》八
卷

《吕申公试卷》一卷

《杜衍诗》一卷

丘浚《观时感事诗》一卷

《困编》一卷

《晏殊集》二十八卷

　　　又《临川集》三十卷,《诗》二卷,《二府集》十五卷,《二府别
集》十二卷,《北海新编》六卷,《平台集》一卷

《胡宿集》七十卷

　　　又《制词》四卷

《包拯奏议》十卷

廖偁《朱陵编》一卷

《戴真诗》二卷

《钱藻贤良策》五卷

《苏舜钦集》十六卷

张伯玉《蓬莱诗》二卷

《孙复集》十卷

周昙《咏史诗》八卷

《尹洙集》二十八卷

崔公度《感山赋》一卷

《燕肃诗》二卷

《尹源集》六卷

　　　又《幕中集》十六卷

《叶清臣集》十六卷

李淑《书殿集》二十卷

　　　又《笔语》十五卷

《龙昌期集》八卷

《田况策论》十卷

《蒋康叔小集》一卷

《张俞集》二十六卷

《寇随诗》一卷

《王琪诗》二十卷

《狄遵度集》十卷

《黄亢集》十二卷

《李问诗》一卷

李祺《刀笔集》十五卷

　　　又《象台四六集》七卷

陈亚《药名诗》一卷

《黄通集》三卷

《湛俞诗》一卷

《江休复集》四十卷

《王回集》十卷

《苏洵集》十五卷

　　　又《别集》五卷

李泰伯《直讲集》三十三卷

又《后集》六卷

《黄庶集》六卷

《刘辉集》八卷

《王同集》十卷

《王令集》二十卷

　　又《广陵文集》六卷

《余靖集》二十卷

　　又《谏草》三卷

《孙沔集》十卷

《刘敞集》七十五卷

《蔡襄集》六十卷

　　又《奏议》十卷

《欧阳修集》五十卷

　　又《别集》二十卷,《六一集》七卷,《奏议》十八卷,《内外制
集》十一卷,《从谏集》八卷

《韩琦集》五十卷

　　又《谏垣存藁》三卷

《富弼奏议》十二卷

　　又《札子》十六卷

《吕海集》十五卷

　　又《章奏》二十卷

赵抃《南台谏垣集》二卷

　　又《清献尽言集》二卷

元绛《玉堂集》二十卷

　　又《玉堂诗》十卷

《郑獬集》五十卷

《王陶诗》三十卷

　　又《集》五卷

宋敏求《东观绝笔》二十卷

《晁端友诗》十卷

程师孟《长乐集》一卷

《陶弼集》十五卷

《强至集》四十卷

《邵雍集》二十卷

《张载集》十卷

《张先诗》二十卷

《陈襄集》二十五卷

　　又《奏议》一卷

曾巩《元丰类藁》五十卷

　　又《别集》六卷,《续藁》四十卷

《扬蟠诗》二十卷

《袁思正集》六卷

《晁端忠诗》一卷

《章望之集》四十卷

　　又《集》十一卷

《吴顾诗》一卷

《刘涣诗》十二卷

《吴孝宗集》二十卷

吕南公《灌园集》三十卷

《王韶奏议》六卷

《李师中诗》三卷

《杨绘谏疏》七卷

《傅翼之集》一卷

《任大中集》三卷

《方子通诗》一卷

王震《元丰怀遇集》七卷

《张徽集》三卷

　　又《北闽诗》一卷

《王无咎集》十五卷

《司马光集》八十卷

　　又《全集》一百十六卷

《龚鼎臣集》五十卷

《文彦博集》三十卷

　　又《显忠集》二卷

《王安石集》一百卷

《张方平集》四十卷

　　又《进策》九卷

《王珪集》一百卷

范镇《谏垣集》十卷

　　又《奏议》二卷

《程颢集》四卷

《朱光庭奏议》三卷

《范祖禹集》五十五卷

《王岩叟集》四十卷

《赵瞻集》二十卷

　　又《奏议》十卷

《杨杰集》十五卷

　　又《别集》十卷

《鲜于侁集》二卷

《苏颂集》七十二卷

　　又《略集》一卷

《刘攽集》六十卷

《王刚中文集》六卷

《颜复集》十三卷

孔平仲《诗戏》一卷

《刘挚集》四十卷

邢居实《呻吟集》一卷

陈轩《纶阁编》六卷

又《荣名集》二卷,《临汀集》六卷

《陈敦诗》六卷

《陈先生揭阳集》十卷不知名。

《刘定诗》一卷

《许彦国诗》三卷

《张重集》八卷

王定民《双海编》二十四卷

何宗元《十议》三卷

《张公庠诗》一卷

《韦骧集》十八卷

　　　又《赋》二十卷

《李清臣集》八十卷

　　　又《进策》五卷

《程颐集》二十卷

苏轼《前后集》七十卷

　　《奏议》十五卷,《补遗》三卷,《南征集》一卷,《词》一卷,《南省说书》一卷,《应诏集》十卷,《内外制》十三卷,《别集》四十六卷,《黄州集》二卷,《续集》二卷,《和陶诗》四卷,《北归集》六卷,《儋耳手泽》一卷,《年谱》一卷王宗稷编。

苏辙《栾城集》八十四卷

　　《应诏集》十卷,《策论》十卷,《均阳杂著》一卷

《黄庭坚集》三十卷

　　《乐府》二卷,《外集》十四卷,《书尺》十五卷

《陈师道集》十四卷

　　　又《语业》一卷

《秦观集》四十卷

《蒋之奇集》一卷

《曾布集》三十卷

《吕惠卿集》五十卷

《曾肇集》四十卷

　　又《奏议》十二卷,《西垣集》十二卷,《庚辰外制集》三卷,《内制集》五卷

《张来集》七十卷

　　又《进卷》二卷

《李昭玘集》三十卷

《晁补之集》七十卷

《李廌集》三十卷

《蔡肇集》六卷

　　又《诗》三卷

《吕陶集》六十卷

《张舜民集》一百卷

《张商英集》十三卷

《郑侠集》二十卷

钱惟演《伊川集》五卷

《陈简能集》一卷

冯京《潜山文集》一卷

《陈舜俞集》三十卷

　　又《治说》十卷,《应制策论》一卷

《金君卿集》十卷

刘辉《东归集》十卷

《王安国集》六十卷

　　又《序言》八卷

《王安礼集》二十卷

《范纯仁忠宣集》二十卷

　　又《弹事》五卷,《国论》五卷

韩维《南阳集》三十卷

　　又《颍邸记室集》一卷,《奏议》一卷

李复《潏水集》四十卷

《傅尧俞集》十卷

《丁骘奏议》二十卷

又《奏议》一卷

《陈师锡奏议》一卷

彭汝砺《鄱阳集》四十卷

《龚夬奏议》一卷

范百禄《荣国集》五十卷

　　　又《奏议》六卷,《内制》五卷,《外制》五卷

邹浩《文卿集》四十卷

《郭祥正集》三十卷

《陈瓘集》四十卷

　　　又《责沈》一卷,《谏垣集》三卷,《四明尊尧集》五卷,《了斋
亲笔》一卷,《尊尧余言》一卷

《李新集》四十卷

吴栻《蜀道纪行诗》三卷

　　　又《庵峰集》一卷

《徐积集》三十卷

任伯雨《蘽草》二卷

　　　又《乘桴集》三卷

《葛次仲集句诗》三卷

《郑少微策》六卷

石柔《橘林集》十六卷

《谢逸集》二十卷

　　　又《溪堂诗》五卷

《谢薖集》十卷

《陆纯集》一卷

《张励诗》二十卷

《廖正一集》八卷

《韩筠集》一卷

《张劝诗》二卷

王宷《南陔集》一卷

《杨天惠集》六十卷

《刘跂集》二十卷王家撰。

《唐庚集》二十二卷

《马存集》十卷

　　又《经济集》十二卷

《朱服集》十三卷

《毛滂集》十五卷

《李樵诗》二卷

《朱减集》十二卷

《刘珏奏议》一卷

《崔鶠集》三十卷

《李若水集》十卷

《梅执礼集》十五卷

《晁说之集》二十卷

《杨时集》二十卷

　　又《龟山集》三十五卷

《李朴集》二十卷

《王安中集》二十卷

《徐俯集》三卷

《吕本中诗》二十卷

《翟汝文集》三十卷

《汪藻集》六十卷

《程俱集》三十四卷

《李纲文集》十八卷

赵鼎《得全居士集》二卷

　　又《忠正德文集》十卷

《朱胜非奏议》十五卷

綦崇礼《北海集》六十卷

叶梦得《石林集》一百卷

　　又《奏议》十五卷,《建康集》八卷

孙觌《鸿庆集》四十二卷

《汪伯彦后集》二十五卷

　　又《续编》一卷

胡铨《澹庵集》七十卷

《李光前后集》三十卷

张澂《澹岩集》四十卷

李邴《草堂后集》二十六卷

饶节《倚松集》十四卷

《吴则礼集》十卷

韩驹《陵阳集》十五卷

　　又《别集》三卷

《傅察集》三卷

赵鼎臣《竹隐畸士集》四十卷

赵育《酒隐集》三卷

《曾眕集》十六卷

《陈东奏议》一卷

《章谊奏议》二卷

　　又《文集》二十卷

刘安世《元城尽言集》十三卷

许景衡《横塘集》三十卷

《田昼集》二卷

刘弇《龙云集》三十二卷

《慕容彦逢集》三十卷

李端叔《姑溪集》五十卷

　　又《后集》二十卷

米芾《山林集拾遗》八卷

倪涛《玉溪集》二十二卷

张彦实《东窗集》四十卷

　　　又《诗》十卷

刘一止《苕溪集》五十五卷

王赏《玉台集》四十卷

冯时行《缙云集》四十三卷

高登《东溪集》十二卷

仲并《浮山集》十六卷

王洋《东牟集》二十九卷

《关注集》二十卷

葛立方《归愚集》二十卷

曹勋《松隐集》四十卷

《辛次膺奏议》二十卷

　　　又《笺表》十卷

周麟之《海陵集》二十三卷

《王镃集》二十三卷

任古《拙斋遗藁》三卷

任正言《小丑集》十二卷

　　　又《续集》五卷

张积《鹤鸣先生集》四十一卷

吕大临《玉溪先生集》二十八卷

胡恭《政议进藁》一卷

《叶访所业》二卷

勾滋《达斋文集》七卷

《吴正肃制科文集》十卷

王发《元祐进本制举策论》十卷

吕颐浩《忠穆文集》十五卷

张元干《芦川词》二卷

《三顾隐客文集》十一卷

《文选精理》二十卷

岳阳黄氏《灵仙集》十五卷以下不知名。

《宋初梅花千咏》二卷

《易安居士文集》七卷宋李格非女撰。

      又《易安词》六卷

《辛弃疾长短句》十二卷

      又《稼轩奏议》一卷

《吴楚纪行》一卷宋峡州守吴氏撰，不知名。

刘子翚《屏山集》二十卷

《刘珙集》九十卷

      又《附录》四卷

邓良能《书潜集》三十卷

游桂《畏斋集》二十二卷

王十朋《南游集》二卷

      又《后集》一卷

史浩《真隐漫录》五十卷

洪适《盘洲集》八十卷

洪遵《小隐集》七十卷

洪迈《野处猥藁》一百四卷

      又《琼野录》三卷

刘仪凤《奇堂集》三十卷

      又《乐府》一卷

《罗愿小集》五卷

张嵲《紫微集》三十卷

周紫芝《太仓稊米集》七十卷

毛幵《樵隐集》十五卷

张行成《观物集》三十卷

倪文举《绮川集》十五卷

张嗣良《敝帚集》十四卷

　　又《南涧甲乙藁》七十卷

韩元吉《愚戆录》十卷

宋汝为《忠嘉集》一卷

　　又《后集》一卷

《陈熙甫奏札》一卷

陈康伯《葛溪集》三十卷

陈恬《涧上卷》三十卷

汪中立《符桂录》三卷

王莱《龟湖集》十卷

何逷《蒙野集》四十九卷

曹彦章《箕颖集》一十卷

孙应时《烛湖集》十卷

沈与求《龟溪集》十二卷

吕祖俭《大愚集》十一卷

《颜师鲁文集》四十四卷

陈岘《东斋表奏》二卷

聂冠卿《蕲春集》十卷

《沈夏文集》二十卷

陈正伯《书舟雅词》十一卷

《刘给事文集》一卷

《邓忠臣文集》十二卷

贺铸《庆湖遗老集》二十九卷

《林栗集》三十卷

　　又《奏议》五卷

龚茂良《静泰堂集》三十九卷

周必大《词科旧藁》三卷

　　又《掖垣类藁》七卷,《玉堂类藁》二十卷,《政府应制藁》一
卷,《历官表奏》十二卷,《省斋文藁》四十卷,《别藁》十卷,《平

园续稾》四十卷,《承明集》十卷,《奏议》十二卷,《杂著述》二十三卷,《书稾》十五卷,《附录》五卷

朱松《韦斋集》十二卷

又《小集》一卷

《朱熹前集》四十卷,《后集》九十一卷,《续集》十卷,《别集》二十四卷

张栻《南轩文集》四十八卷

《吕祖谦集》十五卷

又《别集》十六卷,《外集》五卷,《附录》三卷

汪应辰《翰林词章》五卷

《郑伯熊集》三十卷

《郑伯英集》二十六卷

陆九渊《象山集》二十八卷

又《外集》四卷

《潘良贵集》十五卷

《林待聘内外制》十五卷

吴镒《敬斋集》三十二卷

沈枢《宜林集》三十卷

吴芾《湖山集》四十三卷

又《别集》一卷,《和陶诗》三卷,《附录》三卷,《当涂小集》八卷

吴天骥《凤山集》十二卷

雍焯《过溪前集》二十卷

又《后集》三卷

赵彦端《介庵集》十卷

又《外集》三卷,《介庵词》四卷

庞谦孺《白苹集稾》四卷

《李迎遗稾》一卷

谢谔《江行杂著》三卷

曾丰《樽斋缘督集》十四卷

陈傅良《止斋集》五十二卷

《陈亮集》四十卷

  又《外集词》四卷

蔡幼学《育德堂集》五十卷

曾焕《毅斋集》十八卷

  又《台城丙藁》四卷,《南城集》十八卷

《曾习之诗文》二卷

《苏元老文集》三十二卷

彭克《玉壶梅花三百咏》一卷

《王景文集》四十卷

《刘安上文集》四卷

《刘安节文集》五卷

《周博士文集》十卷不知名。

黄季岑《三余集》十卷

吴亿《溪园自怡集》十卷

周邦彦《清真居士集》十一卷

《程大昌文集》二十卷

苏籀《双溪集》十一卷

杨椿《芸室文集》七十五卷

蒋迈《桂斋拙藁》二卷

  又《施正宪遗藁》二卷

《丘崇文集》十卷

罗适《赤城先生文集》十卷

王灼《颐室文集》五十七卷

余安行《石月老人文集》三十五卷

陆游《剑南续藁》二十一卷

  又《渭南集》五十卷

费氏《芸山居士文集》二十一卷不知名。

李正民《大隐文集》三十卷

杜受言《碔砆集》十三卷

邓肃《栟榈集》二十六卷

胡安国《武夷集》二十二卷

胡寅《斐然集》二十卷

程敦儒《宠堂集》六十八卷

    又《后集》二十卷

《朱翌集》四十五卷

     又《诗》三卷

廖刚《高峰集》十七卷

赵令畤《安乐集》三十卷

《陆九龄文集》六卷

周孚《铅刀编》三十二卷

《玉堂梅林文集》二十卷

《云溪类集》三十卷

李璜《蘖庵文集》十二卷

江公望《钓台弃蘽》十四卷

吴沈《环溪集》八卷

《月湖信笔》三卷不知作者。

《赵雄奏议》二十卷

许开《志隐类蘽》二十卷

项安世《丙辰悔蘽》四十七卷

赵逵《栖云集》二十五卷

《黄策集》四十卷

《连宝学奏议》二卷不知名。

《卫肤敏谏议遗蘽》二卷

姜夔《白石丛蘽》十卷

陈伯鱼《澹斋草纸目录》四十二卷

彭龟年《止堂集》四十七卷

彭凤《梅坡集》五卷

李弥逊《筠溪集》二十四卷

龚日华《北征谠议》十二卷

萧之敏《直谅集》三卷

李士美《北门集》四卷

《刘清之文集》二十三卷

《叶适文集》二十八卷

周南《山房集》五卷

王秬《复斋制表》一卷

《倪思奏议》二十六卷

　　　又《历官表奏》十卷,《翰林奏草》一卷,《翰林前藁》二十卷,《翰林后藁》二卷

《毕仲游文集》五十卷

王之道《相山居士文集》二十五卷

　　　又《相山长短句》二卷

王从三《近斋余录》五卷

谢伋《药寮丛藁》二十卷

《罗点奏议》二十三卷

《李繁奏议》二卷

《詹仪之奏议》二卷

胡觌《万石书》一卷

《周行己集》十九卷

《鲍钦止集》二十卷

《黄裳集》六十卷

《林敏功集》十卷

《方孝能文集》一卷

《王庠集》五十卷

《秦敏学集》二卷

姚述尧《箫台公余》一卷

蒙泉居士《韩文英华》二卷

苏过《斜川集》十卷

王彦辅《凤台子和杜诗》三卷

《杜甫诗详说》二十八卷不知作者。

郭彻《南湖诗》八卷

《陆长翁文集》四十卷

詹叔羲《狂夫论》十二卷

《朱敦儒陈渊集》二十六卷

　　　　又《词》三卷

《王寔集》三十卷

《苏庠集》三十卷

李师稷《皇华编》一卷

《刘一止集》五十卷《苕溪集》多五卷。张攀《书目》以此本为《非斋类
蘽》。

《葛胜仲集》八十卷

《傅崧卿集》六十卷

　　　　又《奏议》二卷,《制诰》三卷

《勾龙如渊杂著》一卷

《洪皓集》十卷

《胡宏集》一卷

《曾惇诗》一卷

《黄邦俊集》三卷

　　　　又《强记集》八卷

《江袤集》二十卷

《盛攽策论》一卷

潘阐《集杜诗句》一卷

《林震集句》二卷

《溢江集》六卷不知作者。

《周总集》一卷

《张守集》五十卷

　　　又《奏议》二十五卷，又十八卷

范成大《石湖居士文集》卷亡。

　　　又《石湖别集》二十九卷，《石湖大全集》一百三十六卷

许翰《襄陵文集》二十二卷

《楼钥文集》一百二十卷

张宰《莲社文集》五卷

《胡世将集》十五卷

　　　又《忠献胡公集》六十卷

《洪龟父诗》一卷

柯梦得《抱瓮集》十五卷

姜如晦《月溪集》三十二卷

《钱闻诗文集》二十八卷

　　　又《庐山杂著》三卷

芮晖《家藏集》七卷

王谘《雪斋文集》四十卷

《李焘文集》一百二十卷

薛齐谊《六一先生事证》一卷告词附。

王大昌《六一先生在滁诗》一卷

汪居正《竹西文集》十卷

李观《显亲集》六卷

陈汝锡《鹤溪集》十二卷

陈逢寅《山谷诗注》二十卷

朱熹校《昌黎集》五十卷

王洙注《杜诗》三十六卷

方醇道《类集杜甫诗史》三十卷

僧道翘《寒山拾得诗》一卷

傅自得《至乐斋集》四十卷

俞汝尚《溪堂集》四卷

《刘焘诗集》二十卷

《方惟深集》十卷

又《录》一卷

王庭《云塈集》三卷

蔡柟《浩歌集》一卷

王庭珪《卢溪集》十卷

邵缉《荆溪集》八卷

吴氏《符川集》一卷不知名。

陈克《天台诗》十卷

又《外集》四卷

刘绮《清溪诗集》三卷

王质《雪山集》三卷

萧德藻《千岩择藁》七卷

又《外编》三卷

杨万里《江湖集》十四卷

又《荆溪集》十卷,《西归集》八卷,《南海集》八卷,《朝天集》十一卷,《江西道院集》三卷,《朝天续集》八卷,《江东集》十卷,《退休集》十四卷

《危稹文集》二十卷

林宪《雪巢小集》二卷

叶镇《会稽览古诗》一卷

《邵博文集》五十七卷

《郑刚中文集》八卷

《李浩文集》二卷

《许及之文集》三十卷

又《涉斋课藁》九卷

《黄干文集》十卷

《锦屏先生文集》十一卷不知名。

祝充《韩文音义》五十卷

宋德之《青城遗藁》二卷

《沈涣文集》五卷

《王述文集》二十卷

《毛友文集》四十卷

王惟之《雪溪集》八卷

范浚《香溪文集》二十二卷

胡峄《如村冗藁》二十卷

唐文若《遁庵文集》三十卷

黄公度《莆阳知稼翁集》十二卷

《方有闻文集》一卷

《陈桷文集》十六卷

《陈与义诗》十卷

　　　又《岳阳纪咏》一卷

张文伯《江南凯歌》二十卷

《曾几集》十五卷

《张孝祥文集》四十卷

　　　又《词》一卷,《古风律诗绝句》三卷

石行正《玉垒题咏》九卷

何耕《劝戎诗》一卷

孙稽仲《谷桥愚藁》十卷

《临邛计用章集》十二卷

李缜《梅百咏诗》一卷

倪正甫《兼山小集》三十卷

黄宙《复斋漫藁》二卷

丁逢《南征诗》一卷

《京镗诗》七卷

　　　又《词》二卷

赵时逢《山窗斐藁》一卷

《王称诗》四卷

徐玑《泉山诗藁》一卷

《黄虎诗藁》一卷

黄景说《白石丁藁》一卷

《吴赋之文集》一卷

曾布之《丹丘使君诗词》一卷

朱存《金陵诗》一卷

《石召集》一卷

《潘咸诗》一卷

《文史联珠》十三卷不知作者。

《得全居士词》一卷不知名。

汪遵《咏史诗》一卷

《韩遂诗》一卷

《张安石集》一卷

《卢士衡诗》一卷

《叶楚诗》一卷

《陈三思诗》一卷

《丁稜诗》一卷

《江汉编》七卷不知作者。

晋惠远《庐山集》十卷

《僧栖白诗》一卷

《僧子兰诗》一卷

《僧怀浦诗集》一卷

僧安绥《雁荡山集》一卷

《僧虚中诗》一卷

《僧贯休集》三十卷

《僧清塞集》一卷

《僧齐已集》十卷

　　又《白莲华或无"华"字编外集》十卷

《僧义现集》三卷

《僧应之集》一卷

《僧承讷集》一卷

《僧无愿集》一卷

《僧灵穆集》一卷

僧灵护《筠源集》十卷

僧可朋《玉垒集》十卷

僧自牧《括囊集》十卷

《僧宾付集》一卷

僧尚颜《荆门集》五卷

僧昙域《龙华集》十卷

《僧文雅集》一卷

僧光白《莲社集》二十卷

　　　又《虎溪集》十卷

《僧处默诗》一卷

僧希觉《拟江东集》五卷

《僧鸿渐诗》一卷

《僧智暹诗》一卷

《僧康白诗》十卷

《僧惠崇诗》三卷

僧文畅《碧云集》一卷

《僧楚峦诗》一卷

《僧皎然诗》十卷

《僧无可诗》一卷

《僧灵澈诗》一卷

《僧修睦诗》一卷

《僧汇征集》三卷

《僧本先集》一卷

《僧文彧诗》一卷

《僧秘演集》二卷

《僧保暹集》二卷

僧智圆《间居编》五十一卷

《僧大容集》一卷

《僧来鹏诗》一卷

僧可尚《拣金集》九卷

《僧惠澄诗》一卷

《僧有鹏诗》一卷

《僧警淳诗》一卷

《僧灵一诗》一卷

止禅师《青谷集》二卷

僧惠洪《物外集》二卷

　　　又《石门文字禅》三十卷

《僧祖可诗》十三卷

《道士主父果诗》一卷

《鲁玄机诗集》一卷

《李季兰诗集》一卷唐女道士李裕撰。

勾台符《卧云编》三卷

《石仲元诗》二卷

《谢希孟诗》二卷

　　　又《采蘋诗》一卷

《曹希蕴歌诗后集》二卷

《蒲氏玉清编》一卷

《吴氏南宫诗》二卷

《王尚恭诗》一卷王尢女。

《徐氏闺秀集》一卷

《王氏诗》一卷

王纶《瑶台集》二卷

《许氏诗》一卷许彦国母。

杨吉《登瀛集》五卷

《刘京集》四十卷

右别集类一千八百二十四部，二万三千六百四卷。

宋史卷二○九
志第一六二

艺文八

孔逭《文苑》十九卷

萧统《文选》六十卷_{李善注。}

庾自直《类文》三百六十二卷

窦俨《东汉文类》三十卷

《五臣注文选》三十卷

周明辨《文选汇聚》十卷

《文选类聚》十卷

常宝鼎《文选名氏类目》十卷

卜邻《续文选》二十三卷

乐史《唐登科文选》五十卷

宋白《文苑英华》一千卷,《目》五十卷

宋遵度《群书丽藻》一千卷,《目》五十卷

王逸《楚辞章句》二卷

《楚辞释文》一卷

《离骚约》二卷

徐锴《赋苑》二百卷,《目》一卷

《广类赋》二十五卷

《灵仙赋集》二卷

《甲赋》五卷

《赋选》五卷

江文蔚《唐吴英秀赋》七十二卷

《桂香赋集》三十卷

杨翱《典丽赋》六十四卷

《类文赋集》一卷

谢壁《七赋》一卷

杜镐《君臣赓载集》三十卷

李虚己《明良集》五百卷

刘元济《正声集》五卷

王正范《续正声集》五卷

　　又《洞天集》五卷

韦庄《采玄集》一卷

陈正图《备遗缀英集》二十卷

刘明素《丽文集》五卷

刘松《宜阳集》十卷

《丛玉集》七十卷

李商隐《桂管集》二十卷

乐瞻《文囿集》十卷

《杂文集》二十卷

刘赞《蜀国文英》八卷

《分门文集》十卷

刘从义《遗风集》二十一卷

游恭《短兵集》三卷

《鲍溶集》六卷

皮日休《薮文》一卷

徐陵《玉台新咏》十卷

《广玉台集》三十卷

《文选后名人诗》九卷

《高仲武诗甲集》五卷

《诗乙集》五卷

《唐省试诗集》三卷

颜陶《唐诗类选》二十卷

钟安礼《资吟》五卷

张为《前贤咏题诗》三卷

僧玄鉴《续古今诗集》三卷

《诗缵集》三卷

元稹、白居易、李谅《杭越寄和诗集》一卷

《唐集贤院诗集》二卷

《苏州名贤杂咏》一卷

《新安名士诗》三卷

《应制赏花诗》十卷

许恭宗《文馆词林诗》一卷

乔舜《桂香诗》一卷

雍子方、沈括编《集贤院诗》二卷

《赵仲庠诗》十卷

朱寿昌《乐府集》十卷

蒋文彧《广乐府集》三卷

许南容《王子策林》十卷

周仁瞻《古今类聚策苑》十四卷

《礼部策》十卷

杨协《论苑》十卷

《唐凌烟阁功臣赞》一卷

《国子监武成王庙赞》二卷

《大中祥符封禅祥瑞赞》五卷

丁谓《大中祥符祀汾阴祥瑞赞》五卷

马文敏《王言会最抄》五卷

《唐制诰集》十卷

《元和制诰集》十卷

《元和制策》三卷

滕宗谅《大唐统制》三十卷

《拟状注制集》十卷

费乙《旧制编录》六卷

《贞元制敕书奏》一卷

毛文晏《咸通麻制》一卷

《杂制诏集》二十一卷

《朱梁宣底》八卷

《制诰》一作"诏"二卷

《后唐麻藁集》三卷

《长兴制集》四卷

《江南制集》七卷

《吴越石壁集》二卷

李慎仪《集制》二十卷

《五代国初内制杂编》十卷

《建隆景德杂麻制》十五卷

《神哲徽三朝制诰》三卷

李琪《玉堂遗范》三十卷

蔡省风《瑶池集》二卷

《唐哀册文》四卷

孙洙《褒恤杂录》三卷

《晋宋齐梁弹文》四卷

马总《奏议集》二十卷

张元瓘《历代忠谏事对》十卷

《历代名臣文疏》三十卷

《唐名臣奏》七卷

张易《唐直臣谏奏》七卷

《御集谏书》八十卷

《唐奏议驳论》一卷

赵元拱《谏争集》十卷

《唐初表章》一卷

《毛渐表奏》十卷

任谅《建中治本书》一卷

沈常《总戎集》十卷

顾临、梁焘《总戎集》十卷

《续羽书》六卷

王绍颜《军书》十卷

李纬《纵横集》二十卷

赵化基《止戈书》五十卷

张铏《管记苑》十卷

李大华《掌记略》十五卷

《新掌记略》九卷

林逢《续掌记略》十五卷

唐格《群经杂记》十卷

周明辨《五经手判》六卷

徐德言《分史衡鉴》十卷

刘攽《经史新义》一部_{卷亡}。

南康笔《代耕心鉴》十卷

《干禄宝典》二十七卷

薛廷珪《克家志》九卷

赵世繁《忠孝录》五卷

赵世逢《幽居录》五卷

臧嘉猷《羽书集》三卷

吕廷祚注《文选》三十卷

刘允济《金门待诏集》五卷

僧惠净《续古今诗苑英华》十卷

孙翌《正声集》三卷

崔融《珠英学士集》五卷

窦常《南薰集》三卷

《搜玉集》一卷唐崔湜至融，凡三十七人，集者不知名。

《太平内制》三卷睿宗，玄宗时制诏。

贺鉴《归乡集》一卷

《奇章集》四卷李林甫至崔百余家诗。

《唐德音》三十卷起武德元年五月，迄天宝十三年正月。

《张曲江杂编》一卷集者并不知名。

李康《玉台后集》十卷

殷璠《河岳英灵集》二卷

　　　又《丹阳集》一卷

萧昕《送邢桂州诗》一卷

曹恩《起予集》五卷

李吉甫《丽则集》五卷

　　　又《类表》五十卷

许孟容《谢亭诗集》一卷

《窦氏联珠集》一卷

孟总《唐名臣奏议集》二十卷

《送毛仙翁诗集》一卷牛僧孺、韩愈等赠。

高仲武《中兴间气集》二卷钱起、张众甫等诗。

《集贤院诸厅壁记》二卷李吉甫、武元衡、常衮题咏集。

《大历浙东酬唱集》一卷

《临淮尺题集》二卷

《临平诗集》一卷

《送白监归东都诗》一卷

《洛中集》一卷

《名公唱和集》四卷

《垂风集》一卷

《咸通初表奏集》一卷

《唐十九家诗》十卷

《云门寺诗》一卷

《章奏集类》二十卷

《唐百家诗选》二十卷

《陆海》六卷集者并不知名。

令狐楚《断金集》一卷

　　又《纂杂诗》一卷

刘禹锡《彭阳唱和集》二卷

　　又《彭阳唱和后集》一卷,《汝洛唱和集》三卷,《吴蜀集》一卷,《刘白唱和集》三卷

段成式《汉上题襟》十卷

檀溪子道民《连壁诗集》三十二卷

孟启《本事诗》一卷

卢环《抒情集》二卷

《僧晋光上人诗》一卷

姚合《极玄集》一卷

韦庄《又玄集》三卷

皮日休《松陵集》十卷

柳宗直《西汉文类》四十卷

芮挺章《国秀集》三卷

宋太祖、真宗《御制国子监两庙赞》二卷

《赐陈抟诗》八卷

《送张无梦归山诗》一卷

《赐王韶手诏》一卷

《汉魏文章》二卷

《汉名臣奏》二卷

《汉贤遗集》一卷

《三国志文类》六十卷

《晋代名臣集》十五卷

《谢氏兰玉集》十卷

《古诗选集》十卷

《宋二百家诗》二十三卷

《长乐三王杂事》十四卷集者并不知名。

陈彭年《宸章集》二十五卷

宋绶《本朝大诏令》二百四十卷

　　又《唐大诏令》一百三十卷,《目录》三卷

洪遵《中兴以来玉堂制草》三十四卷

周必大《续中兴玉堂制草》三十卷

韩忠彦《追荣集》一卷

朱翌《五制集》一卷

熊克《京口诗集》十卷

李仁刚《浯溪古今石刻集录》一卷

侍其光祖《浯溪石刻后集再集》一卷

李焘《谢家诗集》一卷

曾慥《宋百家诗选》五十卷

　　又《续选》二十卷

吴说编《古今绝句》三卷

廖敏得《浯溪石刻续集》一卷

吕祖谦《东莱集诗》二卷

孔文仲《三孔清江集》四十卷

《壮观类编》一卷刘焘、杨万里、米芾等作。

邵浩《坡门酬唱》二十三卷

倪恕《安陆酬唱集》六卷

管锐《横浦集》二卷

方松卿《续横浦集》十二卷

赵不敌《清漳集》三十卷

廖迟《樵川集》十卷

洪适《荆门惠泉诗集》二卷

詹渊《括苍集》三卷

陈百朋《续括苍集》五卷

柳大雅《括苍别集》四卷

胡舜举《剑津集》十卷

许份《汉南酬唱集》一卷

杨恕《临江集》三十四卷

王渶《元祐荣观集》五卷

卫博《定庵类藁》十二卷

于霆《南纪集》五卷

汤邦杰《南纪别集》一卷

家求仁《名贤杂咏》五十卷

　　又《草木虫鱼诗》六十八卷

程九万《三老奏议》七卷

毕仲游《元祐馆职诏策词记》一卷

谢逸《溪堂师友尺牍》六卷

《罗唐二茂才重校唐宋类诗》二十卷

《三洪制藁》六十二卷洪适、遵、迈撰。

李壁《中兴诸臣奏议》四百五十卷

洪迈《唐一千家诗》一百卷

《三苏文集》一百卷郎晔进。

《临贺郡志》二卷

《相江集》十卷

《豫章类集》十卷

《千家名贤翰墨大全》五百一十八卷

《三苏文类》六十八卷

《续本事诗》二卷

《集选》一百卷

《唐贤长书》一卷

《唐三十二僧诗》一卷

《四僧诗》八卷

《唐杂诗》一卷

《五代制词》一卷

《重编类启》十卷

《润州金山寺诗》一卷集者并不知名。

蔡省风《瑶池集》一卷

陈匡圆《拟玄类集》十卷

韦縠《唐名贤才调诗集》十卷

李昉、扈蒙《文苑英华》一千卷

刘吉《江南续又玄集》二卷

田锡《唐明皇制诰后集》一百卷

苏易简《禁林宴会集》一卷

子起《家宴集》五卷不知姓。

杨徽《论苑》十卷

冯翊严《滁州琅琊山古今名贤文章》一卷

朱博《丛玄集》二十卷

《二李唱和诗》一卷李昉、李至作。

杨亿《西昆酬唱集》二卷

陈充《九僧诗集》一卷

《四释联唱诗集》一卷丁谓序。

杨伟《虢郡文斋集》五卷

姚铉《唐文粹》一百卷

《谪仙集》十卷勾龙震集古今人词,以李白为首。

僧仁赞《唐宋类诗》二十卷

许洞《徐铉杂古文赋》一卷

郭希朴《养闲亭诗》一卷

幼晞《金华瀛洲集》三十卷

王咸《典丽赋》九十三卷

《华林义门书堂诗集》一卷王钦若、钱惟演等作。

张逸、杨谔《潼川唱和集》一卷

李祺《天圣赋苑》一十八卷

又《珍题集》三十卷

滕宗谅《岳阳楼诗》二卷

陶叔献《西汉文类》四十卷

徐徽《滁阳庆历集》十卷

韩琦《阅古堂诗》一卷

《送僧符游南昌集》一卷范镇序。

《石声编》一卷赵师旦家编集。

《南犍唱和诗集》一卷吴中复、吴秘、张谷等作。

郑雍《古今名贤诗》二卷

欧阳修《礼部唱和诗集》三卷

《送元绛诗集》一卷，《送文同诗》一卷鲜于侁序。

晏殊、张士逊《笑台诗》一卷

慧明大师《灵应天竺集》一卷

宋璋《锦里玉堂编》五卷

孙洙《褒题集》三十卷

又《张氏诗传》一卷

宋敏求《宝刻丛章》三十卷

《宝刻丛章拾遗》三十卷

孙氏《吴兴诗》三卷不知名。

姚阐《荆溪唱和》一卷

林少颖《观澜文集》六十三卷

吕祖谦《皇朝文鉴》一百五十卷

又《国朝名臣奏议》十卷

吕本中《江西宗派诗集》一百十五卷

曾纮《江西续宗派诗集》二卷

石处道《松江集》一卷

江文叔《桂林文集》二十卷

刘褒《续集》十二卷

黄峣《续乙集》八卷

张修《桂林集》十二卷

徐大观《又续集》四卷

丁逢《郴江前集》十卷

　　又《后集》五卷,《郴江续集》九卷

杨俟《南州集》十卷

王仁《澧阳集》四卷

道士田居实《司空山集》二卷

姜之茂《临川三隐诗集》三卷

熊克《馆学喜雪唱和诗》二卷

陈天麟《游山唱和》一卷

史正心《清晖阁诗》一卷

葛郛《载德集》四卷

王十朋《楚东唱酬集》一卷

莫琮《椿桂堂诗》一卷

何纮《籍桂堂唱和集》一卷

莫若冲《清湘泮水酬和》一卷

陈谠《西江酬唱》一卷

廖伯宪《岳阳唱和》三卷

黄学行《又乙集》一卷

刘璇《政和县斋酬唱》一卷

林安宅《南海集》三十卷

曾肇《滁阳庆历前集》十卷

吴珏《滁阳庆历后集》十卷

《干越题咏》三卷李并序。

郝篪《都梁集》十卷

西湖寓隐《回文类聚》一卷

《郢州白雪楼诗》一卷萧德藻序。

《三苏翰墨》一卷苏轼等书。

《桂香集》六卷

《留题落星寺诗》一卷

《翰苑各贤集》一卷

《宋贤文集》三卷

《宋贤文薮》四十卷

《先容集》一卷

《制诰章表》二卷

　　　又《制诰章表》十五卷

《儒林精选时文》十六卷

《玉堂诗》三十六卷

《辞林类藁》三卷

《海南集》十八卷

《鄞江集》九卷

《嘉禾诗文》一卷

《浔阳琵琶亭纪咏》三卷

《浔阳庾楼题咏》一卷

《滕王阁诗》一卷

《脍炙集》一卷

《玉枝集》三十二卷

《永康题纪诗咏》十三卷

《圣宋文粹》三十卷

《布袋集》一卷

《元祐密疏》一卷

《唐宋文章》二卷

《圣宋文选》十六卷

《唐宋诗后集》十四卷

《君山寺留题诗集》一卷

《制诰》三卷

《春贴子词》一卷

《高丽表章》一卷

《登瀛集》五十二卷

《罗浮寓公集》三卷

《罗浮》一卷集者不知名。

陈材夫《仕途必用集》十卷

翁忱《岳阳别集》二卷

钟兴《秭归集》八卷

卜无咎《庐山记拾遗》一卷

商侑《盛山集》一卷

刘充《唐诗续选》十卷

王安石《建康酬唱诗》一卷

又《唐百家诗选》二十卷,《四家诗选》十卷,《送朱寿昌诗》三卷

韩忠彦《考德集》三卷

元积中《江湖堂诗集》一卷

孔延之《会稽掇英集》二十卷

程师孟《续会稽掇英集》二十卷

曾公亮《元日唱和诗》一卷

孙觉《荔树唱和诗》一卷

蒲宗孟《曾公亮勋德集》三卷

马希孟《扬州集》三卷

曾旼《润州类集》十卷

魏泰《襄阳题咏》二卷

苏梦龄《摛华集》三卷

王得臣《江夏古今纪咏集》五卷

杨杰《高僧诗》一卷

孙颀《抄斋唱和集》一卷

薛傅正《钱塘诗前后集》三十卷

唐愈《江陵集古题咏》十卷

章粢《成都古今诗集》六卷

孙永《康简公崇终集》一卷

道士龚元正《桃花源集》二卷

《绍圣三公诗》三卷司马光、欧阳修、冯京所著。

陆经《静照堂诗》一卷

刘珵《宣城集》三卷

唐庚《三谢集》一卷

上官彝《麻姑山集》三卷

翁公辅《下邳小集》九卷

弹粹《鹅城丰湖亭诗》一卷

蔡驿《惠泉诗》一卷

林虑《西汉诏令》十二卷

俞向《长乐集》十四卷

《四学士文集》五卷黄庭坚、晁补之、张耒、秦观所著。

《内制》六卷晏殊以下所撰。

沈晦《三沈集》六十一卷

《辀轩唱和集》三卷洪皓、张邵、朱弁所集。

程迈《止戈堂诗》一卷

樊汝霖《唐书文艺补》六十三卷

何琥《苏黄遗编》一卷

杨上行《宋贤良分门论》六十二卷

戴觉、李丁《单题诗》十二卷

廖刚《世彩集》三卷

《送王周归江陵诗》二卷杜衍等所撰。

许端夫《斋安集》十二卷

黄仁荣《永嘉集》三卷

李知己《永嘉集》三卷

《晁新词》一卷晁端礼、晁冲之所撰。

陆时雍《宏词总类前后集》七十六卷

《梅江三孙集》三十一卷孙立节及子勔、孙何所著。

鲍乔《豫章类集》十卷

邓植《小有天后集》一卷

萧一致《濂溪大成集》七卷

《馆阁词章》一卷

《馆阁诗》八卷并中兴馆阁诸臣所撰。

右总集类四百三十五部，一万六百五十七卷

刘勰《文心雕龙》十卷

钟嵘《诗评》一卷

任昉《文章缘起》一卷

李允一作“元”或作“克”《翰林论》三卷

王昌龄《诗格》一卷

　　　又《诗中密旨》一卷

杜嗣先《兔园策府》三十卷

柳璨《史通析微》十卷

刘悚《史例》三卷

刘知几《史通》二十卷

白居易《白氏金针诗格》三卷

　　　又《白氏制朴》一卷

僧皎然《诗式》五卷

　　　又《诗评》一卷

辛处信注《文心雕龙》十卷

王瑜卿《文旨》一卷

王正范《文章龟鉴》五卷

范摅《词林》一卷

孙却《文格》二卷

倪宥《文章龟鉴》一卷

刘蘧《应求类》二卷

窦苹《载籍讨源》一卷

《举要》二卷

吴武陵《十三代史驳议》十二卷

林概《史论》二十卷

王谏《唐史名贤论断》二十卷

程鹏《唐史属辞》四卷

王损之《丝纶点化》二卷

方仲舒《究判玄微》一卷

乐史《登科记解题》二十卷

蒋之奇《广州十贤赞》一卷

白行简《赋要》一卷

范传正《赋诀》一卷

浩虚舟《赋门》一卷

纥于俞《赋格》一卷

和凝《赋格》一卷

毛友《左传类对赋》六卷

王维《诗格》一卷

子王—作"超"《诗格》一卷

贾岛《诗格密旨》一卷

元兢《诗格》一卷

　　　又《古今诗人秀句》二卷

僧辞远《诗式》十卷

许文贵—作"贡"《诗鉴》一卷

僧元鉴《续古今诗人秀句》二卷

司马光《续诗话》一卷

姚合《诗例》一卷

郑谷《国现正诀》一卷

王睿《炙毂子诗格》一卷

张仲素《赋枢》一卷

倪宥《诗体》一卷

张为《唐诗主客图》二卷

僧齐己《玄机分明要览》一卷

　　又《诗格》一卷

李洞《贾岛诗句图》一卷

僧神彧《诗格》一卷

徐锐《诗格》一卷

冯鉴《修文要诀》二卷

林逋《句图》三卷

李淑《诗苑类格》三卷

僧定雅《寡和图》三卷

刘攽《诗话》一卷

邵必《史例总论》十卷

司马光《诗话》一卷

马偁《赋门鱼钥》十五卷

蔡宽夫《诗史》二卷

吴处厚《赋评》一卷

蔡希蘧《古今名贤警句图》一卷

魏泰《隐居话诗》一卷

杨九龄《正史杂编》十卷

郭思《瑶溪集》十卷

蔡絛《西清诗话》三卷

李颀《古今诗话录》七十卷

李錞《诗话》一卷

僧惠洪《天厨禁脔》三卷

周紫芝《竹坡诗话》一卷

强行父《唐杜荀鹤警句图》一卷

黄彻《碧溪诗话》十卷

郑樵《通志叙论》二卷

曾发《选注摘遗》三卷

胡源《声律发微》一卷

费衮《文章正派》十卷

《李善五臣同异》一卷

严有翼《艺苑雌黄》二十卷

方道醇《集诸家老杜诗评》五卷

方絟《续老杜诗评》五卷

彭郁《韩文外抄》八卷

赵师懿《柳文笔记》一卷

葛立方《韵语阳秋》二十卷

吕祖谦《古文关键》二十卷

《新集诗话》十五卷集者不知名。

《元祐诗话》一卷

《历代吟谱》二十卷

《唐宋名贤诗话》二十卷

《金马统例》三卷

《诗谈》十五卷

《韩文会览》四十卷并不知作者。

右文史类九十八部,六百卷。

凡集类二千三百六十九部,三万四千九百六十五卷。

宋史卷二一〇

表第一

宰辅一

宋宰辅年表，前九朝始建隆庚申，终靖康丙午，凡一百六十七年，居相位者七十二人，位执政者二百三十八人。后七朝始建炎丁未，终德祐丙子，凡一百四十九年，居相位者六十一人，位执政者二百四十四人。

叙古曰：古之史法主于编年，至司马迁作《史记》始易新意。然国家世祚，人事岁月，散于纪、传、世家，先后始终，遽难考见，此表之所无，而编年者不容于尽变也。厥后班固《汉史》乃曰《百官公卿表》，先叙官名、职秩、印绶等，然后书年以表其姓名。欧阳等以《唐史》又专以《宰相》名篇，意必有所在矣。

宋自太祖至钦宗，旧史虽以三朝、两朝，四朝各自为编，而年表未有成书。神宗时常命陈绎检阅二府除罢官职事，因为《拜罢录》。元丰间，司马光尝叙来百官公卿沿革除拜，作年表上之史馆。自时而后，曾觌、谭世勣、蔡幼学、李燾诸人皆尝续为之。然表文简严，世罕知好，故多沦落无传。

今纂修《宋史》，故□□□□□□□□□□□□□□采纪，传以为是表。其间所书宰辅官、职、勋、勋□□□□同有不同者，官制沿革有时而而异也。然中书位次既止于参知政事，而枢府职序自同知、副使而下，虽签书、同签书亦与焉者，皆执政焉，皆执政也，故不得而略焉。

夫大臣之进退，于世道之隆污，于载而下，将使览者即表之年观纪及传之事，此登载之不咎于著于不谨也。表之所书，虽无褒贬是非于其间，然岁月昭于上，姓名著于下，则不惟其人之贤佞邪正可指而指而议，而当时任用之专否，政治之得失，皆可得而见矣。后之览者，其必有所劝也夫，其亦有所戒也夫！

纪年	宰相进拜加官	罢	免	执政进拜加官	罢	免
建隆元年庚申大祖正月甲辰即位	二月乙亥，周宰相范质自中书令守司徒兼门下侍郎，昭文馆大学士、参知枢密院事依前守司徒、加兼中。王溥自尚书右仆射兼门下侍郎、同中书门下平章事、监修国史、参知枢密院事	二月乙亥，范质、王溥并罢参知枢密院事。		二月己亥，吴廷祚自枢密使加加同中书门下平章事。五月己未、亲征李筠，吴廷祚东京留守。八月戊子，赵普自右谏议大夫、枢密直学士、兵部侍郎加枢密副使。十一月丁亥、亲征李重进，		

事加守司空兼门下侍郎、同平章事。 魏仁浦自枢密使，行中书侍郎，同中书门下平章事，集贤殿大学士加尚书右仆射兼中书侍郎，同平章事。 范质 王溥 魏仁浦	吴廷祚东京留守。	六月癸巳，吴廷祚自枢密使出为雄武军节度使，依前同中书门下平章事。
二年辛酉范质 王溥 魏仁浦		
三年壬戌范质 王溥 魏仁浦		十月辛丑，赵普自枢密副使加检校太保兼御史大夫，枢密使。李处耘自宣徽北院使加枢密使。

年	宰相	参知政事	枢密使	枢密副使
乾德元年 癸亥	范质 王溥 魏仁浦		宣徽南院使、检校少保、枢密副使。	九月丁卯，李处耘自枢密副使责授淄州刺史。
二年甲子	范质 王溥 魏仁浦 赵普 正月戊子，司徒范质、司空王溥以太子太傅、太子太保，尚书右仆射、魏仁浦依前守本官，并免。 正月庚寅，赵普自枢密使加门下侍郎、同平章事，集贤殿大学士。壬寅，加监修国史。	四月乙丑，薛居正、吕余庆自枢密直学士、兵部侍郎并参知政事。	正月庚寅，李崇矩自宣徽北院使判三司，加检校太保，枢密使。 王仁赡自内客省使、枢密承旨加枢密使。	
三年乙丑	赵普	二月乙卯，吕余庆自参知政事权知成都府。		
四年丙寅	赵普			

年	宰相（赵普）	执政拜罢
五年丁卯	二月丙午，赵普自门下侍郎加尚书右仆射兼门下侍郎、昭文馆大学士。十二月，赵普丁母忧，丙子起复。 赵普	正月甲寅，王仁赡自枢密副使责授右卫大将军，寻归本班。 二月乙丑，沈义伦自西川转运使加户部侍郎，迁枢密副使。
开宝元年戊辰	赵普	
二年己巳	赵普	正月庚寅，吕余庆召还。
三年庚午	三月戊辰，右仆射赵普洛起复，加特进。 赵普	六月癸巳，枢密副使沈义伦丁忧起复。
四年辛未	赵普	
五年壬申	赵普	二月庚寅，刘熙古自端明殿学士、兵部侍郎除参知政事。 九月癸酉，李崇矩以枢密使出为镇国军节度使。

六年癸酉				
	赵普 薛居正	九月己巳，薛居正自吏部侍郎，参知政事加门下侍郎，同平章事，仍兼都提点湖南等路转运事、监修国史。 沈义伦自户部侍郎、枢密副使加中书侍郎，同平章事，集贤殿大学士，仍兼提点剑南等路转运事。	八月甲辰，赵普自右仆射以检校太尉、河阳三城节度使同中书门下平章事。	四月戊申，薛居正自参知政事加监修《五代史》。 九月己巳，卢多逊自翰林学士、兵部员外郎迁中书舍人，参知政事。 楚昭辅自左骁卫大将军判三司迁枢密副使。 十一月丙午，参知政事卢多逊丁父忧起复。	十一月庚辰，薛居正以参知政事兼提点淮南、荆湖、岭南诸州水陆转运使。 吕余庆兼提点三司荆南、剑南诸州水陆转运使事。	五月庚申，参知政事刘熙古足疾，以户部尚书致仕。 九月丁卯，参知政事吕余庆以疾迁尚书左丞免。

七年甲戌	薛居正 沈义伦	
八年乙亥	薛居正 沈义伦	二月庚戌，曹彬自宣徽南院事，义成军节度使迁枢密使，加检校太尉，领忠武军节度使。 戊午，参知政事卢多逊迁秩，落起复。 八月壬子，楚昭辅以枢密副使领宣徽南院事。十月庚申，由枢密副使进枢密使。
九年丙子 太宗十月癸丑即位。十二月，改太平兴国元年。	薛居正 沈义伦	九年丙子十月庚申，薛居正自门下侍郎，同平章事加尚书左仆射兼门下侍郎，昭文馆大学士。 改太沈义伦自中书侍郎，同平章事加尚书右仆射兼门下侍郎，监修国史。 卢多逊自吏部侍郎，参知政事迁中书侍郎，同中书门下平章事，集贤殿大学士。 薛居正

正月癸巳，石熙载自枢密
直学士迁签署枢密院事。
四月庚申，进枢密副使。
十月乙亥，曹彬自枢密使
加侍中。

十一月己未，枢密使

九月辛亥，石熙载自刑部

六月甲戌，尚书左仆

沈义伦
卢多逊

二年丁丑薛居正
沈义伦
卢多逊

三年戊寅薛居正
沈义伦
卢多逊

四年己卯十月乙亥，薛居正自尚书
左仆射加司空。
薛居正
沈义伦
卢多逊

五年庚辰薛居正
沈义伦
卢多逊

六年辛巳薛居正九月辛亥，赵普自太子太

年	宰相	事
	薛居正 沈义伦 卢多逊 赵普	保加守司徒兼侍中,昭文馆大学士。 射薛居正薨。 侍郎,枢密副使迁户部尚书,枢密使。 楚昭辅以左骁卫上将军免。
七年壬午	沈义伦 卢多逊 赵普	四月戊辰,卢多逊自中书侍郎,同中书门下平章事责授兵部尚书免。 庚辰,沈义伦自尚书右仆射责授工部尚书免。 四月甲子,窦偁自右正谏大夫,枢密直学士,郭贽自中书舍人,并守本官,参知政事。 十月己卯,参知政事窦偁卒。 柴禹锡自如京使迁宣徽北院使兼枢密副使。
八年癸未	宋琪 李昉 赵普	十一月壬子,宋琪自刑部尚书,参知政事,李昉自工部尚书,参知政事。 赵普加同中书门下平章官,加同中书门下平章事。 十月己酉,赵普自司徒兼侍中以检校太尉大尉兼武胜军节度使出镇邓州。 正月己卯,王显自东上阁门使迁宣徽南院使,拜德超自酒坊使迁宣徽院使,并兼枢密副使。 三月癸亥,宋琪自右谏议 正月戊寅,枢密使曹彬以天平军节度使免。 四月壬子,枢密副使拜德超坐诬同列,语

涉怨望，削官并亲属
配琼州。

七月辛未，参知政事
郭贽坐漏酒奏事，责
授秘书少监。

八月庚戌，枢密使石
熙载有疾，以尚书右
仆射免。

大夫、同判三司迁左谏议
大夫、参知政事。

六月己亥，王显自枢密副
使加检校太保，进枢密使。

七月庚辰，李防自文明殿
学士、工部尚书守本官，
参知政事。

十一月壬申，李穆自翰林
学士、知开封府，吕蒙正自
翰林学士、都官员外郎，李
至自翰林学士、都官郎中、
知制诰，并参知政事。
张齐贤、王沔自枢密直学
士并迁右谏议大夫、同签
书枢密院事。
十二月，李穆丁母忧起复。

正月癸酉，参知政事

宋琪
李防

雍熙元年十二月庚辰，宋琪自同中

年	中书门下	枢密院
甲申　书门下平章事加昭文馆大学士。李昉加监修国史　宋琪　李昉		李穆卒。
二年乙酉　宋琪　李昉	十二月丙辰，宋琪自同中书门下平章事以本官免。	十二月丙辰，柴禹锡自枢密副使以左骁卫大将军免。
三年丙戌　李昉		正月戊戌，李至自礼部侍郎参知政事。六月甲辰，辛仲甫自御史中丞迁给事中，参知政事。八月丁酉朔，王沔自左谏议大夫签书枢密院事，张齐贤自枢密直学士迁秩知代州，宏自枢密直学士迁右谏议大夫，并枢密副使。
四年丁亥　李昉		四月己亥，张宏自御史中丞迁枢密副使。四月己亥，赵昌言自御史中丞迁枢密副使以中丞免。

端拱元年戊子 赵普 吕蒙正	二月庚子，赵普自检校太师兼侍中、山南东道节度使加太保兼侍中、昭文馆大学士，吕蒙正自给事中、参知政事加中书侍郎兼户部尚书、监修国史，并同中书门下平章事。	二月庚子，李昉自中书门下平章事以中书右仆射免。	二月庚子，王沔自枢密副使加工部侍郎。参知政事。张宏自御史中丞加工部侍郎，枢密副使。乙巳，杨守一自内客省使迁宣徽北院使，签书枢密院事。	三月甲戌，赵昌言自工部侍郎、枢密副使贬授崇信军节度使行军司马。九月乙酉朔，杨守一卒。
二年己丑 赵普 吕蒙正			七月甲申，张齐贤自左谏议大夫、签书枢密院事迁刑部侍郎、枢密副使。张逊自盐铁使迁宣徽北院使，签书枢密院事。	
淳化元年庚寅 赵普 吕蒙正	正月戊子，赵普自太保、同中书门下平章事守太保兼中书令、河南尹事、西京留守，河南尹。			

二年辛卯			三年壬辰
九月己亥，李昉自守尚书右仆射兼中书侍郎，同平章事，监修国史。 张齐贤自刑部侍郎，参知政事加吏部侍郎，同平章事。 吕蒙正 李昉 张齐贤	九月己亥，吕蒙正自同中书门下平章事，以吏部尚书免。	四月辛巳，张齐贤自刑部侍郎、枢密副使，陈恕自盐铁使、给事中，并参知政事。 张逊自宣徽北院使、签书枢密院事。 温仲舒自枢密直学士、左谏议大夫，迁枢密副使。 九月己亥，贾黄中、李沆自参知政事。 甲辰，张逊自枢密副使迁知枢密院事。 温仲舒、寇准进同知枢密院院事，仍并兼副使。	三月乙丑，辛仲甫自工部尚书知陈州。 四月辛巳，张宏自枢密副使以吏部侍郎免。 九月丁酉，王沔自参知政事，守户部侍郎、陈恕守给事中、免。 癸卯，王显自检校太傅，枢密使赍授随州刺史、崇信军节度观察处置等使。
三年壬辰李昉		三月乙未，赵普守太	三年壬辰赵普守太

	张齐贤		师，给辇相俸，西京养疾。	
四年癸巳	十月辛未，吕蒙正自守吏部尚书加同中书门下平章事。	六月丙寅，张齐贤自吏部侍郎、同平章事以尚书左丞免。	六月壬申，柴禹锡自涪州观察使迁宣徽北院使、知枢密院事。	六月壬申，张逊自枢密副使、同知院事授右领军卫将军。
	李昉	十月辛未，李昉自中书侍郎、同平章事以本官免。	刘昌言自枢密直学士加右谏议大夫迁同知枢密院事。	冠准自右谏议大夫、枢密副使、同知院事罢守本官。
	张齐贤		吕端自右谏议大夫、枢密直学士守本官，参知政事。	十月辛未，贾黄中、李沆自右给事中、参知政事迁本官。
	吕蒙正		十月辛未，赵镕自枢密都承旨迁宣徽北院使、向敏中自枢密直学士迁右谏议大夫、并同知枢密院事。	温仲舒自右谏议大夫、同知枢密院事，并罢守本官。
			苏易简自翰林学士迁给事中，参知政事。	
			丁丑，赵昌言自知大名府	

	正月癸亥、赵昌言自户部侍郎知凤翔府。 戊辰、刘昌言自同知枢密院事以给事中免。 四月癸未、柴禹锡自知枢密院事以镇宁军节度使知泾州。 苏易简自给事中、参知政事以礼部侍郎出知邓州。			
加给事中、参知政事。	八月癸卯、赵昌言自参知政事出为川峡都部署。 九月乙亥、寇准自守同知枢密院事除参知政事。			
	正月戊辰、钱若水自翰林学士迁同知枢密院事。 四月癸未、张洎自翰林学士除参知政事。 甲申、赵镕自同知枢密院事进知枢密院事。	四月癸未、吕蒙正同中书门下平章事以尚书右仆射出判河南府。	五年甲午 吕蒙正	
			至道元年乙未 四月癸未、吕端自左谏议大夫、参知政事加户部侍郎,同平章事。 吕蒙正 吕端	

年	宰相	执政（免罢）	执政（拜除）	执政
二年丙申	吕端	七月丙寅，寇准以给事中守本官免。正月丙子，张洎自知政事以刑部侍郎免。五月甲戌，李昌龄自知政事贬忠武军节度行军司马。六月乙巳，钱若水自同知枢密院事以集贤院学士免。八月己亥，赵镕自知枢密院事以寿州观察使免。李惟清自同知枢密院事以御史中丞免。	正月丙子，温仲舒自户部侍郎，王化基自礼部侍郎，并参知政事。李惟清自给事中迁同知枢密院事。四月甲辰，李至自尚书左丞兼太子宾客、李沆自礼部侍郎兼太子宾客，并参知政事。八月己亥，曹彬自镇海军节度使加检校太师，兼侍中，枢密使。向敏中自同知枢密院事进枢密副使。	二月庚辰，李昌龄自御史中丞除参知政事。七月丙寅，寇准自参知政事以给事中守本官免。
三年丁酉　四月癸卯，吕端自户部侍郎，同平章事加监修国史。真宗三月郎，癸巳即位	吕端			

咸平元年戊戌	十月戊子，张齐贤自守户部尚书、知安州加兵部尚书，同中书门下平章事。李沆自户部尚书、参知政事仍本官加同中书门下平章事、监修国史。吕端　张齐贤　李沆	十月戊子，同中书门下平章事吕端以太子太保免。	夏侯峤自给事中迁枢密副使。	十月己丑，向敏中自枢密副使加兵部侍郎，除参知政事。杨砺自翰林学士、给事中、知制诰加工部侍郎，宋湜自翰林学士、中书舍人加给事中，并迁枢密副使。	十月戊子，李至自工部尚书以检校太傅、武胜军节度使免。己丑，温仲舒自吏部侍郎、参知政事以礼部尚书免。夏侯峤自枢密副使以户部侍郎、翰林侍读学士兼秘书监、翰林学士免。六月戊午，枢密使曹彬卒。八月癸酉，枢密副使杨砺卒。
二年己亥	十一月，南郊礼成，张齐贤加门下侍郎兼兵部尚书，李沆加中书侍郎。张齐贤			七月己丑，王显自横海军节度使兼御史大夫依前检校太傅，除枢密使。	

年	宰相	执政拜罢
三年庚子	李沆 张齐贤 李沆	正月壬辰，枢密副使宋湜卒于潭州。 二月癸亥，王显自枢密使以山南东道节度使，同中书门下平章事免。 二月癸亥，周莹自宣徽北院使迁宣徽南院使，王继英自枢密都承旨，迁宣徽北院使，并知枢密院事。 王旦自中书舍人、翰林学士迁同知枢密院事。 十一月丙申，门下侍郎张齐贤以朝会失仪，守本官免。
四年辛丑	李沆 吕蒙正 向敏中	正月辛卯，王化基自参知政事以工部尚书知扬州。 三月辛卯，王旦自给事中、同知枢密院事除参知政事。 冯拯自枢密直学士、祠部员外郎加右谏议大夫，陈尧叟自主客郎中加右谏议大夫，并同知枢密院事。 四月乙未，王钦若自知制诰、翰林学士、左谏议大夫 三月庚寅，吕蒙正自行尚书左仆射加同中书门下平章事，昭文馆大学士。 向敏中自行兵部侍郎、参知政事加同中书门下平章事、集贤殿大学士。

年				
五年壬寅	李沆 吕蒙正 向敏中	十月庚申，吕蒙正自左仆射加守司空兼门下侍郎。	十月丁亥，同中书门下平章事向敏中坐违诏质薛安上第，奏对不实，以户部侍郎免。	除参知政事。
六年癸卯	李沆 吕蒙正		九月甲申，守司空兼门下侍郎吕蒙正有疾，以太子太师、莱国公免。	六月己卯，周莹自知枢密院事以永清军节度使免。
景德元年甲辰	八月己未，毕士安自行书吏部侍郎、参知政事加同中书门下平章事，监修国史。 寇准自三司使、行尚书兵部侍郎加同中书门下平章事。		七月丙戌，右仆射、平章事李沆薨。	七月庚寅，毕士安自翰林侍读学士、兵部侍郎迁吏部侍郎，除参知政事。 八月己未，王继英自宣徽南院使、检校太保、知枢密院事进枢密使。

章事,集贤殿大学士。 李沆 毕士安 寇准	十月乙酉,吏部侍郎、平章事毕士安薨。	四月癸卯,冯拯自工部侍郎、签书枢密院事除参知政事。	冯拯、陈尧叟自同知枢密院事并迁工部侍郎,签书枢密院事。 闰九月乙亥,王钦若自参知政事守本官出判天雄军兼都部署。
二年乙巳 毕士安 寇准			正月甲寅,王钦若判天雄军兼都部署。四月癸卯,钦还朝。以资政殿学士若迁秩,士免。
三年丙午二月戊戌,王旦自尚书左丞、参知政事加工部尚书、同中书门下平章事。 寇准 王旦	二月戊戌,寇准自兵部侍郎、同平章事以刑部尚书免。	二月己亥,王钦若自资政殿大学士、兵部侍郎迁尚书左丞,签书枢密院事迁兵部侍郎,并知枢密院事,仍兼群牧制置使。	二月丁亥,枢密使王继英卒。

八月庚子，签书枢密院事韩崇训有疾，以齐州防御御使免。

赵安仁自知制诰、翰林学士迁右谏议大夫，参知政事。

韩崇训自枢密都承旨，四方馆使加检校太傅，马知节自枢密都承旨、东上阁门使加检校太保，并签书枢密院事。

五月丁未，知枢密院事陈尧叟丁父忧，戊午起复。

八月甲午，知枢密院事陈尧叟落起复。

四年丁未八月丁巳，王旦自工部尚书、平章事加监修国史。王旦

大中祥符元年戊申 王旦

二年己酉 王旦

三年庚戌 王旦

	七月甲午，冯拯自参知政事以刑部尚书知河南府兼西京留守。	
	九月戊子，王钦若自行吏部尚书，知枢密院事，监修国史，陈尧叟自行户部尚书，知枢密院事，监修国史，并加检校太傅，同平章事，枢密使。 马知节自检校太傅、宣徽北院使、签书枢密院事进枢密副使。 丁谓自盐铁使、右谏议大夫、权三司使加户部侍郎、除参知政事。	九月戊子，刑部侍郎、参知政事赵安仁以兵部侍郎仍领玉清昭应宫使免，依前修国史。
四年辛亥	王旦	
五年壬子	二月庚戌，王旦自工部尚书平章事加昭文馆大学士。 四月戊申，向敏中自资政殿大学士、行刑部尚书兼秘书监加同平章事、集贤殿大学士。 王旦 向敏中	
六年癸丑	王旦 向敏中	

年	宰相拜罢	宰相	枢密拜罢	
七年甲寅	十一月己丑，王旦自工部尚书，平章事加司空。	王旦 向敏中	六月乙亥，寇准自行兵部尚书加检校太尉兼同平章事，枢密使。 七月甲辰，王嗣宗自嘉州防观察使自同州，曹利用加检校太尉，同枢密，并加检校太保，枢密副使。	六月乙亥，王钦若自行吏部尚书，检校太尉，同平章事，枢密使以吏部尚书免。陈尧叟自行户部尚书，检校太尉，同平章事，枢密使以户部尚书免。马知节自检校大傅、宣徽北院使，枢密副使以颍州防御使免。
八年乙卯	四月壬戌，王钦若自判尚书都省，知通进、银台司兼门下封驳事，依前吏部尚书，同平章事，陈尧叟自依前户部尚书，检校太尉，枢密使寇准准殿与林持忿争，以武胜军节度等使免。 七月戊午，王嗣宗自同平章事，并迁枢密使。	王旦 向敏中		

年次	宰相	枢密使	除授	枢密副使
九年丙辰 二月戊子，工部侍郎、平章事王旦以《两朝》国史成，加司徒。 王旦 向敏中		尧叟兼群牧制置使。	正月丙辰，张旻自侍卫马军副都指挥使、威塞军节度使、检校太保加宣徽南院使兼枢密副使。王曾自翰林学士、兵部侍郎、知制诰加左谏议大夫，权知开封府加工部侍郎，迁枢密副使。张知白自谏议大夫、御史中丞加给事中，并除参知政事。任中正自枢密直学士、给事中，权知开封府加工部侍郎，迁枢密副使。	枢密副使以天平军节度使，检校太保免。 八月丙戌，枢密使陈尧叟辞疾，以尚书右仆射免。 九月甲辰，丁谓自参知政事以平江军节度使免。
天禧元年丁巳 三月戊寅，王旦自工部侍郎、平章事加太保。五月戊寅罢侍中兼门 七月丁巳，王旦自大 九月癸卯，李迪自翰林学士、右谏议大夫，知制诰加兼侍中、同中书门	二月己亥，参知政事知制诰加陈彭年卒。			

八月庚午，张旻自枢密副使以河阳二城节度使免。

九月癸卯，王曾自参知政事以礼部侍郎免。

马知节自颍州防御使，知天雄军加检校太尉，知枢密院事。曹利用自检校太傅，枢密副使加检校太尉，宣徽北院使兼群牧制置使。任中正自枢密副使兼刑部侍郎，周起自枢密直学士，右谏议大夫加给事中，并迁同知枢密院事。

给事中，除参知政事，依前下平章事以玉清昭应宫使免。九月癸卯，罢。

申，加太尉，兼侍中。
八月庚午，王钦若自枢密使，同平章事加尚书左仆射兼中书侍郎，同平章事，依前会灵观使。
壬申，向敏中自刑部尚书，同平章事加监修国史。

王旦

向敏中

王钦若

闰四月癸卯，马知节自检校太尉，宣徽南院使，知枢密院事以彰德军节度观察留后免。

六月乙未，曹利用自检校太尉宣徽北院使，同知枢密院事进知枢密院事，仍兼群牧制置使。

二年戊午

向敏中

王钦若

三年己未六月戊戌，寇准自山南东道节度使，检校太尉，同平章事加吏部尚书，同平章事，仍充景灵宫使。 十二月辛丑，向敏中加昭文馆大学士，寇准加集贤殿大学士。 向敏中 王钦若 寇准	六月甲午，王钦若自中书侍郎、同平章事以太子太保免。	六月戊戌，丁谓自保信军节度使、检校太尉迁吏部尚书、参知政事。 十二月辛卯，曹利用自检校太尉、宣徽北院使、知枢密院事兼群牧制置使，丁谓自吏部尚书、参知政事加检校太尉，并迁枢密使。 任中正自刑部侍郎、同知枢密院事，周起自兵部侍郎、给事中、同知枢密院事加礼部侍郎，并迁枢密副使。	十二月丙午，张知白自参知政事以刑部侍郎、翰林侍读学士、知天雄军。

九月乙未，周起自礼部侍郎、枢密副使以户部侍郎知青州。

曹玮自签书枢密院事以宣徽南院使出为环庆路庆州都部署。

正月乙丑，曹玮自华州观察使、鄜延路副都总管、环庆秦凤等州沿边巡检安抚使、宣徽北院使、镇国节度观察留后除签书枢密院事。

七月丙寅，冯拯自判尚书都省加吏部尚书、检校太傅、同平章事兼枢密使。

七月庚午，曹利用自枢密使依前检校太尉加同平章事。

八月乙酉，任中正自兵部侍郎、枢密副使、王曾自吏部侍郎，并除参知政事。

钱惟演自翰林学士、刑部侍郎、知制诰迁枢密副使。

三月己卯，左仆射兼中书侍郎、同平章事向敏中薨。

六月丙申，寇准自中书侍郎兼吏部尚书、同平章事以太子太傅、莱国公充昭应宫使。

十一月丙黄，加门下侍郎兼，同平章事丁谓、太子少傅，同平章事李迪，忿争于上前，谓以检校太傅、同平章事、枢密使、户部尚书知河南府，迪以户部侍郎知郓州，景灵州。

寇准
丁谓

四年庚申　七月丙寅，李迪自参知政事兼太子宾客加吏部侍郎兼太子少傅、同平章事、景灵宫使，集贤殿大学士。

七月庚午，丁谓自枢密使、吏部尚书兼吏部尚书、同平章事加太尉加同平章事，充玉清昭应宫使、昭文馆大学士、监修国史。

李迪　冯拯		
五年辛酉	三月壬寅，丁谓自左仆射、太子少师、同平章事加司空。　丁谓	正月丁酉，张士逊自枢密直学士迁枢密副使。
乾兴元年　壬戌仁宗即位	乾兴元年二月丙寅，丁谓自左仆射、太子少师，同平章事加司徒。　丁谓　二月戊午，冯拯自右仆射兼中书侍郎、太子少傅、同平章事兼中书事。加司空，并兼侍中。七月辛卯，贬崖州。七月辛卯户。未，拯加司徒，昭文馆大学士。王曾自参知政事加中书侍郎兼礼部尚书、同中书门下平章事、集贤殿大学士。　冯拯	二月丙寅，曹利用自枢密使加兼侍中，七月辛未，加兼中书侍郎太子少保分司西节度使。吕夷简自龙图阁直学士、知开封府，鲁宗道自龙图阁直学士兼侍讲，并除参知政事。钱惟演自枢密副使进枢密使。十一月壬午，张知白自参知政事迁枢密副使。六月丙寅，参知政事，以任中正坐救丁谓，以直龙图阁太子宾客知郓州。十一月丁卯朔，钱惟演自枢密直学士兼侍讲，并除参知政事。大军节度使知河阳。

士。 丁谓 冯拯 王曾	天圣元年 癸亥 九月丙寅，王钦若自太子 太保加司空，同中书门下 平章事，照文馆大学士、 监修国史。 冯拯 王曾 王钦若	九月丙寅，右仆射冯 拯有疾，以武胜军节 度兼侍中判河南府。	
	二年甲子 三月甲辰，司空、同中书门 下平章事王钦若以《实录》 成，加司徒。 王曾 王钦若		
	三年乙丑 十二月癸丑，王曾自中书	十一月戊申，司空，同	十月辛酉，晏殊自翰林学 士。

年	宰相		枢密使	枢密副使	
四年丙寅	王曾	张知白	中书门下平章事王钦若薨。 十二月癸丑，曹利用自枢密使加司空。乙丑，张旻自准南节度使、检校太师、同平章事，依前官迁枢密使。受改名耆。	正月庚申，枢密副使晏殊以刑部侍郎免。 正月戊辰，夏竦自翰林学士、龙图阁直学士除右谏议大夫，枢密副使。三月癸丑，姜遵自右谏议大夫知永兴军，迁枢密副使。己未，范雍自龙图阁直学士、礼部侍郎迁枢密副使。	侍郎兼礼部尚书，同中书门下平章事加昭文馆大学士、监修国史。 张知白自枢密副使加同中书门下平章事、集贤殿大学士。
五年丁卯	王曾	张知白			
六年戊辰	王曾	张知白		二月壬子，同中书门下平章事张知白薨。	三月辛亥，王曾自中书门下平章事加兼吏部尚书。壬子，张士逊自枢密副使、尚书左丞、祥源观使加礼

	士、右谏议大夫、权三司使公事迁枢密副使。	正月癸卯，枢密使曹利用罢。 二月庚申朔，参知政事鲁宗道卒。 癸酉，曹利用以崇信军节度副使安置房州。
		二月丁卯，夏竦自右谏议大夫、枢密副使、薛奎自右谏议大夫、权三司使事，并除参知政事。 陈尧佐自翰林学士兼龙图阁直学士、右谏议大夫、权知开封府迁枢密副使。 八月庚寅，夏竦自参知政事加刑部侍郎、枢密副使。 陈尧佐自枢密副使加给事中、王曙自御史中丞加工部侍郎，并除参知政事。
七年己巳	部尚书、同平章事、集贤殿大学士。 王曾 张知白 张士逊	
七年己巳	二月丙寅，吕夷简自龙图阁直学士兼侍读、知开封府守本官加同平章事、集贤殿大学士。八月己丑，加昭文馆大学士、监修国史。 王曾 张士逊	二月丙寅，礼部尚书、同平章事张士逊坐救曹利用，出知江宁府。 六月甲寅，王曾自中书门下平章事以吏部尚书出知兖州，以昭应宫灾故。

年	宰相	参知政事	枢密
八年庚午	吕夷简		九月乙丑，枢密副使姜遵卒。九月己巳，赵稹自枢密直学士、刑部侍郎迁枢密副使。
九年辛未	吕夷简	七月乙酉，参知政事王曙辞疾，以资政殿学士出知陕州。	八月辛丑，晏殊自守刑部侍郎迁枢密副使，丙午，除参知政事。甲寅，杨崇勋自殿前副都指挥使、镇南节度迁枢密副使。十一月癸未，张耆自枢密使加兼侍中。十二月壬寅，杨崇勋自枢密副使进枢密使。
明道元年壬申	吕夷简　张士逊　二月庚戌，张士逊自知许州、定国军节度使加刑部尚书，平章事、集贤殿大学士。吕夷简加右仆射、中书侍郎。十一月癸未，夷简加门下侍郎兼吏部尚书，士逊加中书侍郎、兵部尚书。		

宋史卷二一一

表第二

宰辅二

纪年	宰相进拜加官	罢免	执政进拜加官	罢免
二年癸酉	四月己未，张士逊自刑部尚书、平章事加门下侍郎，昭文馆大学士、监修国史。李迪自资政殿大学士、工部尚书、判都省以本官平章事加集贤殿大学士。十月戊午，吕夷简自武胜	四月己未，吕夷简自门下侍郎，同平章事以使相判澶州。十月戊午，平章事张士逊以过杨崇勋饮，稽留慰班，为中丞范讽诃劾，以左仆射判河南	四月己未，王随自翰林侍读学士、户部侍郎除参知政事。李谘自枢密直学士、礼部侍郎，权三司使迁枢密副使。王德用自步军副都指挥	四月己未，张耆自枢校检校太师兼侍中、护国军节度使以左仆射、检校密使以左仆射判许州。夏竦自枢密副使以礼部尚书知襄州。陈尧佐自参知政事

以户部尚书知永兴军。 范雍自枢密副使以户部侍郎知荆南府。 赵稹自枢密副使以户部侍郎知河中府。 晏殊自参知政事以礼部尚书知江宁府。 宋绶自端明殿学士兼翰林侍读学士、刑部侍郎除参知政事。 十月戊午，杨崇勋自枢密使以河阳三城节度使、同平章事判许州。 王德用自检校大保、签书枢密院事、蔡齐自龙图阁学士、权三司使事，并迁枢密副使。 十一月癸亥朔，参知政事薛奎辞疾，以资政殿学士判都省免。 八月癸亥，枢密使王曙卒。	使、福州观察使加检校大保、签书枢密院事。 五月乙亥，李谘丁父忧起复。 十月戊午，王曙自资政殿学士、吏部侍郎，知河南府加检校大傅，迁枢密使。	军节度使、同平章事、判陕府；己未，改授使相。 州加兼吏部尚书、同平章事、昭文馆大学士、监修国史。 张士逊 吕夷简 李迪	
			景祐元年甲戌 李迪 吕夷简 七月庚子，王曙自枢密使加平章事。

二年乙亥			
王曾 吕夷简 李迪	二月戊辰，李迪自集贤殿大学士、工部尚书，平章事以刑部尚书知亳州。	二月戊辰，王随自参知政事加吏部侍郎，李谘自枢密副使加户部侍郎，并知枢密院事。 王德用自签书枢密事加奉宁军节度使留后，韩亿自御史中丞加工部侍郎，并同知枢密院事。 蔡齐自枢密副使加礼部侍郎，盛度自端明殿学士兼翰林侍读学士加礼部侍郎，并除参知政事。	八月庚午，王曾自天平军节度使，检校太师，同平章事除枢密使。

二月戊辰，王曾自枢密使加右仆射兼门下侍郎，同平章事，集贤殿大学士。吕夷简自门下侍郎兼吏部尚书，平章事加右仆射。十一月乙巳，夷简加申国公，曾加沂国公。

三年丙子			
王曾 吕夷简		十二月丁卯，王德用自同知枢密院事进知枢密院事。	十二月丙寅，枢密副使李谘卒。

初，吕夷简、王曾不协，曾言夷简招权，交论于上前，参知政事蔡齐、宋绶皆夷简，枢密副使蔡齐颇附曾。四月甲子，绶以尚书左丞，齐以吏部侍郎并罢。

事。
章得象自翰林学士承旨兼侍读学士、龙图阁直学士、礼部侍郎迁同知枢密院事。

四月甲子，盛度自礼部侍郎，参知政事除知枢密院事。
王鬷自枢密直学士、左司郎中、右谏议大夫除同知枢密院事。
韩亿自工部侍郎、同知枢密院事，迁三司使。程琳自吏部侍郎、右中立自翰林学士承旨兼龙图阁学士除参知政事。
庚午，王德用自枢密副使

四月甲子，吕夷简自右仆射、申国公以镇安军节度使、同平章事判许州。
王曾自右仆射、沂国公以左仆射、资政殿大学士判郓州。

四月甲子，王随自知枢密院事加门下侍郎，同中书门下平章事，昭文馆大学士、监修国史。
陈尧佐自户部侍郎、知郑州加同中书门下平章事，集贤殿大学士。

吕夷简
王曾
王随
陈尧佐

四年丁丑

宝元元年戊寅 / 二年己卯	宰相	拜罢一	拜罢二	枢密	参政罢
宝元元年戊寅	王随 陈尧佐 张士逊 章得象	张士逊自山南东道节度使、同平章事，判河南府加门下侍郎兼兵部尚书、平章事，昭文馆大学士，监修国史。章得象自同知枢密院事，守本官加平章事，集贤殿大学士。	先是，右司谏韩琦奏言宰执非才，三月戊戌，王随自门下侍郎下平章事，以彰信军节度使守本官判河阳。陈尧佐自同中书门下平章事，以淮康军节度使守本官判郑州。十一月己卯，王曾薨。	加定武军节度使。三月戊戌，盛度自知枢密院事加武宁军节度使，检校太傅，王鬷自知枢密院事，加工部侍郎，加龙图阁学士，李若谷自工部侍郎权知开封府，并除参知政事。王博文自龙图阁直学士，给事中，权三司使，加龙图阁直学士，陈执中自工部郎中、知永兴军加右谏议大夫，并除同知枢密院事。四月乙亥，张观自给事中、权御史中丞除同知枢密院事。	三月戊戌，韩亿自参知政事罢守本官归班，寻知应天府。石中立自参知政事，以户部侍郎、资政殿学士免。四月癸酉，同知枢密院事王博文卒。
二年己卯	张士逊 章得象			五月壬子，王德用自宣徽南院使，定国军节度使，真定都部署除	五月壬子，夏守赟自镇海军节度使，真定都部署除宣徽南院事。

知枢密院事。

十月丁酉，盛度自武宁军节度使，知枢密院事坐冯士元事，守节贬秩，以尚书右丞知扬州。程琳自参知政事以光禄卿知颍州。

节度使，枢密副使以武宁军节度使免。

十月王寅，王随自参知政事加工部侍郎，除知枢密院事。

宋庠自翰林学士，知制诰加谏议大夫，除参知政事。

二月丁亥，夏守赟自知枢密院事除宣徽南院使，陕西都部署兼经略安抚等使。

三月戊黄，知枢密院事王随，同知枢密院事陈执中、张观，并以兵不利，又议乡

五月戊寅，晏殊自三司使，平章事兼枢密使，来绶自礼部尚书，知河南府，并除知枢密院事。

王贻永自保安军节度使，检校太傅，驸马都尉除同知枢密院事。

七月丁亥，夏守赟自宣徽

五月王戌，张士逊自门下侍郎、平章事兼枢密使，晏殊墨守太傅，进封邓国公。

五月王戌，吕夷简自镇安军节度使，判许州，加右仆射，门下侍郎、同平章事，昭文馆大学士，监修国史。

张士逊
章得象
吕夷简

康定元年庚辰

兵不决，罷知河南府，执中知青州，观

府，执中知青州，观

知相州。九月戊午，

学士、刑部侍郎、权知开封府除同知枢密院事。

以疾授资政殿大学士、吏部侍郎，提举会灵观。

十二月癸卯，参知政事宋绶卒。

南院使，陕西都部署复除同知枢密院事。

八月戊申，杜衍自龙图阁学士、刑部侍郎、权知开封府除同知枢密院事。

九月戊午，宋绶自守尚书左丞，起复加翰林学士兼龙图阁学士，晁宗悫自左司郎中，知制诰加右谏议大夫，并除参知政事。

郑戬自龙图阁直学士，起居舍人，权三司使加右谏议大夫除同知枢密院事。

戊辰，晏殊自知枢密院事加检校太傅，枢密使。

王贻永、杜衍、郑戬并自同知枢密院事进枢密副使。

庆历元年辛巳	十月壬午，吕夷简自右仆射加司空，固辞。 章得象 吕夷简	五月辛未，王举正自翰林学士、兵部侍郎、知制诰加右谏议大夫除参知政事。 任中师自枢密直学士、右谏议大夫、知益州，任布自给事中、知河南府，并除枢密副使。	五月辛未，宋庠自参知政事守本官知扬州。 郑戬自枢密副使以资政殿学士知杭州。
二年壬午	七月壬午，吕夷简自右仆射、门下侍郎、同平章事判枢密院事。 章得象自守同知枢密院事、平章事兼枢密使。 晏殊自枢密使加同平章事。 九月丙午，吕夷简改兼枢密使。是年冬，夷简枢密使。		三月辛酉，晁宗悫自参知政事以疾迁资政殿学士免。 七月丙午，任布自枢密副使迁秩知河阳府。

以疾授司空平章军国重事,固辞。 章得象 吕夷简 晏殊	三年癸未三月戊子,吕夷简自司空平章军国重事以疾授司徒,监修国史,与议军国大事。 章得象自平章事加工部尚书,昭文馆大学士,晏殊自检校太尉、刑部尚书,同平章事加同中书门下平章事,集贤殿大学士,并兼枢密使。 九月戊辰,章得象加监修国史。	四月甲子,司徒吕夷简罢军国大事,与议军国大事。 九月戊辰,以太尉致仕。	三月戊子,夏竦自宣徽南院使判蔡州迁户部尚书,除枢密使。 贾昌朝自右谏议大夫、权御史中丞除参知政事。 富弼自右正言、知制诰、史馆修撰除右谏议大夫、枢密副使,固辞。 四月甲辰,韩琦自陕西四路马步军都部署、枢密直学士、右谏议大夫、范仲淹自安抚招讨等使,兼经略	四月乙巳,枢密使夏竦既至,为台谏所论免。 七月丙子,王举正自参知政事以资政殿学士知许州。 九月乙亥,任中师自枢密副使以礼部侍郎、资政殿学士知永兴军。

章得象
吕夷简
晏殊

安抚经略招讨使，并枢密副使。
乙巳，杜衍自吏部侍郎、枢密副使除枢密副使。
七月丁丑，范仲淹自枢密副使除参知政事，富弼自史馆修撰除枢密副使，皆固辞，八月丁未，复命之。

九月庚午，同中书门下平章事晏殊为孙甫、蔡襄所论，以工部尚书知颍州。

九月壬子，范仲淹自参知政事出为陕西、河东宣抚使。
八月甲午，富弼自枢密副使出为河北宣抚使。
九月甲寅，贾昌朝自右谏议大夫、行工部侍郎、枢密使。陈执中自资政殿学士、加检校......

四年甲申九月甲申，杜衍自检校太傅依前行吏部侍郎加同平章事兼枢密使、集贤殿大学士。

晏殊
章得象
杜衍

工部侍郎，知青州除参知政事，蔡襄、孙甫等言其刚愎不可任，上不听。

正月乙酉，范仲淹自资政殿学士出知邠州沿边安抚使。

右谏议大夫以资政殿校校太傅除枢密使。

宋庠自资政殿学士、给事中，知郓州除参知政事。

富弼自右谏议大夫、礼部郎中，知制诰，权知开封府加以资政殿学士、京东西路安抚使兼知郓州，庞籍自右谏议大夫、知延州，并除枢密副使。用钱明逸疏也。

先是，枢密副使韩琦上疏，论富弼不当轻罢，不报。董士廉又讼水洛城事，三月辛酉，琦以资政殿学士

四月庚戌，吴育自谏议大夫、枢密副使除参知政事。

丁度自翰林学士承旨、端明殿学士除工部尚书、枢

五年乙酉正月丙戌，贾昌朝自枢密使、检校太傅依前工部侍郎加同平章事兼枢密使，集贤殿大学士。

四月戊申，陈执中自参知政事依前工部侍郎加同平章事，集贤殿大学士，昌朝寻加昭文馆大学士、监修国史兼译经润文使。

正月丙戌，杜衍自行工部侍郎，同平章事以行章事，尚书左丞知兖州。

四月戊申，章得象自检校太尉、工部尚书，同平章事以检校太傅、同平章事、镇安军节度使知陈州。

十月庚辰，诏宰臣罢兼枢密使。

杜衍

章得象

贾昌朝

陈执中

		密副使。	出知扬州。
六年丙戌 贾昌朝 陈执中		二月癸丑，王贻永自检校太傅、枢密使加同平章事。八月癸酉，参知政事吴育与贾昌朝论事不合，改枢密副使。丁度自工部侍郎、枢密副使除参知政事。	
七年丁亥三月乙未，陈执中自工部侍郎、平章事加昭文馆大学士、监修国史兼译经润文使。贾昌朝 陈执中	先是，贾昌朝与吴育争论上前，三月乙未，昌朝以武胜军节度使判大名府兼北京留守。	初，上欲以河阳三城节度使、检校太尉、同平章事、知大名府夏竦为相，台谏言其与陈执中素不合。三月乙未，乃命竦为枢密使。户部博士、枢密直学士、文彦博自枢密直学士、户部郎中、知益州加右谏议大夫，除枢密副使。丁酉，除参知政事。	三月乙未，吴育自右谏议大夫、枢密副使以给事中归班。

八年戊子	闰正月戊申，文彦博自谏议大夫，参知政事加行礼部侍郎、同平章事、集贤殿大学士。 陈执中 文彦博	高若讷自右谏议大夫、御史中丞除枢密副使。 四月辛未，明镐自端明殿学士、给事中、权三省使除参知政事。 五月辛酉，宋庠自给事中、参知政事除枢密使。 庞籍自枢密副使、左谏议大夫除参知政事。	四月辛未，丁度自参知政事迁紫宸殿学士兼侍读学士。 五月辛酉，夏竦自枢密使以检校太师依前同平章事、河阳三城节度使判河南府兼西京留守司，以何郯论其奸邪故也。 六月甲午，参知政事明镐卒。
皇祐元年己丑	八月壬戌，文彦博自行礼部侍郎、同平章事加吏部侍郎、昭文馆大学士、监修国史。	八月壬戌，陈执中自工部侍郎、平章事以兵部侍郎、同平章事、安国公判郑州前尚书右仆射、观文殿大学士判尚书省。	

都省。

八月壬戌，王贻永自枢密使、检校太傅、同平章事加兼侍中。

庞籍自左谏大夫、参知政事加检校太傅、行工部侍郎、枢密使。

高若讷自枢密副使、右谏议大夫加工部侍郎、除参知政事。

梁适自翰林学士、吏部郎中加右谏议大夫、除枢密副使。

宋庠自枢密使、检校太傅、行工部侍郎加兵部侍郎、同平章事、集贤殿大学士。

陈执中

文彦博

二年庚寅
文彦博
宋庠

先是，包拯、吴奎等言宋庠无所建明，三月

三年辛卯十月庚子，庞籍自枢密使、检校太傅依前户部侍郎

三月庚申，刘沆自龙图阁学士，工部侍郎，权知开封

先是，枢密使王贻永以疾求罢，五月丁未，听解待中，为同平章事，依前枢密使。六月丁亥，狄青自彰化军节度使、知延州除检校司空、枢密副使，王举正、贾黯皆论其不可，不听。九月庚午，青宣徽南院使、荆湖北路宣抚使、都大提	府除参知政事。十月庚子，高若讷自户部侍郎、参知政事除枢密使。辛丑，梁适自枢密副使、给事中除参知政事。王尧臣自给事中、翰林学士承旨除枢密副使。	加同平章事，昭文馆大学士、监修国史兼译经使。	庚申，庠以行刑部尚书、观文殿大学士出知河南府。十一月庚子，文彦博自吏部侍郎、同平章事以行吏部尚书、观文殿大学士出知许州。	
		文彦博 宋庠 庞籍		四年壬辰 庞籍

时间	宰相	参知政事	参知政事（除免）	枢密使	枢密副使
五年癸巳	七月壬申，陈执中自集庆军节度使、判大名府加行吏部尚书、同平章事，昭文馆大学士、监修国史兼译经润文使。 梁适自参知政事加同平章事、集贤殿大学士。	庞籍 陈执中 梁适	庞籍坐与堂吏受赇，谏官韩绛论之，七月壬申，籍依前户部侍郎、同平章事以京东西路安抚使出知郓州。 梁适自参知政事加礼部侍郎。	五月乙巳，高若讷自户部侍郎、枢密使以观文殿学士尚书左丞、检校太士兼群牧制置使免。	举广南东西路经制盗贼事，辛未，诏宣抚回日，依前枢密副使。 二月癸未，狄青以宣徽南院使复为枢密副使。 五月乙巳，狄青自枢密副使、护国军节度使、河中尹兼御史大夫仍守前官除枢密使。 丁未，孙沔自枢密直学士、给事中，知杭州除枢密副使。
至和元年甲午	八月丙午，刘沆自参知政事依前工部侍郎加同平章事、集贤殿大学士。		七月丁卯，中丞孙抃劾梁适、戊辰，适罢，礼墨等劾梁适、戊辰，適罢，礼墨等劾梁适出知郑州，寻守本官出知郑州。	二月壬戌，孙沔自枢密副使以资政殿学士出知杭州。	二月壬戌，田况自三司使、礼部侍郎除枢密副使。 三月己巳，王德用自检校……

	陈执中 梁适 刘沆		
三月己巳，王贻永依前检校太师，枢密使依前枢密使。以行尚书右仆射兼侍中、邓国公、景灵宫使领彰德军节度使。	大师，同平章事兼群牧制置使，判郑州、冀国公，仍守前官除枢密使兼河阳三城节度使。七月丁卯，程戡自端明殿学士、给事中、知益州除参知政事。	加观文殿大学士、知秦州。	六月戊戌，行吏部尚书、同平章事陈执中以检校太尉，同平章事、镇海军节度判亳州。	二年乙未六月戊戌，文彦博自忠武军节度使、检校太尉兼知永兴军加礼部尚书、同平章事，昭文馆大学士兼译经润文使。富弼自宣徽南院使、检校太保、判并州加户部侍郎、同平章事，集贤殿大学士。刘沆自工部侍郎、同平章事加兵部侍郎、监修国史。

陈执中 刘沆 文彦博 富弼				
嘉祐元年 丙申	十二月壬戌，文彦博自礼 部尚书、同平章事加监修 国史。 刘沆 文彦博 富弼	中丞张昪等论劾沆疏 十七上，十二月壬子， 沆以行工部尚书，观 文殿大学士出知应天 府。	闰三月癸未，王尧臣自枢 密副使，给事中除户部侍 郎，参知政事。 程戡自给事中，参知政事。 除户部侍郎，枢密副使。 八月癸亥，韩琦自三司使 加检校少傅，依前平章事 尚书，枢密使。 十一月辛巳，贾昌朝自京 南东道节度使，检校太师 兼侍中，判大名府兼北京 留守，许国公，仍守前官 除枢密使，襄州观察使。	八月癸亥，狄青自枢 密使依前检校太尉， 以同平章事，护国军 节度使判陈州。 十一月辛巳，王德用 自枢密使依前检校 太师，以同平章事， 景灵宫使领忠武军 节度使。 十二月壬戌，枢密使 贾昌朝辞兼侍中。

年				
二年丁酉 文彦博 富弼			十二月壬子，曾公亮自翰林学士，权知开封府除给事中，参知政事。	
三年戊戌 文彦博 富弼 韩琦	六月丙午，富弼自户部侍郎，同平章事加礼部侍郎，昭文馆大学士，监修国史兼译经润文使。韩琦自枢密副使，工部尚书依前官加同平章事，集贤殿大学士。	六月丙午，文彦博自同平章事加平章事以河阳三城节度使判河南府兼西京留守。	六月丙午，宋庠自观文殿大学士依前行兵部尚书，同平章事兼群牧制置使，枢密使。田况自枢密副使，礼部侍郎，检校太傅除枢密使。张昇自谏议大夫，权御史中丞除枢密副使。	六月丙午，贾昌朝自枢密使以行尚书左仆射，检校太师兼侍中，景灵宫使领镇安军节度使。八月己未，参知政事王尧臣卒。
四年己亥 富弼 韩琦				五月丙辰，田况自枢密使以尚书右丞，观

	五年庚子富弼韩琦		

文殿学士兼翰林侍读学士提举景灵宫事。

四月癸未,程戡自枢密副使以礼部侍郎、观文殿学士兼翰林侍读学士,同群牧制置使免。

四月癸未,孙抃自翰林学士承旨兼侍读学士、礼部侍郎除枢密副使。

十一月辛丑,曾公亮自参知政事、检校太傅依前礼部侍郎除枢密副使。张昇十一月辛丑,来庠自检校太尉、行兵部尚书,同平章事兼群牧制置使,营国公、枢密使以河阳三城节度使,同平章事判郑州。

孙抃自礼部侍郎、枢密副使,并除参知政事。

欧阳修自翰林学士兼侍读学士、礼部侍郎,知制诰、史馆修撰,陈旭自枢密直学士、右谏议大夫,赵概自御史中丞,加礼部侍郎,并除枢枢密副使。旭后改名升之。

四月庚辰，陈旭以资政殿学士知定州。

四月庚辰，枢密副使

四月庚辰，包拯自三司使、给事中除枢密副使。

闰八月庚子，张昪自右谏议大夫、参知政事加刑部侍郎、大傅、行工部侍郎，除枢密使。

欧阳修自礼部侍郎、枢密副使除参知政事。

胡宿自翰林学士兼端明殿学士、翰林学士、左司郎中、知制诰、史馆修撰除左谏议大夫枢密副使。

三月己亥，礼部侍郎、同平章事富弼丁母忧。

二月乙卯，赵概自枢密副使、礼部侍郎除参知政事。

吴奎自翰林学士、权知开

三月乙卯，孙抃自知政事以观文殿侍读学士、同群牧制置

六年辛丑六月甲戌，富弼起复以前官同平章事，固辞。闰八月庚子，韩琦自工部尚书、同平章事加昭文馆大学士、监修国史。

曾公亮自枢密副使、检校大傅兼群牧制置使、行吏部侍郎加同平章事、集贤殿大学士。

韩琦

曾公亮

七年壬寅 韩琦 曾公亮

年	宰相	执政除拜	执政迁免
八年癸卯 英宗四月朔壬申即位	韩琦 曾公亮		五月庚午，枢密副使包拯卒。使免。
治平元年甲辰	韩琦 曾公亮	闰五月戊辰，韩琦自门下侍郎兼兵部尚书、同平章事，昭文馆大学士、监修国史，魏国公加尚书右仆射。 五月戊午，富弼既除丧，授枢密使、检校太师、行礼部尚书、同平章事。 十二月丙午，王畴自翰林学士，礼部侍郎除枢密副使。	十二月戊子，枢密副使吴奎丁父忧。
二年乙巳	韩琦 曾公亮	三月己未，起复吴奎，奎固辞。 五月癸亥，陈旭自资政殿学士、礼部侍郎除枢密副使。	二月癸卯，枢密副使王畴卒。 七月癸亥，富弼自行户部尚书以检校太

三年丙午 韩琦 曾公亮		

师，同平章事，镇海军节度使判河阳。

七月庚辰，文彦博自淮南节度使，检校太师兼侍中、行扬州大都督长史、潞国公除枢密使。

庚辰，张昪自枢密使辞疾，以检校太尉、同平章事、彰信军节度使判许州。

辛巳，吕公弼自工部侍郎、权三司使、枢密直学士除枢密副使。守本官，枢密副使。

四月庚戌，胡宿自枢密副使以观文殿学士、吏部侍郎知杭州。十月丁亥，郭逵自同签书枢密院事除陕西四路沿边宣抚使兼判渭州。

四月庚戌，郭逵自殿前都虞侯、容州观察使加检校太保，除同签书枢密院事。

正月丙寅，吴奎除枢密副使。三月壬申，复枢密副使。三月癸酉，以礼部尚书右丞，参知政事。

正月丙寅，欧阳修自参知政事。

九月辛丑，韩琦自守尚书右仆射加同中书门下平章事，魏国公加同平章事。

四年丁未正月戊辰，韩琦自尚书右仆射、同平章事，魏国公加司空兼侍中、同平章事。

神宗正月仆射，同平章事加同中书右丞，以礼部尚书右丞，参知政事。

丁巳即位守司空兼侍中。 九月壬黄，曾公亮自集贤殿大学士，同中书门下平章事加尚书左仆射。 韩琦 曾公亮	事，魏国公守司徒兼侍中。 兼侍中，检校太师，镇安武胜军节度使判相州。	侍郎参知政事。 九月辛丑，吕公弼自枢密副使、刑部侍郎除枢密使。张方平自翰林学士承旨兼龙图阁学士、端明殿学士，户部尚书，右司郎中、知谏院，赵抃自龙图阁直学士、知谏院，并除参知政事，扑迁左右谏议大夫。韩绛自三司使、吏部侍郎，兵部郎中除枢密直学士、兵部员外郎，知开封府，并除枢密副使。元迁右谏议大夫。	以观文殿学士、刑部尚书知亳州。 九月辛丑，吴奎自参知政事以资政殿学士、户部侍郎知青州。陈旭自枢密副使、户部侍郎以观文殿学士、尚书右丞知越州。癸卯，郭逵签书枢密院事以宣徽南院使判郓州。十月己酉，参知政事张方平以丁父忧。
熙宁元年 戊申 曾公亮		正月丙申，唐介自龙图阁学士、给事中，权三司使除尚书、参知政事。	正月丙申，赵概自参知政事以吏部尚书、观文殿学士知徐州。

	十二月辛酉，邵亢自学士、尚书左丞，知越州除枢密副使以资政殿学士、给事中知越州。 四月丁未，参知政事唐介卒。	七月己卯，陈旭自观文殿学士、尚书左丞除尚书右丞，知枢密院事。 二月庚子，王安石自翰林学士、工部侍郎兼侍讲除右谏议大夫、参知政事。
二年己酉	二月己亥，富弼自观文殿大学士、行尚书左仆射、郑国公依前左仆射加兼门下侍郎、同平章事，昭文馆大学士，监修国史。 十月丙申，曾公亮自行吏部侍郎、同平章事、集贤殿大学士加昭文馆大学士、监修国史兼译经润文使鲁国公。 陈旭自尚书右丞、知枢密院事加行礼部尚书、同平章事、集贤殿大学士。	十月丙申，富弼自左仆射兼门下侍郎、同平章事以武宁军节度使判亳州。

富弼 曾公亮 陈旭			
三年庚戌十二月丁卯，韩绛自吏部尚书，参知政事加同平章事，昭文馆大学士。 王安石自右谏议大夫，参知政事加礼部侍郎、同平章事，监修国史。 曾公亮 陈旭 韩绛 王安石	九月庚子，曾公亮自行吏部侍郎、同平章事，昭文馆大学士以守司空、检校太师兼侍中领河阳三城节度使、集禧观使、五日一奉朝请。 十月戊寅，陈旭自行礼部尚书、同平章事丁母忧。	二月壬申，司马光自翰林学士、兼侍读学士，右谏议大夫，史馆修撰除枢密副使，辞不拜。 四月己卯，韩绛自枢密副使除参知政事。 七月壬辰，冯京自□部侍郎、权御史中丞除右谏议大夫、枢密副使。 九月辛丑，冯京自枢密副使除参知政事。 吴充自翰林学士、右司郎中、权三司命名除右谏议大夫、枢密副使。	四月己卯，赵概自参知政事，右谏议大夫，右谏议大夫除资政殿学士知杭州。以资政殿学士知杭州。 七月壬辰，吕公弼自枢密副使以吏部侍郎、观文殿大学士知大原府。 九月乙未，韩绛自枢密副使除陕西路宣抚使。

四年辛亥	韩绛 王安石	正月壬子，陈旭起复，仍礼部尚书加同平章事，辞不拜。 三月丁未，韩绛自同平章事守吏部侍郎，知邓州。	十二月丁卯，王珪自翰林学士承旨，端明殿学士、翰林侍读学士、礼部侍郎仍守本官，除参知政事。
五年壬子	王安石		二月丙寅，蔡挺自龙图阁直学士、右谏议大夫、知渭州除枢密副使。 十二月壬午，陈旭以检校太傅、行礼部尚书、同平章事除枢密使。
六年癸丑	王安石		四月己亥，文彦博自剑南西川节度使、守司空兼侍

年				
七年甲寅	四月丙戌,韩绛自观文殿大学士,行吏部侍郎,知大名府守本官加同中书门下平章事,监修国史。 王安石 韩绛	四月丙戌,王安石自观文殿大学士,行吏部侍郎,同平章事以吏部尚书,观文殿大学士知江宁府。	四月丙戌,吕惠卿自翰林学士,右正言兼侍读除右谏议大夫,参知政事。 十二月丁卯,王韶自观文殿学士兼端明殿学士,龙图阁学士,礼部侍郎,龙州除枢密副使。	中,枢密使以守司徒兼侍中,河东节度使判河阳。
八年乙卯	二月癸酉,王安石自观文殿大学士,吏部尚书,知江宁府加同平章事,依前官昭文馆大学士。 韩绛	八月庚戌,韩绛自观文殿大学士,行吏部侍郎,同中书门下平章事以礼部尚书,观文殿大学士知许州。	四月戊寅,吴充自枢密检校太尉,右谏议大夫除校大傅,行工部尚书,枢密使。 十二月王黄,元绛自翰林学士兼待读学士,判大常寺兼群牧使,工部侍郎除参知政事。 曾孝宽自龙图阁直学士,	正月庚子,蔡挺自右谏议大夫,枢密副使。 以资政殿学士判南京留司御史台。 冯京自右谏议大夫,参知政事以守本官知亳州。 闰四月乙未,陈旭自

				起居舍人兼枢密都承旨、同群牧使除枢密直学士、签书枢密院事。	礼部尚书、同平章事、枢密使以检校大尉、镇江军节度使、同平章事判扬州。十月庚寅，吕惠卿以参知政事守本官知陈州。
九年丙辰十月丙午，吴充自枢密使、检校太傅、行工部侍郎守前官加同平章事、监修国史。 王珪自礼部侍郎、参知政事加同平章事、集贤殿大学士。 王安石 吴充 王珪	十月丙午，王安石自检校太傅依前尚书右仆射、领镇南军节度使判江宁府。			十月丙午，冯京自资政殿学士、右谏议大夫、知成都府除知枢密院事。	

年	宰执除拜等事	宰相
十年丁巳	二月己亥，王韶自枢密副使以户部侍郎、观文殿大学士知洪州。	吴充　王珪
元丰元年戊午	闰正月壬辰，孙固自权知开封府、枢密直学士、右谏议大夫除同知枢密院事。九月乙酉，吕公著自端明殿学士兼翰林侍读学士、宝文阁学士、户部侍郎，薛向自枢密直学士、工部侍郎，并除同知枢密院事。闰正月己亥，签书枢密院事曾孝宽丁父忧，五月庚辰，起复，固辞。	吴充　王珪
二年己未	五月戊子，蔡确自右谏议大夫、权御史中丞、直学士除参知政事。五月甲申，元绛自参知政事以工部侍郎知亳州。	吴充　王珪
三年庚申	三月己丑，吴充薨疾，以吏部尚书、观文殿……二月丙午，章惇自翰林学士、右正言知审官东院院……九月丙戌，王珪自同中书门下平章事加监修国史。	王珪

右谏议大夫，参知政事。

九月癸未，薛向自工部侍郎，同知枢密院事，加正议大夫、孙固自右谏议大夫、同知枢密院事、加太中大夫，并除枢密副使。

丙戌，冯京自通议大夫，知枢密院事除正议大夫，枢密使。

丁亥，吕公著自户部侍郎、同知枢密院除正议大夫、枢密副使。

正月辛亥，冯京自正议大夫夫大夫兼群牧制置，枢密使以光禄大夫，观文殿学士判河阳府。

正月辛亥，孙固自枢密副使，太中大夫除兼群牧制置使，知枢密院事。吕公著自枢密副使，正议大夫，加龙图阁直学士韩……

大学士，西太一宫使免。

吴充　王珪

四年辛酉　王珪

三月癸卯，章惇自参知政事坐父命强占民田及朱服父前奏，而报上不实，以大中大夫知蔡州。

四月丁丑，吕公著自正议大夫、同知枢密院事以光禄大夫、资政殿大学士知定州。

七月丙辰，孙固自知

续自太中大夫、枢密都承旨兼群牧使，并除同知枢密院事。

三月甲辰，张璪自翰林学士除太中大夫、参知政事。

四月甲戌，章惇自太中大夫、知定州加守门下侍郎。

张璪自太中大夫、参知政事加守门下侍郎。

蒲宗孟自翰林学士加中大夫、守尚书左丞。

王安礼自翰林学士加中大夫、守尚书右丞。

七月丙辰，韩缜自太中大

五年壬戌是年，改官制，以左、右仆射为宰相。

四月癸酉，王珪自银青光禄大夫兼门下侍郎，同中书门下平章事依前官加尚书左仆射兼门下侍郎。

蔡确自太中大夫、参知政事依前官加右仆射兼中书侍郎。

王珪

蔡确

六年癸亥　王珪

枢密院事以通议大夫、观文殿学士知河阳。

八月辛卯,蒲宗孟自中大夫以守尚书左丞知汝州。

夫、同知枢密院进知枢密院事。

安焘自太中大夫、试户部尚书除同知枢密院事。

八月辛卯,王安礼自守尚书右丞除尚书左丞。

李清臣自吏部尚书除中大夫、尚书右丞。

七月甲寅,王安礼自尚书左丞以端明殿学士知江宁府。

五月戊午,章惇自通议大夫、门下侍郎除知枢密院事。

司马光自资政殿学士、通议大夫、知陈州加守门下侍郎。

五月庚戌,左仆射兼门下侍郎王珪薨。

蔡确

七年甲子王珪
蔡确

八年乙丑
哲宗三月戌戌即位

五月戊午,蔡确自通议大夫、右仆射兼中书侍郎加兼门下侍郎,左仆射。

韩缜自通议大夫加兼中书院事加兼中书侍郎,右仆射。

	七月戊戌，吕公著自资政殿大学士、银青光禄大夫兼侍读加同尚书左丞。
王珪 蔡确 韩缜	

宋史卷二一二
表第三

宰輔三

紀　年	宰相進拜加官	罷　免	執政進拜加官	罷　免
元祐元年閏二月庚寅丙寅	閏二月庚寅，司馬光自正議大夫、守門下侍郎依前官加左僕射兼門下侍郎。王辰，呂公著自金紫光祿大夫、尚書左丞加門下侍郎。四月壬寅，呂公著自金紫	閏二月庚寅，左僕射蔡確累為劉摯、孫覺、蘇轍、朱光庭、王岩叟所論，守前官以觀文殿大學士知陳州。四月己丑，韓縝自右僕射以光祿大夫、觀	閏二月丙午，李清臣自通議大夫、守尚書右丞除尚書左丞。呂大防自試吏部尚書除中大夫、尚書右丞。乙卯，安燾自同知樞密院事進知樞密院事。	閏二月辛亥，正議大夫、知樞密院事章惇為劉摯、王岩叟、朱光庭等所論，又子縯論爭論喧嘩，罷守本官知汝州。九月己卯，張璪自

中书侍郎以资政殿学士、光禄大夫知郑州。

范纯仁自试吏部尚书兼侍读除中大夫、同知枢密院事。

五月丁巳朔，韩维自资政殿大学士、正议大夫兼侍读除守门下侍郎。

十一月戊午，刘挚自试御史中丞除中大夫、尚书右丞。

吕大防自中大夫、尚书左丞除中书侍郎。

四月戊申，李清臣自尚书左丞以资政殿学士、正议大夫除河阳。

尚书右丞除尚书左丞。

王存自守兵部尚书除中大夫、尚书右丞。

七月辛未，韩维自正议大夫、门下侍郎以资政殿大学士知邓州。

六月辛丑，安焘自正议大夫、同知枢密院事进知枢密院事。

五月丁卯，刘挚自中大夫、守尚书右丞除尚书左丞。

光禄大夫、门下侍郎依前官加右仆射兼中书侍郎。

文彦博自河东节度使、守太师、开府仪同三司、潞国公落致仕加太师、平章军国重事。

文殿大学士知颍昌府。

京西北路安抚使。

九月丙辰朔，左仆射兼门下侍郎司马光薨。

韩缜
蔡确
司马光
吕公著
文彦博

二年丁卯　文彦博　吕公著

	密院事。		
			州。
三年戊辰	四月辛巳，吕公著自金紫光禄大夫、尚书右仆射兼中书侍郎加司空、平章军国重事。吕大防自中书侍郎加大中大夫、左仆射兼门下侍郎。范纯仁自同知枢密院知大中大夫、右仆射兼门下侍郎。	四月壬午，孙固自观文殿学士、正议大夫兼侍读除门下侍郎。王存自中大夫、尚书右丞除尚书左丞。胡宗愈自试御史中丞除中大夫、尚书右丞。赵瞻自中散大夫、试户部侍郎除签书枢密院事。	文彦博　吕公著　吕大防　范纯仁
四年己巳	二月甲辰，司空、同平章军国事吕公著薨。	三月己卯，胡宗愈自资政殿尚书右丞以资政殿　六月丙午，韩忠彦自枢密直学士、户部尚书除中大	文彦博　吕公著

| 吕大防 范纯仁 | 六月甲辰，范纯仁自太中大夫、右仆射守前官以观文殿学士知颍昌府。 | 夫、尚书左丞。赵瞻自签书枢密院事进同知枢密院事。十一月癸未，孙固自门下侍郎除光禄大夫、知枢密院事。刘挚自中大夫、守中书侍郎除门下侍郎。傅尧俞自试吏部尚书除中大夫、守中书侍郎。 | 学士知陈州。六月甲辰，王存自中大夫、尚书左丞以端明殿学士知蔡州。七月乙亥，安焘自知枢密院事丁母忧。十月乙卯，诏起复，焘辞。 |
| 五年庚午 文彦博 吕大防 | 二月庚戌，文彦博自太师、平章军国重事以守太师、兴元尹、护国军、河中、山南西道节度使致仕。 | 三月壬申，韩忠彦自中大夫、尚书左丞迁同知枢密院事。苏颂自翰林学士承旨、知制诰兼侍读除右光禄大夫、尚书左丞。 | 三月丙寅朔，中大夫、同知枢密院事赵瞻卒。四月甲辰，右光禄大夫、知枢密院事孙固卒。十二月辛卯朔，许将 |

六年辛未	二月辛卯，刘挚自守门下侍郎、太中大夫加兼中书侍郎。 吕大防 刘挚	十一月乙酉朔，刘挚自右仆射以观文殿学士知郓州。	二月辛卯，王岩叟自龙图阁待制，知开封府除签书枢密院事。 癸巳，苏辙自龙图阁学士、御史中丞除中大夫、尚书右丞。	十一月辛丑，中大夫、守中书侍郎傅尧俞卒。	自尚书右丞以大中大夫、资政殿学士知定州。
七年壬申	六月辛酉，苏颂自守尚书左仆射加左光禄大夫、守尚书左仆射兼中书侍郎。 吕大防 苏颂		六月辛酉，苏辙自守尚书右丞除中大夫、门下侍郎。 韩忠彦自同知枢密院事除中大夫、知枢密院事。 范百禄自翰林学士、大中大夫除中大夫。 梁焘自翰林学士除中大夫、守尚书左丞。	五月丙午，王岩叟自签书枢密院事以端明殿学士知郑州。	

八年癸酉	七月丙子朔，范纯仁自观文殿大学士知颍昌府加通议大夫，尚书右仆射兼中书侍郎。 吕大防 苏颂 范纯仁	三月癸未，苏颂自右光禄大夫、集禧观使。观文殿大学士知颍昌府加通议大夫，尚书右仆射兼中书侍郎。	郑雍自大中大夫、御史中丞除尚书右丞。 刘奉世自左朝请大夫、宝文阁待制、权户部尚书除签书枢密院事。	三月辛卯，范百禄自中书侍郎以太中大夫、资政殿学士知河中府。 六月戊午，梁焘自尚书左丞以资政殿学士领醴泉观使。
绍圣元年甲戌	四月壬戌，章惇自通议大夫、提举洞霄宫加正议大夫，守尚书左仆射兼门下侍郎。 吕大防	三月乙亥，吕大防自左仆射、中书侍郎以观文殿大学士、右光禄大夫知颍昌府，改知永兴军。	二月丁未，李清臣自资政殿学士、守户部尚书除正议大夫、中书侍郎。 邓温伯自端明殿学士、守兵部尚书除右光禄大夫、	三月丁酉，苏辙自大中大夫、门下侍郎以守本官知汝州。 五月辛亥，刘奉世自签书枢密院事以端

范纯仁 章惇	四月壬戌，范纯仁自尚书右仆射兼中书侍郎以右正议大夫、观文殿大学士知颍昌府、京西北路安抚使。	尚书左丞。 闰四月甲申，安焘自观文殿学士、右正议大夫除门下侍郎。 六月癸未，曾布自翰林学士承旨、知制诰兼侍读，除中大夫、同知枢密院事。	明殿学士、真定府路安抚使兼知成德军。 乙丑、尚书左丞邓润甫卒。润甫旧名温伯，复今名。
二年乙亥章惇		十月甲戌，许将自守吏部尚书兼侍读除守尚书左丞。 蔡卞自翰林学士兼侍读、修国史除守尚书右丞。	十月甲子，郑雍自大中大夫、尚书右丞以资政殿学士知陈州。 十一月乙未，安焘自右正议大夫、门下侍郎以观文殿学士知河南府。
三年丙子章惇			正月庚子，韩忠彦自大中大夫、知枢密院事以观文殿学士知

四年丁丑	章惇			
		二月己未，故司马光自左仆射追贬清海军节度副使。 故吕公著自司空、平章军国事追贬建武军节度副使。 癸未，前宰相吕大防责授舒州团练副使，循州安置。 前宰相刘挚责授鼎州团练副使、新州安置。 前宰相范纯仁责授武安军节度副使，永州安置。 甲申，前太师致仕文彦博降授太子少保致	闰二月壬寅，曾布自同知枢密院事除太中大夫、知枢密院事。 林希自翰林学士、知制诰除太中大夫、同知枢密院事。 许将自守尚书左丞除正议大夫、中书侍郎。 蔡卞自太中大夫、守尚书右丞除尚书左丞。 黄履自试吏部尚书除中大大夫、尚书右丞。	真定府。 正月庚戌，李清臣自正议大夫、中书侍郎以资政殿大学士知河南府。 二月己未，故王岩叟自端明殿学士追贬雷州别驾。 癸未，苏辙自前门下侍郎责授化州别驾，雷州安置。 梁焘自前资政殿学士责雷州别驾，化州安置。 刘奉世自前端明殿学士落职，分司南京，郴州居住。

年			
	韩维自前资政殿大学士致仕落职，特授左朝议大夫致仕。	仕。故左仆射王珪追贬万安军司户。	
元符元年戊寅	四月壬辰，林希自同知枢密院事出知亳州。		
二年己卯	闰九月辛巳，黄履自通议大夫、尚书右丞以守本官知亳州。		
三年庚辰 徽宗正月己卯即位	先是，陈瓘累疏劾蔡卞，五月乙酉，卞以资政殿学士知江宁府。 十一月庚辰，尚书右丞黄履以资政殿大学士仍前议大夫，提举中太乙宫集禧	先是，丰稷、陈次升、龚夬、陈瓘劾章惇为山陵使而道行暴露，加门下侍郎，九月辛未，以守本官知越州。 中太乙宫兼侍读仍前官加尚书右丞。 四月甲辰，李清臣自左正议大夫、礼部尚书加门下	四月甲辰，韩忠彦自门下侍郎加正议大夫、右仆射兼门下侍郎。十月丁酉，迁左仆射兼门下侍郎，进封仪国公。 王黄、曾布自知枢密院事加右金紫光禄大夫，守尚书右仆射兼中书侍郎。 二月戊午，韩忠彦自通议大夫、守吏部尚书仍前官加门下侍郎。

章惇 韩忠彦 曾布		六月戊午，范纯礼自中大夫、尚书右丞以仍前官出知颍昌府。七月丙戌，安焘自左正议大夫、知枢密院事以观文殿学士出知河南府兼西京留	侍郎。蒋之奇自翰林学士、通议大夫、知制诰除同知枢密院事。十一月戊寅，安焘自观文殿学士、提举太乙宫兼集禧观公事兼侍读除知枢密院事。辛卯，范纯礼自礼部尚书除中大夫、守尚书右丞。	观公事。
建中靖国元年辛巳 韩忠彦 曾布	正月癸亥，前宰相观文殿学士、中太乙宫使范纯仁薨。	七月丁亥，蒋之奇自正议大夫、同知枢密院事进知枢密院事。陆佃自试吏部尚书除中大夫、尚书右丞。章綝自端明殿学士、通议大夫、提举中太乙宫兼集		

守。

十月乙未，李清臣自门下侍郎右光禄大夫，门下侍郎以资政殿学士出知大名府兼北京留守。

禧观事除同知枢密院事。

十一月庚申，陆佃自守尚书右丞除尚书左丞。温益除尚书右丞。

自试吏部尚书兼侍读除中郎以资政殿学士出兼北京留守。大夫、尚书右丞。

六月丙申，陆佃自尚书左丞依前大中大夫、守中书侍郎加门下侍郎。

七月庚午，章楶自同知枢密院事以资政殿学士领中太乙宫。

温益自中大夫、守门下侍郎加中书侍郎。

丞加中书侍郎。

蔡京自翰林学士承旨、中大夫、知制诰兼侍读、修国史、实录修撰兼尚书左丞。

赵挺之自试吏部尚书左丞、修国史、编修国朝会要前右谏议大夫、尚书右丞。八月己未出知扬州。

十月癸亥，蒋之奇自知枢密院事依前知枢密院事正议大夫、以观文殿...

五月庚申，韩忠彦自左仆射兼门下侍郎以观文殿大学士知大名府兼北京留守。甲子落职。

闰六月壬戌，曾布自右仆射以观文殿大学士、右银青光禄大夫出知润州。

韩忠彦

曾布

蔡京

崇宁元年壬午

七月戊子，蔡京自守尚书左丞加通议大夫、右仆射兼中书侍郎。

月己卯，迁尚书左丞。
张商英自翰林学士、知制诰兼侍读、修国史、实录修撰除中大夫、尚书右丞。
十月戊寅，蔡卞自资政殿学士、左正议大夫、中太乙宫使兼侍读除知枢密院事。

四月戊寅，赵挺之自中大夫、尚书左丞除中书侍郎。
张商英自中大夫、尚书右丞除尚书左丞。
吴居厚自户部尚书除中大夫、尚书右丞。
安焘自兵部尚书兼侍读除中大夫、同知枢密院事。

正月壬辰，中书侍郎温益卒。
八月戊申，张商英自尚书左丞以通议大夫出知亳州，寻改蕲州。
八月乙巳，许将自门

二年癸未正月丁未，蔡京自右仆射加右光禄大夫、尚书左仆射兼门下侍郎。
蔡京

三年甲申五月己卯，蔡京自尚书左

下侍郎仍前官以资
政殿学士出知河南
府。

十二月戊午，同知枢
密院事安惇卒。

禄大夫、中书侍郎加门下
侍郎。

吴居厚自右光禄大夫、尚
书右丞加中书侍郎。

张康国自翰林学士承旨、
知制诰除尚书左丞。

邓洵武自刑部尚书除尚
书右丞。

正月丙申，蔡卞自金
紫光禄大夫、知枢密
院事仍前官以资政
殿大学士出知河南
府。

二月甲寅，张康国自中大
夫、守尚书右丞仍前官知
枢密院事。

刘逵自兵部尚书兼侍读、
修国史兼实录撰修除中
大夫、同知枢密院事。

何执中自太中大夫、试吏
部尚书兼侍读除尚书左
丞。

仆射加司空。
蔡京

六月戊子，赵挺之自
右仆射授金紫光禄大
夫、观文殿大学士，领
中太乙宫使。

四年乙酉三月甲辰，赵挺之自门下
侍郎加银青光禄大夫、
尚书右仆射兼中书侍郎。
蔡京
赵挺之

年				
五年丙戌	二月丙午，赵挺之自尚书右仆射加特进、光禄大夫，尚书右仆射兼中书侍郎。 蔡京 赵挺之	二月丙寅，蔡京自左仆射以守司空、安远军节度使、开府仪同三司领中太乙宫使。	正月甲辰，吴居厚自右光禄大夫、中书侍郎加门下侍郎。 刘逵自中大夫、同知枢密院事加中书侍郎。	十二月戊午，刘逵自中大夫、中书侍郎守本官出知亳州。
大观元年丁亥	正月甲午，蔡京自安远军节度使依前司空、左仆射兼门下侍郎、魏国公。 十二月庚寅，蔡京自司空、左仆射兼门下侍郎、魏国公加太尉。 赵挺之 蔡京	三月丁酉，赵挺之自尚书右仆射兼中书侍郎以特进、观文殿大学士领佑神观致仕。	正月壬子，何执中自太中大夫、尚书左丞加中书侍郎。 邓洵武自中大夫、守尚书右丞除尚书左丞。 梁子美自中大夫、试户部尚书除尚书右丞。 三月丁酉，何执中自中书侍郎加门下侍郎。 邓洵武自中书左丞加中书侍郎。	正月壬寅，吴居厚自右光禄大夫、门下侍郎以资政殿学士仍前官领太一宫使。 五月庚黄，邓洵武自中书侍郎以守本官知随州。 六月己亥，尚书右丞朱谔卒。 十月癸酉，尚书右丞徐处仁丁母忧。

梁子美自尚书右丞迁正尚书左丞。

宋谔自吏部尚书除中大夫、尚书右丞。

六月乙未，梁子美加中书侍郎。

八月庚申，徐处仁自试户部尚书除中大夫、尚书右丞。

林摅自太中大夫、试吏部尚书兼侍读、实录修撰仍前官同知枢密院事。

闰十月丙戌，林摅自中大夫、同知枢密院事除尚书左丞。

郑居中自资政殿学士、太中大夫、中太乙宫使兼侍

	二年戊子正月己未，蔡京自太尉、左仆射兼门下侍郎、魏国公加太师。 蔡京	八月丙申，梁子美自中书侍郎以资政殿学士、正奉大夫出知郓州。	九月辛亥，林摅自右光禄大夫、尚书左丞加中书侍郎。 余深自试吏部尚书除尚书左丞。	读、实录修撰仍前官同知枢密院事。 十二月壬寅，起复徐处仁，罢。
	三年己丑六月辛巳，蔡京自左仆射以依前太师领中太乙宫使。 何执中自行中书门下侍郎加特进、尚书左仆射门下侍郎。 蔡京 何执中	六月辛巳，蔡京自左仆射以依前太师领中太乙宫使。	三月戊申，知枢密院事张康国暴卒。 四月戊寅，林摅自中书侍郎依前正奉大夫出知滁州。 六月甲戌，管师仁自同知枢密院事以资政殿学士依前中大夫	四月癸巳，郑居中自右光禄大夫、同知枢密院事进知枢密院事。 管师仁自中大夫、试吏部尚书除同知枢密院事。 癸卯，余深自中书侍郎、尚书左丞加中书侍郎。 薛昂自试兵部尚书除尚书左丞。

		五月丙寅,余深自门下侍郎以资政殿学士仍中大夫出知青州。	夫领佑神观使,寻读除中大夫,尚书右丞。刘正夫自试工部尚书兼侍卒。读,实录院修撰除尚书右丞。
		二月己丑,余深自中大夫、中书侍郎加门下侍郎。张商英自资政殿学士、通议大夫,中太乙宫使加中书侍郎。	
		六月丙申,薛昂自尚书左丞以资政殿学士仍中大夫出知江宁府。侯蒙自朝奉大夫、试户部尚书除中大夫、同知枢密院事。	
		八月乙亥,刘正夫自中大夫、尚书右丞加中书侍郎。十月丁酉,郑居中自正奉大夫、知枢密院事仍前官以观文殿学士领中太乙宫使。侯蒙自中大夫、同知枢密院事除尚书左丞。邓洵仁自翰林学士承旨、	
四年庚寅	张商英	六月乙亥,张商英自守中书侍郎加门下侍郎,守尚书右仆射兼中书侍郎。何执中	

政和元年辛卯 何执中 张商英	八月丁巳，张商英自右仆射以观文殿大学士出知河南府兼西京留守。	大中大夫，知制诰兼侍读除尚书右丞。庚辰，吴居厚自资政殿学士、宣奉大夫、佑神观使加门下侍郎。十月庚申，除知枢密院事。 三月癸酉，王襄自试吏部尚书除中大夫、同知枢密院事。	九月戊寅，王襄自同知枢密院事以中大夫出知亳州。
二年壬辰 何执中以《哲宗帝纪》成加司空。 五月己巳，蔡京落致仕，依前太师，三日一至都堂治事。十一月辛巳，进封鲁国公。 何执中自尚书左仆射加少		六月己丑，知青州余深复门下侍郎。	

	傅，为太宰，仍兼门下侍郎。 蔡京 何执中		
三年癸巳	八月丙子，何执中自尚书左仆射加少师。 蔡京 何执中	正月乙亥，郑居中自特进、观文殿学士、中太乙宫使兼侍读复除知枢密院事。四月己酉，薛昂自资政殿学士、通议大夫除尚书右丞。	正月乙亥，吴居厚自宣奉大夫以武康军节度使知洪州。四月癸巳，邓洵仁自尚书右丞以通议大夫、资政殿学士出知亳州，寻落职。
四年甲午	蔡京 何执中		
五年乙未	蔡京 何执中		
六年丙申	五月庚子，郑居中自特进、	四月辛未，何执中自	五月壬寅，邓洵武自保大

					十月戊寅，侯蒙自中书侍郎以资政殿学士
七年丁酉	十一月辛卯，郑居中自大宰丁母忧起复门下侍郎。	八月庚午，郑居中自太宰丁母忧。太宰丁母忧。			二月，以童贯为陕西，河东，河北宣抚使，仍带同书侍郎以资政殿学
			蔡京 何执中 郑居中 刘正夫	知枢密院事加少保，大宰兼门下侍郎。 刘正夫自银青光禄大夫，中书侍郎加特进，少宰兼中书侍郎。	军节度使，佑神观使兼侍读除正奉大夫，知枢密院事。 八月乙巳，薛昂自银青光禄大夫，尚书右丞除尚书左丞。 侯蒙自中大夫，尚书左丞除中书侍郎。 十一月辛卯，童贯自节度使，开府仪同三司，陕西河东河北宣抚使除签书枢密院事。 庚子，白时中自礼部尚书兼侍读除中大夫，尚书右丞。
				尚书左仆射以大傅致仕。 十二月乙酉，刘正夫自少宰以安化军节度使，开府仪同三司致仕。	

签书枢密院事。三月乙未，土出知亳州。
改权领枢密院事。

十一月辛卯，白时中自中
大夫，尚书右丞加中书侍
郎。

十二月丁巳，薛昂自银青
光禄大夫，尚书左丞加中书
进门下侍郎。

庚午，童贯领枢密院事。

九月庚寅，薛昂自门
下侍郎除彰化军节
度使，佑神观使兼侍
读。

正月庚戌，王黼自翰林学
士承旨以尚书左丞起复。

七月壬午，领枢密院童
贯加检校太保。八月甲寅，
加太保。

九月庚寅，白时中自中书
侍郎迁门下侍郎。

王黼自尚书左丞加中书

余深特进，少宰兼中书侍
郎。

蔡京

郑居中

余深

重和元年七月壬午，郑居中自太宰
戊戌　　加少傅。

余深自少宰加少保。

九月辛丑，郑居中罢起复。

蔡京

郑居中

余深

宣和元年 己亥	蔡京 余深 王黼	宣和元年正月戊午，余深自特进、少宰兼中书侍郎加太宰兼门下侍郎。 王黼自通议大夫、中书侍郎加特进、少宰兼中书侍郎，神霄玉清万寿宫使。	侍郎。 冯熙载自翰林学士承旨、知制诰兼侍讲除中大夫、尚书左丞。 范致虚自刑部尚书除中大夫、尚书右丞。 二月戊戌，邓洵武自守中书侍郎除知随州加少保。 三月己未，冯熙载自尚书左丞迁中书侍郎。 范致虚自尚书右丞迁尚书左丞。 张邦昌自翰林学士除尚书右丞。 七月甲寅，童贯自知枢密院事加太傅。 十一月戊辰，张邦昌自通	八月丁酉，尚书左丞范致虚丁母忧。

正月王寅,少保,知
随州邓洵武卒。
十一月丁丑,冯熙载

正月癸卯,童贯自太保,
枢密院事除江、浙、淮
等路宣抚使。

十二月己丑,少傅,威武军
节度使郑居中权领枢密院
事。

议大夫,尚书右丞迁尚书
左丞。
王安中自翰林学士承旨,
知制诰除中大夫,尚书右
丞。

六月戊寅,蔡京自太
尉,左仆射兼门下侍
郎,魏国公,师鲁国公致仕。
十一月己亥,余深自
太宰以少傅,镇江军
节度使出知福州。

二年庚子九月癸亥,太宰兼门下侍
郎余深以《哲宗宝训》成
进少傅。
十一月庚戌,王黼自待进,
少宰兼中书侍郎加少保,
太宰兼门下侍郎。
蔡京
余深
王黼

三年辛丑九月丙寅,王黼自少保,太
宰兼门下侍郎加少傅。
王黼

正月辛酉,王安中自中大夫、尚书左丞以 二月乙酉朔,李邦彦自大中大夫、尚书右丞迁尚书中大夫、尚书左丞以		依董贯例领领枢密院事。 八月乙巳,童贯加太师。 郑居中加少师。 十月庚申,童贯仍旧领陕西、河东、河北宣抚使。 十一月丁丑,张邦昌自尚书左丞加中书侍郎。 王安中自中大夫、尚书右丞迁尚书左丞。 李邦彦自翰林学士承旨、大中大夫、知制诰兼侍读、修国史除尚书右丞。		五月戊戌,郑居中落权字,自中书侍郎以资政殿学士出知亳州。
五年癸卯五月庚申,王黼自太宰兼门下侍郎加太傅,依蔡京	四年壬寅六月丙午,王黼少师。 王黼 王黼			

庆远军节度使,河北河东燕山府路宣抚使知燕山府。

六月丁未,郑居中自领枢密院事,太保致仕。癸亥,童贯落节钺,明日卒。

七月己未,童贯自领河东、河北宣抚使致仕。

左丞。

赵野自翰林学士,知制诰除中大夫,尚书右丞。

五月庚申,郑居中自少师,郑居中自领枢密院事加太保。癸亥,童贯落节钺,依前太保。明日卒。

六月乙巳,蔡攸以少师,安陆西、河东、河北宣远军节度使领枢密院事。

四月丁巳,李邦彦丁忧起复。

八月乙卯,童贯自剑南东川节度使落致仕,依前太师,领枢密院事,陕西、河北、河东、燕山府路宣抚使,进封徐、豫国公。

九月丁亥,赵野自中大夫,

昨任太师例。

王黼

六年甲辰九月乙亥,李邦彦自通奉大夫,守尚书左丞加银青光禄大夫,少宰兼中书侍郎,神霄王清万寿宫使。

白时中自金紫光禄大夫,门下侍郎加特进,太宰兼门下侍郎,神霄王清万寿宫使。

十一月丙子,太宰兼门下侍郎,楚国公王黼以太傅致仕。

七年乙巳蔡京 钦宗十二月时中 月庚申即李邦彦 位		

十二月癸亥，蔡京自太师、鲁国公落致仕、依前太师、领三省事，神霄玉清万寿宫使。

王黼
蔡京
白时中
李邦彦

四月庚申，蔡京罢领三省事，复以太师、鲁国公致仕。

尚书右丞迁尚书左丞。

宇文粹中自翰林学士承旨，宣奉大夫除尚书右丞。

蔡懋自朝议大夫，试开封府尹除中大夫、同知枢密院事。

蔡攸自少师，安远军节度使、领枢密院事落节钺，依前少师。

六月己未，蔡攸自少师、领枢密院事加太保。

十二月庚申，吴敏自试给事中，直学士院加中大夫、门下侍郎。

壬戌，耿南仲自徽猷阁学士、朝散大夫，太子詹事除资政殿学士、签书枢密院

		事	
靖康元年丙午 正月辛未，李邦彦自银青光禄大夫、少宰兼中书侍郎，神霄玉清万寿宫使。月庚戌，加光禄大夫、太宰兼门下侍郎。吴敏自知枢密院事迁太中大夫、少宰兼中书侍郎。三月己巳，徐处仁自守中书侍郎即加通奉大夫、太宰兼门下侍郎。八月己未，唐恪自正奉大夫加少宰兼中书侍郎。	正月辛未，白时中自太宰以观文殿大学士领中太乙宫使依前特进。李邦彦自正奉大夫加特进，庆国公。二月庚戌，李邦彦自太宰兼门下侍郎以观文殿大学士领中太乙宫使。甲寅，蔡京自太师、鲁国公致仕责授中奉大夫、秘书监，分司南京，河南居住。三月己巳，张邦昌自太宰、兼门下侍郎以观文殿大学士领中大乙宫使。	事。正月己巳，吴敏自中大夫、守门下侍郎除知枢密院事，亲征行营副使。李梲自正奉大夫、守兵部侍郎除同知枢密院事。庚午，李纲自试兵部侍郎、中大夫除尚书右丞。辛未，赵野自通议大夫、尚书左丞除门下侍郎。王孝迪自通议大夫、翰林学士承旨除中书侍郎。蔡懋自中大夫、同知枢密院事除尚书左丞。甲戌，唐恪自正议大夫、吏部尚书除同知枢密院事。	二月癸卯，蔡懋自尚书左丞以资政殿学士、依前中大夫知大名府兼北京留守。王孝迪自中书侍郎以资政殿学士提举醴泉观。癸丑，种师道自同知枢密院事以检校少傅领中太乙宫使。甲寅，童贯自太师、广阳郡王、徐豫国公贵授左卫上将军致仕，池州居住。蔡攸自太保、领枢密院事、燕国公贵授大

耿南仲自签书枢密院事进中大夫、提举亳州明道宫,任便居住。三月戊辰,李棁自尚书左丞以正奉大夫、资政殿学士提举南京鸿庆宫。丁亥,种师道自检校少保、河北、河东宣抚使、字文虚中自签书枢密院事以资政殿学士,仍中大夫出知青州。四月庚戌,赵野自门下侍郎以资政殿学士、大名尹除中书侍郎。字文虚中自保和殿大学士出知襄阳府。六月癸卯,路允迪自签书枢密院事以资政殿学士提举醴泉观。

耿南仲自签书枢密院事同知枢密院事。辛巳,路允迪自试兵部尚书除资政殿学士、签书枢密院事。丁亥,种师道自检校少保、静难军节度使、河北、河东制置使除同知枢密院事。二月戊戌、尚书右丞李纲罢,辛丑复职。癸卯,徐处仁自观文殿大学士、大名尹除中书侍郎。字文虚中自保和殿大学士除资政殿大学士签书枢密院事。庚戌,李纲自中大夫、尚书右丞除知枢密院事。

闰十一月壬辰,何㮚自守门下侍郎加通奉大夫、右仆射、中书侍郎。

八月己未,徐处仁自大宰以观文殿大学士领中太乙宫使。吴敏自少宰以观文殿大学士领醴泉观使。闰十一月壬辰朔,唐恪自少宰以观文殿大学士领中太乙宫使兼侍读依前光禄大夫。

蔡京
白时中
李邦彦
张邦昌
吴敏
徐处仁
唐恪
何㮚

耿南仲自同知枢密院事除尚书左丞。

八月戊午，许翰自同知枢密院事以延康殿学士出知亳州。

李棁自正奉大夫、同知枢密院事除尚书右丞。

九月丁丑，李纲自知枢密院事以观文殿学士出知扬州。

三月己巳，唐恪自正议大夫，同知枢密院事依前官加中书侍郎。

十月戊午，王寓自尚书左丞坐罢军前贬授单州团练副使，新州安置。

何㮚自翰林学士、知制诰除中大夫、尚书右丞。

辛酉，种师道卒。

许翰自御史中丞除中大夫、同知枢密院事。

十一月戊辰，冯澥自知枢密院除资政殿学士、太子宾客。

四月癸卯，耿南仲自太中大夫、尚书左丞依前官加门下侍郎。

丁丑，何㮚自中书侍郎依前官知枢密院事提举醴泉观兼侍读。

是月，种师道自检校少傅、中太乙宫使复除同知枢密院事。

八月丙申，种师道代李纲宣抚。

己未，何㮚自太中大夫、尚书右丞除中书侍郎。

陈过庭自太中大夫、试礼部尚书兼侍读除尚书右丞。

聂昌自开封府尹除中大夫、同知枢密院事。

李回自朝请大夫、御史丞兼侍读除延康殿学士、签书枢密院事。

九月丁丑，王寓自礼部尚书除尚书左丞。

十月丁未，冯澥自礼部尚书、太子詹事兼侍读除中大夫、知枢密院事。

丁亥，李回自签书枢密院事除提举万寿观。

十一月丁丑，陈过庭自太中大夫，尚书右丞除中书侍郎。

孙傅自试兵部尚书除中大夫，尚书右丞。甲申，除同知枢密院事。

曹辅自御史中丞除延康殿学士，签书枢密院事。

庚寅，何㮚自资政殿学士、中大夫、提举万寿观兼侍读，领开封府事除门下侍郎。

闰十一月丁酉，冯澥自资政殿学士、中大夫、太子宾客除尚书左丞。

庚子，张叔夜自延康殿学士、南道都总管除签书枢密院事。

宋史卷二一三

表第四

宰辅四

纪　年	宰相进拜加官	罢　免	执政进拜加官	罢　免
建炎元年五月甲午，李纲自资政殿大学士、领开封府职事除丁未高宗黄正议大夫，守尚书右仆射五月庚黄兼中书侍郎。七月壬黄，自即位右仆射除银青光禄大夫，尚书左仆射、同平章事，御相以观文殿大学士营使兼门下侍郎。	五月壬辰，张邦昌罢权左仆射，为太保，奉国军节度使、同安郡王。 八月丁丑，李纲罢左仆射，以观文殿大学士提举杭州洞霄宫。	五月庚黄，黄潜善自徽猷阁直学士、大元帅府兵马副元帅迁中大夫、中书侍郎。 汪伯彦自显谟阁直学士、中大夫、大元帅府兵马副元帅除同知枢密院事。	五月癸巳，耿南仲自门下侍郎以观文殿学士提举杭州洞霄宫。 己未，冯澥自尚书左丞以资政殿学士知潼川府。

七月癸卯，吕好问罢尚书右丞，授资政殿学士，知宣州。八月丙戌，许翰罢尚书右丞，以资政殿学士提举洞霄宫。

己未，吕好问自试兵部尚书迁中大夫，尚书右丞。六月癸亥，黄潜善自中大夫，中书侍郎除门下侍郎。戊寅，汪伯彦自中大夫，同知枢密院事除知枢密院事。壬午，张悫同知枢密院事。七月癸卯，许翰自太中大夫，提举鸿庆宫召为尚书右丞。十一月乙未，张悫自通议大夫，同知枢密院事除尚书左丞，仍兼御营副使。颜岐自工部尚书迁中大夫，除同知枢密院事。丙

同日，黄潜善自守门下侍郎除正议大夫，尚书右仆射，同平章事兼中书侍郎、御营使。

张邦昌

李纲

黄潜善

五月乙酉，许景衡罢尚书右丞，以资政殿学士提举洞霄宫。

五月戊子，朱胜非自翰林学士、知制诰兼侍读迁中大夫，除尚书右丞。

十二月己巳，卢益自试兵部尚书迁太中大夫，除签书枢密院事。

颜岐自中大夫、尚书左丞除门下侍郎。

朱胜非自太中大夫、尚书

午，再迁尚书左丞、同知枢密院事。

同日，郭三益自试刑部尚书迁中大夫，除同知枢密院事。

十二月丙子，许景衡自试御史中丞迁中大夫，除尚书右丞。

二年戊申十二月己巳，黄潜善自右仆射兼中书侍郎除光禄大夫，守左仆射兼门下侍郎。

汪伯彦自知枢密院事除正议大夫，守右仆射兼中书侍郎。

黄潜善

汪伯彦

三年己酉	二月己巳，黄潜善罢左相，以观文殿大学士知江宁府。 汪伯彦罢右相，以观文殿大学士知洪州。 四月癸丑，朱胜非罢右相，以观文殿大学士知洪州。	右丞除中书侍郎。 正月甲申，路允迪自资政殿学士、提举洞霄宫除签书枢密院事。 二月丁巳，吕颐浩自资政殿学士、江浙制置使除签书枢密院事。三月，除知密院事。 己巳，叶梦得自试户部尚书迁中大夫，除尚书左丞。 张澄自试御史中丞迁中大夫，除尚书右丞。 三月辛巳，卢益自中大夫、同知枢密院事除尚书左丞。 王渊自向德军节度、御营使司都统制除兼御营都统制、	四月癸丑，路允迪罢签书，以资政殿学士提举醴泉观兼侍读。 颜岐罢门下侍郎，以资政殿大学士提举南京鸿庆宫。 王孝迪罢中书侍郎，以端明殿学士提举西京嵩山崇福宫。 资政殿学士知江州。
三月庚辰，朱胜非自守中书侍郎除通奉大夫、守右仆射兼中书侍郎兼御营使。故事，命相进官三等，胜非特进五官。 四月癸丑，吕颐浩自资政殿学士、同签书枢密院事授宣奉大夫、守右仆射兼中书侍郎。 闰八月丁亥，杜充自同知枢密院事授大中大夫、守右仆射、同平章事兼御营使。 朱胜非 吕颐浩 杜充			

签书枢密院事。

戊子，王孝迪除中书侍郎。

丙午，李邴自翰林学士，知制诰迁端明殿学士，除同签书枢密院事。

郑谷自试御史中丞迁端明殿学士，除同签书枢密院事。

四月壬子，张浚自尚书礼部侍郎迁通奉大夫，除知枢密院事。

癸丑，李邴自同签书枢密院事迁中大夫，除尚书左丞。

郑珏自同签书枢密院事除签书枢密院事。

庚申，李邴改除参知政事。

是日,墨左右丞、门下中
书侍郎复为参知政事。

五月癸未,滕康自翰林学
士,知制诰迁端明殿学士,
除签书枢密院事。

七月壬黄,李邴自参知政
事除权知三省枢密院事。

杜充自端明殿学士、中大
夫、东京留守召除同知枢
密院事。

滕康自签书枢密院事除权
同知三省枢密院事。

周望自朝奉大夫、试兵部
尚书迁端明殿学士,除同
签书枢密院事。

王绹自资政殿学士兼权
太子太傅迁中大夫,除参

四年庚戌五月甲辰,范宗尹自中大夫、参知政事授通奉大夫,守右仆射、同平章事兼知枢密院事。 十一月癸卯,诏追封赠元祐故宰相吕大防、吕公著、范纯仁。 吕颐浩 杜充 范宗尹	二月乙未,杜充罢右相,以观文殿大学士提举江州太平观。 四月乙未,吕颐浩罢右相,以镇南军节度使、开府仪同三司充醴泉观使。 六月丙戌,前宰相吕颐浩、前宰相朱胜非罢为江东西、两浙安抚大使。	知政事。 九月,张守自翰林学士、知制诰迁端明殿学士,除同签书枢密院事。 十一月,范宗尹自试中丞迁中大夫,除参知政事。 五月壬子,张守自端明殿学士、同签书枢密院事迁中大夫,除参知政事。 赵鼎自朝奉大夫、御史中丞自端明殿学士,除签书枢密院事。 八月辛未朔,谢克家自礼部尚书迁中大夫,除参知政事。 十月己丑,李回自端明殿	五月乙卯,王缔罢参知政事。 甲子,周望罢同知枢密院事及两浙宣抚使,授提举江州太平观。 十一月甲辰,赵鼎罢签书枢密院事。

绍兴元年八月丁亥，秦桧自参知政事授通奉大夫、守右仆射、同平章事兼知枢密院事。九月癸丑，吕颐浩自镇南军节度使、开府仪同三司、江东路安抚大使授少保、左仆射、同平章事兼知枢密院事。范宗尹　吕颐浩　秦桧	七月癸亥，范宗尹罢右相，授观文殿大学士，提举洞霄宫。九月，汪伯彦自彦复正议大夫、观文殿复大学士、江东安抚大使，知池州。	二月辛巳，秦桧自试礼部尚书兼侍读迁中大夫、除参知政事。八月己卯，富直柔自端明殿学士、签书枢密院事除同知枢密院事。李回自中大夫、同知枢密院事除参知政事。十月庚午，孟庾自试户部尚书、中大夫除参知政事。	学士，权同知三省枢密院事迁中大夫、除同知枢密院事。十一月戊申，富直柔自御史中丞除签书枢密院事。	正月辛亥，谢克家罢参知政事，以资政殿学士提举洞霄宫。八月己卯，张守罢参知政事，以资政殿学士提举洞霄宫。九月癸丑，李回罢，以资政殿学士、江南西路安抚大使兼知洪州。十一月戊戌，富直柔罢同知枢密院事，以中大夫提举临

			安府洞霄宫。
二年壬子九月己丑，朱胜非自观文殿大学士，提举万寿观兼侍读除左宣奉大夫、右仆射、同平章事兼知枢密院事。 吕颐浩 秦桧 朱胜非	二月庚午，诏李纲为湖广宣抚使兼知潭州。 八月甲寅，秦桧罢右相，以观文殿学士提举江州太平观。	四月庚午，罗汝文自翰林学士承旨，左中大夫、知制诰除参知政事。 元年十二月，诏文阶系衔复分左右。 五月辛酉，权邦彦自左朝议大夫，试兵部尚书迁端明殿学士，除签书枢密院事。	六月罗汝文由参知政事致仕。
三年癸丑七月癸酉，朱胜非以右仆射起复，仍知枢密院事。 吕颐浩 秦桧 朱胜非	四月庚寅，朱胜非以母忧去位。 九月戊午，吕颐浩罢左相，以镇南军节度使、开府仪同三司提举临安府洞霄宫。	二月辛亥，席益自工部尚书迁中大夫，除参知政事。 徐俯自翰林学士，左中大夫、知制诰迁端明殿学士，除签书枢密院事。 五月丁卯，韩肖胄自太中大夫、吏部侍郎迁端明殿	

四年甲寅 秦桧 朱胜非 赵鼎	九月癸酉，赵鼎自知枢密院事除左通奉大夫、右仆射、同平章事兼知枢密院事。	九月庚午，朱胜非罢右相，听持余服，候服阕，除观文殿大学士、提举洞霄宫。	学士，除同签书枢密院事。	正月戊午，赵鼎自江南西路安抚大使迁中大夫，除参知政事。 七月戊申朔，胡松年自左朝奉大夫、试吏部尚书迁端明殿学士、除签书枢密院事。 九月甲戌，沈与求自试吏部尚书兼权翰林学士迁中大夫、张浚自资政殿学士、左通奉大夫、提举万寿观兼侍读除知枢密院事。 十一月乙未，张浚自资政殿大学士、左通奉大夫除参知政事。	正月癸酉，韩肖胄罢同签书枢密院事。 二月癸未，席益罢参知政事，以资政殿学士提举江州太平观。 三月乙丑，张浚罢知枢密院事，以资政殿大学士提举洞霄宫。 四月丙午，徐俯罢签书枢密院事，提举临安府洞霄宫。
五年乙卯	二月丙戌，赵鼎自右仆射授左宣奉大夫、守左仆射、			闰二月，胡松年罢签书枢密院事。 四月己丑，孟庚自左通奉大夫、参知政事除知枢密院事。	

七月己卯，孟庾罢知枢密院事，以观文殿学士知绍兴府。	院事，依旧兼总制司。			
		二月癸亥，沈与求罢参知政事，以资政殿学士知明州。十二月丙午，折彦质罢签书枢密院事。	三月，折彦质自左朝议大夫、试兵部尚书、诸路军马事都督府参谋迁端明殿学士，除签书枢密院事。十二月辛亥，张守自资政殿学士、提举洞霄宫，除参知政事。	
	同平章事兼知枢密院、都督诸路军马。 张浚自知枢密院事授左奉大夫、守右仆射、同平章事兼知枢密院、都督诸路军马。 秦桧 赵鼎 张浚	十二月乙巳，赵鼎罢左相，以观文殿大学士知绍兴府。	六年丙辰 秦桧 张浚 赵鼎	
			九月壬申，张浚罢右	正月癸未，陈与义自翰林
				七年丁巳九月丙子，赵鼎自观文殿

		大学士充万寿观使，授左金紫光禄大夫，守尚书左仆射兼枢密使。 秦桧 张浚 赵鼎	相，以观文殿大学士提举江州太平观。	学士除参知政事。 沈与求自资政殿学士，提举洞霄宫召为提举万寿观兼侍读。既至，以为同知枢密院事。 乙酉，秦桧自观文殿学士、醴泉观使兼侍读除除枢密使。 三月戊寅，沈与求知枢密院事。 三月庚寅，王庶自兵部尚书除枢密副使。 刘大中自礼部尚书除参知政事。 十一月甲申，孙近自翰林学士承旨除参知政事。 十二月甲戌，韩肖胄自端	正月戊戌，张守罢，以资政殿大知政事，以资政殿学士知婺州。 三月甲午，陈与义罢参知政事，以资政殿学士知湖州。 十月丁巳，刘大中罢
八年戊午三月壬辰，秦桧自枢密使左宣奉大夫大夫守尚书右仆射、同平章事兼枢密使。 秦桧 赵鼎	相，授奉国军节度使、知绍兴府。 十月甲戌，赵鼎罢左			

（上接前頁）明殿學士除簽書樞密院參知政事，以資政殿學士知處州。
十二月甲辰，王庶罷樞密副使，以資政殿學士知潭州。
十二月辛酉，李光罷參知政事。

年	宰相	執政（除拜）	執政（罷免）
九年己未　秦檜	二月，張浚自提舉洞霄宮詔復資政殿大學士知福州。	正月丙戌，王倫除同簽書樞密院事。 三月辛丑，樓炤自翰林學士承旨、知制誥除簽書樞密院事。 十二月己未，李光自吏部尚書除參知政事。 事。	
十年庚申　秦檜		七月丙午，王次翁自御史中丞除參知政事。	二月，韓肖冑罷簽書樞密院事，以資政殿學士知紹興府。 六月甲子，樓炤以丁父憂去。
十一年辛酉　秦檜	六月己亥，秦檜自右僕射加特進、左僕射，仍兼樞密	四月壬辰，韓世忠自揚武翊運功臣、太保、橫海、武	四月己卯，孫近罷參知政事，以資政殿學士知

宁、安化军节度使，淮东路制置使兼淮东宣抚使除枢密使。 张俊自安民靖难功臣、少师、镇洮崇信、奉宁军节度、淮西路宣抚使除枢密使。 岳飞自少保、武胜定国军节度使，湖北京西路宣抚使除枢密副使。 七月庚子，范同自翰林学士除参知政事。 十月癸巳，韩世忠除枢密使，授太傅、横海、武宁、安化军节度使，充醴泉观使。 十一月乙卯，何铸自御史中丞迁端明殿学士，除签	八月甲戌，岳飞除枢密副使，依前少保，武胜定国军节度使，充万寿观使。十一月己亥，范同罢同知枢密参知政事。

使，封庆国公，左仆射。 秦桧	

书枢密院事。

七月，何铸兼权参知政事。

八月甲戌，万俟卨上自御史中丞除参知政事。

九月乙未，孟忠学自少保、护国军节度使、判绍兴府、信安郡王除枢密使。

十月乙亥，程克俊自翰林学士迁端明殿学士，除签书枢密院事，寻兼权参知政事。

书枢密院事。

八月，何铸罢签书枢密院事，以本职提举太平观。

十一月癸巳，张俊罢枢密使，自太傅、庆国公授镇洮、崇信等军节度使、醴泉观使、清河郡王。

是月，孟忠厚罢枢密使，以少傅知建康府。

闰四月乙卯，王次翁罢参知政事，以资政殿学士提举洞霄宫。

六月，程克俊罢签书，依前职提举洞霄宫

十二年壬戌

九月己巳，秦桧自少保、左仆射加太师，以徽宗梓宫及太后还，故有是命。

秦桧

十三年癸亥

秦桧

年		
十四年甲子秦桧	二月，楼炤自资政殿学士、知建康府除签书枢密院事，寻兼权参知政事。 五月乙丑，李文会自御史中丞迁端明殿学士、除签书枢密院事权兼参知政事。 十二月辛丑，杨愿自御史中丞迁端明殿学士、除签书枢密院事。	官。二月丙午，万俟卨参知政事。 五月甲子，楼炤罢签书。 十二月，李文会罢签书枢密事。
十五年乙丑秦桧	十月，秦熺自翰林学士承旨除知枢密院事。 癸未，李若谷自敷文阁直学士、枢密都承旨兼侍读迁端明殿学士、除签书枢密院事，寻兼权参知政事。	十月丙子，杨愿罢签书枢密院事。

十六年丙寅	秦檜		
十七年丁卯	秦檜	二月辛酉，李若谷罷參知政事。 三月乙亥，何若罷簽書。	正月壬辰，李若谷自端明殿學士、簽書樞密院事除參知政事。 何若自御史中丞除簽書樞密院事。 三月己卯，段拂自翰林學士除參知政事。 四月己亥，汪勃自御史中丞汪汪端明殿學士、除簽書樞密院事。	
十八年戊辰	秦檜	正月乙未，段拂罷參知政事。 七月丙申，汪勃罷簽書。 九月，詹大方卒。	二月，汪勃兼權知政事。 七月丁酉，詹大方簽書樞密院事權參知政事。 十月丙辰，余堯弼簽書樞密院事權參知政事。	

十九年己巳　秦桧			
二十年庚午　秦桧		二月癸未,余尧弼自签书枢密院事除参知政事。巫伋自给事中迁端明殿学士,除签书枢密院事。	十一月庚戌,余尧弼罢参政,以资政殿学士提举洞霄宫。
二十一年辛未 秦桧		十一月,巫伋自签书枢密院事兼权参知政事。	十一月,巫伋自签书枢密院事迁中迁端明殿学士,除签书枢密院事。
二十二年壬申 秦桧		四月辛巳,章复自御史中丞迁端明殿学士,除参知政事兼权知枢密院事。十月甲戌,宋朴自御史中丞迁端明殿学士,除签书枢密院事兼参知政事。	四月丙子,巫伋罢签书。九月癸丑,章复罢签书。
二十三年癸酉 秦桧		十月壬申,史才自谏议大夫迁端明殿学士,除签书枢密院事兼参知政事。	十月戊辰,宋朴罢签书,以端明殿学士提举…

年	事
二十四年秦桧甲戌	十月丙申，秦桧自太师、左仆射进封建康郡王致仕。子熺亦加少师致仕。 六月甲午，魏师逊自御史中丞迁端明殿学士、除签书枢密院事兼权参知政事。 六月癸巳，史才罢签书，以端明殿学士提举洞霄宫。 举洞霄宫。 十一月丁卯，施钜自吏部侍郎除参知政事。 十一月乙丑，魏师逊罢签书。 郑仲熊自吏部侍郎迁端明殿学士、除签书枢密院事，寻兼权参知政事。
二十五年秦桧乙亥	六月辛巳，汤思退自礼部侍郎迁端明殿学士、除签书枢密院事。 四月乙酉，施钜罢参政，以资政殿学士提举太平兴国宫。 八月丙戌，董德元自吏部尚书除参知政事。 六月己卯，郑仲熊罢签书。 十月，汤思退除签书枢密院事兼参知政事。 十二月乙酉，董德元罢参政，以资政殿学士提举。

二十六年 丙子			
五月壬寅，沈该自参知政事授左朝议大夫、守左仆射、同平章事。 万俟卨自参知政事授左宣奉大夫、守右仆射同平章事。 沈该 万俟卨	正月甲子，赵鼎追复观文殿大学士。 是年冬，万俟卨进授金紫光禄大夫致仕。	正月甲子，孙近复资政殿学士。 二月辛卯，魏良臣罢参政，以资政殿学士知绍兴府。 三月己未，万俟卨自资政殿学士、提举万寿观除参知政事。 五月甲辰，汤思退自端明殿学士、签书枢密院事进知枢密院事。 六月丁丑，程克俊自端明殿学士、知明州除参知政事。 八月甲午，张纲自吏部侍郎除参知政事。	土提举太平兴国宫。 十一月癸丑，魏良臣自敷文阁直学士召除参知政事。 十二月甲午，沈该自敷文阁待制、前知夔州召除参知政事。

年				
二十七年丁丑 沈该 汤思退	六月戊申，汤思退自知枢密院事授右仆射、同平章事。守右仆射、同平章事。		九月乙巳，陈诚之自敷文阁学士除同知枢密院事。	九月癸酉，张纲罢参政，以资政殿学士知婺州。 十一月癸未，汤鹏举以资政殿学士提举洞霄宫。
二十八年戊寅 沈该 汤思退		二月丙申，陈诚之自同知枢密院事除知枢密院事。 乙巳，王纶自工部侍郎兼学士院除同知枢密院事。	二月戊午，汤鹏举自御史中丞除参知政事。 八月乙未，汤鹏举自参知政事除知枢密院事。 九月戊黄，陈康伯自吏部尚书除参知政事。	
二十九年己卯 沈该 陈康伯 汤思退	九月甲午，陈康伯右仆射。汤思退左仆射。 六月乙酉，沈该罢左相，以观文殿大学士提举洞霄宫。	七月丁亥，贺允中自吏部侍郎除参知政事。 十二月辛未，王纶自同知枢密院事除知枢密院事。	六月丁酉，陈诚之罢知枢密院事。	

三十年庚辰 汤思退 陈康伯	十二月乙巳朔，汤思退罢左相，以观文殿大学士提举太平兴国宫。	正月，叶义问自殿中侍御史除同知枢密院事。七月戊戌，朱倬自御史中丞除参知政事。 叶义问自同知枢密院事除知枢密院事。 周麟之自翰林学士兼侍读除同知枢密院事。	六月庚午，王纶罢知殿大学士以资政殿大学士知福州。 八月癸丑，贺允中罢参政，以资政殿学士致仕。
三十一年辛巳 三月庚寅，陈康伯自右仆射授左光禄大夫，迁左仆射，同平章事。 朱倬自参知政事授通奉大夫，迁右仆射，同平章事。 汤思退 陈康伯 朱倬	十月，张浚复观文殿大学士判建康府。	三月壬午，杨椿自兵部尚书，兼权翰林学士除参知政事。 九月庚辰，黄祖舜自给事中除同知枢密院事。	六月庚申，周麟之罢同知枢密院事。

十月乙巳，陈义同签
枢密院事，以资政殿
学士提举太平兴国宫。

四月戊寅，汪澈自御史中
丞除参知政事。
七月己巳，史浩自翰林学
士、知制诰迁左中大夫、
参知政事。
十月戊子，张焘自左中
大夫、提举太平兴国宫除
同知枢密院事。

六月，朱倬罢右仆射，
以观文殿学士提举
太平兴国宫。

三十二年十二月丁卯，宰相陈康伯
壬午孝宗仍兼枢密使。
六月丙子陈康伯
即位 朱倬

二月癸未，黄祖舜罢
同知，以资政殿学士
知潭州。

正月庚午，张浚自少傅、观文
殿大学士充江淮东西
路宣抚使、节制沿江军马、
魏国公除枢密使。
三月癸巳，张焘自同知枢
密院事迁太中大夫、除参
知政事。
辛次膺自御史中丞迁左
中大夫、除同知枢密院事。

五月癸亥，汪澈罢参
政，以资政殿大学士
提举洞霄宫。
六月戊寅，辛次膺罢
参政，以资政殿学士
提举临安府洞霄宫。

五月，史浩罢右仆射，
以观文殿大学士知绍
兴府。
十二月丁巳朔，陈康
伯罢左相，除少保、观文
殿大学士判信州，进
封福国公。

隆兴元年正月庚午，史浩自参知政
癸未 事除左通奉大夫、守右仆
射，同中书门下平章事兼
枢密使。
七月庚寅，汤思退自观文
殿大学士、左金紫光禄大
夫充醴泉观使兼侍读除右仆
射，右仆射，同平章事兼枢
密事，进封荣国公。

七月丁亥，洪遵罢同知，以端明殿学士提举太平兴国宫。

五月丁未，辛次膺自同知枢密院事除参知政事。
洪遵自翰林学士承旨，知制诰兼侍读迁左中大夫，除同知枢密院事。
六月戊辰，周葵自兵部侍郎兼侍讲迁左太中大夫，除参知政事。

七月己巳，周葵兼权知枢密院事。
八月己酉，贺允中自资政殿大学士、左通议大夫，提举十一月丙辰，周葵

四月丁丑，张浚罢枢密使，授少师，授信军节度使、保信军节度使、同平章判福州，依前魏国公罢密院事。

二年甲申十一月戊戌，陈康伯自少保、观文殿大学士、醴泉观使，福国公罢左仆射、同平章事兼枢密使，依前福国公罢左仆射、依前少保、公。

十二月丁丑，汤思退自特进、右仆射、荣国公授左仆射兼枢密使，进封庆国公。张浚自降授特进，枢密使、魏国公授右仆射、同平章事兼枢密使，依前都督江淮东西路、建康镇江府、江阴军、江池州屯驻军马。

张浚
汤思退
陈康伯
史浩

罢参，以资政殿学士提举临安府洞霄宫。

乙亥，王之望罢参政，以端明殿学士提举太平兴国宫。

举万寿观除知枢密院事兼参知政事。

九月辛丑，王之望自左谏议大夫，淮西宣谕使迁左中大夫，除参知政事。

十一月辛丑，钱端礼自兵部尚书，赐同进士出身除端明殿学士，签书枢密院事，寻兼参知政事。

十一月壬寅，虞允文自显谟阁学士，知平江府召除端明殿学士，同签书枢密院事，寻兼参知政事。

十二月辛卯，钱端礼自签书枢密院事除参知政事，虞允文自朝请大夫，签书兼权知枢密院事。

十一月辛卯，汤思退罢左仆射，授观文殿大学士，提举太平兴国宫，依前特进，岐国公。

进封鲁国公。

张浚

陈康伯

汤思退

乾道元年乙酉	十二月戊寅，洪适自参知政事除左通奉大夫、守右仆射兼权枢密使。陈康伯　洪适	二月戊申，陈康伯罢左仆射，授少师、观文殿大学士、鲁国公致仕。	枢密院事除同知枢密院事兼权参知政事。王刚中自礼部尚书除端明殿学士签书枢密院事。三月庚申，虞允文自同知枢密院事除参知政事兼同知枢密院事。王刚中自签书枢密院事迁左中奉大夫，除同知枢密院事。四月丙戌，洪适自翰林学士、左中奉大夫，知制诰除端明殿学士，签书枢密院事。八月己丑，洪适自签书枢密院事除参知政事。叶颙自吏部侍郎，权尚书	八月己丑，虞允文罢参政，以端明殿学士提举江州太平兴国宫。丙申，钱端礼罢参政，以资政殿大学士提举万寿观。

四月乙未，汪澈罢枢密使，以观文殿学士提举临安府洞霄宫。

五月庚戌，叶颙罢参政，以资政殿学士提

除端明殿学士、签书枢密院事。癸巳，兼权参知政事。

九月甲戌，汪澈自端明殿学士除知枢密院事。

十二月戊寅，汪澈自左通议大夫、知枢密院事除枢密使。

庚寅，叶颙自签书枢密院事除参知政事兼同知枢密院事。

三月癸酉，魏杞自给事中、权吏部尚书除同知枢密院事兼权参知政事。

五月庚戌，魏杞自除枢密院事除参知政事。

八月戊子，兼同知枢密院

三月辛未，洪适罢右仆射，授观文殿学士，提举江州太平兴国宫。

二年丙戌十二月甲申，叶颙自参知政事除左通奉大夫、左仆射，同平章事兼枢密使。魏杞自参知政事除正议大夫、右仆射，同平章事兼枢密使。

举洞霄宫。

八月丙戌,林安宅罢同知枢密院事。

事。

林安宅自右谏议大夫除同知枢密院事兼权参知政事。

辛亥,蒋芾自中书舍人除端明殿学士、签书枢密院事。八月戊子,兼权参知政事。

十二月戊寅,叶颙自资政殿学士、左中大夫提举洞霄宫除知枢密院事。

甲申,蒋芾自端明殿学士、签书枢密院事兼参知政事,除参知政事。

陈俊卿自左朝议大夫、试吏部尚书除同知枢密院

洪适
叶颙
魏杞

三年丁亥 叶颙 魏杞	十一月癸酉，叶颙罢左仆射，提举太平兴国宫。 魏相罢右仆射，提举太平兴国宫。	事兼权参知政事。 二月辛巳，虞允文自端明殿学士，提举太平兴国宫迁左太中大夫除知枢密院事。 十一月癸酉，陈俊卿自同知枢密院事参知政事除参知政事。 刘珙自翰林学士，知制诰除同知枢密院事。	八月辛亥，刘珙以知兴隆府罢。
四年戊子二月，蒋芾自参知政事除左正议大夫，守右仆射兼枢密使。 十月庚子，陈俊卿自参知政事除左正议大夫，右仆射，同平章事兼枢密使。 蒋芾	七月，蒋芾以母丧去位。	二月己巳，王炎自右朝奉大夫，试兵部侍郎，赐同进士出身除端明殿学士，签书枢密院事。 七月壬戌，刘珙自同知枢密院事兼参知政事。	

		陈俊卿	
二月甲寅，王炎自端明殿学士、签书枢密院事兼权参知政事兼同知国用事，知枢密院事。 梁克家自给事中除端明殿学士、签书枢密院事。 四月壬辰，兼参知政事。 六月己酉，虞允文自资政殿大学士、知枢密院事，四川宣抚使召除枢密使。		五年己丑八月己丑，陈俊卿自右仆射、同平章事兼枢密使。 虞允文自枢密使右仆射、同平章事兼枢密使。 陈俊卿 虞允文	五年己丑，陈俊卿
闰五月癸巳，梁克家自端明殿学士、签书枢密院事除参知政事兼同知国用事。明年二月癸未，兼权知枢密院事。	五月，陈俊卿罢左仆射，除观文殿大学士知福州。	六年庚寅陈俊卿 虞允文	

七年辛卯	八年壬辰	九年癸巳
虞允文 明年二月，改仆射官名为左右丞相。	梁克家 虞允文 虞允文自右仆射除左丞相，特进兼枢密使，封华国公。 梁克家自参知政事除右丞相兼枢密使。 二月辛亥，虞允文、梁允文罢。 九月戊寅，虞允文，授少师、武安军节度使，充四川宣抚使，封雍国公。 二月癸酉，王之奇自吏部侍郎、权尚书，赐同进士出身除参知政事，签书枢密院事。 丙寅，曾怀自户部尚书、赐同进士出身除参知政事。 三月己丑，张说自明州观察使，知阁门事兼枢密院副都承旨除签书枢密院事。	梁克家 曾怀 十月甲戌，曾怀自参知政事迁左宣奉大夫，除右丞相。 十月辛未，梁克家罢，以观文殿大学士知建宁府。 正月乙亥，张说自安庆军节度使，签书枢密院事同知枢密院事。 沈夏自户部侍郎兼侍讲除端明殿学士，签书枢密院事。 辛巳，郑闻自权刑部尚书， 正月辛未，王之奇罢签书，以资政殿学士知扬州、淮南安抚使。己丑，王炎罢枢密使，以观文殿学士提举临安府洞霄宫。十二月甲子，沈夏罢。

	三月丙申，郑闻以资政殿大学士、四川宣抚使薨。	兼侍读除端明殿学士、签书枢密院事。十月甲戌，迁知荆南府。
	四月己卯，姚宪自端明殿学士、签书枢密院事迁中大夫，除参知政事。叶衡自朝散大夫、户部尚书除端明殿学士、签书枢密院事。六月癸未，迁中大夫。	左中大夫除参知政事。十月甲戌，张说自同知枢密院事除同知枢密院事。
		沈复自端明殿学士、签书枢密院事迁左中大夫、同知枢密院事。
		十二月己丑，姚宪自御史中丞、兼侍读除端明殿学士、签书枢密院事。
淳熙元年甲午	六月戊寅，曾怀罢右丞相，除观文殿大学士，提举太平兴国宫。十一月丙午，曾怀罢右丞相，以观文殿大学士提举洞霄宫。	淳熙元年七月壬辰，曾怀自观文殿大学士、提举太平兴国宫迁光禄大夫，除右丞相。十一月丙午，叶衡自兼枢密使，参知政事迁通奉大夫，除右丞相。

	曾怀　叶衡	二年乙未　叶衡

七月乙未,张说罢知枢密院事,以太尉提举隆兴府玉隆军节度观。依前安庆军节度使。

十一月,杨倓签书,以昭庆军节度使知荆南府。

夫,除参知政事。十月,诏兼权知枢密院事。

七月丁亥,郑闻自资政殿学士、太中大夫,四川宣抚使除参知政事。

乙未,杨倓自昭庆军节度使,提举神观除签书枢密院事。

十一月戊戌,龚茂良自礼部侍郎兼权吏部尚书除参知政事。

十二月丁巳,李彦颖自吏部尚书除端明殿学士签书枢密院事。

九月乙未,叶衡罢右丞相,依前中奉大夫,知建宁府。

闰九月丁未,沈夏以镇江府罢。

五月,沈夏自资政殿大学士、中大夫,四川宣抚使除同知枢密院事。

		三年丙申	四年丁酉
闰九月丁巳，李彦颖自端明殿学士、签书枢密院事除参知政事。王淮自翰林学士、知制诰除端明殿学士、签书枢密院事。	七月，王淮自端明殿学士、签书枢密院事迁中大夫，除同知枢密院事。赵雄自朝散郎、试礼部尚书，兼侍读、兼给事中除端明殿学士、签书枢密院事。	五月，王淮自中大夫、同知枢密院事除参知政事。十一月庚子，赵雄自签书枢密院事除同知枢密院	六月丁丑，龚茂良罢参政，以资政殿学士知镇江府。

五年戊戌	三月壬子,史浩自观文殿大学士、充醴泉观使、兼侍读,永国公依前少保、授右丞相,封卫国公。 十一月丁丑,赵雄自参知政事迁正议大夫、除右丞相。 史浩 赵雄	十一月甲戌,史浩罢相,授少傅、保宁军节度使、充醴泉观使、兼侍读,依前卫国公。	事。 四月丙寅,范成大自礼部尚书、兼直学士院迁中大夫除参知政事。 六月乙酉,钱良臣自给事中除端明殿学士、签书枢密院事。 己未,王淮自参知政事除知枢密院事。 赵雄自同知枢密院事除参知政事。 十一月丁丑,王淮自知枢密院事迁太中大夫、除枢密使。 乙亥,钱良臣自签书除参知政事。	三月,李彦颖罢参政,以资政殿学士知绍兴府。 六月甲戌,范成大罢参政,以资政殿学士知婺州。
六年己亥 赵雄				

年	宰执	事由（一）	事由（二）	事由（三）
七年庚子	赵雄			
八年辛丑	赵雄　王淮	八月，王淮自枢密使、信国公除光禄大夫、右丞相兼枢密使，封福国公。赵雄除观文殿大学士，四川安抚制置使兼知成都府。	五月戊辰，周必大自吏部尚书参知政事。谢廓然自刑部尚书除端明殿学士、签书枢密院事。　八月甲寅，谢廓然除同知枢密院事。除九月，兼权参知政事。	九月庚寅，钱良臣以资政殿学士与在外宫观云。
九年壬寅	王淮		六月丁巳，周必大自参知政事除知枢密院事。　十二月丁丑，施师点自朝请大夫、给事中除端明殿学士、签书枢密院事。明年正月丙戌，兼权参知政事。	六月丁巳，谢廓然终自枢密院致仕。
十年癸卯	王淮		八月戊申，施师点自端明	

年	丞相	事
十一年甲辰	王淮	殿学士,签书枢密院事兼权参知政事迁中大夫,除参知政事兼同知枢密院事。黄洽自御史中丞,兼侍讲迁中大夫,除参知政事。
十二年乙巳	王淮	六月庚申,周必大自知枢密院事进枢密使。
十三年丙午	王淮	闰七月戊申,留正自敷文阁学士除端明殿学士,签书枢密院事。十一月丙寅,梁克家罢右丞相,授观文殿大学士,充醴泉观使,兼侍读,依前特进,郑国公。
十四年丁未		二月戊子,施师点自参知政事除知枢密院事。十二月丁亥,周必大自知枢密院使迁光禄大夫,除右丞相。

王淮 周必大			
十五年戊申 王淮 周必大	五月己亥，王淮罢左丞相，除观文殿大学士判衢州，依前特进，鲁国公。		八月癸未，留正自签书枢密院事除参知政事兼同知枢密院事。
十六年己酉，周必大自右丞相，济国公除特进，左丞相，封许国公。留正自参知政事迁通奉大夫，除右丞相。 留正 周必大 二月戊申光宗即位	三月甲寅，前宰相史浩自太傅、保宁军节度使致仕，依前官致仕。五月丙申，周必大除右丞相，以观文殿大学士判潭州。	正月己亥，王蔺自礼部尚书除参知政事。葛邲自刑部尚书除同知枢密院事。五月甲午，王蔺自参知政事除知枢密院事兼参知政事。	正月丙申，黄洽罢知枢密院事，以资政殿大学士知隆兴府。乙巳，萧燧罢参知政事，除资政殿学士，提举临安府洞霄宫。
绍熙元年庚戌 七月乙卯，留正自宣奉大夫，右丞相迁金紫光禄大夫，右丞相。			七月甲寅，葛邲自宣奉大夫，同知枢密院事除参知政事。

政事。

王蔺自知枢密院事除枢密使。

胡晋臣自太中大夫、给事中、兼侍讲除端明殿学士、签书枢密院事。

十二月丁亥，胡晋臣自端明殿学士、签书枢密院事除参知政事兼同知枢密院事。

葛邲自参知政事除知枢密院事。

六月辛丑，陈骙自礼部尚书除同知枢密院事。

三月辛巳，陈骙自同知枢密院事除参知政事。

夫，除左丞相。

留正

二年辛亥　留正

三年壬子　留正

四年癸丑三月辛巳，葛邲自光禄大夫、知枢密院事迁特进，除夫、知枢密院事，除七月己巳,陈骙罢知枢密院事。

十二月己巳,陈骙知枢密院事。

胡晋臣自参知政事除知枢密院事。
赵汝愚自吏部尚书除同知枢密院事。
十月壬午,赵汝愚自中大夫,同知枢密院事除知枢密院事,仍进封开国公。
五年七月己巳,兼参知政事。余端礼自通议大夫、吏部尚书除同知枢密院事。
七月丙午,余端礼自同知枢密院事除参知政事兼同知枢密院事。癸未免兼。
陈骙自参知政事除知枢密院事。八月丙申,兼参知政事。

正月,葛邲罢右相,授观文殿大学士,依前特进,判建康府。
八月丙辰,留正罢左相。

右丞相。
留正
葛邲

五年甲寅
宁宗
甲子即位

八月丙辰,赵汝愚自枢密使七月即位留正除右丞相。

留正
葛邲
赵汝愚

		七月癸未，赵汝愚自知枢密院事除枢密院使。 甲申，罗点自兵部尚书除端明殿学士、签书枢密院事。 九月壬申，京镗自刑部尚书除端明殿学士、签书枢密院事。 十二月庚午，京镗自签书枢密院事除参知政事。 郑侨自吏部尚书除同知枢密院事。 余端礼自参知政事除知枢密院事。明年二月戊寅，兼参知政事。 四月己未，郑侨自宣奉大夫、同知枢密院事除参知政事。
庆元元年乙卯	四月己未，余端礼自知枢密院事兼参知政事迁银	二月戊寅，赵汝愚罢右丞相，除观文殿大

政事。
京镗自太中大夫,参知政事除知枢密院事。
谢深甫自中奉大夫,试御史中丞,兼侍读除端明殿学士,签书枢密院事。

正月庚寅,郑侨自参知政事除知枢密院事。
谢深甫自签书枢密院事除参知政事。三年正月癸卯,兼知枢密院事。
何澹自御史中丞除同知枢密院事。四月壬申,除参知政事。
同日,叶翥自吏部尚书除端明殿学士,签书枢密院事。

学士,依前银青光禄大夫,知福州。

四月甲子,余端礼罢左丞相,以观文殿大学士判隆兴府。

青光禄大夫,除右相。
赵汝愚
余端礼

二年丙辰正月庚寅,余端礼自右丞相迁特进,除左丞相。
京镗自知枢密院事迁正议大夫,除右丞相。
余端礼
京镗

年				
三年丁巳 京镗				正月壬寅，郑侨罢知枢密院事，以资政殿大学士知福州。
四年戊午 京镗			正月丙寅，叶翥同知枢密院事。 八月丙子，谢深甫自参知政事除知枢密院事兼参知政事。 许及之自吏部尚书除同知枢密院事。	
五年己未 京镗				
六年庚申 闰二月庚寅，京镗自右丞相拜少傅、左丞相，封冀国公。 谢深甫自知枢密院事迁金紫光禄大夫，除右丞相。 谢深甫	八月丁酉，少傅、左丞相，封冀国相京镗薨。		闰二月庚寅，何澹自参知政事降知枢密院事兼参知政事。 七月丁卯，陈自强自御史中丞除端明殿学士、签书枢密院事。	

京镗 嘉泰元年辛酉 谢深甫	七月甲子,陈自强自签书枢密院事除知枢密院事兼参知政事。 张釜自礼部尚书除端明殿学士、签书枢密院事。 八月甲申,程松自同知枢密院事。 张岩自给事中除参知政事。		七月乙卯,何澹罢知枢密院事。 八月甲申,张釜罢签书枢密院事。
二年壬戌谢深甫	八月丙子,袁说友自吏部尚书除同知枢密院事。 十一月庚戌,许及之参知政事。 陈自强自参知政事除知枢密院事。明年正月丙申,兼参知政事。		七月己巳,同知枢密院事程松以父丧去官。

三年癸亥	五月戊寅，陈自强自知枢密院事除右丞相。 谢深甫　陈自强	正月己卯，谢深甫罢右丞相，授观文殿学士判建康府。	正月戊戌，袁说友自同知枢密院事除参知政事。傅伯寿自翰林学士除端明殿学士，签书枢密院事。二月乙巳，费士寅除端明殿学士，签书枢密院事。五月戊寅，许及之自参知政事除枢密院兼参知政事。十月癸卯，费士寅自签书枢密院事除参知政事。四年四月丙午，兼知枢密院事。张孝伯自华文阁学士，知镇江府召除同知枢密院事。	正月甲午，张岩罢参知政事。以资政殿学士知平江府。九月庚午，袁说友罢参知政事。
四年甲子	陈自强		四月丙午，张孝伯自同知	四月甲辰，许及之罢

年	宰相	执政	事
开禧元年乙丑	陈自强　韩侂胄	开禧元年七月辛酉,韩侂胄自太师、永兴军节度使,充万寿观使、平原郡王拜平章军国事。	枢密院事兼参知政事。八知枢密院事。月罢。 钱象祖自吏部尚书除同知枢密院事。 十月庚子,张岩自资政殿学士、知扬州诏除参知政事。开禧二年三月乙巳,兼知枢密院事。 四月戊子,刘德秀自吏部尚书除端明殿学士、签书枢密院事。戊戌,钱象祖自同知枢密院事除参知政事兼知枢密院事。明年三月乙巳,罢。 三月癸未,费士寅罢参政,以资政殿学士知兴元府。九月丁亥,刘德秀罢。
二年丙寅	陈自强　韩侂胄	四月,故太师秦桧特追王爵,降充银青光	七月癸卯,李壁自礼部尚书除参知政事。

张岩自光禄大夫、参知政事除知枢密院事。明年九月丙申，罢。

十一月甲申，丘崈自端明殿学士、淮江、淮宣抚使除签书枢密院事，仍督江、淮军马。明年正月辛卯，罢。

十一月甲戌，李壁罢。

禄大夫、卫国公。

四月戊辰，钱象祖自资政殿学士、提举万寿观，兼侍读除参知政事。十一月甲戌，兼知枢密院事。十一月丙戌，卫自中奉大夫，试御史中丞除签书枢密院事。殿学士、签书枢密院事。丁亥，兼权参知政事。十二月壬戌，卫泾自签书

十一月甲戌，韩侂胄罢平章军国事。陈自强罢右丞相。

陈自强
韩侂胄
钱象祖

三年丁卯十二月辛酉，钱象祖自参知政事授正奉大夫，兼国用使除右丞相兼枢密使。

嘉定元年 戊辰					
嘉定元年戊辰	十月丙子，钱象祖自右丞相除特进，左丞相兼枢密使，兼太子宾客。 史弥远自知枢密院事除通相、福州。 十一月戊子，右丞相史弥远丁母忧。 十二月丙寅，钱象祖，以观文殿大学士判 奉大夫，右丞相兼枢密使，兼太子少傅。 钱象祖 史弥远	正月壬辰，史弥远自知枢密院事除知枢密院事。六月辛卯，兼参知政事。七月癸丑，丘崈同知枢密院事。 八月辛巳，娄机自礼部尚书除同知枢密院事，兼太子宾客。十月丙子，参知政事。 楼钥自吏部尚书除端明殿学士，签书枢密院事、	枢密院事，雷孝友自御史中丞，并除参知政事。 史弥远自御史知枢密院事。 知礼部尚书除同 林大中自吏部尚书除端明殿学士，签书枢密院事。	六月乙亥，卫泾罢参政，以资政殿学士知潭州。

			十二月戊午，娄机罢参政，以资政殿学士知福州。
二年己巳 五月丙申，史弥远起复，拜右丞相兼枢密使、兼太子少师。 史弥远	兼太子宾客。十月丙子，进同知枢密院事。 十月丙子，雷孝友自参知政事除知枢密院事兼参知政事。	正月丁巳，楼钥自同知枢密院事除参知政事。 章良能自御史中丞迁中大夫，除同知枢密院事。试字文绍节自通议大夫，试吏部尚书除端明殿学士，签书枢密院事，仍兼太子宾客。	
三年庚午 史弥远			
四年辛未史弥远			

	四月丙子，章良能自同知枢密院事除参知政事。	七月甲午，郑昭先自朝奉大夫、试左谏议大夫迁端明殿学士，除签书枢密院事权参知政事，兼太子宾客。	七月辛酉，郑昭先自签书枢密院事除参知政事。曾从龙自正议大夫守礼部尚书、除端明殿学士，签书枢密院事，兼太子宾客。		
五年壬申史弥远					
六年癸酉史弥远					
七年甲戌史弥远					
八年乙亥史弥远					
九年丙子史弥远					
十年丁丑史弥远					
十一年戊寅史弥远					

寅 十二年己卯 史弥远			二月庚戌,曾从龙自签书枢密院事进同知枢密院事兼江、淮宣抚使。任希夷自权吏部尚书除签书枢密院事。三月己巳,郑昭先自参知政事除知枢密院事。曾从龙自同知枢密院事除参知政事。四月癸巳,郑昭先兼参知政事。
十三年庚辰			七月丙午,任希夷自知枢密院事兼参知政事。
十四年辛巳 史弥远	八月乙丑,追封史浩为越王。		八月壬戌,宣缯自兵部尚书除同知枢密院事。俞应符自给事中除签书枢密院事。八月乙卯,任希夷罢知枢密院事及兼参知政事。

十五年壬午	史弥远	枢密院事。 闰十二月辛巳朔，宣缯兼参知政事。 俞应符兼参知政事。 九月辛亥，宣缯自同知枢密院事除参知政事。 程卓自给事中除同知枢密院事。 薛极自吏部尚书，赐出身除签书枢密院事。		六月辛卯，签书枢密院事俞应符卒。
十六年癸未	史弥远			六月丁酉，同知枢密院事程卓卒。
十七年甲申闰八月丁酉理宗即位	史弥远	十二月戊子，葛洪除端明殿学士，同签书枢密院事。		

宋史卷二一四
表第五

宰辅五

纪　年	宰相进拜加官	罢　免	执政进拜加官	罢　免
宝庆元年乙酉	史弥远		四月己未，薛极除端明殿学士，正议大夫，签书枢密院事。 十一月癸亥，宣缯自参知政事除同知枢密院事。 薛极自签书枢密院事除参知政事。	

二年丙戌	史弥远		葛洪自同签书枢密院事进签书枢密院事。
三年丁亥	史弥远，丞相兼枢密使，提举编修玉牒、提举编修国朝会要、提举编修国史实录院、提举编修敕令，封鲁国公。 史弥远	九月癸未，故少保，观文殿大学士、魏国公致仕，赠太师、留正定谥忠宣。	正月乙亥，宣缮特转正奉大夫、参知政事兼同知枢密院事，权监修国史日历、同提举编修敕令。 薛极特转宣奉大夫、参知政事，同提举编修敕令。 葛洪端明殿学士，特转中奉大夫、签书枢密院事。
绍定元年戊子	史弥远		六月戊申，薛极除同知枢密院事。 十二月辛亥，薛极进知枢密院事兼参知政事。 葛洪自签书枢密院事除参知政事。

年		
二年己丑　史弥远		袁韶除同知枢密院事。 郑清之端明殿学士，除签书枢密院事。
三年庚寅　九月己酉，史弥远少师，右丞相兼枢密使、鲁国公，加食邑实封。 史弥远		十二月甲子，袁韶除同知枢密院事除两浙西路安抚制置使兼知临安府。庚辰，免制置使，依旧同知枢密院事。 乙丑，郑清之除参知政事兼签书枢密院事。 乔行简除端明殿学士，同签书枢密院事。
四年辛卯　史弥远		四月丁丑，郑清之除兼同知枢密院事。 乔行简依旧端明殿学士，除签书枢密院事。

年	宰相					
五年壬辰 史弥远			十月丙辰，宰执以火延太庙，五奏乞镌罢。诏史弥远特降奉化郡公。			十月丙辰，以火延太庙故，薛极、郑清之、乔行简诏各降一官。
六年癸巳	十月丙戌，史弥远特授大师、左丞相，仍兼枢密使、鲁国公，加封邑。郑清之特授光禄大夫、右丞相兼枢密使，加封邑。 史弥远 郑清之	十月丁亥，史弥远除太师、左丞相兼枢密使、鲁国公，除宁、保宁、昭信军节度使，充醴泉观使，进封会稽郡王。壬辰，致仕。乙未薨。		十月丁亥，薛极自金紫光禄大夫、知枢密院事进枢密使。乔行简自签书枢密院事除参知政事兼同知枢密院事。陈贵谊自同签书枢密院事除参知政事兼签书枢密院事。	五月己丑，薛极、郑清之、乔行简乞复元官。七月丁酉，陈贵谊自礼部尚书除端明殿学士，同签书枢密院事。	十二月庚辰，薛极以观文殿大学士知绍兴府。
端平元年 甲午 郑清之				六月戊寅，乔行简自参知政事兼同知枢密院事除知枢密院事。	四月辛卯，薛极少保，依旧观文殿大学士，和国公致仕。五……	

月庚子，赠少师，乙巳，卒。十月丙戌，陈贵谊自参知政事，兼同知枢密院事，乞守本官致仕。庚寅，特赠少保，资政殿大学士。癸巳，卒。	曾从龙自资政殿大学士除参知政事。 郑性之自大中大夫兼侍读除端明殿学士、签书枢密院事。 陈贵谊自兼签书枢密院事进同知枢密院事。	
四月辛卯，真德秀除资政殿学士，在京宫观，兼侍读。五月己亥，特转一官，守资政殿学士，提举佑神观，兼侍读致仕。甲辰，卒。特赠银青光禄大夫。	三月乙巳，曾从龙自参知政事兼同知枢密院事。 真德秀自翰林学士除资政殿学士参知政事。 陈卓自正议大夫、守吏部尚书除端明殿学士、同签书枢密院事。 六月壬午，曾从龙除参知政事兼参知政事。	二年乙未六月戊寅，郑清之自光禄大夫、右丞相兼枢密使除左丞相。 乔行简自宣奉大夫、知枢密院事兼参知政事除右丞相。 郑清之 乔行简
六月己卯，葛洪除资政殿大学士，通议大	密院事兼参知政事。 崔与之自端明殿学士，大	

中大夫，广南东路经略安抚使、提举临安府洞霄宫。

州召除参知政事。

郑性之除同知枢密院事。

陈韋依旧知端明殿学士，除签书枢密院事。

十一月乙丑，曾从龙除枢密使，督视江、淮军马，魏了翁除端明殿学士，同签书枢密院事，督视京、湖军马。

十二月，魏了翁自同签书枢密院事、督视京湖军马除签书枢密院事，力辞，改资政殿学士，湖南安抚使。

七月丁卯，郑性之自太中大夫，同知枢密院事兼参知政事除参知政事。李鸣复自权刑部尚书除端明殿学士，签书枢密院事。

九月癸亥，宣缯自资政殿大学士、光禄大夫，提举临安府洞霄宫除观文殿大学士致仕。

三年丙申

九月乙亥，崔与之自参知政事特转正议大夫，除右丞相，兼枢密使。

九月乙亥，郑清之罢左丞相兼枢密使，醴泉观使观文殿大学士观文殿大学士兼侍读。

十一月，乔行简自观文殿大学士、醴泉观使兼侍读观文殿学士兼侍读乔行简除右丞相兼枢密使，密使，除观文殿大学士授特进，左丞相兼枢密使，除观文殿大学士事。

		进封肃国公，加封邑。 郑清之 乔行简 崔与之	士、醴泉观使兼侍读。 十二月癸卯，特进郑清之仍旧观文殿大学士，提举临安府洞霄宫。	九月乙亥，郑性之兼同知枢密院事。 李鸣复兼参知政事。
嘉熙元年 丁酉		乔行简 崔与之		二月癸未，郑性之自参知政事兼同知枢密院事除知枢密院事兼参知政事。 邹应龙除端明殿学士、签书枢密院事兼参知政事。 李宗勉除端明殿学士、同签书枢密院事。 八月癸巳，李鸣复自兼参知政事除参知政事。 李宗勉自同签书枢密院事除签书枢密院事。
二年戊戌		乔行简		正月戊申，余天锡自少中

崔与之

大夫，试吏部尚书除端明
殿学士，同签书枢密院事。
辛酉，史嵩之自通奉大夫、
京西、京湖南北路安抚制
置使除端明殿学士，依旧
京湖安抚制置使兼知鄂州、
制置副使兼知鄂州，恩例
并同执政。
五月癸未，李鸣复自参知
政事除知枢密院事。
李宗勉自参知枢密院事除
参知政事。
余天锡自同签书枢密院
事依旧端明殿学士除签
书枢密院事。
七月庚辰，赵以夫自朝奉
大夫、右文殿修撰、枢密

| 三年己亥正月，乔行简自特进，左丞相，兼枢密使加少傅、平章军国重事，特授观文殿大学士，致仕。
李宗勉自参知政事除左丞相。
史嵩之自京、湖安抚制置使除右丞相。
乔行简
崔与之
李宗勉
史嵩之 | 六月庚子，崔与之力辞相，诏依前官，特授观文殿大学士，致仕。 | 都承旨除沿海制置副使兼知庆元府，宣奉大夫，同知枢密院事。
正月，余天锡自签书枢密院事除参知政事。
游侣除端明殿学士、签书枢密院事。
二月壬寅，余天锡兼同知枢密院事。
八月戊戌，游侣自同签书枢密院事除参知政事。
许应龙自中大夫、试礼部尚书除端明殿学士、签书枢密院事。
林略自试右谏议大夫除端明殿学士、同签书枢密院事。 | 十月庚申，许应龙累签书枢密院事。
林略累同签书枢密院事。 |

年	宰相			
四年庚子	乔行简 李宗勉 史嵩之	九月癸亥,乔行简自少傅,平章军国重事特授少师,保宁军节度使,醴泉观使,进封鲁国公,加封邑,奉祠。闰十二月丙寅,相李宗勉薨。	十一月丙子,范钟除端明殿学士,签书枢密院事。闰十二月丙寅,游似自中大夫,参知政事除知枢密院事,兼参知政事。范钟自中大夫,签书枢密院事除参知政事。徐荣叟自朝奉大夫,权礼部尚书除端明殿学士,签书枢密院事。	三月己酉,赵以夫自宣奉大夫,同知枢密院事乞祠不允,依旧集英殿修撰,差知建宁府。十二月庚申,资政殿大学士,通议大夫,
淳祐元年辛丑	史嵩之	二月壬午,少师,鲁国公乔行简薨。		

二年王寅	史嵩之			
		二月甲戌，范钟自参知政事除知枢密院事兼参知政事。徐荣叟自签书枢密院事除参知政事。赵葵赐出身，同知枢密院事。别之杰除签书枢密院事。五月己酉，赵葵自同知枢密院事除资政殿大学士，知潭州，湖南安抚使。六月丙寅，别之杰自签书枢密院事除同知枢密院、	二月，游侣出帅浙东，寻奉祠。六月癸亥，除荣叟除资政殿大学士，提举临安府洞霄宫。十二月丙寅，别之杰自同知枢密院事兼权参知政事除资政殿学士，湖南安抚大使兼知潭州。赵葵自同知枢密院事依旧资政殿大学士，除福建安抚使、	知庆元府余天锡乞守本官致仕，除观文殿学士，特转两官致仕，丁卯卒。

三年癸卯	史嵩之	九月癸卯，以右丞相史嵩之在告，诏知枢密院事范钟、签书枢密院事刘伯正轮日当笔。丙午，史嵩之依前起复，加永国公。十二月庚午，范钟自通议大夫、知枢密院事、兼参知政事，知福州。	兼权参知政事。高定子除端明殿学士、签书枢密院事。杜范除端明殿学士、同签书枢密院事。
			八月庚午，林略自端明殿学士、提举临安府洞霄宫资政殿学士致仕。
			正月戊寅，高定子自签书枢密院事除兼参知政事。
四年甲辰		九月癸卯，右丞相史嵩之以父弥忠给告归庆元府，未几，弥忠卒，去位。	正月壬寅，李鸣复参知政事。杜范自同签书枢密院事进同知枢密院事。刘伯正自中大夫、刑部尚书除端明殿学士、签书枢密院事，己未，兼权参知政事。
			正月丁巳，参知政事李鸣复依旧资政殿大学士、知福州、福建路安抚使。杜范自同知枢密院事除资政殿学士、知婺州。

四月丙戌，右丞相杜范薨。十二月己卯，郑清之自少傅、观文殿大学士充醴泉观使兼侍读，	五年乙巳三月己卯，范钟左丞相兼枢密使，加封邑。杜范右丞相兼枢密使，加封邑。十二月己卯，游侣自知枢密	史嵩之范钟杜范	政事授正奉大夫，除左丞相兼枢密使。杜范自资政殿学士、中大夫、提举万寿观兼侍读授通奉大夫、右丞相兼枢密使。	三月己未，金渊除端明殿学士、签书枢密院事。十二月庚午，游侣自资政殿大学士、通议大夫、提举万寿观除知枢密院事兼参知政事。刘伯正自知枢密院事兼参知政事除参知政事兼签书枢密院事。甲戌，赵葵自资政殿大学士、通奉大夫除同知枢密院事。	正月乙卯，李性传自太中大夫、权礼部尚书除端明殿学士、签书枢密院事兼权参知政事。十一月乙卯，陈桸除端明	正月乙卯，刘伯正罢参知政事。十二月癸未，李性传除职予郡。

年	宰执	事略
六年丙午	史嵩之 范钟 游侣	密院事兼参知政事宣奉授越国公特授少师，奉国军节度使，依前醴泉观使兼侍读，越国公，仍加封邑。 大夫，除右丞相兼枢密使，加封邑。 十二月己卯，赵葵自通奉大夫、同知枢密院事除知枢密院事兼参知政事。 李性传自端明殿学士、签书枢密院事同知枢密院。 陈韡自端明殿学士、同签书枢密院事除兼同知政事兼同知枢密院事。 六月壬子，陈韡自同知枢密院事除参知政事兼知枢密院事。 闰四月乙未，徐荣叟
七年丁未	史嵩之 范钟 游侣	二月戊辰，左丞相范钟再乞归田里，诏除观文殿大学士、醴泉观使兼侍读。 十二月乙未，右丞相史嵩之守本官致仕。 四月辛丑，游侣罢右 四月辛丑，王伯大自通奉 三月戊辰，李韶依旧 七年丁未四月辛丑，郑清之自少师、

端明殿学士，提举万
寿宫，兼侍读。

七月乙丑，吴潜罢同
签书枢密院事。

丑，依旧端明殿学士，知福州，福建安
抚使。

八月甲申，郑寀罢同
签书枢密院事，守旧
职奉祠。

甲辰，参知政事高定
子卒。

大夫，守刑部尚书除端明
殿学士，签书枢密院事。

吴潜自翰林学士除端明
殿学士，同签书枢密院事，丁

辛丑，赵葵自知枢密院事
兼参知政事特授枢密院事
参知政事特授枢密院使使兼抚使。

参知政事，督视江、淮京、
西湖北军马。陈 自兼同
知枢密院事除知枢密院
事，湖南安抚大使兼知潭
州。

五月丁巳，王伯大自签书
枢密院事除参知政事。

王申，吴潜自同签书枢密
院事除兼权参知政事。

七月丁卯，别之杰除参知

奉国军节度使充醴泉观使兼侍读，兼
使，兼侍读，越国公特授大醴泉观使兼侍读，封
傅，右丞相兼枢密使，依前邑如故，五月戊寅，再
越国公，加封邑。

辞免官，特许归田。

郑清之

游侣

政事。郑采除端明殿学士、同签书枢密院事。

七月癸酉，王伯大以资政殿学士知建宁府。

十月甲戌，参知政事、督视别之杰乞归田里，乙亥，除资政殿大学士，知绍兴府。

五月己巳，赵葵自枢密使、兼参知政事，督视江淮、京西、湖北军马兼知建康军府，依前枢密使、兼参知政事，督视京西湖北军马兼知江淮京西湖北军、兼管内劝农使、兼行营留守，江南东路安抚使、马步军都总管、长沙郡开国公，加封邑。

七月辛亥，王伯大自签书枢密院事除参知政事。

应𦶛自翰林学士、中奉大夫同知枢密院事。

谢方叔自朝散大夫、试给

八年戊申九月庚午，大傅、右丞相、兼枢密使、越国公郑清之以明堂礼成，加食邑一千户，食实封四百户。

郑清之

正月丁卯、前签书枢密院事许应龙卒。

闰二月甲辰，陈桦以观文殿学士、福建安抚大使知福州。

事中除端明殿学士、签书枢密院事。

史宅之自正奉大夫、守吏部尚书除端明殿学士、同签书枢密院事。

九月庚午，枢密使、兼参知政事，督视江淮京西湖北军马赵葵以明堂礼成，加食邑一千户、食实邑四百户。

十月乙亥，应傡、谢方叔并兼参知政事。

闰二月甲辰，应傡、谢方叔并参知政事。

史宅之自同签书枢密院事除同知枢密院事。

十二月乙巳，吴潜自同签

正月己巳，前左丞相范钟薨。

九年己酉闰二月甲辰，郑清之自大傅、右丞相兼枢密使、越国公特授大师，左丞相兼枢密使，进封魏国公，加封邑。

十年庚戌 郑清之 赵葵	三月戊子，右丞相兼枢密使赵葵辞相位，特授观文殿大学士、充醴泉观使、兼侍读，仍奉朝请，依前金紫。	书枢密院事除同知枢密院事兼参知政事。徐清叟自朝请大夫、试礼部尚书除同知枢密院事兼参知政事。三月庚寅，贾似道除端明殿学士、两淮制置大使、淮东安抚使，知扬州。五月丙寅，吴渊除资政殿学士、依旧职任，与执政。	吴渊以端明殿学士、江东安沿江制置使、抚使兼知建康府兼行宫留守。五月甲午，前同签书枢密院事郑寀卒。十一月庚辰，参知政事应繇归田里，除资政殿学士、知平江府。十二月壬子，同知枢密院事史宅之卒。
赵葵自枢密使，兼参知政事特授金紫光禄大夫、右丞相兼枢密使之事，加封邑。郑清之 赵葵			

十一年辛亥

四月己酉，郑清之依前太傅，左丞相兼枢密使兼修国史日历，进封齐国公，加封邑。

十月戊戌，再加封邑。

十一月甲辰，谢方叔自知枢密院事兼参知政事授正奉大夫，除左丞相兼枢密使，依前永康郡开国公，加封邑。

吴潜自参知政事授宣奉大夫，依前永康郡开国

十一月庚戌，太傅、左丞相、齐国公郑清之薨。

三月戊寅，谢方叔自中大夫、参知政事除知枢密院事兼参知政事。

吴潜自太中大夫、同知枢密院事除参知政事。

徐清叟自朝请大夫、签书枢密院事除中大夫、同知枢密院事。

四月己酉，谢方叔特授通议大夫，依前知枢密院事兼参知政事。

吴潜自参知政事，永康郡开国

光禄大夫，封邑如故。

十一月壬申，加特进，依旧观文殿大学士，判潭州、湖南安抚大使。戊寅，进封信国公，加封邑。

五月，吴潜自同知枢密院事，除资政殿学士，帅沿江。

恩数。

十二年壬子 谢方叔 吴潜	夫,右丞相兼枢密使,依前金陵郡开国公,加封邑。 郑清之 谢方叔 吴潜	十一月庚寅,右丞相吴潜罢,十二月乙卯,除观文殿大学士,提举江州太平兴国宫。	公。 十月丁酉,谢方叔除通议大夫,知枢密院事兼参知政事,永康郡开国公。 十二月丙辰,董槐召除签书枢密院事。 十月癸丑,徐清叟自同知枢密院事除参知政事。 董槐自签书枢密院事除同知枢密院事。	
宝祐元年癸丑 谢方叔			七月庚子,董槐自同知枢密院事除权兼参知政事。	三月丙申,前参知政事别之杰卒,赠少师。 七月壬午,前参知政事王伯大卒。 十二月,前参知政事刘伯正卒。

五月乙丑，徐清叟自参知政事除知枢密院事兼参知政事。

董槐自同知枢密院事除参知政事。

李曾伯除参知政事，帅蜀都。

贾似道除银青光禄大夫、同知枢密院事、两淮制置大使兼淮南东西路安抚大使、知扬州军州兼管内劝农营田屯田等使、临海郡开国公，加封邑。

十月丙戌，徐清叟特授正议大夫、依前知枢密院事兼参知政事、普宁郡开国公，加封邑。

十一月甲寅，赵葵依前特进、观文殿大学士、充醴泉观使、免奉朝请，信国公，加封邑。吴潜依前观文殿大学士、宣奉大夫，提举临安府洞霄宫，金都。

二年甲寅九月戊辰，左丞相谢方叔以明堂礼成，加封邑。十月丙戌，特授银青光禄大夫，加封邑，寻授金紫光禄大夫，进封惠国公，再加封邑。谢方叔

三年乙卯八月乙丑,董槐自通奉大
夫,参知政事宣奉大
夫,右丞相兼枢密使,依前
濠梁郡开国公,加封邑。

谢方叔
董槐

四月甲戌,赵葵依前
特进,观文殿大学士,
信国公特授京湖南路
安抚大使,判潭州事。
七月丙辰,左丞相谢
方叔为朱应元所劾,
八月乙丑罢。特授观
文殿大学士,提举临
安府洞霄宫,依前金
紫光禄大夫,惠国公,
封邑如故。景定二年
追贬。七月戊寅,以常挺言追
夺合得恩数。

董槐特授通奉大夫,依前
参知政事,定远郡开国公,
加封邑。癸巳,贾似道依前
官职任,再加封邑。

三月辛巳,吴渊兼夔路策
应大使。
六月丙子,王埜自通奉大
夫,守礼部尚书除端明殿
学士,签书枢密院事。
程元凤自中大夫,权工部
尚书除端明殿学士,同签
书枢密院事。
贾似道自银青光禄大夫,
同知枢密院事特授金紫
光禄大夫,加封邑。
明殿学士,除签书枢密院

七月丙辰,知枢密院
事,徐清叟为朱应元
所劾,八月乙丑,除
资政殿大学士,提举
隆兴府玉隆万寿宫。
九月丙午,依旧官提
举临安府洞霄宫。
六月辛卯,王埜墨签
书枢密院事。
八月丙子,前知枢密
院事郑性之兼参知
政事卒。
庚寅,应缘为丁大全

| 四年丙辰 | 董槐
程元凤 | 七月乙卯，程元凤自参知政事特授通奉大夫、右丞相兼枢密使，进封新安郡开国公，加封邑。 | 六月癸未，右丞相董槐为丁大全所劾，诏程元凤、蔡抗时暂轮日当笔。
七月癸巳，董槐特授观文殿大学士提举临安府洞霄宫，景定二年正月己卯，依前观文殿大学士、宣奉大夫、福建路安抚大使，濠梁郡开国公致仕。
蔡抗 | 程元凤自同签书枢密院事除参知政事。
七月蔡抗自同知枢密院事，七月乙卯，除参知政事。
张磻自权刑部尚书除端明殿学士、签书枢密院事。 | 四月癸未，贾似道自同知枢密院事除参知政事，依旧两淮制置大使兼淮东西安抚使兼知扬州。 | 四月己丑，徐清叟、王埜并罢职罢祠。
事蔡抗遵自去国，为林存所劾，罢职予祠。 | 蔡抗自大中大夫、守尚书工部侍郎除端明殿学士、同签书枢密院事。
吴渊依旧官兼京湖屯田大使。
事。 | 八月辛未，赵葵依旧官除沿江制置使，八月戊子，依前特进，观文殿大学士、醴泉观使、信国公，免奉朝请。 | 所劾，落职罢祠，勒令致仕，辛卯卒。 |

年	宰相			
五年丁巳 程元凤	正月丁亥，赵葵除少保、宁远军节度使、京湖宣抚大使、判江陵府兼夔路策应大使、丁酉，进封卫国公，加封邑，二月辛酉、兼湖广总领。	十一月癸丑，除同知枢密院事。 丁大全自侍御史兼侍读除端明殿学士、签书枢密院事。 马天骥自中奉大夫、试尚书礼部侍郎除同签书枢密院事。 仕。	正月丁亥，贾似道自金紫光禄大夫，参知政事除知枢密院事，依旧两淮制置大使、兼两淮宣抚使兼知扬州。 吴渊自观文殿学士、正奉大夫除参知政事。 二月戊午，贾似道除兼两淮安抚制置大使。	正月甲辰，吴渊特授光禄大夫，守参知政事致仕，辛亥卒。 十月己丑，张磻特转三官，守参知政事致仕，明日卒。

				十一月丁巳，林存以资政殿学士知建宁府。
六年戊午四月丁未，丁大全自参知政事特授正奉大夫、右丞相兼枢密使，依旧丹阳郡开国公，加封邑。 程元凤 丁大全	二月辛巳，赵葵依旧少保、宁远军节度使、判福州、兼福建路安抚大使、马步军都总管，四月甲辰，依旧少保、宁远军节度使、卫国公除醴泉观使兼侍读。 四月甲辰，右丞相程	正月辛亥，丁大全自同知枢密院事除参知政事兼同知枢密院事。 林存自签书枢密院事除兼权参知政事。 四月甲辰，林存除同知枢密院事兼权参知政事。 朱熠端明殿学士、签书枢密院事，十一月壬戌，进同	八月庚子，张磻自同知枢密院事除参知政事。 丁大全自签书枢密院事进同知枢密院事兼权参知政事。 十月丁酉，林存自试尚书吏部侍郎除端明殿学士，签书枢密院事。	

开庆元年十月壬申，吴潜自银青光禄大夫、醴泉观使、兼侍读、崇国公，特进、左丞相，兼枢密使，加封相国公，进封相国公，改封庆国公。己未	九月辛酉，赵葵依旧特进，观文殿大学士、卫国公，判庆元府，沿海制置大使。十月壬申，丁大全罢	元凤辞职，诏丁大全、林存时暂轮日当笔。丁未，元凤特授凤文殿大学士、判福州、福建安抚大使，依前金紫光禄大夫，新安郡开国公，封邑如故。六月乙未，程元凤辞免观文殿大学士、判福州，诏仍前观文殿大学士、提举临安府洞霄宫。	知枢密院事兼权参知政事。饶虎臣自尚书礼部侍郎除端明殿学士、签书枢密院事。贾似道自知枢密院事进枢密使，两淮宣抚大使。辛未，朱熠仍旧职，特授中大夫。除参知政事。	正月丁卯，贾似道依前金紫光禄大夫，枢密使改除京西湖南北四川宣抚大使，都大提举两淮兵甲，总领湖广京西财赋湖北京西洞霄宫。	正月乙丑，林存以资政殿学士知建宁府，二月丁亥，除殿学士，提举临安府洞霄宫。

七月庚戌，蔡抗自参
知政事致仕，癸亥
卒。

军马钱粮，专一报发御前
军马文字，兼提领措置屯
田兼知江陵府事兼管
内劝农营田使，临干海郡
国公，封邑如故。

六月辛巳，朱熠自同知枢
密院事除参知政事。饶虎
臣自签书枢密院事同
知枢密院事。

九月庚申，戴庆炣除端明
殿学士，签书枢密院事。

十一月壬寅，朱熠自参知
政事除兼权知枢密院事，
饶虎臣，戴庆炣并兼权参
知政事。

贾似道自金紫光禄大夫、
枢密使授特进、右丞相兼
枢密使，依前京西、湖南
北，四川宣抚大使，都大提
举两淮兵甲，总领湖广江
西京西西财赋，湖北京西军
马钱粮，专一报发御前军
马文字，兼提领措置屯田、
判江陵军府事兼管内劝
农营田使，进封茂国公，
加封邑。

十二月壬子，吴潜改封许
国公，贾似道改封肃国公。

丁大全

吴潜

贾似道

右丞相，授观文殿大
学士、光禄大夫、判镇
江府，依前丹阳郡开
国公，加封邑。景定
三年七月戊黄，以常
挺言，贵授彰州团练
副使，贵州安置。

癸酉，赵葵依前特进，
观文殿大学士特授
沿江江东宣抚大使，
置司建康府，任贵隆
兴府，饶州、江州、徽州
两界防招调道，时督
兼判建康府，行宫留
守，卫国公。

八月戊子，吴潜依旧
观文殿大学士，判宁

景定元年庚申				
四月癸丑，贾似道特授少师，依前右丞相兼枢密使，进封卫国公，加封邑，兼太子少师。	吴潜 贾似道 程元凤	国府，特进，崇国公， 九月丙寅，依前观文殿大学士，银青光禄大夫，特授醴泉观使，兼侍读，崇国公。	四月己酉，吴潜罢右相，除观文殿大学士，七月提举临安府洞霄宫。 五月戊辰，赵葵依旧少保，除两淮宣抚大使，判扬州，进封鲁国公。 八月壬寅，程元凤依旧观文殿学士，除淮浙发运大使，判知平江府，明年十一月己未，授特进，醴泉观使兼	四月癸丑，朱熠自兼权知枢密院事除知枢密院事兼参知政事。 饶虎臣自兼权参知政事除参知政事。 戴庆炯自兼权参知政事兼参知政事。 除同知枢密院事知政事。 旧观文殿学士皮龙荣除端明殿学士，签书枢密院事。 癸未，皮龙荣自签书枢密院兼权参知政事除参知政事。	五月戊辰，饶虎臣罢参知政事。 资政殿学士提举安府洞霄宫。 八月庚辰，前参知政事戴庆炯卒。 六月戊申，前签书王埜卒。 九月甲午，厉文翁依旧端明殿学士，提举临安府洞霄宫。

三月戊子，朱熠罢知枢密院事，以观文殿学士知建宁府。

七月壬申，福建安抚大使陈韡卒。

十月丙辰，沈炎除资政殿学士，提举临安府洞霄宫。

十二月壬辰，江万里为光禄大夫所劾，壬寅，依旧纯父除奉大夫，提举临安府洞霄宫。

三月癸未，知枢密院事朱熠，签书枢密院事皮龙荣，同签书枢密院事沈炎以进书各转两官。

四月乙未，皮龙荣自签书枢密院事除参知政事。

沈炎自同知枢密院事除政殿学士，提举临安同知枢密院事兼权参知政事。

何梦然自试右谏议大夫除签书枢密院事。

八月乙巳，江万里自吏部尚书除同签书枢密院事。大夫，守吏部尚书除同签书殿学士，同签书枢密院事。

沈炎除端明殿学士，同签书枢密院事。

侍读，依前观文殿大学士，新安郡开国公，封邑如故。

二年辛酉　正月己卯，贾似道自太保，右丞相以进书加大傅。

贾似道

二月，皮龙荣自知枢
密院事以资政殿学
士为湖南安抚使。
九月戊辰，资政殿学
士沈炎薨。
十月辛未，除清叟授

十月丙午，何梦然自签书
枢密院事授中大夫，除同
知枢密院事兼参知政事。
十二月甲午，皮龙荣自参
知政事除兼权知枢密院
事。何梦然自同签书枢密
院事除参知政事。
马光祖自观文殿学士除
同知枢密院事，依旧兼提
领户部财用兼知临安府、
浙西安抚使知枢密使兼太子宾客。
三月乙丑，孙附凤自右谏
议大夫兼侍讲除签书枢密
院事兼太子宾客，六月庚
寅，除兼权参知政事。杨
栋自通奉大夫，试礼部
尚书除端明殿学士，同签

六月己亥，董槐依旧
观文殿大学士除特
进致仕。

三年壬戌贾似道

书枢密院事兼太子宾客。
十月甲子，杨栋依旧端明
殿学士除签书枢密院事
兼权参知政事、兼太子宾
客。
叶梦鼎自试吏部尚书除端
明殿学士、同签书枢密院
事兼太子宾客。

宣奉大夫、守观文殿
学士致仕，十一月丙
申，卒。

三月庚子，何梦然自参知
政事除兼权知枢密院事。
九月甲午，除知枢密院事
兼参知政事。
杨栋自签书枢密院事除
同知枢密院事兼权参知
政事。
叶梦鼎自同签书枢密院
事除签书枢密院事。

六月丁巳，马光祖
依旧观文殿学士、提
举临安府洞霄宫。

四年癸亥　贾似道

年	宰相	执政
五年甲子 度宗十月 丁卯即位	三月壬午，太傅、右丞相、兼枢密使、魏国公贾似道为理宗攒宫总护使，五月丙戌，依前太师除镇东军节度使。大师除镇东军节度使。	五月辛卯，杨栋自同知枢密院事除参知政事。 叶梦鼎自签书枢密院事除同知枢密院事兼权参知政事。 姚希得除签书枢密院事并兼太子宾客，八月乙丑，除权参知政事。 十一月乙未，叶梦鼎自同知枢密院事除参知政事。姚希得自签书枢密院事进同知枢密院事兼参知政事。
咸淳元年 乙丑	四月甲寅，贾似道除太师，依旧右丞相兼枢密使、魏国公。 贾似道	正月丁丑，皮龙荣、杨栋并依旧职提举临安府洞霄宫。 正月癸巳，姚希得自正议大夫特授光禄大夫，依前同知枢密院事兼权参知政事。 叶梦鼎自宣奉大夫特授银

马廷鸾自权礼部尚书除
端明殿学士、签书枢密院
事。

同知枢密院事兼权参知政事。

王爚自签书枢密院事进

知枢密院事除参知政事。

闰五月癸丑，江万里自同

士除签书枢密院事。

壬戌，王爚依旧端明殿学

府兼沿海制置使。

戊申，杨栋依旧职知庆元

进同知枢密院事。

江万里自签书枢密院事

知枢密院事除参知政事。

二月丁未，姚希得自同

政事。

青光禄大夫，依前参知

充侍读、卫国公，仍奉
朝请。

	乙 正月癸丑,江万里乞祠,除湖南安抚使兼知潭州。 四月壬午,姚希得以资政殿学士提举临安府洞霄宫。 丁亥,王爚以病免同知枢密院事。 六月己巳,姚希得依旧职资政殿学士,特与宫观致仕。	事。 十一月壬午,杨栋诏复元官。 十一月辛丑,留梦炎除端明殿学士,签书枢密院事。 五月甲寅,王爚自同知枢密院事除参知政事。留梦炎自签书枢密院事进同知枢密院事。包恢自守刑部尚书除端明殿学士,签书枢密院事。 正月壬辰,王爚自同知枢密院事进知枢密院事兼参知政事。	十一月己亥,赵葵自观文殿大学士除少师、武安军节度使致仕。	二年丙寅　贾似道 三年丁卯 正月戊戌,太傅、右丞相贾似道特转两官,二月乙丑,监察御史陈宜中所劾,罢右丞相,除太师,依旧少保,特授平章军国重事。

事，一月三赴经筵，三日一观文殿大学士，醴泉观留梦炎自同知枢密院事辛未，杨栋仍旧资政

朝，就赴都堂治事。　　兼参知政事。　　殿学士特与宫观致

三月壬辰，程元凤自少保、　叶梦鼎自知庆元军府事除已卯，王爚除资政殿

观文殿大学士除少傅，右参知政事。　海制置使。

丞相兼枢密使，进封吉国常挺自吏部尚书除端明殿厉文翁以资政殿大

公，加封邑。　　学士、签书枢密院事。　学士、知庆元府兼沿

八月辛未，叶梦鼎自金紫戊戌，王爚自知枢密院事历文翁，学士，朝请大夫赠七

光禄大夫、参知政事除特特授光禄大夫、职任依前，官致仕。

进，右丞相兼枢密使。　仍加封邑。

贾似道　　留梦炎自参知政事特授

程元凤　　通议大夫、职任依前，进

叶梦鼎　　信安郡开国公。

常挺自签书枢密院事特

授通奉大夫、职任依前，

仍加封邑。

六月壬戌，马光祖自沿江

制置大使除参知政事。

正月乙巳，留梦炎除
观文殿学士、知潭
州，湖南安抚使，起
居郎兼待讲。
十一月壬戌，常挺以
资政殿学士致仕。丁
未，赠少保。
十二月丙戌，包恢以
资政殿学士致仕。

八月辛未，留梦炎自参知
政事除枢密使。
壬申，常挺自签书枢密院
事进同知枢密院事兼权
参知政事，十一月庚戌，
除参知政事。
马廷鸾自签书枢密院事
进同知枢密院事。

四月庚寅，马廷鸾除兼权
参知政事。

四年戊辰八月壬寅，太师平章军国
重事贾似道、右丞相兼枢
密使叶梦鼎各进二秩。
贾似道
叶梦鼎

五年己巳 贾似道 叶梦鼎 江万里 马廷鸾	三月戊辰，江万里自参知政事进一秩，除左丞相兼枢密使。马廷鸾自参知政事进一秩，除右丞相兼枢密使。	正月癸亥，叶梦鼎罢右相，依前少保特授观文殿大学士、判福州军州事兼管内劝农使、福建路都总管，进封信国公。三月庚戌，程元凤守少保、观文殿大学士致仕。	正月甲子，马廷鸾自同知枢密院事除参知政事兼同知枢密院事。甲戌，江万里自湖南安抚使除参知政事。三月己巳，马光祖自参知政事除知枢密院事兼参知政事。	五月己酉，马光祖依旧观文殿学士、提举临安府洞霄宫。
六年庚午 江万里 马廷鸾		正月丙寅，江万里为鲍度所劾，戊辰，以观文殿学士知福州、福建安抚使。	正月丙寅，陈宗礼除端明殿学士、签书枢密院事。赵顺孙自吏部侍郎除端明殿学士、同签书枢密院事。十月甲申，陈宗礼、赵顺孙并兼权参知政事。	十一月乙未，陈宗礼进资政殿学士、守兼参知政事致仕。
七年辛未 贾似道		十二月己亥，谢方叔		正月壬申，杨栋升观

马廷鸾	特叙复元官，以惠国公致仕。		三月丙子，赵顺孙自同知枢密院事兼参知政事授中大夫。六月丁酉，章鉴自权吏部尚书除端明殿学士，同签书枢密院事，十月丁未，兼权参知政事。	五月己巳，王爚除观文殿学士，提举万寿观，兼侍读。十二月丁未，留梦炎以台臣言，夺职罢祠。	文殿学士致仕。
八年壬申，叶梦鼎自少保，观文殿学士除少傅、丞相、兼枢密使，要辞不拜。贾似道　马廷鸾	十一月乙卯，马廷鸾除观文殿学士，知饶州，己未，免知州。饶州，以观文殿学士，郡阳郡公提举洞霄宫，九年十二月甲子，除浙东安抚使，知绍兴府。		九月辛巳，章鉴自同签书枢密院事。除宜中自兼权吏部尚书除端明殿学士，同签书密院事。		
九年癸酉贾似道					
十年甲戌十一月丙戌，王爚自知枢七月癸未枢密院事进两秩，除左丞相濒国公即兼枢密使。	正月戊子，江万里乞身去任，诏依旧观文殿大学士，提举洞		十月乙丑，章鉴自签书进同知枢密院事兼权参知政事。同知枢密院事参知政事。	二月己酉，赵顺孙自同签书除福建安抚使。	

位		
章鉴自同知枢密院事进两省官。秩，除右丞相兼枢密使。十二月癸亥，贾似道依旧起复太傅、平章军国重事，都督诸路军马。	陈宜中自同签书除签书枢密院事，兼权参知政事。	正月己丑，留梦炎除知潭州兼湖南安抚使，四月辛亥，依旧观文殿学士、知潭州兼湖南安抚使。

贾似道		
王爚		
章鉴		

| 德祐元年乙亥 | 二月庚午，陈宜中乞诛似道，诏罢平章、都督、子祠。 | 三月庚寅，曾渊子自枢密院事除两浙转运副使。 |
| 二月乙亥，王爚自观文殿学士除左丞相兼枢密使；丙子，陈宜中自知枢密院事除特进、右丞相兼枢密院事；己卯，并都督诸路军马。四月丙辰，王爚诏如故，王爚为文彦博故事，朝参起居外，并免拜，六月甲寅，除平章军国重事，一月两赴经筵，九月己巳，陈宜中授观文殿。 | 似道，诏罢平章、都督、子祠。三月丙子，章鉴罢右丞相、子祠，戊戌，放归田里。六月庚戌，罢王爚观文。七月壬辰，罢王爚观文使。除平章军国重事，一月两赴经筵，九月己巳，陈宜中授观文殿。 | 正月乙酉，陈宜中进同知枢密院事，二月己巳，除浙西知枢密院事参知政事。曾渊子除同知枢密院事，两淮安抚制置大使兼知临安府。文及翁自试尚书礼部侍郎除观文殿签书枢密院事。四月己未，文及翁、倪普并削一官，夺执政恩数。 |

五日一朝。	文殿大学士、醴泉观使、兼侍读。	倪普除同签书枢密院事。
陈宜中左丞相兼枢密使、都督诸路兵马。	十一月乙未，左丞相。	二月丁未，姚希得除参知政事。
留梦炎除右丞相兼枢密使、都督诸路兵马，十月丁巳，除左丞相。	留梦炎除右丞相、丙午，遣使召还。	三月丙申，陈合除同签书枢密院事。
陈宜中自观文殿大学士除右丞相兼枢密使。	十二月戊申，王爚罢。	四月壬子，高斯得除签书枢密院事。
贾似道		枢密院事兼权参知政事。
王爚		四月丁卯，李庭芝除参知政事。
陈宜中		七月乙未，陈文龙除参知政事。
留梦炎		枢密院事兼权参知政事。
		十一月庚午，陈同知枢密院事兼权参知政事。
		黄镛除同签书枢密院事。
		十二月庚子，吴坚除签书枢密院事。
		枢密院事。
		黄镛除权兼参知政事。

正月庚午，参知政事陈文龙罢。

谢堂除两浙镇抚大使。

己卯，参知政事常楙罢。

庚申，签书夏士林罢。

癸卯，陈文龙除参知政事兼权知枢密院事。

谢堂赐同进士出身，除同知枢密院事。

正月庚午，黄镛自同签书除参知政事。

辛未，常楙除参知政事。

丁丑，夏士林除签书枢密院事。

己卯，全允坚加太尉，除参知政事。

乙酉，家铉翁赐进士出身，除签书枢密院事。

贾余庆除签书枢密院事，知临安府。

正月甲申，右丞相陈宜中罢。

二年丙子正月辛未，吴坚自签书除左丞相兼枢密使。

乙酉，文天祥自知临安府除右丞相兼枢密院使。

陈宜中

吴坚

文天祥

宋史卷二一五
表第六

宗室世系一

昔者，帝王之有天下，莫不众建同姓，以树藩屏，其不得以有国者，则亦帅其宗氏，辑其分族。故继别之宗百世不迁，呈惟赖其崇奖维持以成不拔之基敖。盖亲亲之仁，为国大经，理固然也。《周官》序伯掌三族之别以辨亲疏，于是叙昭穆而礼法之隆杀行焉。此世系之所以不可不谨也。后世封建废而宗法坏，帝王之胄，至或杂于民伍，甚可叹也。宋大祖、大宗、魏王之子孙可谓藩衍盛大矣，支子而下，各以一字别其昭穆，而宗正所掌，有籍，有牒，有录，有图，有谱，以叙其系，而第其服属之远近，恩礼之厚，而宗法之严，虽封国之制不可以复古，而国之枝叶能存乎无二三，而国之枝叶所存乎无二三。今因载籍之旧，考其源委，作《宗室世系表》。

宋史卷二一五
表第六

太祖四子：长滕王德秀，次燕王德昭，次舒王德林，次秦王德芳。德秀、德林无后。

燕王房

永兴军节度使赠太师中书令兼尚书令燕王德昭	建宁军节度使魏王惟正	冯翊侯王从说	荣国公世程	太子右内率府副率令艾
				太子右内率府副率令宂
				太子右内率府副率令挽
				太子右

与通	与达	与适	与隆	与贤	与义	与鉴		
			希曹	希垂	希郎			
					师复			
					伯诜	伯诱		
					赠修武郎子源	三班奉职子洵	赠感德军节度使华原郡公令旬	内率府副率令丑

与连	与还	与洛	与润	与渊	与迌	与迹	与蒙	与迪
希回 希岂		希尚		希格 希畾		希乔 希石 希佑 希嘉 希皓 希仍 希告 希岩		
师循						师徽 师仿		

希	师	伯	下
	师卫		
希嗌 希咻 希声	师复	伯诚 伯诏	
	师禺		
	师果		
	师督	伯翃	
	师晁		
	师价 师信	伯讷	
希说 希谟	师彻	伯诰	从义郎 子淑
希瑨（与霖）	师待	伯咏 伯谟	

与英

希馀 希坤 希道　希沼 希琭 希文 希鉴 希禹

　　师传 师价　　　　师仁 师仍

忠训郎
子潹
忠翊郎
子瀛
忠训郎
子果

					希雄	希愈
				师质		
			伯潓			
忠训郎						
子渊						
保义郎						
子澪						
从义郎						
子昂						
成忠郎						
子渔						
	子石					
	子荣					
	子昂					
	子矞					
		太子右内率府副率令璪				

令、子世	伯世	师世	希世	与世
东阳郡王令拴				
三班奉职子瀚				
右班殿直子斐				
承节郎子立				
武翊大夫令愿				
子浒	伯通	师定	希虔	与德
成忠郎子泽	伯达	师孟	希联	
	伯逵	师詠	希徽	
		师杜		
		师复		
		师肱		
	伯适			

伯俊					
	左侍禁令瑾	秉义郎成忠郎子营	成信郎令悆子荣	敦武郎令顿	
			申国公世智	太子右内率府副率令唐	房陵郡赠武功大夫子坚 公令祈 成忠郎

子惠

三班奉
职子荐

武翊郎

子举

左奉议
郎子榲

承节郎

子傅

成忠郎

子昌

承节郎

子荣

右屯卫东头供
大将军奉官子
令储　厚
右监门

					与晟
				希橍	
				希偃	
				希作	
				希伋	
			师旦		
			师古		
			师心		
			师颜		
		职子元	伯寿		
		赠武义			
		郎子婴			
率府副					
率令玛					
太子右					
率府率					
副率					
令趱					
赠少师	冯翊侯				
建国公	世覃				
三班奉					
令𬤇					

子	伯	师	希
西京左藏库副使子理			
武翼大夫子琳			
从义郎子昕	伯通		
	伯惠		
	伯纯		
修武郎子旸			
从义郎子曈			
武经郎子晞	伯颙	师誉	希侣
		师讷	希侅

希	师	伯	子	官职
希佺	师循			
希僻	师谂			
希佰				
希丙	师总	伯禄	子珊	武翼郎　公令缉子玉　奉化郡从义郎　武德军节度使
希文	师约	伯祐	子懿	三班奉职
希篇				
希卷				
希道	师曒	伯裡	子佩	武节郎
希旻				

希	师	伯	训武郎
希向	师春		
	师嘟		子珤
希补	师参	伯祉	
希通	师伊	伯择	
希迟	师何		
希源	师仆	伯禔	
希耏	师份		
希祜	师伕	伯裕	
希橧	师伸		
希璘	师侑		
希玟	师俭		
希珘			
希琪			

					与昌
希助			希困		希迈
希璪			希冉		希逞
希钣					希逮
希劢					
师倦		师换	师一	师傑	
		伯镇	伯铖	伯铣	伯镕
		伯镒			
武康军	洋国公三班奉	职子球	赠武翼	郎子弼	
节度使	令璩				

希浚

师晋
师寰

伯镛
伯铎
伯铵

希蒏
希赐

师聚

伯鉴

修武郎 子景

右侍禁 子强

修武郎 子杲

训武郎 子荐

从义郎 子鸾

武德郎 子禹

与进

希冉
希商
希慕
希彭

师凯
师呐
师嘈
师玙
师琥
师玨

伯有
伯镇
伯铸
伯镍
伯鳞
伯铨

忠翊郎
子祝

修武郎
子石
伯鳞

忠翊郎
子维
右朝请
遂康侯

令	子	伯	师	希	与
					与权
	大夫子睆	伯镇	师仁	希傅	
		伯飘		希扎	
		伯显	师乐		
		伯昌	师姬		
			师藏		
	朝奉大夫子瑑			希路	
	秉义郎子玖	伯苏	师逮	希柯	
		伯莱		希防	
				希镇	
令制				希颂	

车牟侯令蹇 牟侯	武翊大夫子赛	子惇	伯支	师逑			
			伯琭	师赞	希逑	与约	
					希淏	与疆	
					希㥄		
				师周			
				师舜	希驹	与㳚	孟熠
							孟燎
					希㷍	与㪽	孟抃
							孟掫
				师禹	希㤬	与塊	
				师抚	希快		
				师榎	希㷭	与㻞	孟镆
				师榆	希曠	与岍	

						孟溁
与幢				师惪	希椶	与仁
						与忺
				希橿	与退
					与讥
			师利	希析	与愗
				希锋	与浮
					与溶
				希铠	与溥
伯用			伯恭		
		伯嵩		
		伯崇		
	太子右监门率府率槽赠正议大夫令诚 右奉议郎子孟				

			孟㬇								
			孟晴								
			孟嘈								
与淳	与湉	与渚	与㵣	与杞	与㵰		与采	与㮓	与根	与㮞
希铞		希镁	希蠹	希焱	希遹	希遭	希弁	希罺	希㳃	希畁	希瑂	希珞
	师鐇			师从	师向	师同		师解
	伯㤼		伯坖

与櫃	希碧	
与桟	希瑗	
与楞		

伯山	承事郎	子耆
	迪功郎	子蘭
开国伯	令琬	
伯邵	子渐	
	子澤	
	子和	
左藏库	成忠郎	子冀
使令涧	三班奉职	子廳
	职	保义
	保义	郎子迈
	保义郎	

令字	子字	伯字	师字	希字	与字	孟字
赠太保 令玒	从义郎 子默	伯康	师雷	希敬		
	子文	伯府	师夆			
		伯藻	师保	希杭	与裿	孟优
	武翼大夫 子亮		师明		与桰	
				希挗	与祢	
		伯亨	师偰	希技	与裯	
			师帷	希㵼	与祇	
			师万	希谞		
			师梓	希艮		
			师衮			

令	子	伯	师	希	与
左班殿直 令怿					
赠朝散郎 令牟	承信郎 左朝奉大夫 子颜	颂 伯瑞 伯朋 伯功 伯兹 伯秭	师仙		
	承奉郎 子籲	伯严	师旸 师喜 师伊	希肱 希腆	与漢 与襄

忠翊郎 武翊郎 忠翊郎 令彬	忠翊郎 子颐	伯简		
		伯从		
	训武郎 子昌	伯誉	师罼	
	子晙	伯牟	师邹	希锡
		伯浃	师桁	
		伯犟		
左班殿直 令觊	武经郎 子昂	伯珂	师颖	希廖
	承节郎 子景			
信都郡公 世繁 令闲	东平侯中大夫 子升	伯寿	师衷	希廖

希戈						希戫		
希冲						希物		
						希伯		
						希槐		
					师戫			
					师应			
					师裦			
					师衮			
				伯渊				
				伯源				
				伯瀛				
	右班殿		宣教郎	子求				
	直子温		令玩					
		太子右						
		监门率						
		府率令						
		馱						
			敦武郎					

						师莘
右迪功郎子褒	敦武郎令廪	荣国公世卓			伯颎	
承节郎	子振	右班殿直令城		子珣	成忠郎	
	成忠郎	修武郎		成忠郎	子珪	
	子才	令凯			武节郎	
		右朝散大夫令耗			令縻	

				希准
		师稷		希恦
	伯龙	师累		希澄
	伯蕃			希沥
子环	伯钰	师镡		希深
子琚				希湟
子衡	伯棱	师湘		希迮
子翊				
令峻				
右班殿直令啤				
右班殿直令趄				
右班殿直令㑫				
从义郎				

惟	从	世	令	子	伯	师	希	与	孟	由
感德军节度使惟吉	丹阳郡王从节	南康郡献王世永	崇国公谥温	右内率府副率子上	伯䇐		希遬			
			太子右内率府率图令	子张	伯锐	师村	希佟			
						师输	希衍			
					伯代	师椒	希仕			
						师推	希所			
						师榛	希油			
						师棠				
						师掌				
					伯参	师山	希龄	与辉	孟温	由璐
										由珌

由	孟	与	希	师	伯	官
由夫						
由冈						
	孟忠	与远		师说		
	孟愿	与年	希辩	师瑗		
	孟恕					
	孟恕					
	孟懋					
	孟志					
	孟诚	与昌	希骽	师言	伯憺	
	孟憧		希鲁	师充	伯夒	
	孟澋	与宏	希颜	师真		集庆军承宣使
				师心		

孟梓	与流	希铎	师召	伯庄	子野
			师孟		
孟涓	与思	希现	师惠		
孟渭					
孟洺					
	与懋				
	与樺	师焕	师文		
	与稠				
孟琭	与忞	希暘			
孟瀹			师尹	伯能	
孟滿	与炎		师向		
	与规		师文		
			师哲		

孟谟
孟忬
孟庆
孟阴

与苏
与勉
与召
与廋
与诏
与海

希悉
希嘉
希澜
希洽
希鸿
希歆

师德
师□
师鲁
师敳
师古
师谟
师颖

伯顺
伯俏
伯适

太子右内率府副率子溉

荣国公谥良懿令璠	太子右内率府副率子印	封冯翼侯子爽	三班奉职子庠	内殿崇班子彦	武经郎子雍	伯发	伯庠	伯崇	师律	师潘	希珹	希荟	与孚	与梓	与侁	与逞	与逆

孟	与	希	师	伯
	与博		师沔	
	与隐	希爽	师景	伯晔
孟𬭬	与谷			
	与陵			
	与存			
	与恕	希亭		
	与畴			
	与侠	希旨		
	与忱			
孟显	与梭	希宾		
	与惺	希居		
		希诂	师余	
		希调		
	与逮	希谦		
	与迖			
	与栈			

				宜高
				由项
孟醇				
孟通				
孟传				
与旸	希功	师侣	伯光	
与昉				东阳郡公令框 华州观察使子赤
与超	希褒	师升		
与遥	希冒			
与遴	希噌	师杲		
与速	希拜			
与旳	希诒			
与晤	希佽			
与穟				
与澍				

				由櫺
	孟喻			孟珊
	孟嗹			
	孟咮			
与晒	与昕	与学	与基	与合		与老		与沂	与问	与時
希瘊	希善				希瑛	希珈	希璪	希瑚		
				师元						
							伯禄			
							伯仁			
							伯祐			

伯翊

伯端

东头供建国公
直子韶
右班殿
直子燕　令泽
右班殿　房国公

使子照
封饶国
率子柳
率府副
太子右
子赜
修武郎
班子益
内殿崇

伯禔

与憼	希侑	师道	伯坚	奉官子 建	令朔
与懲					
与恣	希逸	师翻			
与洴		师晬			
与高	希玑	师夅			
与稠					
与楋	希玩	师胜	伯诚	修武郎 子健	
	希琛		伯达	修武郎 子廷	

孟宾
孟定
孟晟

与俊

希懋

希忘

师你

伯蕡
伯祈

伯祀

秉义郎
子挺

忠翊郎
子巡
子廷
保义郎
子适
承节郎
子回
承信郎
子迁

单州防

	字晋 晋安	由伦	孟连	与诣	希芫	师思	武经大 夫子经伯况
			孟述				
			孟遽				
			孟遄	与诗			
			孟逈				
			孟㵝	与幂			
	由桂		孟漙	与㳽			

鄃使令　秉义郎
羽　　　子暾
　　　　忠翊郎
　　　　子脑
彭城郡　华原郡　太子右
公世延　公令续　内率府
　　　　　　　　副率子
　　　　　　　　遵
　　　　　　　　武经大
　　　　　　　　夫子经伯况

由冕

孟澜　孟泌　孟潽　　　孟著　孟若　　孟芳　　　　孟津　孟瀛　孟溎　孟洄　孟瀚

与谘　　　与讣　与沭　与礕　　与訔　与讨　与謦　与诣　与谋　与诨

　　　　　希璆

由洙
由泗

孟滴
孟溁
孟溟

孟遑
孟週
孟遑

孟遵
孟逞

孟鏈
孟浧
孟鐘

孟铣
孟谋
孟钢
孟锁

与谍

与沈

与翊
与证

与堙

希明
希章

师恩

与谱	孟㻑				
	与诊				
		希懿			
		希惠			
		希㥽			
		希霞			
			师宣		
			师蔡		
			师㥽		
			师右		
				伯蒲	
				伯汶	
				伯浩	
				伯洙	
				伯湛	
				伯洵	常山侯左领军 令㩲
					卫将军 子绅
				伯嘉	子绅
				伯顺	三班奉

由瑡　孟扑　与浃　希侃　师古

由瑔　孟杞

由琉　孟楝

由琩　孟权　与谇

孟桧

由熺　孟模

由灿

孟枏　与渎

孟楮

与浘

由珮　孟楷　与洽

职子绅

武经大夫子纲　伯和

伯顺

修武节

郎子统伯添

孟椿	孟仆	孟楮	孟林	孟楄	孟逢	孟纵	孟缑	孟语	
与浪	与溎	与溏	与点		与枕	与桶	与栝	与释	与庆
		希顗		希琪					希璪
		师銮	师直　师志	师善					师周　师尧
				伯训					伯威

孟谋	与淳	希璧	师秀	伯诉	
孟义	与校	希巨		伯详	
孟昌					
孟径	与橘	希妥			
孟栐		希瓒			
	与做	希醴			
	与俭	希妙			
		希莅			
		希珀	师亳	伯讼	左侍禁子缓

由汋
由渚

由珤
由达
由道
由珆
由瑭

孟枢
孟铎
孟鏇
孟鏠
孟坦

孟淳
孟成

孟狄
孟锐
孟枫
孟轮

与瑢

与琦
与瓃
与旆

与休
与陵
与咨

与癹

希左

希渫

希冼

师闵

师颜

右班殿
直子绶 伯和

由迟

孟軵　孟称　　孟侄　　孟㵆　孟伉　　孟锌　孟褖　孟箕

与叟　与芠　与琇　　　与官　与珠　与琰　与璁　与钟　与璮　与橄　　与辙

希隽　希哈　希茱　　希陉　希陵　希诺　希措　　　　希丰　希琢

师粗　　　　　　　　　　　　　　　　　师李

孟芄　孟瑊　孟琄　孟珒　孟环　孟瓔

与铝　与饼　　　与犕　与钬　与镂　与裯　　　与杉　与镨　与袄　与暭

希璩　　　　　　　　希玑　希迡　希鋰　希铭　希镄　　　希锔　希袮

　　　　　　　　　　　　　　师晓　　　　　　　　　　　师軾

孟	孟慨	孟珅		孟㻛			孟磜	孟珒			孟钹	孟磷
与	与然	与楼	与怀		与潘	与洎	与潩	与㳊	与琤		与朏 与旰 与晥 与暚 与肥	
希		希赟		希陶				希条	希光	希变	希頵	希勔
师		师仪	师宣	师襄				师袤				师文
伯												伯通
子												子纯

					由侄	由优	由伏	由泻	由佟	由儒	由佳	由休	由保
				孟海	孟润		孟涣	孟漕	孟滋	孟澄		孟泳	
与樵	与熏			与安									与坤
		希盛		希召								希稷	希麟
		师亦	师尹										
		伯道											

孟潽	与琚	希葵	师臣	伯进	
			师靖	伯连	
			师缜		
孟俣	与珞	希集	师望		保义郎子铎
		希夔	师典	伯源	
		希格		伯渌	
		希瑾		伯洪	
		希梋		伯江	
		希翔	师栋		太子右

						希昕
					师泽	
					师湛	
				伯夷		
				伯通		
			伯桃			
			伯兹			
			伯泽			
内率府副率令季	北海郡彭城侯公世符令矚	太子右内率府令矚	副率子献	供备库副使子献		内殿崇班子献忠训郎

				与擢
				希鹏
	师绘		师导	
伯仪			伯伸	
伯道			伯俨	
伯达	伯强	伯伸		
子襄	左班殿直子文	修武郎子襄	子宸	训武郎 子袭 修武郎 子襄
	右卫大将军令邦 赠南阳侯令想			

与	希	师	伯	子	班殿
与鼎	希满	师召	伯仪	子锡	左班殿
与潍	希训	师燻	伯瑛	子祐	右班殿
与销	希裔	师禺	伯讷		
与抚	希遍	师颢			
与耤	希献	师贾			
与坿	希与	师详			
	希善				
	希献				
	希尾				

								师孟
直令辭 直子袞	右监门 率府率 世笼 淮阳侯	北海郡 大子右 内率府 公世静 守约	副率府 令 伯	昌国公 贵州团 谥孝良 练使子 令遽 沉		伯惑 伯悔	武节郎 子元 左邻军 卫大将 军子仲 伯嘉	

		孟糈		
		孟檗		
		孟儂		
		与玭		
		与槙		
		与辀		
		与辑		
		与辂		
		与軟		
		与𨌺		
		与辐		
		希冉		希奇
		希泪		希聿
师回		师锐		师雄
师锡				师𡵤
	伯逸			
	伯运			
赠武节				
大夫子				
朔				

由浃													
孟采	孟杓	孟禾	孟㳽	孟文	孟裀	孟彰	孟侶	孟㓚	孟伶	孟㒖	孟㧑		
与琢		与璪	与玙	与瑗			与㙉	与㝆	与㠕	与琛	与㽅	与北	与玭
													与坤
希醇			希宿			希㠱		希㤉				希穏	希□	
师龙												师栖	师武
伯述													

子	伯	师	希	与	孟	由
						由栩
						由桧
						由咏
					孟连	
					孟谋	
					孟辂	
					孟侗	
					孟攸	
					孟媛	
				与霶		
				与沿		
				与卫		
				与㴱		
				与柜		
			希栈			
			希丢			
			希㻩			
			希潦			
			希澄			
		师文				
		师咨				
		师恭				
		师裔				
	伯择					
	伯党					
	伯咨					
	伯迪					
	伯咎					
赠武翊大夫子㑻						

孟睃　与㘍

孟烷

孟塘　与秩　希㶚

孟㙪　与㯟　希淫

孟㳟　与㭓

孟暖　与㭟　　师许

　　　与㮰

　　　与㝚

孟浆　与猷　希鍠

　　　与殷　希铅

　　　　　希铸

　　　　　希锅

　　　　　希□

	孟榫								孟燵	孟栏
与杭	与瀋	与洼	与瀔	与泅	与汶				与地	
希□	希瑞	希□				希藻	希随	希偌	希假	希膺
	师试			师读	师胥		师珏			师蓝
				伯泠						
									修武郎	子嗥

武经郎
子升
从义郎
子曈
武节郎
子□　伯椿
　　　伯镇
　　　伯筠
　　　从义郎

子晤
子璋　伯惑
　　　伯侮

广平侯
令器
太子右
内率府
副率令

世系	子	伯	师	希	与	孟	由	莒
								莒远
	子球	伯诜	师寿	希勉	与杓	孟肇	由作	
					与朴	孟弱	由颐	
						孟高	由兴	
						孟伦	由俊	
							由传	
	文林郎 子环	伯玉	师正	希泙	与忠	孟烨		
	武节郎 子隽			希㟃	与粜	孟浮		
				希琪	与侸	孟𤩽		
					与枌			
䏤								
赠洋国公世绵 太子右内率府副率								
博平侯令虚								

					由海		由伸				
					由礼		由侣				
	孟友	孟㫋	孟焕	孟烨	孟镛		孟质		孟赛	孟潨	孟垌	孟圳	孟墙
与宜	与铝	与退		与交		与序		与俣			与俣	与做
	希驿	希知	希昔			希源	希得				
		师必									

孟州 孟镛 孟浑										
与佩	与放	与遣	与迢	与邅	与璞	与□	与榴	与摄	与堚	与襟
	希愿	希思	希教	希㖟	希准	希潼	希熙		希莘	希黠
师元 师铿			师庚	师武	师庚					
伯才										

孟	孟镑	孟锈	孟镂	孟镎		孟键	孟垠	孟搽	孟坚
与			与㳅	与游		与迁	与邈	与退	
希	希黔	希枋	希堂	希畴		希勲	希讼	希至	
师	师庆	师煉				师炫		师煜	
伯	伯琪								

希缩　师炼
　　　师灯

希褒
希允
希遷　　伯珪
　与彩　　伯冈

希殖　师哭
希液
希埠　与偉
　与疑

希馔　师具
希搞　师尉
希朵
希顷
希壮　师爻　　　　　德国公
　与漕

				与椒			与枸
		希淋		希鸿			希佰
		希邢		希营			
				希膳			
	师艺			师疆			师楝
	师吕			师吾			
	师参						
伯言					伯述		伯说
伯诚							伯诉
伯咏							伯说
					子铸		
					子权		
左中奉					子浚		
大夫子							
钧							
谥良僖							
令煴							

						由埔
					孟烨	
				与栋	与槫	
			希罔			
		师仁				
		师义				
		师礼				
		师宪				
承议郎 子烨	伯成					
从义郎 子坦						
成忠郎 子鉴						
忠义郎 子概						
子荣						
三班奉职 子㳂						
赠高密侯令□						
修武郎 子雍						

孟㸁　与橀
孟㭿　与棕
孟椅　与梁
　　　与樧
　　　与椰
　　　与芬
　　　与薰　希弱
　　　与长
　　　与清

　　　与湍
　　　与瀼　希珝　师造
孟徽　与浏
孟江
孟同
　　　　　希和
孟㑋　与溙　希斑

师㑵

伯劻
伯勤

孟	与	希	师	伯	（官）子名
孟璒	与潼	希晅	师砺		
孟珀	与潼	希珹			
孟桁	与衜		师文	伯劢	右班殿直子京
孟桁	与津				右班殿直子坚
孟炳	与懃				秉义郎子觌
	与淋		师远	伯劢	子觌
	与潘			伯璅	

希时　师洵
希昭　师汴　伯燧
希昍　师濌
希暕

贈朝请
大夫子
亮
秉义郎
子充
子彝
贈训武
郎子㟪
保义郎
坐事停
勒子懲

			孟栗	孟锋								
	与瑢	与稻	与榜	与㻛	与玶	与澍	与傑		与顼	与杯		与铿
希澶	希澲	希沈	希初	希建	希禅	希烝		希各	希涵	希渻	希汋 希混	希角
师俲	师玑 师稳	师显			师顾				师颀			师祓
伯悐	伯忱											

与	希	师	伯		令／子
与赟	希阮	师辛	伯恪		
	希阶				
	希啃				
与顿	希陔				
与镊					
	希陷		伯愭		
与襮	希府	师佑			
	希绽				
与褛	希襕	师倭			
与伀	希溱				
	希珎	师迎			
与燧	希珍	师刘		赠右卫大将军	令辂
	希珫	师旦	伯浚	成忠郎	子坚

孟	与	希	师	伯	武翊郎子堂
孟壃（彊）	与仙	希约	师望	伯绍	武翊郎子堂
孟铬			师躬		
	与玺	希昱	师挙	伯涤	
孟莌（琥）	与愍	希愿			
	与懸				
	与庑	希镉			
	与浨	希锇			
	与沿	希锒			
	与珸	希顽			
孟柏	与鼍				
孟栶					
孟洋					

				孟溍
				孟槽
				孟稠
				孟渧
		与溯		与渧
				与洓
				与㳽
				与渗
希岖	希枏	希岟		希元
				希顾
				希崧
				希旁
师愬		师愙		
伯褒		伯温		
伯溙		伯渊		
伯洋		伯澄		
		伯湴		

					希颖
				师蕈	
伯览				伯顺	
忠训郎子概	伯瓒			伯祺	
	伯来			伯颂	
	右千牛卫将军令密	赠荣国公令瞻	太子右内率府副率子蓬	右班殿直子珞	训武郎子珣

	孟燋	孟熠
与㠓 希源	与福	与桁
与棒	与楝	
与杖	与栈 希浚	
与㰚 希准	与楠 希粹	
与企 希温	与涌 希浦	
与㻑 希泗	与溯 希洧	
与槁		
与椈		
与榁		
与椲		
与渷		
与楠	师苏	

孟	与	希	师	伯
孟颎	与樟			
	与树			
	与橠	希颢	师董	
	与柿			
孟珽	与槿			
孟渭				
孟㙓				
孟义	与兼	希洛		
孟垎		希江		
孟旱		希潮		
	与嶓	希涌		伯顿
	与渗	希濆	师㟜	伯顽
	与棱			
	与楼			

由	孟	与	希	师	伯	子
由璲	孟蓬	与概	希淦	师嵩	伯颖	
由镍			希埭		伯颢	
						忠训郎 子晴
由燔	孟凉	与进	希大	师耆	伯颋	
由玑	孟澉				伯顼	
由璋	孟献	与逮			伯颥	
由濙	孟皎					
	孟晔					

师恭　希熊　与迈
　　　希祥　与照
　　　　　　与运

修武郎
子栱
右班殿
直子真
忠翊郎
子璋
秉义郎
子琰
赠东平训武郎
侯令鉴子樑　伯醸
训武郎
子瑑
右班殿
直子瑇

与逊	希	师	伯	子	
与逊					
	希玟	师磊	伯适	子玓	
	希坙	师砚			
	希珍				
	希瓒				
	希瑗				
	希枅				
	希隆	师智	伯采		
	希钘	师授			
	希轩	师坐			
	希纡	师悠	伯通		
	希纯	师敩		子柯	赠昌国公令柯
	希铮				武节郎
	希轻	师范	伯孝	子晋	

师模	希衹	与莒	孟頫		
师桨		与汋			

武经郎子彭

左班殿直子周

右侍禁子瑜　伯益

　　　　子绘

赠汝南侯令穤

济阴郡公世长

昌国公世滋　太子右内率府副率令辑

　　　　　　太子右

官职	子	伯	师	希	与	孟
赠武节侯令埤郎中子佑伯齐	子佑	伯齐	师肇 师彰 师彭	希贵	与谆	孟泳
赠河内			师彭	希淯	与宽	孟许
昆		伯德	师肜	希峻	与瓅	孟滠
内率府副率令				希俏	与迹	孟洓
太子右监					与钐	孟洪
内率府副率令				希郊	与杓	孟暐
内率府						

孟眈

孟晓　与效　　　　希青
　　　　　　　　希祺

孟璋　与歃
孟晚　与歙
　　　与欿　　　　希犟
　　　　　　　　希择　　师勿

　　　与梦
　　　与挲　　　　希哲
　　　与絫　　　　希肇　　师彤　　伯青
　　　　　　　　　　　　　　　　伯象

　　　与逦
　　　与逶
　　　与煤　　　　希匪

孟	与	希	师	伯	其他
孟琤	与峰	希淀	师纪		
孟琯	与枘	希洌			
孟澄	与塘	希傑	师流		
孟珢	与纵	希椪			
				伯诊	成忠郎 子伋
					秉义郎 子侣
孟耀	与襄	希讽	师置		
孟乐	与禀				
孟熅					
	与膏	希幹	师旻		
	与禁				

孟	与	希	师	伯	子	赠封
孟侦						
孟淡						
孟湮	与栝	希㻌				
孟簠	与齐	希珑	师焯			
孟簨		希棠				
孟辉	与禹	希玉				
孟橙	与橙	希琪	师铉	伯仝	子继	忠训郎 赠东莱侯 令祝
孟柏	与櫄	希锗				
孟烁	与茱	希□				
孟㭎						

由材

孟伒
孟僖
孟佇

孟珙　与禄
孟椎
孟采
孟掅
孟伄
孟□
孟桱　与选

希阳
希夷

师霆
师麟

伯全
右侍禁　子兑
右侍禁　子纯
秉义郎
伯珤　子维

孟泉		孟璜 孟琥 孟璞		孟玝		孟说
与溃	与凄	与泗	与逵 与得 与进 与蔡 与求 与育 与字			与莘
希陈 希际 希对 希则			希庸	希业	希综 希玢	
					师羣 师霖	

孟沈	孟潚	孟宴										孟眖	孟呪
与□	与栾	与櫹	与桼	与桦	与榷	与楼	与樘	与悗	与坚	与圣	与型	与垒	
	希玲	希劣			希劣		希岭	希状			希敫	希掖	
	师滘						师蘦						

					由檉		
孟僬	孟松	孟铣	孟镀	孟镝	孟镞	孟锗	孟铫
	与珧	与瑊	与堡	与怛	与忻	与熊	
希㴩	希襄			希泲	希洵	希浒	希攽 希歔 希致
					师琼	师瑰	
							伯超
							右班殿直 子绎

孟锾　孟镝

与濮　与埭　与墀　与培

希沆　希汦

师珇　师玭

伯越

东头供奉官令璠　富水侯世祚

右太子内率府副率令坤